KB272649

韓國史學研究叢書 14

韓國古代人文學發達史研究（2）
書法・金石學 卷

盧鏞弼 著

韓國史學

Studies on the development of the sciences and
Humanities in Ancient Korea (2)
Calligraphic & Epigraphy

Copyright ⓒ 2026 by Noh Yong−Pil
All Rights Reserved.

저작권법에 의해 한국 내에서 보호받는 저작물이므로
무단 전재와 무단 복제를 금합니다.

서문

韓國 古代의 語文學·古文書學·歷史學 분야 발달에 관한 여러 주제를 심층적으로 분석하여 著者는 이미 2017년에 『한국고대인문학발달사연구』(1)을 출간한 바가 있다. 이제 2026년에 이르러 그것의 新裝版 『韓國古代人文學發達史研究』(1)을 내면서 동시에 애초부터 함께 기획하여 지속적인 준비 과정을 거쳐 書法·金石學 발달의 양상을 규명하려 천착한 그간의 논문들을 엮어 『韓國古代人文學發達史研究』(2)를 출간한다.

꼭 30년 전 1996년 1월 박사학위논문 『新羅眞興王巡狩碑研究』를 一潮閣에서 출간할 무렵, 주위의 권유를 받아 國學資料院의 <한국사연구총서> 중 7번으로 '新羅中古期金石文研究'를 출간하기로 약조하였으며 그 사실이 출판사에 의해 공지까지 된 바가 있었다. 하지만 그 시리즈 32번까지 출판되어 나온 2000년 말까지도 실행에 옮기지 못하다가 2001년 1월 양해를 구해 그 대신에 『『東學史』와 執綱所』를 출간하게 되었다(자세한 경위는 나의 글, 「사모님의 당부 말씀」, 『개화와 근대』 칠리 이광린 선생 탄신 100주년 기념문집, 경인문화사, 2024, p.307 참조).

이후에도 여전히 韓國 古代의 書法·金石學의 발달 양상에 대해 규명해보고자 하는 애착은 한시도 뇌리에서 떠나본 적이 없다. 지속하여 中國·日本 學界의 이 분야에 관한 기왕의 연구 성과들을 샅샅이 섭렵하고 기회 닿을 때마다 드나들면서 그들의 관련 新書들을 일일이 살피고 求得하여 검토하고 분석하면서 차츰 안목이 트여갔다. 그 결과 국내의 연구 성과에서는 찾아볼 수 없었던 새로운 면모들의 실마리를 하나둘 발견하면서 의욕이 솟구쳤다.

그리하여 우선 진즉부터 염두에 두었던 '신라중고기금석문연구'의 하나로 「新羅 中古期 書寫・刻石・立碑 專門家의 分化와 書法・金石學의 發達」을 2018년 國立慶州博物館 주최의 국제학술대회에서 발표하였다. 그 원고가 이 책의 제3장이다. 그리고 그 연장으로 「統一新羅期 金石文 專門 博士・學士의 擡頭와 書法・金石學의 風靡」를 같은 해에 완성하여 이 책에 제5장으로 포함하였다.

또한 국내 학계에서는 거의 거론조차도 없었던 새로운 자료들을 섭렵하여 2023년에는 「百濟의 鍾繇 書法 受容과 書法・金石學의 發達」, 2025년에는 「新羅의 唐 太宗 「晉祠銘」・「溫湯銘」 受容과 書法・金石學의 振興」, 「漢의 『急就篇』・「黏蟬神祠碑」와 古朝鮮人의 書法・金石學 受容」을 마치 碩士 논문을 재작성하는 심정으로 차례로 완성하였다. 그래서 각기 이 책의 제2장・제4장・제1장으로 삼았다.

『韓國古代人文學發達史研究』 (1)・(2) 이후 후속편들의 집필・간행과 관련한 구체적인 기획도 수립하여 틈틈이 수정・보완을 거듭해 온 지가 벌써 20년이 넘어가고 있다. 차근차근 결실을 엮어나가 전체를 기필코 완성할 수 있기를 간절히 소망한다.

2026년 2월

著者

차 례

제3장 신라 중고기 서사·각석·입비 전문가의 분화와 서법·금석학의 발달

제4장 신라의 당 태종 「진사명」·「온탕명」 수용과 서법·금석학의 진흥

제5장 통일신라기 금석문 전문 박사·학사의
대두와 서법·금석학의 풍미

일러두기

1. 본서 수록 논문 발표 학술지 목록

제1장 :「漢의 『急就篇』・「黏蟬神祠碑」와 古朝鮮人의 書法・金石學 受容」 新稿

제2장 :「百濟의 鍾繇 書法 受容과 書法・金石學의 發達」, 『震檀學報』 141號, 震檀學會, 2023.

제3장 :「新羅 中古期 書寫・刻石・立碑 專門家의 分化와 書法・金石學의 發達」, 『6세기 신라 석비의 세계 : 신라학 국제학술대회』, 國立慶州博物館, 2018.

제4장 :「新羅의 唐 太宗 「晋祠銘」・「溫湯銘」 受容과 書法・金石學의 振興」, 『歷史學報』 268輯, 歷史學會, 2025.

제5장 :「統一新羅期 金石文 專門 博士・學士의 擡頭와 書法・金石學의 風靡」, 『한국고대사탐구』 28, 한국고대사탐구학회, 2018.

2. 본문 사용 약호
- 단행본 :『　』
- 논문, 비명, 편명 :「　」
- 인용, 대화 :" "
- 짧은 인용, 강조 :' '

제1장

한의 『급취편』・「점선신사비」와 고조선인의 서법・금석학 수용

제1절

서언 : 『급취편』·「점선신사비」 개괄

이 논문에서 중점적으로 분석하고자 하는 書籍 『急就篇』과 金石文 「黏蟬神祠碑」에 관해 우선 槪括하고자 한다. 먼저 『急就篇』의 구체적인 여러 면모를 개괄하는 데에는, 간결하게 설명하면서도 포괄적인 내용을 충실히 담고 있는 다음 글이 매우 유용하다.

> 字書. 『急就章』이라고도 한다. 前漢 史游(生卒은 未詳이다)의 撰.
> <u>漢 이후 少年의 文字 敎育 敎材</u>로, 句首에 ‘急就’의 두 글자가
> 있으므로 그것을 書名으로 삼았다. …… 脚韻을 맞추어 <u>暗誦하기
> 쉽도록 構成 編集</u>되어 있다.[1]

여기에서 前漢 史游가 편찬한 字書로 「序文」 원문 첫머리에 ‘急就’의 두 글자가 있어 『急就章』이라고도 한다는 書誌的 기본 사항도 그러하지만, 더욱 주목되는 바는 ‘漢 이후 少年의 文字 敎育 敎材’로 “暗誦하기 쉽도록 構成 編集되어 있다.”라고 했음이다. 특히 여기에서 “暗誦하기 쉽도록 構成 編集되어” 書名 그대로 ‘急就’ 즉 빨리 成就할 수 있게끔 편찬되었다고 해서, 오늘날 ‘速成敎材’[2] 혹은 ‘速成漢字敎本’[3]이라고 평가할 정도이다.

---

1) 內山知也, 「急就篇」, 『漢籍解題事典』 新釋漢文大系 別卷, 東京 : 明治書院, 2013, pp.78-79.
2) 오만종·양회석 (외), 「六藝略」, 『중국 고대 학술의 길잡이―《漢書·藝文志》註

그 實物의 現存 자료로는 다음의 <寫眞資料 1>이 주목된다. 다만 이 자료가 방금 인용하여 제시한 글에서 언급된바 "前漢 史游의 撰" 그대로의 「急就章」인가에 대해서는 의문의 여지가 있는 게 아닌가 싶기도 하나, 그래도 참고는 될 만하다고 여겨져 제시한다.

<寫眞資料 1> 「急就章(史游)」4)

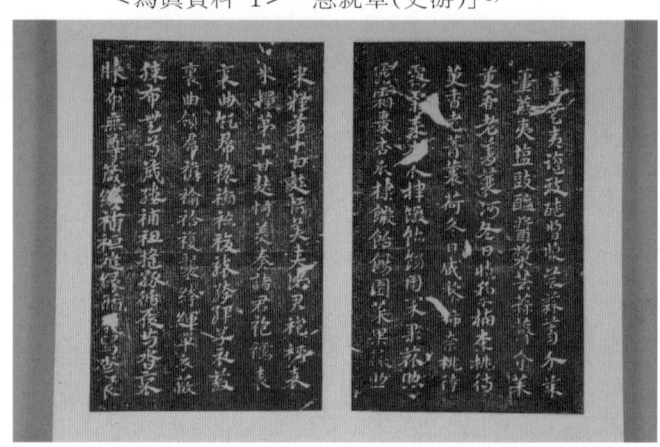

다음으로 「黏蟬神祠碑」에 관해 개괄하겠다. 이 「黏蟬神祠碑」는 實物寫眞 및 拓本寫眞으로 전해지는 게 많지 않은 것 같다. 그나마 지금까지 전해지는 것 중 아래의 <寫眞資料 2·3>이 도움이 된다고 판단되어 이를 제시하고자 한다.

解一」, 광주 : 전남대학교출판부, 2005, pp.84-85. "『한서·예문지』에 기록되어 있는 小學 관련 책들은 지금 대부분 남아있지 않다. 현재 남아있는 것으로는 『急就篇』이 完存하는 가장 오래된 것이다. 책의 이름이 '急就'가 된 것은 편 머리의 두 글자를 취한 것이다. 한편 '急就'라는 말은 '速成敎材'라는 뜻도 있었을 것이다."

3) 梁曉星 編譯, 『史游 急就章』, 서울 : 박이정, 2008, p.56. "다시 말하면 기존의 한자 학습서와 다른 책을 급히 만들었다는 것인데 '急就'는 '速成'. '奇觚'는 '특이한 책', '與眾異'는 다른 책들과는 다르다는 뜻으로, 특별한 '速成漢字敎本'이라는 정도로 이해하는 것이 좋겠다."

4) 臺灣 故宮博物院(www.dpm.org.cn) 所藏.

<寫眞資料 2> 「黏蟬神祠碑」 實物寫眞[5]

이와 같은 실물 및 탁본 사진으로 그 실상을 살필 수 있는 「黏蟬神祠碑」
에 관해 그 발견 및 건립 시기 등을 상세히 거론한 연구는 그간 많지 않았
다. 그런 가운데서도 [中國] 勞榦이 한 아래 서술이 가장 구체적인 면모를
잘 드러내고 있다고 판단된다.

5) 下中彌三郞 編輯, 『書道全集』 第2卷 樂浪·前漢·後漢 刻石文, 東京 : 平凡社,
   1930, p.1.

<寫眞資料 3> 「黏蟬神祠碑」 拓本寫眞[6]

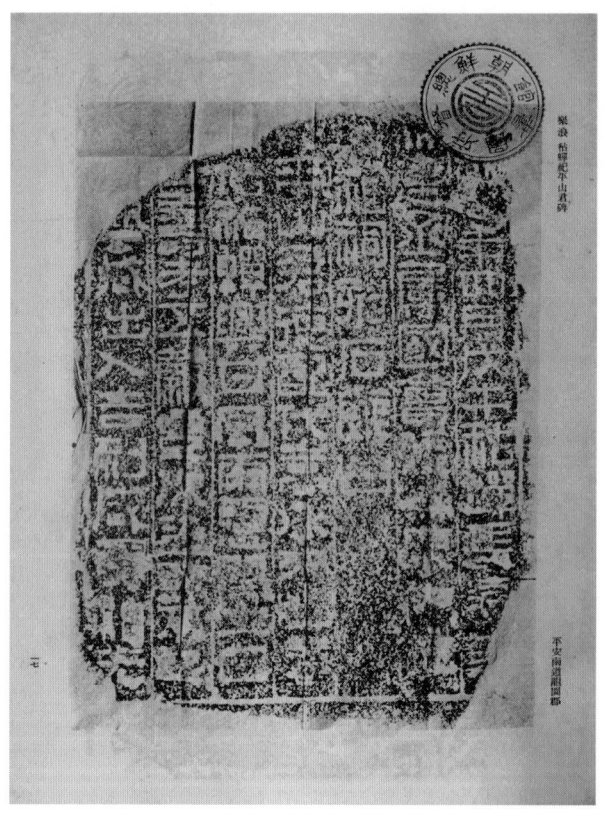

黏蟬神祠碑는 19세기 말기에 平壤 西南에서 발견되었다.
碑中에 기록된 시대는 '(建)武 □年 4月 戊午'이다. 建武는
漢 光武帝의 年號이다. '武'字 이후에 단지 한 글자도 辨認
할 수 없게 되어, 建武 元年부터 建武 10年까지 가능할 수
있으며, 이는 西紀 25년에서 34년 사이에 새긴 碑文임을
表示한다.[7]

---

6) 下中彌三郎 編輯, 『書道全集』 第2卷, 1930, p.17.
7) 勞榦, 「秥蟬神祠碑的硏究」, 『東方學誌』 第21卷 第23-24期, 1980年 2月, pp.
   319-321; 『古代中國的歷史與文化』 (下), 北京 : 中華書局, 2006, pp.561-563.

이렇듯이 「黏蟬神祠碑」가 근자에 [中國] 勞榦에 의해 [漢] 光武帝 建武 元年(25)부터 10년(34) 사이에 건립되었다고 判讀되었으나, 일찍이 [日本] 內藤湖南, [韓國] 李丙燾에 의해서 그리고 최근에는 [中國] 曹中屛에 의해 章帝 元和 二年(西紀 85年) 建立說이 제기되기도 했다.[8] 건립 시기에 관한 판독에 의견이 갈리기는 하지만 「黏蟬神祠碑」가 韓國 領域 內 現存 最古의 漢文 碑石으로, 당시 소위 漢四郡 중 하나인 樂浪郡의 秥蟬縣 縣廳 所在地로 짐작되는 곳에 건립되었다는 역사적 사실[9]에 무엇보다도 주목해야 하리라 본다. 그만큼 당시 古朝鮮人들에게 漢字의 학습을 통한 수용은 물론 그 書法 자체와 나아가 金石文 자료의 이해에 그 영향을 적지 않게 끼쳤을 법하므로 그러하다.

따라서 漢代에 소년의 한자 교육 교재로 "暗誦하기 쉽도록 구성 편찬된" 『急就篇』 내용의 習得과 當代 古朝鮮 지역 樂浪郡의 秥蟬縣廳 所在地에 건립된 漢文 碑石인 「黏蟬神祠碑」의 解讀을 통해 당시 古朝鮮人들은 漢字를 본격적으로 익히고 나아가 그 書法 및 金石學도 受容하였을 것으로 여겨진다. 따라서 本稿에서는 이러한 역사적 면모를 심층적으로 조망하는 데 주력해보고자 한다.

---

8) 碑文의 部分 缺落에 따른 黏蟬神祠碑의 建立 年代의 파악과 관련해서, 勞榦의 해석과 달리 종래에 內藤湖南 등에 의해서 朝鮮總督府 古蹟調査委員會 編, 「秥蟬平山郡碑」, 『古蹟調査特別報告』 樂浪郡時代의 遺蹟 第4冊, 1927, pp.241-245 및 李丙燾, 「樂浪郡考」, 『韓國古代史研究』, 서울 : 박영사, 1976, pp.146-148에서 이미 '章帝 元和 二年(西紀 85年)' 建立說이 표방된 바가 있었음을 알 수가 있는데, 최근에 曹中屛, <漢四郡文化遺址與樂浪文化的歷史地位>, 「朝鮮半島進入人類發展的文明時代」, 『朝鮮半島古代史通論』, 南京 : 江蘇人民出版社, 2024, pp.124-125에서도 東漢 章帝 元和 2년(85)로 보고 '朝鮮 境內에 現存하는 最古로 오래된 碑石'이라 記述하고 있음이 참조된다.
9) 李丙燾, 「樂浪郡考」, 『韓國古代史研究』, 1976, p.147.

제2절
『급취편』의 편찬·구성과
그 서법의 특징 및 활용의 실제 양상

먼저 『急就篇』의 編撰 및 그 내용의 構成에 관해서 검토하고 그 특징이 각각 무엇인지를 규명하고자 한다. 그런 뒤 그 書法의 特徵과 그 書法 活用의 實際 樣相 곧 그러한 특징을 띤 『急就篇』의 書法이 漢代 당시에 어떠한 방식으로 어떻게 활용되었는가 하는 實用性 자체에 관해 구체적으로 면밀하게 살핌으로써 궁극적으로는 그 역사적 의의가 무엇인가를 밝히고자 한다.

1)『급취편』의 편찬과 그 유행

『急就篇』의 編撰과 관련한 기록으로 역사적으로 가장 이른 시기의 것은 [後漢] 崔寔(生沒年不詳)의 『四民月令』에 보인다. 그 서술 중 소위 '篇章' 즉 書籍의 하나로 거론되는 부분에서 찾아지는데10), 이 대목에 대한 오늘

---

10) 원문은 "入小學, 學書篇章. 謂六甲, 九九, 『急就』, 『三蒼』之屬."

날의 그 대표적 校註本 및 譯註本에서 다음과 같이 풀이하고 있어 괄목할
만하다.

> 篇章은 『六甲』, 『九九』, 『急就』, 『三倉』 같은 종류로, 그중에서 『
> 急就』, 『三倉』 등의 字書는 응당 書寫를 습득하는 것이다.11)

『急就篇』는 요컨대 '書寫를 습득하는 字書' 중의 하나라는 것이다. 그러
므로 이후 『急就篇』은 書寫 習得을 위한 字書로 지속해서 流行했으며,
[淸] 顧炎武가 편찬한 『日知錄』에서 "漢·魏 이후 童子는 모두 史游 『急
就篇』을 읽었다.12)"라고 기술하였음이 그러한 역사적 사실을 가장 적확하
게 전해주는 바라고 여겨진다.

　이후 현대에 이르러서도 『急就篇』의 編撰과 그 流行에 관한 적지 않은
연구들이 속속 행해졌다.13) 그런 연구 중 그 핵심을 제시한 아래의 대목
이 더욱 주목된다.

> 武帝 때 司馬相如가 『凡將篇』을, ①元帝 때 史游가 『急就篇』을,
> 成帝 때 李長이 『元尙篇』을 지었으며, 『범장편』을 제외하고 모두
> 『창힐편』의 正字를 사용했다. 그 가운데 黃門令 史游의 ②『급취
> 편』이 영향력이 제일 크고 널리 流行하였으며, 이 책은 사실 『창
> 힐편』을 대체하는 字書였는데, ③오늘날 西陲에서 이미 상당수의
> 『급취편』 殘簡들이 발견되었다.14)

---

11) [漢]崔寔 撰, 石聲漢 校注, 『四民月令校注』, 北京：中華書局, 2013; 重印,
　　2017, p.10; 渡部 武 譯註, 『四民月令：漢代の歲時と農事』, 東京：平凡社,
　　1987, pp.12-16. 王子今, 〈民間儒學敎育〉, 「經學普及的時代」, 『秦漢史：帝國
　　的成立』, 北京：中信出版社, 2017, p.254 참조.

12) [淸]顧炎武 撰, [淸]黃汝成 集釋, 欒保群 校點, 「急就篇」, 『日知錄集釋』 卷21;
　　『日知錄集釋』 中, 北京：中華書局, 2020, pp.1092-1093. 原文 "漢·魏以後,
　　童子皆讀史游『急就篇』"

13) 高二適, 『新定急就章及攷證』, 上海：上海古籍出版社, 1982; 北京：人民美術出
　　版社, 2017. 張麗生, 『急就篇硏究』, 臺北：臺灣商務印書館, 1983. 馬 新, '知識
　　啓蒙', 〈古代村落敎育的內容〉, 「中國古代村落敎育」, 『中國古代村落文化硏究』,
　　北京：商務印書館, 2021.

14) 陸錫興, '漢代的正字活動', 〈歷史上重要的正字活動〉, 「漢字的形成和發展」, 『漢
　　字傳播史』, 語文出版社, 2002, p.36; 北京：商務印書館, 2018, p.22; 루시싱 지
　　음, 전향란 옮김, 『한자 전파의 역사』, 서울：민속원, 2017, p.69.

이로써 『急就篇』이 [漢] 元帝 때 史游에 의해 편찬되어(①), "영향력이 제일 크고 널리 流行(②)"한 사실을 확인할 수 있다. 게다가 "오늘날 西陲" 즉 중국의 서쪽 邊境 지역에서 "이미 상당수의 『急就篇』殘簡들이 발견되고(③) 있는 점으로 보아서도 이는 틀림 없는 역사적 사실로 입증된다고 하겠다. 더욱이 『急就篇』은 오늘날 2,000字 남짓의 實用文字로 구성된 것이 현존하고 있다.15)

그리고 그 내용이 人名 및 각종 事物에 대한 稱號는 물론 租稅·官職·造獄 등과 관련한 일반적인 官吏의 政務 修行과 관련된 用語들을 대부분을 포함하고 있으므로, 이 책 편찬의 주된 목적이 당시 宮庭 안팎의 初學者와 兒童들을 官界에 진출시키기 위한 준비에 있었음이 분명하다.16) 물론 오늘날 日用 文字의 수와 비교해 볼 때도, 漢代의 有用 文字는 그 수량이 적은 편이 아니었기에 초학자와 아동의 학습용 서적으로써 『急就篇』이 그 진가를 발휘했을 것이다. 아울러 정치 실무를 담당하는 여러 官府의 屬吏에게 요구되는 문자를 충족시켜 유용 문자의 서적으로써 그 역할이 충분히 수행되는 데에 이를 수 있기

---

15) 『急就篇』 收錄 漢字의 數爻에 대해서 郭齊家, <漢代的私學>, 「從秦代的學室到漢代儒學獨尊的學校敎育制度的建立」, 『中國古代學校』(增訂版), 北京 : 商務印書館, 1998; 2次印刷, 2007, p.88; 곽제가 저, 이경자 역, <한대의 사학>, 「진대의 학실에서 한대 유학독존의 학교교육제도의 성립까지」, 『중국의 고대학교』. 원미사, 2004, p.107에서는 '1244字'라고 하였다. 이후 郭齊家, <古代民間小學－私塾蒙學及蒙養敎材>, 「儒家文化與中國古代私學」, 『文明薪火賴傳承 : 儒家文化與中國古代敎育』, 濟南 : 山東敎育出版社, 2011, p.33에서도 여전히 역시 '1244字'라고 하였으나, 兪啓定, '蒙養敎材', <蒙學和蒙養敎材>, 「漢代的私學和家庭敎育」, 兪啓定 主編, 『中國敎育通史』 3 秦漢卷, 北京 : 北京師範大學出版社, 2013; 重印, 2014, p.241에서는 '總計2144介字'라고 하였다. 한편 梁曉星 編著, 「急就章收錄 部首別 漢字」, 『史游 急就章』, 서울 : 박이정, 2008, p.365에서는 모두 2,016字로 중복된 글자를 제외하면 1,677字라고 특정한 바가 참조된다.

16) [日]池田雄一 著, 鄭 威 譯, '有用文字的內容', <從『蒼頡篇』到『蒼頡訓纂篇』一有用文字>, 『中國古代的聚落與地方行政』, 上海 : 復旦大學出版社, 2017; 重印, 2020, pp.608-609. 이러한 사실과 관련해서는 張麗生, <急就篇的編撰目的>, 「前言」, 『急就篇研究』, 1983, p.3에서의 다음과 같은 지적도 크게 유용하다. "『急就篇』은 小黃門[皇宮 안의 給事 宦官]들에게 지급되어 姓氏를 확인하고 物名을 식별하도록 宮廷 안에서 敎授하던 書籍이어서, 그 敎學의 장소가 자연히 宮廷을 나오지 않아 宮廷에서의 교육을 벗어날 수 없었으나, 어떤 '8세에 小學에 入門한' 王侯의 子弟와 혹은 '吏를 師로 삼은' 어린이와 청소년에게는 啓蒙的인 書籍이 되었다."

에17) 字書로써 漢代에 "영향력이 제일 크고 널리 유행(②)"하였던 것이라 하겠다.

2)『급취편』의 구성과 그 특징

『急就篇』의 構成에 관해서는 그간 31章說, 32章說, 34章說이 제기되었다. 이를 제기된 年代順으로 정리해보니 (1)32章說, (2)34章說, (3)31章說 순서임을 알 수 있었다. 이와 같은 구체적인 면모를 드러내는 사항을 도표로 작성하여 제시해 보이면 다음의 <表 1>이다.

<表 1> 『急就篇』 構成의 諸說 比較表

順番	學說	主唱	時期
1	32章說	[中國] 晁公武	南宋18)
		[韓國] 梁曉星	2008年19)
2	34章說	[日本] 鈴木 由次郎	1968年, 1984年20)
		[韓國] 孔在錫	2002年21)
		[中國] 俞啓定	2013年, 2014年22)
		[中國] 楊月英	2014年23)
		[中國] 張傳官	2017年, 2022年24)
3	31章說	[中國] 高二適	1982年, 2017年25)
		[中國] 張麗生	1983年26)

---

17) [日]池田雄一 著, 鄭 威 譯, '有用文字與諸文獻', <結語>, 「漢代官吏的識字 : 關于有用文字」, 『中國古代的聚落與地方行政』, 2020, pp.623-624.

18) [南宋] 晁公武(1101(1105?)-1180)의 『郡齋讀書志』는 중국에 現存하는 가장 이른 시기의 개인 所藏書 目錄集으로 저명한데, 1151년부터 저술되기 시작하여 완성되어 전해지다가 후일 淸 康熙 61년(1722년) 海寧의 陳師曾이 간행하여 세간에 유통되었으며, 후에 『四庫全書』에 수록되었다. [南宋] 晁公武, 「急就章一卷」, 『昭德先生郡齋讀書後志』 第一卷 10右; 孫猛 校證, 『郡齋讀書志』, 上海 : 上海古籍出版社, 2011; 重印, 2012, p.149. 이와 관련하여서는 鈴木 由次郎, 『漢書藝文志』, 東京 : 明德出版社, 1968; 제4판, 1984, p.114. 國譯은 李世烈 解譯, 『한서예문지』, 자유문고, 1995, p.116 참조. 이에 『急就章』에 관해 다음과 서술하고 있음이 주목된다.

이러한 3가지의 학설 가운데 오늘날 中國은 물론 日本, 韓國에서 공통으로 학자의 인정을 받는 것은 32章說이라 가늠된다. 이러한 사실과 관련하여 가장 주목해야 할 대목은 34章說을 주장한 鈴木 由次郎의 서술 중 특히 다음 부분이라고 생각한다.

> 지금의 책 『急就』는 34章으로 되어 있고, 3字 또는 7字로 1句가 된 口訣文體이다. 끝의 '齊國'·'山陽' 2장은 後漢 사람이 덧붙인 것이다.

이에 따르면 "지금의 책 『急就』는 34章으로 되어 있"지만, "끝의 '齊國'·'山陽' 2장은 後漢 사람이 덧붙인 것이어서" 애초에 前漢 때 편찬된 원래의 『急就篇』은 32章이었다는 점을 지적하고 있음을 알 수가 있다. 따라서 현재는 비록 이렇듯이 後漢 때 덧붙여진 '齊國'·'山陽' 2장까지 포함하여 34章의 것이 널리 알려졌지만, 前漢 때의 原本 『急就篇』은 본디 32章으로 구성된 것이었음이 확실하다.

이와 같은 前漢 때 32章 및 後漢 때 34章의 『急就篇』 전체 구성상 특징의 핵심은 그 卷一 第一章 첫 대목에서 잘 드러내고 있다. 그 가운데서

"『急就章』 1권은 …… 무릇 32장으로 姓名·諸物·五官 등의 글자를 雜記해서 그것으로써 童蒙을 가르쳤다."

19) 梁曉星 編譯, 『史游 急就章』, 서울 : 박이정, 2008.

20) 鈴木 由次郎, 『漢書藝文志』, 東京 : 明德出版社, 1968; 제4판, 1984, p.114. 國譯은 李世烈 解譯, 『한서예문지』, 자유문고, 1995, p.116.
"急就 1편 元帝 때 黃門令인 史游가 지었다. 漢 元帝 때 黃門令인 史游가 지은 字書다. 『急就篇』은 『凡將篇』을 모방해 만든 것으로 『隋唐志』에는 『急就章』라고 되어 있다. 지금의 책 『急就』는 34章으로 되어 있고, 3字 또는 7字로 1句가 된 口訣文體이다. 끝의 '齊國'·'山陽' 2장은 後漢 사람이 덧붙인 것이다. 書名 '急就'는 篇首의 2자를 취해서 이름붙인 것이다."

21) 공재석, <『急就篇』解釋>, 「漢代 童蒙識字書『急就篇』研究」, 『한국학연구』 16, 고려대학교 한국학연구소, 2002; 『中國言語學』, 서울 : 신서원, 2002.

22) 俞啓定, '蒙養敎材', <蒙學和蒙養敎材>, 「漢代的私學和家庭敎育」, 俞啓定主編, 『中國敎育通史』 3 秦漢卷, 北京 : 北京師範大學出版社, 2013; 重印, 2014.

23) 楊月英 注, 『急就篇』, 北京 : 中華書局, 2014.

24) 張傳官 撰, 『急就篇校理』, 北京 : 中華書局, 2017. 張傳官, 『急就篇』新證, 上海 : 中西書局, 2022.

25) 高二適, 『新定急就章及攷證』, 1982; 2017, pp.412-420.

26) 張麗生, 『急就篇研究』, 1983, pp.1-19.

도 연속되는 다음 3대목의 내용이 특히 그렇다.

> (1)『急就』는 진귀한 簡札로서 많은 것과 다르다.
> (2)여러 사물의 名稱, (사람의) 姓·字를 나열하였다.
> (3)部門을 구별하고 種類를 변별해서 분류하여 뒤섞이지 않았다.[27]

첫째, (1)의 사실과 관련한 설명으로 가장 대표적인 것은 그 『急就篇』에 註釋을 붙이면서 쓴 [唐] 顔師古(581-645)의 그것이라 정평이 나 있다. 즉 원문 (1) "急就奇觚與眾異"에 대한 注釋에서 [唐] 顔師古는 書名『急就篇』에 관하여 唐 당시에 小兒들이 書簡을 배울 때 활용하던 『木觚章』과 연결을 지어서 설명한 바가 있음[28]을 특히 주목해야 마땅하겠다. 이로써 漢代의『急就篇』이 唐代의 『木觚章』과 같이 소아들의 서간 습득용 서책이었음이 확연하다고 하겠다.

둘째, (2) "여러 사물의 名稱, (사람의) 姓·字를 나열하였다."라고 한 대목에서『急就篇』구성상 또 하나의 특징이 '여러 사물의 名稱, (사람의) 姓·字' 위주로 되어 있음 그 자체가 분명히 드러난다. 이런 사실은『急就篇』의 전체 구성을 분석하여 도표로 작성해보았더니, 아래의 <표 2>에서 보듯이 뚜렷이 드러났다.

<표 2>『急就篇』構成 分析表

區分	篇名	細部 項目				
1	緒言					
2	人名					
3	諸物	1)人體	2)疾病	3)穀食	4)農具	5)菜蔬
		6)藥草	7)果實	8)材木	9)家畜	10)禽獸

---

27) 원문은 "(1)急就奇觚與眾異 (2)羅列諸物名姓字 (3)分別部居不雜厠."
28) [漢]史游 撰, [唐]顔師古 注, [宋]王應麟 補注, 錢保塘 補音, 叢書集成初編 『急就篇』, 北京 : 中華書局, 1985, pp.32-33; [漢]史 游 撰, [唐]顔師古 註, 『急就篇』; 『(景印)文淵閣四庫全書』 第223冊, 臺灣 : 臺灣商務印書館, 2002, p.3. "觚者, 學書之牘. 或以記事削木爲之, 蓋簡屬也. 孔子歎觚, 卽此之謂. 其形或六面或八面皆可書. 觚者棱也, 以有棱角, 故謂之觚, 言學僮急當就此奇好之觚, 其中深博與眾書有異也. 班固兩都賦曰上觚棱而棲金爵, 今俗猶呼小兒學書簡爲木觚章, 蓋古之遺語也."

		11)魚類	12)飮食	13)食器	14)衣類	15)治粧
		16)美醜	17)建築	18)製鐵	19)武器	20)交通
		21)商業	22)租稅	23)樂器	24)風流	25)婚姻
		26)葬禮	27)信仰			
4	五官	1)敎科	2)姿勢	3)指向	4)職位	5)綱領
		6)刑政	7)地理			
5	結語	1)漢의 發展과 中國의 形成				
		2)中國의 一統과 '中國康' 達成				

이 <표 2>를 통해 『急就篇』의 전체 구성이 「緖言」과 「結語」를 제외하면, 「人名」·「諸物」·「五官」으로 3분이 된다고 파악된다. 이 중에서 「五官」은 『急就篇』의 그 해당 대목 직전의 서술 내용에 "諸物이 모두 끝났으니, (이제부터는) 五官[百官](에 대한 것)이 나온다(諸物盡訖五官出)."라고 하였음에 근거하여29) 분간한 것이기는 하지만, 굳이 이렇게 별도로 설정하지 않고 或者에 따라서는 「諸物」에 포함하기도 한다.30) 따라서 이렇듯이 "여러 사물의 名稱, (사람의) 姓·字를 나열하였다."라고 서술한 것 자체가 곧 『急就篇』 구성상 또 하나의 특징이라 판단하여도 무방할 듯하다.

셋째, (3) "部門을 구별하고 種類를 변별해서 분류하여 뒤섞이지 않았다."라고 서술한 자체는 곧 漢字를 部首로 나누어 그 속에서 종류를 변별해서 분류하여 뒤섞이지 않게 한 구성상의 특징을 있는 그대로 담아낸 대목이라 하겠다. 그러므로 이는 100여 년 뒤에 許愼의 『說文解字』에서 部首를 나누고 그 속에 다시 글자들을 배열하는 방법의 시초를 『急就篇』에서 이미 열었음을 전해주는 바이며, 『急就篇』의 이 부분에서 이러듯이 '分別部居, 不雜厠'이라고 하고 있는데, 『說文解字』 「敍」에서도 역시 '分別部居, 不相雜厠'이라고 하고 있음이 그 명백한 증거라고 할 수 있겠다.31)

---

29) [漢]史游 撰, [唐]顔師古 注, [宋]王應麟 補注, 錢保塘 補音, 叢書集成初編 『急就篇』, 1985, p.22; [漢]史游 撰, [唐]顔師古 註, 『急就篇』; 『(景印)文淵閣四庫全書』 第223冊, 2002, p.52.

30) 梁曉星 編譯, 『史游 急就章』, 2008, p.297 각주 143.

31) 오만종·양회석 (외), 「六藝略」, 『중국 고대 학술의 길잡이』, 2005, p.85. "『急就篇』의 가장 뛰어난 업적은 部首를 두고 있으므로, 許愼의 『說文解字』에서 부수를 나누고 그 속에 다시 같은 의미의 글자들을 배열한 방법의 시초를 열었다고 할 수 있다. … 史游보다 100여 년 뒤에 許愼은 이러한 편제에서 부수법을 만들었을 것이다. 즉 『急就篇』의 첫 부분에 '分別部居, 不雜厠(부수를 각각

다만 이러한 애초의 기준 설정에 따른 서술이 줄곧 이어졌지만, 때로는 『急就篇』이 후대에 전파되는 과정에 錯簡이 발생하기도 했던 것으로 가늠된다. 특히 제31장의 마지막 부분에서 구성 내용상 錯簡이 분명하다고 여겨지는 내용의 극히 일부분이 찾아지기 때문이다. 그 대목을 원문 그대로 인용하여 분야를 나누어 도표로 작성하여 제시해보면, <표 3>이다.

<표 3> 『急就篇』構成 內容上 錯簡의 代表的 事例32)

連番	區分		原文	分野
1		(4)	涇水注渭街術曲	地理
2		(5)	筆研籌筭膏火燭	文房具
3	第31章	(6)	賴赦救解貶秩祿	刑政
4		(7)	邯鄲河間沛巴蜀	地理
5		(8)	潁川臨淮集課錄	刑政
6		(9)	依溷汙染貪者辱	刑政

비록 이렇듯이 錯簡이 후대에 전파되면서 발생한 사례가 일부 찾아진다고 하더라도, 그렇다고 해서 『急就篇』原本의 편집 방침 자체는 원래 그대로 견지되었다고 보인다. 따라서 "部門을 구별하고 種類를 변별해서 분류하여 뒤섞이지 않았다."라는 『急就篇』전체 구성상 특징의 핵심은 여전히 그대로 존속되었다고 하겠다.

3) 『급취편』 서법의 특징과 활용의 실제 양상

『急就篇』의 書法과 그 特徵에 대해 파악하기 위해 우선, 『急就篇』을 筆寫한 기록이 전해지는 인물과 그 書法에 관련하여 허다한 문헌 기록 및 연구서의 내용을 섭렵하여 조사해보았다. 그 결과 5종의 서적에서 관련된

세우되 서로 섞이지 않는다)'이라고 하고 있는데, 『說文解字·敍』에서도 역시 '分別部居, 不相雜厠'이라고 하고 있으니, 그 명백한 증거이다."

32) [漢]史游 撰, [唐]顏師古 注, [宋]王應麟 補注, 錢保塘 補音, 叢書集成初編 『急就篇』, 1985, pp.26-27; [漢]史游 撰, [唐]顏師古 註, 『急就篇』; 『(景印)文淵閣四庫全書』第223册, 2002, p.58.

구체적인 내용을 알 수가 있었는데, 그래서 『急就篇』 筆寫 사실이 전해지는 인물과 그 관련 기록의 문헌을, 그 문헌의 出版 年度 순서대로 정리하였다. 그 내용의 골자를 도표로 작성한 것이 <表 4>이다.

<表 4> 『急就篇』 筆寫 人物과 그 文獻 整理表

連番	人名	文獻 記錄
1	崔浩	『魏書』 「崔浩傳」33)
2	皇象・鍾繇・衛夫人・王羲之	晁公武 撰 「急就章一卷」34)
3	張芝・崔瑗・皇象・鍾繇・衛夫人鑠・王羲之・索靖・崔浩	高二適 「自序」35)
4	崔瑗・張芝, 鍾繇・皇象・索靖・衛夫人・王羲之, 崔浩	陸錫興 「論漢代草書」36)
5	崔瑗・張芝・鍾繇・索靖・衛夫人・王羲之・蕭子雲・崔浩・陸柬之・[宋] 太宗	啓 功 「『急就篇』傳本考」37)

이 <表 4>의 人名 기록이 중복되고 또 문헌마다 기록상 기준이 다르게 정리되어 다소 혼란스러운 면모가 있어, 이를 筆寫 인물의 생존 시대 순으로 재정리하여 제시해야 이해에 도움이 되겠다고 싶어, 그렇게 재정

33) "崔浩旣工書, 人多託寫『急就章』, 從少至老, 初不憚勞, 所書蓋以百數"
34) "自昔善小學者多書, 此故有皇象・鍾繇・衛夫人・王羲之所書傳于世." [宋] 晁公武 撰, 「急就章一卷」, 『昭德先生郡齋讀書志』 後志 卷一; 王雲五 主編, 國學基本叢書 四百種, 『郡齋讀書志』 四冊, 台北：臺灣商務印書館, 1968, p.769. [宋]晁公武, 「急就章一卷」, 『昭德先生郡齋讀書後志』 第一卷 10右; 孫猛 校證, 『郡齋讀書志校證』, 上海：上海古籍出版社, 2011; 重印, 2012, p.149.
35) "粤維漢黃門令史游, 創爲『急就章』草法, 其後傳摹者有張芝・崔瑗, 至於吳・晉, 則有皇象・鍾繇・衛夫人鑠・王羲之及索靖等諸家. 而元魏有崔浩者, 亦以寫『急就』有聲於世." 高二適, 「自序」, 『新定急就章及攷證』, 上海：上海古籍出版社, 1982, p.1. 이 책은 이후 再版되기도 하였다. 高二適, 『新定急就章及攷證』, 北京：人民美術出版社, 2017.
36) "根據記載, 漢崔瑗・張芝, 三國鍾繇・皇象・晉索靖・衛夫人・王羲之, 北魏崔浩都有章草『急就章』行世. 可惜在宋元之後各家章草本子都失傳了, 現在能見到的只是石刻摹本及臨寫本." 陸錫興, 「論漢代草書」, 『漢代簡牘草字篇』, 上海：上海書畫出版社, 1989; 『急就集』, 北京：北京社會科學出版社, 2002, p.181.
37) "崔瑗・張芝・鍾繇・索靖・衛夫人・王羲之・蕭子雲・崔浩・陸柬之・宋太宗" 啓 功, <已佚古本>, 「『急就篇』傳本考」, 『古代字體論稿』, 北京：三聯書店, 2023, pp.101-106.

리하였다. 다만 趙孟頫의 경우는 문헌 기록에는 보이지 않지만, 그가 筆寫
한 『急就篇』 寫眞이 전하므로[38], 그를 포함하였다. 다음의 <表 5>가 그
것이다.

<表 5> 『急就篇』 筆寫 人物의 生存 年代・時代 整理表

連番	人名	生存 年代	時代
1	崔瑗	77-142	東漢 中期
2	張芝	?-192	東漢
3	鍾繇	151-230	東漢 末-三國 魏
4	皇象	?-?	三國 東吳(229-280)
5	索靖	239-303	東晉
6	衛夫人(衛鑠)	272-349	東晉
7	王羲之	303-361	東晉
8	崔浩	381-450	北魏
9	蕭子雲	487-549	梁
10	陸柬之	585-638	唐
11	太宗(趙炅, 本名 趙匡義)	939-997	宋
12	趙孟頫	1254-1322	元

이 <表 5>를 통해서 『急就篇』 筆寫가 崔瑗・張芝・鍾繇・皇象・王羲
之 등 中國 書藝史에 커다란 족적을 남긴 書法家에 의해 東漢・三國・魏
晉南北朝를 거쳐 이후 唐・宋・元代까지 면면히 행해졌던 사실이 입증된
다고 하겠는데[39], 궁극적으로는 그 書法이 과연 구체적으로 어떠한 것이
었을까 하는 점이 더욱 궁금해진다. 이러한 궁금함을 해소하는 데에는 최
근에 간행된 적지 않은 관련 연구서의 서술 내용 가운데 다음의 대목이
잘 정리하여 가장 유용하다고 판단되어 주목하고자 한다.

---

38) 王悅欣, '草書—飄逸的相連', <漢字的形體演變—發展之美>, 「漢字的起源與演變—
   美的歷程」, 『漢字審美與文化傳播』, 北京 : 人民出版社, 2015, p.39.
39) 이들 가운데 崔瑗・張芝・鍾繇・索靖・衛夫人・王羲之・蕭子雲・崔浩・陸柬之
   ・宋太宗 등 10인의 古本 『急就篇』에 관해서는 啓功, <已佚古本>, 「『急就篇』傳
   本考」, 『古代字體論稿』, 北京 : 三聯書店, 2023, pp.101-106에, 皇象本 및 皇本
   異文에 대해서는 pp.106-114에, 古刻本에 관해서는 <僞古刻二本>, pp.114-
   119 그리고 隷・眞・今草 寫本과 章草 寫本에 관하여는 <傳世諸本綜述>,
   pp.119-124에 상세하게 정리되어 있어 크게 참조가 되었다.

(ⅰ)곧 草書體로 베껴졌지만, 다만 漢簡 중에는 또한 隷書로 베껴 필사된 『急就篇』도 발견되었다. (ⅱ)出土된 東漢 磚文에는 工匠들이 사용했던 粗雜한 隷書體 字態로 刻畫된 『急就篇』도 있어서 (ⓐ)『急就篇』이 당시에 매우 널리 流傳되었음을 볼 수 있다. (ⅲ) 隷書는 文字 認識에 편리하고 草書는 文字 學習에 편리한 教育的인 長點이 제각각 있다. (ⅳ)張芝, 崔瑗, 鍾繇와 같은 漢代의 여러 書法家들은 모두 『急就篇』을 筆寫하였는데, 이것이 (ⓑ)『急就篇』이 流傳되어 내려온 중요한 原因이다.40)

이 글을 통해서 2가지 역사적 사실을 구체적으로 살필 실마리를 찾게 된다. 그 첫째는 "『急就篇』이 당시에 매우 널리 流傳되었음을 확인할 수 있(ⓐ)"고, 둘째는 이렇듯이 널리 『急就篇』이 流傳되어 내려온 중요한 原因(ⓑ)"을 가늠할 수가 있다는 점이다.

『急就篇』이 당시 널리 流傳되었던 그 첫째의 구체적인 면모는 "草書體로 베껴졌지만41), 다만 漢簡 중에는 또한 隷書로 베껴 필사된 『急就篇』도 발견되었(ⅰ)"을뿐더러 "出土된 東漢 磚文에는 工匠들이 사용했던 粗雜한 隷書體 字態로 刻畫된 『急就篇』도 있(ⅱ)"는 사실에서 분명하게 드러난다. 그리고 그 둘째의 실제 면모 즉 『急就篇』이 그토록 流傳되어 지금까지 내려온 중요한 原因은 "隷書는 文字 認識에 편리하고 草書는 文字 學習에

---

40) 兪啓定, '蒙養教材', <蒙學和蒙養教育>, 「漢代的私學和家庭教育」, 兪啓定主編, 『中國教育通史』 3 秦漢卷, 北京：北京師範大學出版社, 2013; 重印, 2014, p.241. "(ⅰ)卽爲草書體所寫, 但漢簡中亦見有隷書抄寫的『急就篇』文字. (ⅱ)出土的東漢磚文里, 也有工匠用潦草的隷書體態刻畫的『急就篇』文字, (ⓐ)可見該篇當時流傳頗廣. (ⅲ)隷書方便于識字, 草書方便于習字, 各有教學上的長處. (ⅳ)漢代一些書法家, 如張芝, 崔瑗, 鍾繇等人都寫過『急就篇』, 這也(ⓑ)是『急就篇』得以流傳下來的重要原因."

41) 漢代에 『急就章』의 書法 자체가가 후에 '章草'라고 칭해지고, 草書體가 漢代의 이 '章草'에서 유래하며, 그래서 "快速히 記載하거나 簡便하게 문장을 지었다"라고 한다는 점에 대해서는 孫曉雲, 「"章草"是書法演變的句號」, 『書法有法』, 南京：江蘇美術出版社, 2010, p.95를 參照하시라. 그리고 王悅欣, '草書—飄逸的相連', <漢字的形體演變—發展之美>, 「漢字的起源與演變—美的歷程」, 『漢字審美與文化傳播』, 2015, pp.38-39에서, "草書에는 章草・今草・狂草 3種이 있는데, 章草는 漢代의 草書를 지칭하며, 漢魏時代에 通行한 草書는 모두 이 章草로, 流傳해 내려오는 것으로는 三國 吳人 皇象이 書寫한 『急就篇』이 있으며, 다 원본은 일찍이 散秩되고 오늘날 보는 것은 明代의 摹刻 拓本이다."라고 기술하였음도 역시 참조가 된다.

편리한 教育的인 長點이 제각각 있(ⓑ)"었을 뿐만 아니라 그런 이유로 해서 "張芝, 崔瑗, 鍾繇와 같은 漢代의 여러 書法家들은 모두 『急就篇』을 筆寫하였"던 데에 있었음42)이 역시 증명된다고 하겠다.

『急就篇』 書法 活用의 이와 같은 實際 樣相은 속속 특히 『居延新簡』 등과 같은 오늘날 발굴되는 漢簡을 위시하여 漢印의 내용에서 잘 드러나고 있다. 그 결과 漢의 官吏들이 『急就篇』을 통해서 漢字를 학습했으며43), 특히 그 書法의 지식 습득을 토대로 실제로 漢簡에 적혀 있고 漢印에 새겨진 人名을 認證하였음이 입증되고 있다.44) 또한 그들이 문서 작성 등의 실무를 수행하였고, 課試를 통과하였던 당시의 실제 양상 역시 잘 드러난다.45)

이와 같은 양상은 漢代의 일반 관리들에만 국한된 게 아니었고, 당시 邊塞의 수비를 담당하고 있던 吏卒들도 그러하였다. 이들 邊塞吏卒들이 『急就篇』을 활용하여 習字를 하였을46) 뿐만이 아니라 軍中 敎育을 통해 그 습자 지식을 활용하도록 숙달되었다.47) 그럼으로써 이들 역시 漢簡이나 漢印에 새겨진 人名을 『急就篇』 학습을 통해 익힌 漢字 解讀力을 토대로 당시 邊塞 通行의 증표인 符信에 적힌 人名을 확인하는 업무도 수행할 수 있었던 것으로 이해된다.48) 이는 漢四郡 어디에서나 마찬가지였으므로 樂浪郡의 경우에도 그랬고, 그 지역의 古朝鮮人 吏卒들 또한 그랬을 법하다.

---

42) 이러한 사실에 관해서는 陸錫興, 「論漢代草書」, 『漢代簡牘草字篇』, 上海 : 上海書畵出版社, 1989; 『急就集』, 北京 : 北京社會科學出版社, 2002, pp.180-181에서, "漢代 草書는 古今 草書의 橋梁으로서 한편으로는 古文 草法을 계승하고, 다른 한편으로는 今草의 근원이 된다. … 각종 징후는 이 傳受本 章草 『急就篇』이 漢・魏의 書人이 아니면 할 수 없는 漢草 草法을 보존하고 있음을 분명하게 나타낸다."라고 기술하였음에서도 여실히 잘 드러난다.

43) 邢義田, <結論>, 「漢代『蒼頡』・『急就』・八體和"史書"問題-再論秦漢官吏如何學習文字」, 『治安安邦 : 法制・行政與軍事』, 北京 : 中華書局, 2011, pp.648-651.

44) 邢義田, 「漢簡・漢印與『急就』人名互證」, 『地不愛寶 : 漢代的簡牘』, 北京 : 中華書局, 2011, pp.84-101.

45) 邢義田, <文書實務與課試>, 「漢代『蒼頡』・『急就』・八體和"史書"問題-再論秦漢官吏如何學習文字」, 『治安安邦 : 法制・行政與軍事』, 2011, pp.600-607.

46) 邢義田, <邊塞吏卒如何習字?>, 「漢代『蒼頡』・『急就』・八體和"史書"問題-再論秦漢官吏如何學習文字」, 『治安安邦 : 法制・行政與軍事』, 2011, pp.607-643.

47) 邢義田, 「漢代邊塞吏卒的軍中敎育-讀『居延新簡』札記之三」, 『大陸雜誌』 87-3, 1993; 『治安安邦 : 法制・行政與軍事』, 2011, pp.585-594.

48) 王醒, '符信', <軍事信息的傳播方式>, 「古代軍事與新聞傳播」, 『中國古代傳播史』, 太原 : 山西人民出版社, 2004, pp.348-351.

제3절
「점선신사비」비문・낙랑토성 봉니
내용의 특징과 그 역사적 의의

「黏蟬神祠碑」가 1913년 平壤 서쪽의 龍岡郡 海雲面 雲坪洞에서 발견됨으로써 『漢書』「地理志」 기록에 보이는 樂浪郡 25縣 가운데 黏蟬縣[49]이 바로 이 碑石이 건립된 장소임을 알 수 있게 되었다. 이후 그 주변에 대한 발굴이 1916년부터 본격적으로 착수되어, 그 결과 樂浪土城을 비롯하여 발굴된 고분만도 72基에 달하였는데, 특히 이 樂浪土城에서 郡太守(大尹) 이하 그 屬官의 刻文과 樂浪郡 예하 25개 縣 가운데 대다수인 22개 縣의 관원 직명이 새겨진 封泥가 출토되었다.[50] 이 封泥는 樂浪大守封泥를 위시하여 樂浪大君章封泥・樂浪長史封泥 등의 粘土였으므로[51], 이 樂浪土城이 樂浪郡治이라는 근거를 얻게 되었던 것이라 하겠다.[52]

---

49) 『漢書』 卷28 地理志 8上 "樂浪郡, 戶六萬二千八百一十二, 口四十萬六千七百四十八. 縣二十五：朝鮮, 𠉂邯, 浿水, 含資, 黏蟬 … "

50) 藤田亮策, 「樂浪封泥攷」, 『小田先生頌壽記念朝鮮論集』, 大阪：大阪屋號書店, 1934；『朝鮮考古學研究』, 京都：高桐書院, 1948；서울：民族文化社, 1982, p.341 및 藤田亮策, 「樂浪封泥續攷」, 『京城帝國大學創立十周年記念論文集』第5輯 史學篇, 京城：大阪屋號書店, 1935；『朝鮮考古學研究』, pp.375-387.

51) 藤田亮策, 「樂浪封泥續攷」, 『京城帝國大學創立十周年記念論文集』, 1935；『朝鮮考古學研究』, 1948；1982, pp.367-372.

52) 藤田亮策, 「樂浪封泥續攷」, 1935；『朝鮮考古學研究』, 1948；1982, p.306 및

이 「黏蟬神祠碑」의 碑文 判讀文은 구성상 크게 2부분으로 나뉜다고 보인다. 아래에 인용한 碑文 가운데 前半 [1-3] 부분은 이 '(平)山神祠刻石'의 건립 시기 및 그 배경에 관한 내용이고, 後半 [4-7] 부분은 '刻石辭'의 서술 내용이 그것이다.

> [1]□武□年四月戊午秥蟬 長□
> [2]□□建永屬國會□□宗□立
> [3](平)山神祠刻石辭曰
> [4]□惟平山君德配代 當承天幽□
> [5]□佑秥蟬興甘風雨惠民立工
> [6]□式壽考五穀豊(登)盗賊不起
> [7]□執(蓋)藏出入吉利咸受神光[53]

이 중에서 '刻石辭'의 핵심 내용을 요약하면, '天幽'의 '黏蟬'에 대한 '佑'를 바라며 '平山神祠'에 '刻石'을 '立'하여 '五穀豊登'・'盗賊不起' 등을 기원하며 '咸受神光'을 빌고 있다고 하겠다. 당시의 이러한 '神祠'는 특정 祭祀 대상과 장소가 고정된 제사를 통칭하는 것으로[54], 漢・魏시대의 碑에 대한 관념은 대체로 墓碑와 祠廟碑 두 가지 종류에만 국한

---

p.369. 李基白, '이른바 樂浪文化의 性格', <城邑國家에서 聯盟王國으로>, 「城邑國家와 聯盟王國」, 『韓國史講座』 古代篇, 一潮閣, 1982, p.71. 이러한 사실은 駒井和愛, 『樂浪郡治址』, 東京 : 東京大學文學部考古學研究室, 1965; 정인성 역, 『낙랑토성』, 대전 : 국립문화재연구소 고고연구실, 2017, p.17에서 "토성리의 토성에서 낙랑과 관련된 유물이 출토되기 때문에, 이 성을 낙랑군치와 관계있는 것이라고 인정하는 점에는 어떤 이도 주저하지 않을 것이다."라고 서술하였음에서도 확인할 수 있다. 더욱이 駒井和愛는 최후의 著書 「郡治はうつったか」, 『樂浪─漢文化の殘像』 中公新書 308, 東京 : 中央公論社, 1972, pp.49-63에서도 이러한 사실에 관하여 상론하며 역설하고 있다.

53) 勞榦, 「秥蟬神祠碑的研究」, 『東方學誌』 第21卷 第23-24期, 1980年 2月, p.319; 『古代中國的歷史與文化』 (下), 2006, p.561. 이외에 韓國古代社會研究所 編, 譯註 韓國古代金石文, 서울 : 駕洛國史蹟開發研究院, 1992에 제시된 여러 연구자의 판독문을 참조하였고, 北京圖書館金石組編『北京圖書館藏 中國歷代石刻拓本匯編』 第1冊 戰國 秦 漢, 1989; 서울 : 法人文化社, 1990, p.21에 새로운 拓本 寫眞과 判讀文도 게재되어 있으나, 勞榦의 것이 정확한 것으로 판단되어 이에 따랐다.

54) 田天, <祠>, 「畤・廟・祠」, 『秦漢國家祭祀史稿』, 北京 : 三聯書店, 2015; 修訂本, 2023, pp.340-346.

되었고, 기타 사물을 기록한 石刻의 경우는 보통 碑라고 하지 않았으므로55), 이것이야말로 당시 神祠碑의 대표적인 것이라고 할 수 있겠다. 더욱이 '平山神'에게 '五穀豊登' 및 '盜賊不起' 등을 기원하며 '咸受神光'을 빌고 있기에 山神을 제사하기 위한 神祠碑였음을 알 수 있으며56), 이와 같은 山神 崇拜는 그 당시 樂浪지역에서 秥蟬縣 한 縣만이 아니었을 것이다.57)

이와 같은 「黏蟬神祠碑」 가운데 '五穀豊登'은 山神의 도움을 바랄 수밖에 없는 자연 현상과 관련된 바라서 한계가 뚜렷하였겠으나, '盜賊不起'는 그와는 전혀 달리 犯罪이어서 司法的·行政的 대처가 필수적인 바였다. 그러함에도 「黏蟬神祠碑」의 일환으로 '盜賊不起'를 祈願하게 되었던 당시의 절박한 현실 상황에 대해서는 『漢書』「地理志」에 다음과 같은 관련 기록이 전해지고 있다.

> 郡에서 처음에는 遼東에서 관리를 데려왔고, 관리들이 백성들이 문을 닫아 감추지 않는 것을 보았는데, 商人으로 갔던 사람들이 밤이면 도둑질을 하게 되어 풍속이 점차 야박해졌다. 지금에는 犯罪에 대한 禁令이 점점 많아져서 60여 條에 이르렀다.58)

이 기록에 실린 바의 상황은 그럴 만큼 犯罪가 늘어나서 樂浪郡의 '禁令' 자체가 후대로 갈수록 많아졌다는 것으로, 당시의 '禁令' 條文이 漢字로 書寫되었을 것임이 분명하다. 漢代 당시의 다른 刻石에서도 朝廷의 法令을 일반적으로 地方 官員을 통해 漢字로 碑石에 새겨 朝廷의 의지가 地方 基層까지 관철되도록 하였음이 찾아지므로59), 이 「黏蟬神祠碑」의 서술

---

55) 施蟄存, 「碑」, 『金石叢話』, 北京 : 中華書局, 2003; 重印版, 2007 : 文史知識文庫典藏本, 2013; 시칩존 지음, 이상천·백수진 옮김, 『중국 금석문 이야기』, 주류성, 2014, p.23.

56) 李基白. '山岳信仰의 發展', <聯盟王國時代의 文化>, 「城邑國家와 聯盟王國」, 『韓國史講座』 古代篇, 一潮閣, 1982, p.116.

57) 苗威, '諸神信仰', <樂浪의 宗敎>, 「樂浪的文化」, 『樂浪研究』, 北京 : 高等敎育出版社, 2016, p.311.

58) 『漢書』 卷28 「地理志」 下 "郡初取吏于遼東, 吏見民無閉藏, 及賈人往者, 夜則爲盜, 俗稍益薄, 今于犯禁浸多. 至六十餘條."

59) 이런 종류의 刻石으로 대표적인 것의 하나로 泗川 涼山州 昭覺縣 好谷鄕 발견

내용도 이런 事例와 동일하였다고 보인다.

「黏蟬神祠碑」서술 내용의 이러한 면모를 염두에 두면, [漢] 許愼『說文解字』卷13에 언급된 대목 "絾 樂浪挈令織60)"에 기록된 '樂浪挈令'이 어느 무엇보다도 주목된다. 이 '樂浪挈令'의 '挈'에 관해서는『荀子』「不苟」 "君子挈其辨 而同等者合矣"에서 그 用例를 찾을 수 있으며61), 그것은 [唐] 楊倞 注『荀子』에서의 夾注와 같이 '謂不煩雜'62)의 의미와 [日本]『大漢和辭典』과 [韓國]『漢韓大字典』에서의 풀이대로 '修整'63)의 의미, 그리고 [韓國]『中韓辭典』에서의 풀이처럼 '携帶하다64)'의 의미가 함께 곁들여져서, 한마디로 '煩雜하지 않게 修整하여 携帶할 수 있도록 한 律令'의 의미가 아닌가 한다.

따라서 漢이 樂浪郡을 설치하고 이 지역의 경영을 위해 시행한 독자적인 律令인 '樂浪令'을 그 지역민 중 漢字에 익숙한 漢人만이 아니라 法律用語의 漢文에 초보적인 지식만을 간신히 갖춘 누구도 역시 이해하기 편리하도록 번잡하지 않게 수정해서 휴대하여 어디에서나 참조할 수 있도록 한 律令을 지칭하는 그런 의미의 '挈'字를 삽입해서 '樂浪挈令'이라 지칭하였던 것일 듯하다.65) 즉 樂浪郡의 독자적인 律令인 '樂浪令'을 高度의 漢

의 東漢 刻石이 주목된다. 徐燕斌, '朝廷律令', <石質類媒介 : 刻石布法考述>, 「中國古代法律傳播의 媒介 (上) : 時間偏向型媒介」, 『中國古代法律傳播史稿』, 北京 : 中國社會科學出版社, 2019, pp.60-62.

60) [漢] 許愼,『說文解字』卷13, "絾 : 樂浪挈令織. 从糸从式."

61) 諸橋轍次.『大漢和辭典』卷五. 初版, 1956; 縮刷版 第二刷, 1968, p.221와 李炳俊 編,『漢韓大字典』, 民衆書舘, 初版, 1966; 三版, 1967, pp.514-155; 民衆書林 編輯局 編,『漢韓大字典』全面訂・增補版, 제2판 제5쇄, 2001, p.830.

62) [唐] 楊倞 注,『荀子』第二卷「不苟」篇 第三, 湘江書局, 1876, p.65에서는 '挈'字가 아닌 '絜'字를 채택하여 "君子絜其辨 而同等者合矣"라고 인용하고도 그 夾注에서는 "絜 修整也 謂不煩雜"라고 풀이한 바가 주목된다.

63) 諸橋轍次.『大漢和辭典』卷五. 1968, p.221와 李炳俊 編,『漢韓大字典』, 1967, pp.514-155; 民衆書林 編輯局 編,『漢韓大字典』全面訂・增補版, 2001, p.830 가운데 '挈'로 인용하고 이에 대해서 '앞엣것에서는 "③가지런히[나란히] 하다."로, 뒤엣것에서는 "②'가지런히 할 설' 수정(修整)함."이라고 해설하였다.

64) 高大民族文化研究所 中國語大辭典編纂室 編,『中韓辭典』, 高麗大學校 民族文化研究所, 初版, 1989, p.1837;『全面 改訂 中韓辭典』, 2版 3刷, 2006, p.1563에서도 역시 '挈'로 인용하고 이에 관해서 "①(손에) 들다. 잡다. 휴대하다."라고 해설한 바가 괄목할 만하다.

65) 李基白, '郡縣統治의 影響', <城邑國家에서 聯盟王國으로>, 「城邑國家와 聯盟

字에 能熟하지 못하고 基礎 漢字만 겨우 습득한 그 지역의 古朝鮮人 吏卒
이라도 누구나 알기 쉽도록 번잡하지 않은 내용으로 수정하여 어디에서나
휴대하여 참조할 수 있도록 하는 것이라는 그런 의미로 '樂浪挈令'이라고
命名한 것이라 여겨진다.[66]

　이런 '樂浪挈令'은 樂浪지역에서 常用한 漢文을 크게 '記述的 文章'과
'文書·書信' 2가지로 구분할 때 앞엣것에 해당하며 보존돼 내려온 古代
文獻 중에서만 탐구할 수 있는 한계가 있다. 이에 반해 뒤엣것 '文書·書
信'이라고 하는 것은 주로 樂浪지방의 各級 政府가 발급하거나 전달하는
公文·書信 및 개인의 오고 간 郵便物 관련 자료들인데, 그와 같은 원본
은 지금까지 명확한 考古學的 발굴이 없었고, 완전한 文翰도 현존하는 史
籍 중에서 발견되지 않았으나, 그러한 우편물의 作成 및 發送과 必須的이
며 不可缺이었던 印章·印泥의 발굴을 통해 출현을 통해 확인된다.[67]

王國」,『韓國史講座』古代篇, 1982, p.74에서는 일찍이 "장기적으로 볼 때 漢
郡縣의 영향은 비단 군현 통치지역 안에만 한정된 것은 아니었으나, 직접 그들
의 지배를 받게 된 지역에 있어서의 사회적·문화적 영향은 매우 큰 것이었다.
漢人들의 사회제도나 생활 양식이 점차 古朝鮮人의 사회에 침투하였기 때문이
다. 古朝鮮社會에 8條目밖에 없었던 法禁이 그들의 영향으로 60여 조목으로
늘어나고, 樂浪郡 독자의 律令인 이른바 '樂浪挈令'이란 것까지가 제정되었던
것은 이같은 사회적 영향을 말하여 주는 대표적인 예이다."라고 하여 '樂浪挈
令'을 '樂浪郡 독자의 律令'이라 지적한 바가 있다.

66) 방금 앞서 제시하였듯이 李基白이 "樂浪郡 독자의 律令인 이른바 '樂浪挈令'
이란 것까지가 제정되었"다고 지적한 바가 있는데, 李基白의 이러한 지적을 인
용하지 않기는 하였지만 '樂浪挈令'에 대해서 그 이후 여러 의견이 개진되었다.
尹龍九, 「樂浪前期 郡縣支配勢力의 種族系統과 性格」, 『歷史學報』 126, 1990,
p.20에서는 '漢法과 달리 현지 사정을 반영하여 운영된 낙랑군 내의 법령', 조
법종, 「한국 고대사회 노비제의 특성」, 『韓國史學報』 15, 2003, pp.269-270에
서는 '낙랑 지역의 별도 법령', 金秉駿, 「중국고대 簡牘자료를 통해 본 낙랑군
의 군현지배」, 『歷史學報』 189, 2006, pp.160-161에서는 '낙랑군에 적용되는
법령 모음집', 이성규, 「중국 군현으로서의 낙랑」, 『낙랑 문화 연구』, 동북아역
사재단, 2006, pp.121-122에서는 "낙랑 설령도 낙랑에서만 적용된 율령이 분
명하다."라고 지적하였다. 그리고 尹龍九 이후의 '낙랑설령'에 관한 여러 연구
를 개관한 김남중, 「『說文解字』의 고조선·낙랑 기록과 典據」, 『先史와 古代』
51, 2017, pp.24-25에서 "정리하면 낙랑설령에는 낙랑 지역 통치에 필요한
여러 법령과 행정적인 내용들이 있었을 것이다."라고 한 바도 참조가 된다.

67) 苗威, '樂浪的漢文', <樂浪的漢字·漢語·漢文>, 「樂浪的文化」, 『樂浪研究』,
2016, pp.331-332.

특히 「黏蟬神祠碑」가 건립된 그 秥蟬縣에서 사용되었음이 확실한 封泥가 그 분명한 증거물이라 하겠다. 아래의 5점 封泥가 바로 그것이다.

5. 秥蟬縣官印封泥
(1)「黏□長□」
(2)「黏□長□」
(3)「黏蟬丞印」
(4)「黏□丞□」
(5)「□蟬□印」[68]

長印・丞印이었을 이 5개의 秥蟬縣官印封泥 외에도 이렇듯이 '黏□'・'黏蟬'・'□蟬' 등과 같이 地名을 '黏蟬'으로 특정할 수 없도록 그 부분이 완전 缺落된 縣名不詳官印封泥가 21개나 더 발굴되었기에[69] 그중에는 기실 秥蟬縣官印封泥에 속하는 것이 얼마나 더 있었는지 가늠하기 어려울 정도이다. 따라서 秥蟬神祠碑을 위시하여 秦戈・漢孝文廟鐘 등 金石文과 벽돌・기와의 銘文에서 漢文이 모두 사용되었고, 특히 수량이 많은 印章・封泥에는 漢文이 보편적으로 사용되었음이 입증된다.

이 印章・封泥는 모두 대개 文書에 捺印할 수 있는 印信으로, 옛사람의 簡牘・書函은 모두 끈으로 꿰어서 연결하고, 끈 끝의 결합부를 진흙으로 막고 진흙 위 덮개에 印章을 찍음으로써 다른 사람이 사사로이 스스로 뜯어서 보는 것을 방지하는 것이었다. 그 진흙 자체를 封泥라 칭하고, 덮개에 날인된 印章을 역시 封泥라 칭한다. 이러한 용도의 封泥가 樂浪 故地에서 대량의 출토된 것은 당시 公文 書函의 왕래가 자못 빈번했음을 말해 준다. 그러므로 이로써 樂浪郡의 경우 禮官 등의 漢族 고급 관리이든 主簿와 같은 役人 등의 古朝鮮人 하급 관리이든 모두 印章과 封泥를 取扱하고 있었다고 想定되기에[70], 당시에 이들도 漢字의 書法을 익혀 封泥를 원활히 사용할 수 있었던 사실을 충분히 엿볼 수 있다고 하겠다.[71]

---

68) 藤田良策, 「樂浪封泥續攷」, 『京城帝國大學創立十周年記念論文集』 第5輯 史學篇, 1935; 『朝鮮考古學硏究』, 1948; 1982, p.379.
69) 藤田亮策, 「樂浪封泥續攷」, 1935; 『朝鮮考古學硏究』, 1982, pp.388- 389.
70) 당시의 이러한 면모와 관련하여 駒井和愛,, 「樂浪官人의 生活」, 『樂浪─漢文化의 殘像』, 1972, p.115에서 封泥를 取扱했던 부류를 '禮官'이거나 '主簿와 같은 役人'이 아니었을까 여기고 있음이 참조되는데, '禮官'은 漢族 고위 관리를, '主簿와 같은 役人'은 古朝鮮人 하급 관리를 대변한다고 가늠할 수 있을 듯싶다.

제4절
결어 : 『급취편』 전파·「점선신사비」
건립과 고조선인의 서법·금석학 수용

漢字 자체는 鐵器 文化와 함께 전파되어, B.C. 2세기경에 辰國이 漢에 직접 通交를 희망한 國書를 보낸 사실로 보아 당시에 이미 外交文書를 작성할 수 있을 만큼 漢字가 사용되고 있었음이 거의 틀림이 없다. 그러던 것이 漢 郡縣이 설치된 뒤로는 더욱 널리 보급되기에 이르렀다고 하겠다.72) 이는 이후 漢人의 移民이 대대적으로 이뤄지고, 이 지역에 거대한 漢人 聚居民이 형성되어 漢字 受容의 徑路가 더욱 원활해지면서, 漢字는 신속하게 遼東 지역과 韓半島 북부 지역으로 전파됨으로써73) 가능했을 것이다.

前漢 史游가 紀元前 30년 무렵에 저술한 『急就篇』이 漢字 字書 중 영향력이 제일 크고 널리 유행하였으며, 오늘날에도 이미 상당수의 그 殘簡

---

71) 苗威, '樂浪的漢文', <樂浪的漢字·漢語·漢文>, 「樂浪的文化」, 『樂浪研究』, 2016, p.333.

72) 李基東. '文字의 사용', <文字의 사용과 國史의 편찬>, 「三國의 文化」, 『韓國史 講座』 古代篇, 1982, p.213.

73) 周慶生, <漢字的初步傳播>, 「從初始到盛行 : 漢字的東向傳播─朝日越比較」, 趙麗明·黃國營 編, 『漢字的應用與傳播』, 北京 : 華語教學出版社, 2000, pp.107-108.

들이 발견되기도 하고, 『急就篇』 34章 전체 중에서 제33장 「齊國」과 제34장 「山陽」이 특히 光武帝 때에 덧붙여졌을 것이므로[74], 그것의 古朝鮮 傳播는 이르면 前漢代이거나 늦어도 後漢代일 듯하다. 그리고 「黏蟬神祠碑」는 앞서 제시한 바대로 勞榦의 判讀에 근거하여 '(建)武'가 漢 光武帝의 年號로 그 碑의 건립이 建武 元年(西紀 25년)부터 建武 10年(西紀 34년)까지 사이에 건립되었다고 믿어진다.

다만 後漢은 그 이전의 前漢과 달리 國家權力의 약화로 적극적인 동방 정책을 펼 수가 없었으며, 2세기 초 무렵에는 高句麗가 적극적인 서방 진출을 꾀하여 遼東郡과 군사적 충돌이 빈번해지자 樂浪郡은 지금까지의 陸路를 통한 본국과의 교통·왕래가 어렵게 되었다. 그리고 後漢의 약화가 결정적이 된 2세기 중엽에는 漢江 이남 지역에서 三韓이 강성해지자 樂浪郡 지배하의 古朝鮮人들이 많이 韓으로 흘러 들어간 것으로 보인다.[75]

장기적으로 볼 때 이러한 漢郡縣의 영향이 직접 그들의 지배를 받게 된 지역에 있어서 사회적·문화적으로 매우 커서 漢人들의 사회제도나 생활양식이 점차 古朝鮮人의 사회에 침투하였을 것이다. 古朝鮮時代에 8條目밖에 없었던 法禁이 그들의 영향으로 60여 조목으로 늘어나고, 樂浪郡 독자의 律令인 이른바 '樂浪挈令'이란 것까지가 제정되었던 것은 이 같은 영향을 말하여 주는 단적인 예이다.

이에 따라 漢人들과의 접촉이 古朝鮮 社會에 分解 作用을 일으키고 있는 모습을 엿볼 수가 있다. 일부 古朝鮮人들도 漢人을 본받아 왕왕 耳漆杯 등의 杯器로 食事하였다고 하는데, 이는 古朝鮮人 가운데서 親漢的인 勢力層·富裕層이 새로 성장하고 있음을 뜻하는 것이며[76], 그리고 이 親

---

74) 특히 光武帝 이후의 이러한 文藝 中興과 관련해서는 『隋書』「經籍志」〈序〉에, "光武帝가 중흥하자 文雅를 크게 좋아하였고, 明帝와 章帝는 전철을 이어 經術을 더욱 중시하였다. 사방의 큰 선비와 학자들이 책을 짊어지고 멀리서부터 찾아오는 경우가 이루 헤아릴 수 없었다. 石室과 蘭臺에는 典籍이 더욱 가득 찼다(光武中興, 篤好文雅, 明·章繼軌, 尤重經術. 四方鴻生巨儒, 負袠自遠而至者, 不可勝算. 石室·蘭台, 彌以充積)."라고 하였음이 주목된다. 國譯은 오만종·양회석 (외), 「『한서·예문지』에 대하여」, 『중국 고대 학술의 길잡이−『漢書·藝文志』註解−』, 2005, pp.3-4 참조.
75) 李基白, '樂浪郡의 弱化와 帶方郡 設置', 〈城邑國家에서 聯盟王國으로〉, 「城邑國家와 聯盟王國」, 『韓國史講座』 古代篇, 1982, p.69.
76) 李基白, '郡縣 統治의 影響', 『韓國史講座』 古代篇, 1982, p.74.

漢的 勢力層이며 富裕層인 古朝鮮人들은 漢字의 수용에도 의당 적극성을
띠었을 것이다.

이런 親漢的 勢力層·富裕層 古朝鮮人들 못지않게 절실하여 기존의 漢
字 字書와는 달리 "빨리 成就할 수 있게끔 편찬된"『急就篇』의 내용을 익
혀서 일상생활 속에서 활용하기를 갈망하는 계층이 있었을 법하다. 문서
에 찍힌 印章·封泥의 書法을 익혀 漢字 職銜을 수월하게 판독해냄으로써
그것이 찍힌 文書 등의 핵심 내용을 숙지하여 기본 실무를 원활히 수행해
낼 수 있는 吏胥로서 인정받기를 갈망하던 平民層에 속하는 古朝鮮人이
그랬을 것이다.

이러한 상황 속에서 『急就篇』을 수용하여 漢字의 書法을 익히고 적어도
後漢 光武帝 무렵에는 그 실력을 토대로 樂浪土城에 건립된 「黏蟬神祠碑」
의 내용을 해독하며 印章·封泥를 원활히 사용할 정도의 金石學 실력을
갖추었던 것은 上層의 親漢的 勢力層·富裕層 古朝鮮人이 우선 그랬을 것이
다. 그리고 생존과 출세를 위해 主簿와 같은 役人이라도 되고자 갈망하
던 平民層에 속하는 古朝鮮人 일부도 역시 그랬을 것으로 여겨진다고 하
겠다.

[자료] 『급취편』 원문 및 국역

卷一 권일

第一章 제1장

<원문原文>(1) 急就奇觚與衆異
<국역國譯> 急就는 진귀한 簡札로서 많은 것과 다르다.

<원문>(2) 羅列諸物名姓字
<국역> 여러 사물의 名稱, (사람의) 姓·字를 나열하였다.

<원문>(3) 分別部居不雜厠
<국역> 部門을 구별하고 種類를 변별해서 분류하여 뒤섞이지
않았다.

<원문>(4) 用日約少誠快意
<국역> 나날이 조금씩 사용하면 진실로 마음이 상쾌할 것이며,

<원문>(5) 勉力務之必有喜
<국역> 열심히 힘써서 익히면 반드시 기쁨이 있을 것이니,

<원문>(6) 請道其章
<국역> 그 문장을 말해 보겠다.

<원문>(7) 宋延年
<국역> (인명人名) 송연년

<원문>(8) 鄭子方
<국역> (인명) 정자방

<원문>(9) 衛益壽
<국역> (인명) 위익수

<원문>(10) 史步昌
<국역> (인명) 사보창

<원문>(11) 周千秋
<국역> (인명) 주천추

<원문>(12) 趙孺卿
<국역> (인명) 조유경

<원문>(13) 爰展世
<국역> (인명) 원전세

<원문>(14) 高辟兵
<국역> (인명) 고벽병

第二章 제2장

<원문>(1) 鄧萬歲
<국역> (인명) 등만세

<원문>(2) 秦妙房
<국역> (인명) 진묘방

<원문>(3) 郝利親
<국역> (인명) 학리진

<원문>(4) 馮漢强
<국역> (인명) 풍한강

<원문>(5) 戴護郡
<국역> (인명) 대호군

<원문>(6) 景君明
<국역> (인명) 경군명

<원문>(7) 董奉德
<국역> (인명) 동봉덕

<원문>(8) 桓賢良
<국역> (인명) 환현량

<원문>(9) 任逢時
<국역> (인명) 임봉시
<원문>(10) 侯仲郎
<국역> (인명)
<주석註釋> 후중랑

<원문>(11) 由廣國
<국역> (인명) 유광국

<원문>(12) 榮惠常
<국역> (인명) 영혜상

<원문>(13) 烏承祿
<국역> (인명) 오승록

<원문>(14) 令狐橫
<국역> (인명) 령호횡

<원문>(15) 朱交便
<국역> (인명) 주교변

<원문>(16) 孔何傷
<국역> (인명) 공하상

<원문>(17) 師猛虎
<국역> (인명) 사호맹

<원문>(18) 石敢當
<국역> (인명) 석감당

<원문>(19) 所不侵
<국역> (인명) 소불침

<원문>(20) 龍未央
<국역> (인명) 룡미앙

<원문>(21) 伊嬰齊
<국역> (인명) 이영제

第三章 제3장

<원문>(1) 翟回慶
<국역> (인명) 적회경

<원문>(2) 畢稚季
<국역> (인명) 필치계

<원문>(3) 昭小兄
<국역> (인명) 소소형

<원문>(4) 柳堯舜
<국역> (인명) 류오순

<원문>(5) 樂禹湯
<국역> (인명) 악우탕

<원문>(6) 淳于登
<국역> (인명) 순우등

<원문>(7) 費通光
<국역> (인명) 비통광

<원문>(8) 柘溫舒
<국역> (인명) 자온서

<원문>(9) 路政陽
<국역> (인명) 로정양

<원문>(10) 霍聖宮
<국역> (인명) 곽성궁

<원문>(11) 顏文章
<국역> (인명) 안문장

<원문>(12) 管財智

<국역> (인명) 관재지
<원문>(13) 偏呂張
<국역> (인명) 편려장
<원문>(14) 魯賀喜
<국역> (인명) 노하희
<원문>(15) 觀宜王
<국역> (인명) 관의왕

<원문>(16) 程忠信
<국역> (인명) 정충신

<원문>(17) 吳仲皇
<국역> (인명) 오중황

<원문>(18) 許終古
<국역> (인명) 허종고

<원문>(19) 賈友倉
<국역> (인명) 가우창

<원문>(20) 陳元始
<국역> (인명) 진원시

<원문>(21) 韓魏唐
<국역> (인명) 한위당

第四章 제4장

<원문>(1) 液容調
<국역> (인명) 액용조

<원문>(2) 柏杜楊
<국역> (인명) 백두양

<원문>(3) 曹富貴
<국역> (인명) 조부귀

<원문>(4) 尹李桑
<국역> (인명) 윤리상

<원문>(5) 蕭彭祖
<국역> (인명) 소팽조

<원문>(6) 屈宗談
<국역> (인명) 굴종담

<원문>(7) 樊愛君
<국역> (인명) 번애군

<원문> (8) 崔孝讓
<국역> (인명) 최효양

<원문> (9) 姚得賜
<국역> (인명) 요득사

<원문> (10) 燕楚莊
<국역> (인명) 연초장
<원문> (11) 薛勝客
<국역> (인명) 설승객

<원문> (12) 聶干將
<국역> (인명) 섭간장

<원문> (13) 求男弟
<국역> (인명) 구남제

<원문> (14) 過說長
<국역> (인명) 과열장

<원문> (15) 祝恭敬
<국역> (인명) 축공경

<원문> (16) 審母妨
<국역> (인명) 심무방

<원문> (17) 龐賞贛
<국역> (인명) 방상공

<원문>(18) 來士梁
<국역> (인명) 래사량

<원문>(19) 成博好
<국역> (인명) 성박호

<원문>(20) 范建羌
<국역> (인명) 범건강

<원문>(21) 閻歡欣
<국역> (인명) 염환흔

第五章 ·제5장

<원문>(1) 寧可忘
<국역> (인명) 녕가망

<원문>(2) 筍貞夫
<국역> (인명) 구정부

<원문>(3) 苗涉臧
<국역> (인명) 묘섭장

<원문>(4) 田細兒
<국역> (인명) 전세아

<원문>(5) 謝內黃
<국역> (인명) 사내황

<원문>(6) 柴桂林
<국역> (인명) 시계림

<원문>(7) 溫直衡
<국역> (인명) 온직형

<원문>(8) 奚驕叔
<국역> (인명) 해교숙

<원문>(9) 邴勝箱
<국역> (인명) 병승상

<원문>(10) 雍弘敞
<국역> (인명) 옹홍창

<원문>(11) 劉若芳
<국역> (인명) 유약방

<원문>(12) 毛遺羽
<국역> (인명) 모유우

<원문>(13) 馬牛羊

<국역> （인명） 마우양

<원문>(14) 尙次倩
<국역> （인명） 상차천

<원문>(15) 丘則剛
<국역> （인명） 구칙강
<원문>(16) 陰賓上
<국역> （인명） 음빈상

<원문>(17) 翠鴛鴦
<국역> （인명） 취원앙

<원문>(18) 庶覇邃
<국역> （인명） 서패수

<원문>(19) 萬段卿
<국역> （인명） 만단경

<원문>(20) 泠幼功
<국역> （인명） 령유공

<원문>(21) 武初昌
<국역> （인명） 무초창

卷二 권이

第六章 제육장

<원문>(1) 褚回池
<국역> (인명) 저회지

<원문>(2) 蘭偉房
<국역> (인명) 란위방

<원문>(3) 減罷軍
<국역> (인명) 감파군

<원문>(4) 橋竇陽
<국역> (인명) 교두양

<원문>(5) 原輔輻
<국역> (인명) 원보복

<원문>(6) 宣棄奴

<국역> （인명） 선기노

<원문>(7) 殷滿息
<국역> （인명） 은만식

<원문>(8) 充申屠
<국역> （인명） 충신도

<원문>(9) 夏脩俠
<국역> （인명） 하수협

<원문>(10) 公孫都
<국역> （인명） 공손도

<원문>(11) 慈仁他
<국역> （인명） 자인타

<원문>(12) 郭破胡
<국역> （인명） 곽파호

<원문>(13) 虞尊偃
<국역> （인명） 우존언

<원문>(14) 憲義渠
<국역> （인명） 헌의거

<원문>(15) 蔡游威
<국역> （인명） 채유위

<원문>(16) 左地餘
<국역> (인명) 좌지여

<원문>(17) 譚平定
<국역> (인명) 담평정

<원문>(18) 孟伯徐
<국역> (인명) 맹백서

<원문>(19) 葛轗軻
<국역> (인명) 갈감가

<원문>(20) 敦倚蘇
<국역> (인명) 돈의소

<원문>(21) 耿潘扈
<국역> (인명) 경반호

第七章 제7장

<원문>(1) 焦滅胡
<국역> (인명) 초멸호

<원문>(2) 晏奇能
<국역> (인명) 안기능

<원문>(3) 邢麗奢
<국역> (인명) 형려사

<원문>(4) 邵守實
<국역> (인명) 소수실

<원문>(5) 宰安期
<국역> (인명) 재안기

<원문>(6) 俠却敵
<국역> (인명) 협각적

<원문>(7) 代焉于
<국역> (인명) 대언우

<원문>(8) 司馬襃
<국역> (인명) 사마포

<원문>(9) 尙自於
<국역> (인명) 상자어

<원문>(10) 陶熊羆
<국역> (인명) 도웅비

<원문>(11) 解莫如

<국역> （인명） 해막여

<원문>(12) 樂欣諧
<국역> （인명） 악흔해

<원문> （13） 童扶疏
<국역> （인명） 동부소

<원문>(14) 痛無忌
<국역> （인명） 통무기

<원문>(15) 向夷吾
<국역> （인명） 향이오
<원문>(16) 閎幷訢
<국역> （인명） 굉병흔

<원문>(17) 竺諫朝
<국역> （인명） 축간조

<원문>(18) 續增紀遺失餘 姓名訖 請言物
<국역> 이어서 더할 기록이 나머지가 유실되어 姓名을 마치고 物件을 말해 보겠다.

第八章 제8장

<원문>(1) 錦繡縵紕離雲爵

<국역> 색실로 무늬를 바늘로 수놓은 비단 금수錦繡와 무늬 없는 바늘로 뜬 비단 만모縵紕에 구름이 모이고 흩어지며 공작孔雀이 그려졌네.

<원문>(2) 乘風縣鐘華洞樂

<국역> 바람을 타고 나는 바닷새가 구름에 걸린 종鐘과 같이 꽃처럼 하늘을 나르며 노래부르네.

<원문>(3) 豹首落莫免雙鶴

<국역> 표범 머리, 토끼, 한 쌍의 학鶴이 연이어 짜였네.

<원문>(4) 春草雞翹鳧翁濯

<국역> 봄풀이 싹 트는데 닭은 긴 꼬리의, 오리는 목털의 물기를 털고 있네.

<원문>(5) 鬱金半見縝白約

<국역> 노란 물들인 비단, 황색과 백색으로 반쯤 물들인 비단. 옅은 노란 비단. 새하얗게 빛나는 비단.

<원문>(6) 縹綟綠紃旱紫硟

<국역> 옥색, 쑥색, 초록색의 얇은 가는 베, 검정색, 자색紫色의 베, 다듬이질로 윤나게 했네.

<원문>(7) 烝栗絹紺縖紅綖

<국역> 밤을 익힌 듯한 노란 색 명주와 흰색 명주, 푸르면서 분

홍빛 비단, 옅은 붉은 색 비단, 새빨간 색 비단.

<원문>(8) 靑綺綾縠靡潤鮮
<국역> 푸른 무늬가 놓인 비단, 여러 무늬의 주름 비단이 화려하고 부드러우며 빛난다.

<원문>(9) 綈絡縑練素帛蟬
<국역> 올이 굵고 거친 명주, 무명, 합사合絲 비단, 하얀 비단이 매미 날개와 같구나.

第九章 제9장

<원문>(1) 絳緹絓紬絲絮綿
<국역> 진홍 귤껍질 색깔의 실로 짠 굵은 명주, 명주실, 풀솜, 무명.

<원문>(2) 㡛敝囊橐不直錢
<국역> 찢어져 남은 헝겊, 해진 주머니와 전대는 값어치 없다.

<원문>(3) 服瑣綸帗與縝連
<국역> 가는 무늬 삼베와 질 좋은 명주·마포는 비단과 비교해 손색이 없다.

<원문>(4) 貰貸賣買販肆便
<국역> 세내고 빌리며 팔고 사며 장사하는 점포는 편리하다.
<원문>(5) 資貨市贏匹幅全
<국역> 물자와 화물을 사거나 팔다 남은 비단은 온전하다.

<원문>(6) 紵絎枲緼裏約纏
<국역> 거친 칡베·모시·삼베 옷으로 몸에 여며 묶는다.

<원문>(7) 綸組繐綬以高遷
<국역> 푸른 실로 짠 도장끈[인수印綬]은 이어받아서 승진함을 상징한다.

<원문>(8) 量丈尺寸斤兩銓
<국역> 잴 때 길이는 丈·尺·寸으로 무게는 斤·兩으로 저울질한다.

<원문>(9) 取受付予相因緣
<국역> 取得하고 授受하고 付予함은 서로의 因緣이다.

第十章 제10장

<원문>(1) 稻黍秫稷粟麻秔
<국역> 벼, 기장, 차조, 기장, 조, 마, 메벼

<원문>(2) 餠餌麥飯甘豆羹
<국역> (밀가루)떡[餠], (쌀)찰떡[餌], 보리밥[麥飯], 단맛 콩국
[甘豆羹]

<원문>(3) 葵韭葱薤蓼蘇薑
<국역> 해바라기, 부추, 파, 여뀌, 염교, 차조기, 생강

<원문>(4) 蕪黃鹽豉醯酢醬
<국역> 순무[蕪], 띠싹[黃], 소금, 메주[혹은 된장豉], 초장[신
조미료醯·酢], 장[醬]

<원문>(5) 芸蒜薺芥茱萸香
<국역> 향초, 달래, 냉이, 겨자, 수유나무 열매[茱萸], 향기

<원문>(6) 老菁蘘荷冬日藏
<국역> 무르익은 부추꽃[老菁], 생강과 숙근초宿根草[蘘荷], 겨
울에 저장한다.

<원문>(7) 梨柿奈桃待露霜
<국역> 돌배, 감, 능금, 복숭아는 (익으려) 이슬과 서리를 기다
린다.

<원문>(8) 棗杏瓜棣馓飴餳
<국역> 대추, 살구, 오이, 산앵두, 산자[馓], 엿, 쌀강정

<원문>(9) 園菜果蓏助米糧
<국역> 정원庭園의 채소, 과실[果蓏], 쌀 식량[米糧]을 돕는다.

第十一章 제11장

<원문>(1) 甘麩殊美奏諸君

<국역> 단 미숫가루는 유달리 맛이 있어 모든 군자君子에게 바친다.

<원문>(2) 袍襦表裏曲領帬

<국역> 웃옷[袍]·속옷[襦]을 겉과 안에 겹쳐입는다. 속옷을 여미는 깃[曲領]과 치마[帬]

<원문>(3) 襜褕袷複褶袴褌[첨유겹복첩고곤]

<국역> 행주치마[襜], 속옷[褕], 겹옷[袷複], 덧옷[褶], 바지[袴], 잠방이[褌]

<원문>(4) 襌衣蔽膝布母縛

<국역> 홑겹의 윗도리옷[襌衣]이 무릎을 덮고, 포모준[布母縛; 고대의 '위군圍裙(앞치마. 에이프런apron)'과 같은 상태의 짧은 옷(단의短衣)]도 그렇다.

<원문>(5) 鍼縷補縫綻紩緣

<국역> 바늘로 실을 꿰어 옷을 기우고 솔기 터진 데를 꿰매고 가장자리를 기운다.

<원문>(6) 履舃鞜紱緞緉

<국역> 홑겹 신, 겹바닥 신, 가죽신, 가죽 장화[夏], 무늬 넣은 비단 신[紱], 뒤축 신발[緞], 신에 선緉(가장자리에 덧대는 좁은 헝겊) 두르는 둥근 끈

<원문>(7) 靸鞮卬角褐韤巾

<국역> 제사신[靸], 가죽 신鞮, 바닥이 낮고 머리가 치켜세워진 신[卬角, 나막신 위에 신음], 털옷[褐], 버선[韤], 두건頭巾.

<원문>(8) 裳韋不借爲牧人

<국역> 무두질한 부드러운 가죽으로 만든 치마[裳韋]와 삼으로 값싸게 만들어서 굳이 빌려서 신을 필요가 없는 신[不借]은 양치기를 위한 것이다.

<원문>(9) 完堅耐事踰比倫

<국역> 완전하게 굳건히 인내하는 일은 비슷한 종류[比倫]를 넘어선다.

제12장 第十二章

<원문>(1) 屐屬緉麤羸寠貧

<국역> 나막신, 짚신, 진신[꺽두기緉], 굵은 베로 만든 신발 등

은 고달프고 가난하고 모자라는 사람이 신는다.

<원문>(2) 旄裘(삭)(탁)蠻夷民
<국역> 모직물 옷을 입고 가죽신을 신는 것은 오랑캐 민족이다.

<원문>(3) 去俗歸義來附親
<국역> 속된 것을 떠나 의로움에 돌아와서 친하게 붙어지내자.

<원문>(4) 譯導贊拜稱妾臣
<국역> 통역해서 인도하고 협력하여 방문해서 자신을 낮추어 신하를 칭하였다.

<원문>(5) 戎伯總閱什伍鄰
<국역> 군대에서는 두목[伯]이 什[열명]—伍[다섯명]—鄰[다섯 집]을 거느려 검열한다.

<원문原文> (6) 稟食縣官帶金銀
<국역> 급료[稟食]를 받는 현[縣]의 관리는 금·은을 허리에 찬다.

<원문>(7) 鐵鈇鑽錐釜鍑鍪
<국역> 철로 만든 큰 도끼[鈇], 끌[鑽], 송곳[錐], 가마[釜], 솥 [鍑], 투구[鍪]

<원문>(8) 鍛鑄鉛錫鐙錠鐎
<국역> 두드리고 녹이고 불려서 납[鉛]과 주석[錫]으로 만든 (꽃받침 있는) 등잔[鐙盞], (꽃받침이 없이 다리가 셋 있는 祭器) 錠, (다리 셋에 자루가 달린 작은 냄비) 초두鐎斗.

<원문>(9) 鈐鏅鉤鉒斧鑿鉏

<국역> 큰 쟁기[검수鈐鏅], 허리 띠 갈고리[대구帶鉤], 벼를 베는 데 쓰는 짧은 낫[질鉒], 도끼, 끌, 호미.

卷三 권삼

第十三章 제13장

<원문>(1) 銅鍾鼎鐙銷鉋銚
<국역> 구리, 종, 솥, 냄비, 노구솥, 짧은 창, 긴 창

<원문>(2) 釭鐦鍵鉆冶錮鐈
<국역> 등잔, (날이 없는 모가 넷 있는) 창, 열쇠, 족집게, 풀무, 땜질, (발이 긴) 가마솥

<원문>(3) 竹器簦笠簟籧篨
<국역> 대그릇[竹器], 우산, 삿갓, 대자리, 거친 대자리[簧篨]

<원문>(4) (둔)篅籅筥籔箅篝
<국역> 먹둥구미[둔], 곳집, 가마, 둥구미, 조리, (시루 밑에 까는) 발, 배롱[篝, 焙籠]

<원문> (5) 筬箄箕帚筐篋籔
<국역>체, 종다래끼[작은 대바구니, 箄], (곡식을 까부는) 키

[箕], (청소하는) 비, 광주리, 상자, 대 채롱[籔]

<원문> (6) 楕杆槃案梧閜盌
<국역> 길죽한 통, 바리, 쟁반, 소반, 술잔, 큰 잔[閜], 주발

<원문> (7) 蠡斗參升半卮觛
<국역> 표주박, 말(10되), 세 되 반, 술잔[卮], 작은 술잔[觛]

<원문> (8) 榑榼椑槭匕箸簍
<국역> (뚜껑이 있는) 술잔, 술통, 둥근 술통[椑], 소반[槭], 숟가락, 젓가락, 대그릇

<원문> (9) 甄缶盆盎甕瓮壺
<국역> (아가리가 작은) 항아리[甄], 장군, 동이[盆], 동이[盎], 항아리, 물동이[瓮], 병[壺]

제14장 第十四章

<원문> (1) 甌甞甌甌甌瓹盧
<국역> 시루, 큰 동이, 자배이, 단지(사발), 항아리, 술단지, 밥그릇

<원문> (2) 纍繘繩索絞紡纊
<국역> 굵은 줄(바), 두레박줄, 새끼 줄, 노[索], ('염斂'을 할 때 쓰는) 헝겊 띠, 자은 실, (무명 또는 삼의 섬유로 만든) 실[纊]

<원문> (3) 簡札檢署槧牘家
<국역> (대나무) 쪽[竹簡], (얇은 나무) 판(에 쓴 글), 검사, 서명, 분판(글씨를 쓰는 널조각), 서찰(簡牘), (簡札・檢署・槧牘의) 전문가

<원문> (4) 板柞所産谷口斜
<국역> 판자, 떡갈나무, 생산지, (良質의 材木이 많이 생산되는) 谷口(곡구, 泗川省 雲陽縣 治谷), 斜口(야구, 陝西省 終南山에 있는 북쪽 골짜기)

<원문> (5) 水蟲科斗捫蝦蟇
<국역> 물벌레, 올챙이[科斗], 개구리[蛙], 두꺼비[蝦蟇]

<원문> (6) 鯉鮒蟹鱓鮐鮑鰕
<국역> 잉어, 붕어, 게, 드렁허리[鱓魚], 복어[鮐鮑], 전복, 새우

<원문> (7) 妻婦聘嫁齎媵僮
<국역> 아내이자 며느리는 출가出嫁할 때 시녀侍女와 노복奴僕을 데려간다
<원문> (8) 奴婢私隷枕牀杠
<국역> 奴婢, 私隷, 베개, 침상寢牀, 깃대(牀床의 횡목橫木)

<원문> (9) 蒲蒻藺席帳帷幢
<국역> 부들, 구약나물, 골풀, 돗자리, 장막, 휘장, 깃발

제15장 第十五章

<원문> (1) 承塵戶㡘條繢緫
<국역> 반자[천정 받침, 承塵], 휘장[천으로 만들 발, 戶㡘], 사대[납작하게 만든 끈, 絲帶, 條], (베로 짠) 끈[繢], (머리카락을 동여매는) 띠[緫]

<원문> (2) 鏡籢疏比各異工
<국역> 경대[거울 상자, 鏡籢], 얼레빗[疏], 참빗[比]은 각각 공정工程이 다르다.

<원문> (3) 芬薰脂粉膏澤筩
<국역> 향내[芬], 향기로운 풀[훈초], 연지臙脂와 향분香粉[脂粉], (머리카락을 윤내기 위해 바르는) 향기로운 기름[膏澤], (통 모양으로 만든 화장품을 담는) 용기[筩]

<원문> (4) 沐浴揃搣寡合同
<국역> 머리 감고[沐] 몸 씻고[浴] 머리카락 자르고[揃] 눈썹 뽑으면[搣] 다만 (부부) 둘이 하나가 될 뿐이다.

<원문> (5) 褖飾刻畫無等雙
<국역> 머리꾸미개를 하고 옷을 화려하게 차려입은 차림[褖飾]

을 하고, 기묘하게 천을 말라 옷을 지어 입으면[刻畫] 대등함이 둘
도 없다.

   <원문> (6) 係臂琅玕虎魄龍
   <국역> 팔뚝에 잡아맨 주옥珠玉 같은 랑간[琅玕]과 용龍 모양
의 호백虎魄[호박琥珀]

   <원문> (7) 璧碧珠璣玫瑰甕
   <국역> 환상環狀(고리처럼 둥글게 생긴 형상形狀)의 옥[璧], 청
록색靑綠色의 옥석玉石[碧], (바다에서 산출되는) 진주眞珠, (물속
에서 나는) 작은 구슬[璣], 붉은 빛의 옥[매괴玫瑰], 두레박[甕]

   <원문> (8) 玦環佩靡從容
   <국역> 결옥[玦玉, 한쪽이 트인 고리 모양의 허리에 차는 옥]과
환옥[環玉, 고리 모양의 옥]을 차면 화려하고 매우 얌전하다.

   <원문> (9) 射魃辟邪除羣凶
   <국역> 아기귀신을 쏘아 물리치고 요사스러운 귀신을 몰아내
많은 흉악凶惡을 없앤다.

제16장 第十六章

   <원문> (1) 竽瑟空侯琴筑箏

<국역> 피리, 큰 거문고, 공후箜篌(현악기의 일종), 거문고, 축筑(거문고와 비슷한 현악기), 쟁箏(현악기의 일종)

<원문> (2) 鐘磬韜簫鼕鼓鳴

<국역> 종, 경磬(옥이나 돌로 만든 악기), 도韜(땡땡이, 손잡이가 달린 소고小鼓), 퉁소, 비鼕(기병騎兵이 말 위에서 치는 북), 북, 울려서 소리가 난다.

<원문> (3) 五音總會歌謳聲

<국역> 다섯 음[五音 : 궁宮·상商·각角·치徵·우羽], 모두 모여서 소리로 노래한다.

<원문> (4) 倡優俳笑觀倚庭

<국역> 노래하는 광대廣大[창우倡優]의 익살[배俳]을 정원에서 서서 본다.

<원문> (5) 侍酒行觴宿昔醒

<국역> 모시고 앉아 술을 마시며[시주侍酒] 술잔을 남에게 주고 술을 따르며[行觴] 밤늦도록 지내[숙석宿昔] 이튿날까지 깨지 아니한 술의 취기醉氣[醒].

<원문> (6) 廚宰切割給使令

<국역> 주방, (요리사의) 장長[주재廚宰]이 저미고 가른 것을 심부름꾼에게 준다.

<원문> (7) 薪炭萑葦炊爇生

<국역> 섶나무, 숯, 억새, 갈대로 밥을 짓고 날 것을 익힌다.

<원문> (8) 膹膾炙藏各有形

<국역> 저민 날고기[회膾]로 곰국을 끓이고, 저민 고기점[자胾]을 구워서 제각각의 모양이다.

<원문> (9) 酸鹹酢淡辨濁淸
<국역> 식초[산酸]와 소금[함鹹]으로 시고 싱거움과 흐리고 맑음을 구별한다.

제17장 第十七章

<원문> (1) 肌腸脯腊魚臭腥
<국역> 살가죽(피부), (살과 피부 사이의 얇은) 막[腸, '막膜'과 통함], 포[脯, 얇게 저미어서 말린 고기], (생강·계피 등을 넣어) 말린 고기[석腊], 물고기, 날고기의 비린내[취성臭腥]

<원문> (2) 酤酒釀醪稽極程
<국역> 술을 사거나 막걸리를 빚어 극진한 법도를 쌓아야 한다.

<원문> (3) 某局博戲相易輕
<국역> 바둑, 장기, 도박 놀이는 서로를 쉽고 가벼이여기게 한다.

<원문> (4) 冠幘簪簧結髮紐
<국역> 갓[冠], 건[幘], 비녀[簪], 떨잠[簧, 보요步搖, 비녀 위의

수식首飾]은 머리를 묶고 푼다.

　　<원문> (5) 頭額頯頓眉目耳

　　<국역> 머리, 이마[액額], 콧대[알頯], 광대뼈[절頓], 눈썹, 눈,
귀

　　<원문> (6) 鼻口脣舌齗牙齒

　　<국역> 코, 입, 입술, 혀, 잇몸, 어금니[牙], 이[齒]

　　<원문> (7) 頰頤頸項肩臂肘

　　<국역> 뺨, 턱, 목[경頸], 목덜미[항項], 어깨, 팔, 팔꿈치

　　<원문> (8) 捲捥節爪拇指手

　　<국역> 주먹,팔, 마디, 손톱, 엄지손가락, 손가락, 손

　　<원문> (9) 胂腴胸脇喉咽髃

　　<국역> 이자[신胂, 췌장膵臟], 아랫배살[유腴], 가슴, 겨드랑이,
목구멍[인후咽喉], 어깻죽지[우髃]

제18장 第十八章

　　<원문> (1) 腸胃腹肝肺心主

　　<국역> 창자, 위(밥통)는 배[복腹]이고, 간장, 허파, 심장이 주
요主要한다.

<원문> (2) 脾腎五臟膍齊乳

<국역> 비장[脾臟, 지라], 콩팥[신腎]은 (바로 앞의 간장, 허파, 심장과 합하여) 오장五臟이다. 천엽[비膍], 배꼽[제齊, '제臍[배꼽제]'와 통용], 젖

<원문> (3) 尻髖脊膂腰背呂

<국역> 꽁무니[고尻, 등마루뼈의 끝진 곳], 허리뼈[관髖, 요골腰骨], 등골뼈(척골脊骨), 허리, 등[배背], 등뼈[려呂, 척골脊骨. '려膂'의 고자古字]

<원문> (4) 股腳膝臏脛爲柱

<국역> 넓적다리, 다리, 무릎, 종지뼈, 정강이는 (신체의) 기둥이 된다.

<원문> (5) (?)踝跟踵相近聚

<국역> 장딴지('천腨'과 같은 글자), 복사뼈, 발꿈치[跟踵]는 서로 가까이 모여 있다.

<원문> (6) 矛鋋鑲盾刃刀鉤

<국역> 창, 작은창[연鋋], 거푸집 속[양鑲], 방패, 칼날[인刃], 칼, 띠쇠[대구帶鉤]

<원문> (7) 鈒戟鈹鎔劒鐔鍭

<국역> 짧은 창 모矛[삽鈒], 미늘창[극戟], 칼[피鈹], 거푸집, 칼, 날밑[심鐔, 칼날과 자루의 사이에 끼우는 테], (쇠뇌[노弩]에 쓰는) 화살[후鍭]

<원문> (8) 弓弩箭矢鎧兜鉾

<국역> 활, 쇠뇌[노弩], 화살, 살, 갑옷, 투구[두兜], 창[모鉾,

'모矛'의 고자古字]

<원문> (9) 鐵錘檛杖柲殳
<국역> 철추[鐵錘, 쇠로 만든 저울추], 채찍[과檛], 창자루[장杖], 막대기[탈梲, 곤봉棍棒], 자루[비柲], 팔모진 창[수殳]

제19장 第十九章

<원문> (1) 輜軺轅軸輿輪轐
<국역> 수레짐[치輜], 수레[초軺], 끌채[원轅], 굴대, 수레, 수레 바퀴, 수레의 빈 곳[강轐]

<원문> (2) 輻轂輨轄輮輨轃
<국역> 바퀴 살, 바퀴 통, 수레 바퀴 통 끝을 휘감은 쇠[관輨], 비녀장[할轄], 덧 바퀴 테[유輮], 수레 바퀴 테[민輨], 수레 바퀴 통[상轃]

<원문> (3) 軹軾軫軨轙軜衡
<국역> 굴대 머리, 수레 앞턱 가로나무, 수레 뒤턱 나무, 사냥 수레, 수레 고삐 고리, 고삐, 저울대

<원문> (4) 蓋橑俾倪柶棠
<국역> 덮개, 서까래, 수레 지붕 밑 테두리 받침[비예俾倪], 멍

에 고리[와枙], 수레 아래 축 연결 갈고리[박縛], 수레 포장 받침대
[당棠]

<원문> (5) 轡勒鞅鞃靽羈韁
<국역> 고삐, (마소의 목에서) 고삐에 걸쳐 얽어매는 줄[륵勒],
가슴걸이 끈[앙鞅], 배대끈[현鞃], (소나 말의 발을 매어 못 가게
하는) 가죽끈[반靽], 굴레[기羈], 고삐[강韁]

<원문> (6) 鞇靯鞾轉鞍鑣鍚
<국역> 수레에 까는 겹요, 수레의 앞판, 수레 안의 자리 깔개
[도부靯鞾], 안장, 재갈[표鑣], 말머리 치장[양鍚]

<원문> (7) 靳鞙鞿鉆色焜煌
<국역> 가슴걸이[근인靳鞙], 털장식[용鞿], 안장장식[첩鉆]은
색이 눈부시게 빛난다.

<원문> (8) 革韁髹漆油黑蒼
<국역> (거마의) 가죽 고삐는 검은 옻칠[휴칠髹漆]과 기름으로
검푸르게 빛난다.

<원문> (9) 室宅廬舍樓殿堂
<국역> 방, 집, 오두막집, 여인숙, 다락집, 큰집(궁궐), 본채

제20장 第二十章

<원문> (1) 門戶井竈廁囷京

<국역> 문, 지게문, 유물, 부엌, 곁채, 원형圓形의 양식糧食 창고
倉庫[균囷], 방형方形의 양식 창고[경京]

<원문> (2) 榱椽欂櫨瓦屋梁

<국역> 서까래[최榱], 서까래[연椽], 기둥 위의 방목方木[두공
斗拱, 박로欂櫨], 기와, 집, 들보[량梁]

<원문> (3) 泥塗堊墍壁垣墻

<국역> 진흙[이도泥塗], 백토[악堊], 벽을 바름[맥질할 기墍],
바람벽, 담[원垣], 담[장墻]

<원문> (4) 榦楨板裁度圜方

<국역> 담을 칠 때 (두 끝에 세우는 나무와 양쪽에 있는) 기둥
[정간榦楨]과 널조각[판板]을 세울 때 둥근 것[환圜]과 모진 것[방
方]을 측량한다[탁度].

<원문> (5) 墼壨廥廐庫東箱

<국역> 벽돌, 작은 성[루壨], 여물광[괴廥], 마굿간[구廐], 곳집
[창고, 고庫], 동쪽의 쌀 두는 곁채[箱, '상廂[곁채 상, 곁방 상]'과
통용]

<원문> (6) 屏廁淸溷糞土壤

<국역> 가려진[병屏] 뒷간은 깨끗하고, 돼지 울[혼溷]의 똥은
흙(을 기름지게 한다).

<원문原文> (7) 碓磑扇隤舂簸揚

<국역> 방아[대碓]와 맷돌[애磑]로 찧고[용舂], 풍구(풍차風車

[선퇴扇隤])로 까불러서 (강비糠粃(겨와 쭉정이 등을) 바람에 흩날린다[파양簸揚].

<원문原文> (8) 頃町界畝畦坮封
<국역> 100이랑[경頃] 밭 두둑[정町]의 경계, 1이랑[묘畝] 밭 두둑[휴畦]의 경계는 낮은 담[날坮]으로 경계를 친다.

<원문> (9) 疆畔畷伯耒犁鋤
<국역> (전답의 경계를 이룬) 둔덕[강疆]과 두둑[반畔], (밭 사이의) 두둑길[철畷]과 두렁[맥伯, '맥陌'과 통용]은 가래[뢰耒], 쟁기[려犁]로 김을 맨다[서鋤].

제21장 第二十一章

<원문> (1) 種樹收斂賦稅租
<국역> 나무를 심으면 賦·稅·租를 거두어들인다.

<원문> (2) 捃穫秉把挿捌杷
<국역> 줍거나 수확할 때는 볏단[병秉], 다발[파把]로 하고, 가래[삽挿], 고무래[팔捌], 밭고무래[파杷]로 한다.

<원문> (3) 桐梓樅棻楡椿樗
<국역> 오동나무[동桐], 가래나무[재梓], 전나무[종樅], 소나무

[송榮], 느릅나무[유楡], 참죽나무[춘椿], 가죽나무[저樗]

<원문> (4) 槐檀荊棘葉枝扶

<국역> 홰나무[괴槐], 박달나무[단檀], 가시나무[형荊], 멧대추나무[극棘]의 잎사귀는 가지를 (서로 성기게 잘라줘야 햇빛을 잘 받아) 무성[부소扶疏(扶疎)]해진다.

<원문> (5) 騂騏騅駁驪騮驢

<국역> 절따말(적황색의 말[성騂]), 가라말(가라마加羅馬, 털빛이 담흑색淡黑色의 말[괴騏]), 오추마(검푸른 털이 흰 털에 섞인 말[추騅]), 얼룩말(털에 여러 빛깔이 섞이어 있는 말)[박駁, '박駮'과 같은 글자], 가라말(검은 말[려驪]), 월따말(몸은 붉고 갈기는 검은 말[류騮], '騶[준마 류(유)]'와 같은 글자), 당나귀[려驢]

<원문> (6) 騏駬馳驟怒步超

<국역> 검푸른 말[기騏], 얼룩말(검은 털과 흰 털이 섞인 말[방駬])은 질주하는 기세가 대단히 빠르고[驟怒] 걸음이 신속하다[步超].

<원문> (7) 牂羖羯羠羖羝羭

<국역> 암컷 양[장牂], 검은 양[고羖], 거세한 숫양[갈羯], 큰 뿔이 있는 야생의 암양[이羠], 새끼 양[조羖], 숫양[저羝], 빛이 검은 양[유羭]

<원문> (8) 六畜蕃息豚豕豬

<국역> 육축六畜(우牛·마馬·양羊·시豕·계鷄·견犬)의 번식[蕃息, 蕃殖], 돼지[豚], (집돼지·멧돼지 등) 돼지류類의 총칭[시豕], 돼지(豕)의 새끼([저豬], 일설에는 멧돼지; 혹은 [암돼지 자]

암내가 난 암퇘지)

<원문> (9) 豭豶狡犬野雞雛
<국역> 수퇘지[가豭], 불깐돼지(거세한 돼지[분豶]), 교견[狡犬, 흉노족匈奴族이 기르는 입이 크고 빛이 검은 개], 야생닭[야계野雞]과 병아리[추雛]

제22장 第二十二章

<원문> (1) 慘㹀特犕羔犢駒
<국역> 세 살 된 소[사름송아지, 삼慘], 두 살 난 소[패㹀], 소의 수컷(혹은 세 살이나 네 살난 짐승[특特]), 거세한 소[개犕], 새끼 양[고羔], 송아지[독犢], 망아지[구駒]

<원문原文> (2) 雄雌牝牡相隨趨
<국역> 수컷[웅雄], 암컷[자雌], 암컷[빈牝], 수컷[모牡]은 서로 따르며 종종걸음으로 빨리 걷는다.

<원문原文> (3) 糟糠汁滓槀莝芻
<국역> 지게미[조糟], 쌀겨[강糠], 즙[汁], 찌끼[재滓], 볏집[고槀], 여물[좌莝], 꼴[추芻]

<원문原文> (4) 鳳爵鴻鵠鴈鶩雉
<국역> 봉황, 참새, 큰 기러기, 고니, 기러기, 집오리, 꿩

<원문原文> (5) 鷹鷂鴇鶌翳雕尾

<국역> 매, 새매(의 암컷[요鷂]), 너새[보鴇], 재두루미[괄鶌],
깃 일산日傘[예翳], 수리[조雕], 꼬리[미尾]

<원문原文> (6) 鳩鴿鶉鷃中網死

<국역> 비둘기[구鳩], 집비둘기[합鴿], 메추라기[순鶉], 세가락
메추라기[안鷃, 안鵪'과 같은 글자]는 그물에 걸려서 죽는다.

<원문原文> (7) 鳶鵲鴟梟驚相視

<국역> 솔개, 까치, 올빼미[치효鴟梟]는 놀라서 서로 본다.

<원문原文> (8) 豹狐距虛豺犀兕

<국역> 표범, 여우, 거허[距虛, 일명 공공蛩蛩, 말馬과 비슷하면
서 푸른 빛을 띰], 승냥이, 무소, 외뿔소(무소의 암컷)

<원문原文> (9) 貍兔飛鼯狼麋麚

<국역> 살쾡이, 토끼, 날다람쥐[오서鼯鼠], 이리, 순록, 노루[궤
麚, '麂'와 같은 글자]

권사 卷4

제23장 第二十三章

<원문> (1) 麋麈麖麀皮給履
<국역> 노루, 고라니, (뿔이 하나 있는) 큰 사슴[경麖], 암사슴
의 가죽은 신발을 넉넉하게 한다.

<원문> (2) 寒氣泄注腹臚脹
<국역> 한기[寒氣], 설주[泄注, 설사와 토하는 전염병], 복부腹
部[복려腹臚], 창자

<원문> (3) 痂疕疥癩癡聾盲
<국역> 헌데 딱지[가痂, 부스럼], 머리 종기(두창)[비疕], 옴[개
疥], 문둥병[라癩], 치매[癡呆], 귀머거리[롱聾], 청맹과니(소경)
[맹盲]

<원문> (4) 癰疽瘜瘕瘘痹痕
<국역>
<주석註釋> 악창[옹癰], 등창[저疽], 경풍驚風(경기驚氣)[계瘜],

경풍('경종癲瘲',어린아이의 뇌막염腦膜炎)[종瘲], 중풍[위瘻], 류마티스 비[비痹], (배부름) 장[瘬, 복창중腹脹症(배 속에 탈이 생겨 배가 팽팽하게 부어오르는 병)]

<원문> (5) 疝瘬癲疾狂失響

<국역>

<주석註釋> 산증[산疝, 허리 또는 아랫배가 아픈 병], 기생충병[하瘬], 간질병[전癲], 미쳐서 말을 못함[실향失響, 실음失音]

<원문> (6) 瘧瘚瘀痛瘼溫病

<국역> 학질瘧疾(말라리아), 상기上氣[궐瘚](피가 머리로 모이는 병), 어혈瘀血(한 곳에 뭉친 악혈惡血), 통증痛症, 질병疾病[막瘼], 온병[溫病](고열高熱이 나는 질환疾患)

<원문> (7) 消渴歐逆欬瀌讓

<국역> 소갈[消渴](목이 마르며 자주 배고프고 소변이 자꾸 나오는 병), 구역[歐逆, 구토嘔吐. 욕지기], 기침[해수咳嗽], 번민煩悶[만瀌], 양[讓, 처음에 변비便祕이다가 뒤에 설사泄瀉하는 증상]

<원문> (8) 癉熱瘻痔眵蠚眼

<국역> 황달[단癉], 열병, 연주창連珠瘡[루瘻, 부스럼], 치질[치痔], 눈꼽[치眵], 눈자위의 붉은 종기[멸蠚], 눈병[량眼]

<원문> (9) 篤瘰瘦瘷迎醫匠

<국역> 중병重病[독篤]으로 몸이 느른해지고[융瘰] 쇠약해져서[쇠瘦] 고질병이 되면[폐瘷] 의사[의장醫匠]를 맞이해야[영迎] 한다.

제24장 第二十四章

<원문> (1) 灸刺和藥逐去邪
<국역> 뜸, 침, 약물 조제[화약和藥]로 요사한 기운(사기邪氣)을 물리쳐 내쫓는다.

<원문> (2) 黃芩伏笭礜茈胡
<국역> 황령[黃芩], 복령[伏笭], 비상섞인돌[여礜, 독성이 강한 비소砒素를 함유하여 유독한 광물], 능소화凌霄花 나무[자茈], 호지자胡枝子(싸리나무?)[호胡](⇒시호柴胡 : 뿌리가 해열解熱 작용을 하는 약초)

<원문> (3) 牡蒙甘草菀藜蘆
<국역> 모몽[牡蒙, 소나무 가지에 붙어사는 지의류地衣類. 송라松蘿], 감초[甘草, 콩과에 속하는 다년초多年草. 뿌리가 노랗고 맛이 달콤하여 약재로 널리 쓰임], 완[菀, 자완紫菀 : 뿌리와 뿌리줄기(근경根莖)가 약재로 쓰임], 려로[藜蘆 : '흑려로黑藜蘆'라고도 부르는데, 독毒이 있어 약재로 쓰임]

<원문> (4) 烏喙附子椒芫華
<국역> 오훼[烏喙, '오두烏頭(바곳)'의 별칭. 부자附子], 부자[附子 : 바곳, 오두烏頭], 산초나무[초椒], 원화[芫華·芫花, 팥꽃나무, 일명 '어독魚毒']

<원문> (5) 半夏皁莢艾橐吾
<국역> 반하[半夏, '반하생半夏生'의 준말. 다년초로, 괴근塊根(덩이뿌리)을 약재로 씀], 조협[皁莢 : 쥐엄나무. 연두빛 꽃이 피었

다가 꼬투리가 익음. 열매의 껍데기는 '조협', 씨는 '조협자'라 하며 가시와 함께 약재로 쓰임], 조협[皁莢, 쥐엄나무], 쑥[애艾], 탁오 [橐吾, 국화과에 속하는 상록常綠 다년초. 털머위]

<원문> (6) 芎藭厚樸桂栝樓

<국역> 궁궁[芎藭, 미나리과에 속하는 다년초, 근경根莖(뿌리줄기)이 약재에 들어감], 후박[厚樸, 후박나무], 계피[桂皮, 향미香味가 있어 조미료調味料로 쓰기도 하고 또 약재로도 씀], 괄루[栝樓, 다년생 만초蔓草(덩굴풀). 노랑하눌다리],

<원문> (7) 款東貝母薑狼牙

<국역> 관동[款東, 엉거시과에 속하는 다년초. '관동款冬'이라 표기하기도 하는데, 잎과 잎꼭지는 나물로 먹음. 머위], 패모[貝母, 백합과에 속하는 다년초. 패모의 비늘줄기를 기침과 가래(담痰) 치료를 위한 약재로 씀], 생강[강薑], 랑아[狼牙, 짚신나무뿌리. 별명이 '아자牙子'·'지란支蘭' 등으로, 다년생 초목草木 식물로, 꽃은 황색이며, 뿌리가 검어서 짐승의 이빨과 같다고 해서 얻은 이름이라고 함]

<원문> (8) 遠志續斷參土瓜

<국역> 원지[遠志, 다년초. 뿌리는 거담제祛痰劑 및 강장제强壯劑로 씀], 속단[續斷, 다년생 초목草木 식물로, 4월에 홍백紅白색의 꽃을 피며, 뿌리가 약재로 쓰이는데, 부러진 뼈를 접속接續하는 효능이 있다고 해서 붙여진 이름이라고 함], 인삼, 토과[土瓜, 박과에 속사는 다년생 만초蔓草(덩굴풀). '총芤[파 총]'을 가리킴. '식채蒠菜'라 부르기도 함]

<원문> (9) 亭歷桔梗龜骨枯

<국역> 정력[葶藶, 꿀풀과의 다년초. 근경根莖(뿌리줄기)은 감

자 모양으로 식용함. 종자種子 곧 '정력자葶藶子'는 약재로 쓰임],
길경[桔梗, 도라지], 귀골[龜骨, 거북의 등 껍데기 귀갑龜甲·귀판
龜板을 가리킴. 한방漢方에서 약재로 쓰임], 고[枯, 고골枯骨, 송장
의 살이 썩어 없어진 뼈]

제25장 第二十五章

<원문> (1) 雷矢藋菌兎盧

<국역> 뇌시[雷矢, 뇌환雷丸. 대나무 뿌리에 기생寄生하는 균류
菌類의 하나, 밤과 같은 모양으로 거죽은 흑색, 속은 흰색인데 깎아
서 약제藥劑로 씀. 죽령竹苓], 관균[藋菌, '관려藋蔰'라고도 함. 옛
날 사람들이 '관학[황새. 구관조九官鳥]'의 오줌에서 화생化生했다
고도 했는데, 회충蛔蟲을 구제驅除하는 효과가 있음], 신[藎, 벼과
에 속하는 월년초越年草(이년생二년生 식물). 줄기와 잎은 말려 황
색 물감을 제조하기도 하는데, 또한 약재로도 쓰임. 잎이 대나무처
럼 작아서 '록죽菉[조개풀 록]竹'이라는 이름을 얻기도 하였음], 토
로[兎盧, 토사菟絲(일년생의 기생만조寄生蔓草). 봄에 실 같은 줄기
로 다른 나무에 기어올라 기생하며, 늦여름에 흰 꽃이 피며, 열매
(토사자菟絲子)는 약재로 씀]

<원문> (2) 卜問譴祟父母恐

<국역> 점을 쳐서[복문卜問] 귀신이 꾸짖으며 (자식에게) 재앙
[재화災禍]을 내릴 것 같으면[수祟] 부모가 두려워한다.

<원문> (3) 祠祀社稷叢臘奉

<국역> 사社(토지신)와 직稷(곡신穀神)에게 제사지내며[사사祠祀] 한 곳에 모여[총叢] 납일[臘日, 동지冬至 후 제3의 술일戌日]에 받들었다.

<원문> (4) 謁祹塞禱鬼神寵

<국역> 참배參拜하고 역귀疫鬼를 쫓아[상祹, 추나追儺] 막고[색塞] 귀신[鬼神]에게 총애[총寵]를 빌었다[도禱].

<원문> (5) 棺槨椱櫝遣送

<국역> 널[관棺], 덧널[곽槨, 외관外棺], 작은 관[혜椱], 함(궤櫃)[독櫝]을 견송[遣送, 송장送葬(장송葬送)하여 죽은 이를 장사지내 장지葬地로 보냄]할 때에는 (죽음을 슬퍼하여 행하는) 도약[跳躍, 용용踊]의 의식儀式을 한다.

<원문> (6) 喪弔悲哀面目腫

<국역> (남의 죽음에 대해 애도의 뜻을 표하는) 조상弔喪을 할 때에는 슬퍼하고 서러워하여[비애悲哀] 얼굴[면목面目]이 붓는다[종腫].

<원문原文> (7) 哭泣祭醊墳墓冢

<국역> 소리 내어 슬피 울며[곡읍哭泣] 제사지낼 때에는 술을 분묘墳墓와 봉토封土[총冢]에 따른다.

<원문> (8) 諸物盡訖五官出

<국역> (천지天地 사이에 존재하는) 모든 물건(에 대한 것)이 죄다 끝났으니, (이제부터는) 오관五官[백관百官](에 대한 것)이 나온다.

<원문> (9) 宦學諷詩孝經論

<국역> 벼슬살이하기 위해 『시경詩經』, 『효경孝經』, 『논어論語』
를 배우고[환학宦學] 읽어 외워야 한다[풍풍諷, 송독誦讀].

제26장 第二十六章

<원문> (1) 春秋尚書律令文

<국역> 『춘추春秋』, 『상서尚書』, 율령(律令, 율률律과 령令(대강大
綱 곧 같은 성질을 가진 큰 범주範疇로 구별된 것을 율률, 그것이
조분條分된 것 즉 세부細部 항목項目으로 나뉜 것을 령令이라 함)
[의 조문條文도 그래야 한다].

<원문> (2) 治禮掌故砥厲身

<국역> 치례治禮(한대漢代의 관직官職 명칭名稱. 찬례贊禮·사
례司禮를 가리킴)와 장고掌故(한대漢代의 관직 명칭. 예악禮樂·제
도制度 방면의 고실故實[전고典故] 즉 전례典例[전거典據가 되는
선례先例]를 맡은 벼슬아치)는 자신을 단련(鍛鍊)해야 한다[지려砥
礪, 숫돌에 감. 전의轉義하여 힘씀. 힘써 닦음. 연마練磨. 단련鍛
鍊].

<원문> (3) 智能通達多見聞

<국역> 지능(智能, 지혜智慧와 재능才能)이 (막힘이 없이) 환히
통하더라도[통달通達, 통달洞達. 통효通曉] 견문(見聞, 보고 들음.

지식知識)이 뛰어나야 한다[다多, 뛰어남].

　　<원문> (4) 名顯絶殊異等倫
　　<국역> 이름을 드러내[명현名顯] 대단히 특별하려면[절수絶殊] 등륜[等倫, 동배同輩(나이·신분身分이 서로 비슷한 사람)]과 달라야 한다.

　　<원문> (5) 抽擢推擧白黑分
　　<국역> (자신의 능력으로 뽑히는) 추탁抽擢(발탁拔擢)과 (남의 천거薦擧로 발탁되는), 추거推擧(추천推薦)은 백색과 흑색(과 같이 명확하게) 분별分別된다.

　　<원문> (6) 迹行上究爲貴人
　　<국역> 적행迹行(행적行迹)이 천자天子에게 아뢰지면[상구上究] 귀인貴人[한漢 나라 때의 여관女官으로 황후皇后의 다음]이 된다.

　　<원문> (7) 丞相御史郞中君
　　<국역> 승상丞相[천자天子를 보좌하는 대신大臣. 정승政丞. 재상宰相], 어사御史[주周 나라 때에는 기록을 맡은 벼슬, 진秦·한漢 이후에는 백관百官의 규찰糾察을 맡은 벼슬. 후대에 그 장관을 어사대부御史大夫라고 하였음], 낭중郞中[장관인 상서尙書를 보좌하는 벼슬. 본래는 상서랑尙書郞이라 하여 천자天子 가까이에서 모시는 근시近侍의 벼슬], 군君[대신大臣을 칭찬하고 존중하는 명칭名稱].

　　<원문> (8) 進近公卿傅僕勳
　　<국역> (천자天子의) 근신近臣으로 진출한 것은 공·경(公·卿,

삼공三公과 구경九卿 즉 고관高官의 총칭總稱). 부(傅, 좌우에서 봉시奉侍하며 돌보는 사람. 사부師傅. 여기에서는 '태부太傅'를 가리킴. 중국 주周 나라 때 처음 설치되어 천자天子가 천하를 다스리는 것을 보좌輔佐하였는데, 진秦 나라 때 폐지되었다가 한漢 나라 때 다시 설치되었음. 그 다음의 직책이 태사太師로 또한 태자太子를 보좌하는 관리를 가리키는데, 서한西漢 때 태자태부太子太傅라 칭함), 복(僕, 자기 자신의 겸손한 호칭(겸칭謙稱). 여기에서는 '태복太僕'을 가리킴. 중국 주周 나라 때 처음 설치되었으며 진秦·한漢 때에도 따랐는데, 천자天子를 위해 집어 執御(어가御駕 즉 천자가 타는 수레를 맡음)·장여掌輿(수레를 관장함)·축목畜牧(가축을 기름)의 일을 함), 훈(勳, 여기에서는 '광록훈光祿勳'을 가리킴. 한漢 무제武帝가 낭중령郎中令을 광록훈으로 고쳤으며, 궁전宮殿의 문호門戶 및 시위侍衛의 임무를 관장管掌시켰음)이다.

<원문> (9) 前後常侍諸將軍
<국역> (천자天子의) 앞뒤에서 항상 시위侍衛하는 상시常侍[관직명官職名]는 여러 장군將軍이다.

제27장 第二十七章

<원문> (1) 列侯封邑有土臣
<국역> 열후列侯(작위爵位 명칭. 진秦 나라에서는 작위를 20등급으로 나누었는데, 철후徹侯가 가장 최고였음. 한漢이 진秦의 제도

를 계승하면서, 무제武帝의 휘諱(이름) '유철劉徹'의 '철徹'을 피휘避諱하여 '철후'를 '통후通侯'로 고쳤으며 혹은 '열후列侯'라고 칭하였음)의 봉읍封邑(영지領地. 식읍食邑)에는 토착土着 신하臣下(가신家臣)가 있다.

<원문原文> (2) 積學所致非鬼神
<국역> 학문을 쌓음[적학積學]은 귀신鬼神으로 인한 것이 아니다.

<원문> (3) 馮翊京兆執治民
<국역> 빙익馮翊(관명官名. 행정 구획명. 한漢 무제武帝 때 경사京師를 나누어 삼보三輔로 삼았는데, 경도京都를 경조京兆로, 좌左를 빙익馮翊으로, 우右를 부풍扶風으로 하였음)과 경조京兆(관명官名. 행정 구획명. 경사京師가 소재하는 지구地區. 또한 경조윤京兆尹 즉 경사京師의 행정장관을 가리킴)은 백성 다스림(치민治民)을 관장管掌한다[집執].

<원문> (4) 廉絜平端撫順親
<국역> 청렴하고 결백하며[염결廉絜] 공평公平하고 단정端正하여[평단平端] (백성을) 어루만져 좇아 가까이한다.

<원문> (5) 姦邪並塞皆理馴
<국역> 간사하고 사악한 사람은 아우르고 차단해서 모두 도리를 좇도록 한다.

<원문> (6) 變化迷惑別故新
<국역> 변화變化와 미혹迷惑을 구별하여 옛날의 잘못을 새롭게 한다.

<원문> (7) 更卒歸誠自詣因

<국역> (정해진 윤번輪番에 따라) 교대交代로 복역服役하는 병졸兵卒이 (고된 병역兵役에 도피逃避하였다가) 참된 마음으로 돌아가면 스스로 종전대로 (관부官府)에 나아가게 한다.

<원문> (8) 司農少府國之淵

<국역> (국가 운영에 있어서 금전과 곡식을 관장하는) 사농司農과 (못·해자·늪 등의 수자원水資源의 세금과 관문關門 및 장시場市의 물자를 관장하는) 소부小府는 (천자天子에게 그것들을 제공하니 비유하자면) 국가의 깊은 샘과 같으니,

<원문> (9) 遠取財物主平均

<국역> 멀리에서 재물財物을 수취收取하여 평균平均(여기에서는 '평균平準' 및 '균수均輸'를 가리킴. '평준'은 진秦 나라의 제도를 계승하여 한漢에서 대사농大司農이 속관屬官으로 평준령平準令·승丞을 두고 평준平準의 사안事案을 관장한 것을 말함. 그리고 '균수'는 한漢 무제武帝가 집행한 경제 조치의 하나로, 대사농의 속관 중에 균수령均輸令·승丞을 두어 징수徵收·매매買賣와 화물貨物 수송輸送을 통일시킨 것을 말함)을 관장管掌한다[主].

제28장 第二十八章

<원문> (1) 皐陶造獄法律存

<국역> 고요[皐陶, 순舜 임금의 신하. 사구司寇 즉 옥관獄官의 장長을 지냈음. 후세에도 옥관 혹은 옥신獄神의 대표적인 존재로

널리 알려졌음. '고요皐繇'라고 쓰기도 함]가 옥獄을 지어 법률法律
이 있게 되었다.

<원문> (2) 誅罰詐僞劾罪人
<국역> 속이는 일[사위詐僞]을 죄를 주어[주벌誅罰] 죄인罪人
의 죄상을 추궁하여 조사한다[핵劾].
<주석註釋>

<원문> (3) 廷尉正監承古先
<국역> 정위廷尉(관명官名. 진秦 나라 때 처음 설치되고, 漢 나
라 초에 이어졌으며, 형옥刑獄을 관장함. 후에 대리大理로 개칭되었
고, 정위경廷尉卿이라 칭하기도 하였음. 북제北齊부터 명明·청淸에
이르기까지 대리시경大理寺卿으로 불리웠음), 정감正監(정위廷尉의
속관屬官인 좌감左監·우감右監)은 예전 먼저 (제도를) 계승하였
다.

<원문原文> (4) 總領煩亂決疑文
<국역> 총령總領(통령統領. 총관總管)은 번거롭고 어지러워[번
란煩亂] 의심스러운 (안건案件의) 기록[疑文]을 해결한다.

<원문原文> (5) 變鬪殺傷捕伍鄰
<국역> (사사로운 이해관계나 감정 문제로 싸우는) 변투變鬪,
죽이고 상처를 입힌 살상殺傷(의 죄로), 이웃에 거주하는 다섯 집
[오린伍鄰]을 체포하기도 한다.

<원문原文> (6) 亭長游徼共雜診
<국역> 정장亭長(관직 이름. 진秦·한漢 때 향촌 10리里마다 1
정亭을 설치하고 정장亭長을 두어 치안治安, 도적盜賊 체포逮捕를

관장하며 아울러 여객旅客 접대接對도 관리토록 하였음. 성내城內 및 성문城門 밖에 이어져 있는 거리에는 '도정都亭'을, 성문에는 '문 정門亭'을 설치하여 역시 정장을 두었음), 유요游徼(관직 이름. 도 적盜賊 순사巡査를 책임짐. 진秦 나라 때 설치되었으며 한대漢代 이후 남북조南北朝에도 이어 설치되었는데 이후 폐지되었음)가 같 이 함께 (향촌을) 진찰診察한다.

<원문原文> (7) 盜賊繫囚榜笞鬢
<국역> 도적盜賊과 계수繫囚(구류拘留 중인 죄수罪囚)를 매질 하고[방태榜笞] 볼기친다[둔鬢].

<원문原文> (8) 朋黨謀敗相引牽
<국역> 붕당朋黨은 사변事變이 발각發覺되면[모패謀敗] 서로 끌어당긴다[인견引牽]

<원문原文> (9) 欺誣詰狀還反眞
<국역> 속이고 꾸민[기무欺誣] 것은 (문제가 되는 사항을 조사 하고 궁구窮究한) 힐장詰狀[유장由狀, 사유서事由書]으로 그전으로 돌이켜[환반還反] 진실眞實을 밝힌다.

제29장 第二十九章

<원문> (1) 坐生患害不足憐

<국역> 까닭없이 생긴[좌생坐生] 재화災禍[환해患害]는 불쌍히
여길 가치가 없다.

<원문> (2) 辭窮情得具獄堅
<국역> (이치理致에 맞지 않아) 설명할 수 있는 말이 없는[사
궁辭窮] 죄상罪狀의 진상眞相[정득情得]은 죄목罪目을 확정한 조서
調書를 구비具備하면[구옥具獄] 견고해진다.

<원문> (3) 籍受證驗記問年
<국역> 문서에는 증거[증험證驗]를 받아들여 연령年齡을 물어
기록한다.

<원문> (4) 閭里鄕縣趣辟論
<국역> 여려閭, 리里[주周 나라 때 제도에, 스물다섯 집을 '이里'
라고 하고 그 문을 '여려閭'라 하였음], 향鄕[주周·한漢 나라 때에는
12,500호戶. 수隋·당唐 때에는 500호가 사는 구역], 현縣에서는
법률[벽辟]의 논결(論決, 判決)을 재촉한다[촉趣, '촉促'과 같은 글
자].

<원문> (5) 鬼薪白粲鉗釱髡
<국역> 귀신鬼薪[진秦·한漢 시대의 형벌刑罰로, 종묘宗廟를 위
한 땔나무를 채취採取하는 고역苦役이었음], 백찬白粲[진秦·한漢
시대의 형벌刑罰로, 고급 관원의 여성 가속家屬 출신의 범죄자에게
절구질을 시켜 쌀을 희게 쓿게 하여 제사祭祀에 공급하게 하는 고
역苦役이었음], 겸鉗[칼, 죄인의 목에 씌우는 형구刑具], 체釱[차꼬,
죄인의 발목을 채우는 형구刑具], 곤髡[체발剃髮. 형벌로서 머리를
깎음. 또, 그 형벌. '곤髡'과 같은 글자]
<원문> (6) 不肯謹愼自令然

<국역> 근신謹愼을 즐겨 하고자 하지 아니하면[불긍不肯] 스스로 그렇게 하게 해야 한다.

<원문> (7) 輸屬詔作谿谷山
<국역> 수속輸屬[죄인罪人이 유배지流配地에 보내져 노역勞役에 처해짐]은 계곡谿谷[산山과 독瀆(큰강 독 : 사독四瀆은 양자강揚子江·황하黃河·회수淮水·제수濟水의 네 큰 강을 이름)으로 통할 곳이 없는 곳을 '계谿', 천泉(샘)이 흘러나와 천川으로 통하는 곳을 '곡谷']으로 하도록 조서詔書를 작성한다.

<원문> (8) 箛簛起居課後先
<국역> 피리[고箛]와 통소[추簛]로 일어서고 웅크리는 행동거지[기거起居]를 심사한[課] 후에 뒤와 앞을 가린다.

<원문> (9) 斬伐材木斫株根
<국역> 재목材木을 베고 쳐내고 줄기[주株]와 뿌리[근根]를 찍어 낸다.

제30장 第三十章

<원문> (1) 犯禍事危置對曹
<국역> 범죄를 저지르거나[범화犯禍] 위험한 짓을 일삼으면[사위事危] (법령法令·형옥刑獄을 책임지는) 결조決曹(의 문초問招)

에 답변해야 한다[치대置對].

<원문> (2) 謾訑首匿愁勿聊
<국역>사기詐欺치거나[만타謾訑] 공범共犯을 은닉隱匿한 주모자主謀者[수닉首匿]는 매우 근심이 깊어 조금도 희망이 없다[수물료愁勿聊]

<원문> (3) 縛束脫漏亡命流
<국역> 구속拘束되었다가[박속縛束] (그 명단名單에서) 탈루脫漏되거나 (타국他國으로) 망명亡命했어도 유배流配된다.
<원문> (4) 攻擊劫奪檻車膠
<국역> 공격하여 겁탈劫奪하면 (책란柵欄[울타리와 난간]으로 폐쇄된) 죄수의 수레[함거檻車]에 (눈에) 아교阿膠를 칠해 도망 못 가게 해놓는다[교膠].

<원문> (5) 嗇夫假佐扶致牢
<국역> 색부嗇夫(고대 관리의 명칭. 진대秦代에 향鄕에 색부嗇夫를 설치하여 소송訴訟 및 부세賦稅 수취收取를 맡게 하였으며, 한대漢代에도 이어졌음), 가좌假佐(한대漢代 여러 관부官府의 문서관文書官)는 서로 도와서 죄수를 감옥에 보낸다[부치뢰扶致牢, 죄수를 압송押送하여 감옥監獄에 도달하게 함을 가리킴).

<원문> (6) 痕痏保辜譿呼號
<국역> 타박상打撲傷[지유痕痏, '지痕'는 경상輕傷, '유痏'는 중상重傷으로 구타毆打당해서 생긴 상처를 가리킴], 보고保辜[고대 형률刑律 중의 규정에 구타 상해 사건이 발생했을 경우, 관부에서 실상을 살펴 기한을 정해서 피고被告로 하여금 상해를 당한 자에 대한 치료를 책임지게 하였는데, 만약 상해를 당한 자가 기한 내에

사망에 이르면 사형죄로 논단論斷하고 사망하지 않으면 상해죄로 논단하였음]를 당하면 울부짖으며 호소呼訴한다[제호호諦呼號].

<원문> (7) 乏興猥逮詗譹求
<국역> 핍흥乏興(일종의 군율軍律 위반 죄명으로, 군수軍需 물자의 징집·조발調拔에 일을 그르친 것을 가리킴), 외체猥逮(과다過多하게 체포했음을 가리킴)했을 때는 뜬소문[현詗]을 염탐하여 [형訶] 책망해야[구求] 한다.

<원문> (8) 輒覺沒入檄報留
<국역> 곧[첩輒] (진상眞相을) 알아차리면[각覺] (과다하게 징집한 군수 물자 등을) 몰수하고[몰입沒入] 격문檄文과 공초供招(죄인이 범죄 사실을 진술한 문서, [보報])를 발령發令하여 구류拘留 처분을 해야 한다.

<원문> (9) 受賕枉法忿怒仇
<국역> 뇌물賕物을 수수收受하고[수구受賕] 법을 왜곡하면[왕법枉法] (백성들이) 분노忿怒하여 원수로 여긴다[구仇].

제31장 第三十一章

<원문> (1) 讒諛爭語相觝觸
<국역> 헐뜯고 아첨하며[참유讒諛] 말다툼을 하면[쟁어爭語(쟁

론爭論)] 서로 충돌하게 된다[저촉觝觸].

<원문> (2) 憂念緩急悍勇獨

<국역> 근심하는 생각[우념憂念(우려憂慮)]과 위급危急한 일[완급緩急]에는 홀로[독獨] 강하고 용맹스러워야[한용悍勇] 한다.

<원문> (3) 廼肯省察諷諫讀

<국역>이에 옳다고 인정하며(수긍首肯) 성찰省察하면서 풍자諷刺해서 간언諫言하고[풍간諷諫] (경전經典을) 외어 읽어야 한다(송독誦讀).

<원문> (4) 涇水注渭街術曲

<국역> 경수涇水(감숙성甘肅省 화평현化平縣과 고원현固原縣 두 군데에서 발원發源하여 합류한 후, 섬서성陝西省에 이르러 위수渭水로 흘러 들어가는 강)는 위수渭水(감숙성甘肅省 위원현渭源縣에서 발원發源하여, 섬서성陝西省을 거쳐 황해黃海로 들어가는 강)로 흘러 들어가 (사통팔달四通八達의) 큰길[가街], (성읍城邑 안의) 통로[술術], (마을의 거리 리항里巷 중의 작은 길)에 이른다.

<원문> (5) 筆研籌筭膏火燭

<국역> 붓과 벼루[필연筆研(필연筆硯)], 주산籌筭['산주算籌'로도 씀], 조명照明을 위한 등화燈火[고화膏火], 촛불[촉燭]

<원문> (6) 賴赦救解貶秩祿

<국역> 사면赦免(형벌刑罰을 면제免除하거나 감경減輕해줌)에 힘입어 구원되면 질록秩祿(녹봉祿俸. 봉록俸祿. 관위官位)을 떨어뜨린다[폄貶].

<원문> (7) 邯鄲河間沛巴蜀

<국역> 한단邯鄲(전국戰國시대 조趙 나라 수도. 지금은 하북성河北省의 한 현縣), 하간河間(전국戰國시대 조趙 나라의 땅. 한대漢代에 하간국河間國이 설치되었었음. 지금의 하북헌현河北獻縣·하간시河間市·청현靑縣·박두시泊頭市 일대), 패沛(한漢 고조古祖의 고향. 지금의 강소성江蘇省 패현沛縣. 춘추春秋 시대에는 송국宋國에 속했다가 전국戰國 시대에 이르러 초읍楚邑이 되었다가 진秦 나라 때 현縣이 설치되었음), 파촉巴蜀(사천四川의 별칭別稱)

<원문> (8) 潁川臨淮集課錄

<국역> 영천潁川([영潁], 하남성河南省 등봉현登封縣에서 발원發源하여, 안휘성安徽省에서 회수淮水로 흘러 들어가는 강, 지금의 하남성河南省 우주시禹州市 일대), 임회臨淮(지금의 강소성江蘇省 패현沛縣. 한漢 무제武帝 원수元狩 6년(기원전紀元前 117년) 설치되었음)의 집과록集課錄[각 군군郡마다 인구人口·부세賦稅·안건案件(토의討議하거나 취조取調할 사건事件) 등을 적어 경사京師에 보고하는 각종 문서를 명칭 별로 배열하여 작성한 명부名簿를 '집과록集課錄'이라 칭하였음]

<원문> (9) 依溷汙染貪者辱

<국역> 뒷간에 의해 (물이) 오염[汙染]되듯이 (재물을) 탐하는 자는 욕보게 된다.

제32장 第三十二章

<원문> (1) 漢地廣大無不容盛

<국역> 한漢 나라의 국토는 넓고 커서 받아들이지 않는 것이 없다[무부용성無不容盛].

<원문> (2) 萬方來朝臣妾使令

<국역> 천하의 각지各地[만방萬方, 만방萬邦]에서 사신使臣이 찾아와서[래조來朝, 제후諸侯 또는 속국屬國의 임금이나 사신使臣이 조정朝廷에 와서 천자天子를 만남] 신첩臣妾[원래 고대에는 노예奴隷를 지칭하여 이르는 말로, 남자男子는 신臣, 여자女子는 첩妾이었는데, 후에는 일반적으로 통치자가 관할하는 민중民衆과 번속藩屬(속지屬地 또는 속국屬國)을 가리킴]을 자칭自稱하며 사신使臣을 보내온다[사령使令, 차견差遣].

<원문> (3) 邊境無事中國安寧

<국역> 변경邊境이 무사無事하니 중국中國은 안녕安寧하다.

<원문> (4) 百姓承德陰陽和平

<국역> 백성百姓은 덕택德澤(은덕恩德이 다른 사람에게 미치는 혜택惠澤)을 입어야[승덕承德], 음陰(달·가을·겨울·물·여자 등)과 양陽(해·봄·여름·불·남자 등)이 화목和睦하고 평안平安하다.

<원문> (5) 風雨莫不滋榮

<국역> 바람불고 비오는 절기[시절時節]에 우거지고 무성해지지[자영滋榮] 않는 것이 없다[막불莫不].

<원문> (6) 災蝗不起五穀孰成

<국역> 재황[災蝗, 주로 벼통사를 해치는 황충蝗蟲으로 인한 재

앙재殃]이 일어나지 않으면 오곡[五穀, 다섯 가지 곡식. 다섯 가지 종류에 관해서는 여러 학설이 있는데, 대체로 벼·보리·콩·조·기장을 말하며, 전의轉義하여 곡식의 총칭으로 쓰임]이 익는다[숙성孰成],

<원문> (7) 賢聖並進博士先生
<국역> 현인賢人과 성인聖人이 박사博士와 선생先生으로 함께 나란히 나아간다[병진並進].

<원문原文> (8) 長樂無極老復丁
<국역> 길이 즐겁고 끝이 없으소서, 노부정老復丁(한대漢代에 80세 이상의 고령자를 봉양奉養하는 집의 경우 우대하여 그 자손子孫의 부역賦役을 감면減免해준 데에서 나온 말)이시어!

제33장 第三十三章

<원문> (1) 齊國給獻素繒帛
<국역> (한대漢代에 분봉分封된 제후국諸侯國) 제齊 나라가 백색白色의[소素] 견직물[증백繒帛, 주絲綢(견직물. 명주. 비단)의 통칭統稱]을 바쳐 공급하였는데[급헌給獻],

<원문> (2) 飛龍鳳皇相追逐
<국역> (그 문양紋樣에) 날고 있는 용龍과 봉황鳳皇(鳳凰)이

서로 뒤쫓는다[추축追逐].

<원문> (3) 河南洛陽人蕃息
<국역> 하남河南[황하黃河 이남의 땅, 이는 성주成周 즉 3대三
代(하夏·상商·주周의 세 왕조王朝) 때의 서주西周(주周 나라 무
왕武王에서 유왕幽王까지, 수도首都가 호경鎬京에 있던 시기로, 평
왕平王 이후 수도 낙읍洛邑이 그 동쪽에 있었기에, 서쪽에 수도가
있던 시대라고 해서 그리 호칭하였음)의 동도東都 낙읍洛邑이 지금
의 하남河南 낙양洛陽 동교東郊에 있었으므로, 후세에는 일반적으
로 황하 이남 지구를 가리킴] 낙양洛陽(하남성河南省의 수도首都)
에는 사람이 번성蕃盛하여 퍼졌다[번식蕃息].

<원문> (4) 與天相保無窮極
<국역> 하늘과 더불어 서로 보전保全하니 끝이 없었다[무궁극
無窮極].

<원문> (5) 眞定常山至高邑
<국역> 진정眞定(서한西漢 고제高帝 11년(기원전 196)에 설치
된 지방 통치 조직인 현縣으로, 지금의 하북성河北省 정정현正定縣
남쪽을 다스렸음)과 상산常山[하북성河北省 정정현正定縣을 다스린
하북河北의 중요한 군사 주둔지인 진鎭. 서한西漢 문제文帝 원년元
年(기원전 179), 문제의 유항劉恒을 피휘避諱하기 위해 항산군恒山
郡을 상산군常山郡으로 개명改名]을 거쳐서 고읍高邑(지금의 하북
성河北省 백향현柏鄕縣 북고성점北固城店을 다스렸는데, 서한西漢
때 설치되던 처음에는 호현鄗縣이었다가 광무제光武帝가 이 곳에서
즉위하면서 개명改名하여 고읍현高邑縣이 되었음)에 이른다.

<원문> (6) 乘而嘉寵升進立

<국역> (거마車馬 등을 타게 되면) 총애寵愛[가총嘉寵]를 입어 승진가進해서 (출사出仕[벼슬하여 관아官衙에 나아감]하여 조당朝堂(조정朝廷, 조가朝家)에) 설 수 있다.

<원문> (7) 建號垂統解鬱悒

<국역> 건호建號(명호名號를 건립建立한 것으로, 자립自立하거나 혹은 책봉冊封받아 후왕侯王[군주君主·왕후王侯·제후諸侯]되었음을 가리킴)하고 수통垂統(자손子孫이 계승繼承할 사업事業을 시작하였음을 말함)하면 수심愁心에 찬 모양[울읍鬱悒]을 씻어 버릴 수 있다.

<원문> (8) 四民康寧咸來服集

<국역> 모든 백성(사민四民, 옛날에는 '사士·농農·공工·상商'을 사민四民이라 칭하였음)이 건강健康하고 편안하여[강녕康寧] 모두 와서 복종服從하며 집합集合하였다.

<원문原文> (9) 何須念慮合爲一

<국역> 어찌 모름지기 합하여 일통一統할 것[爲一]을 염려念慮할 필요가 있겠는가!

제34장 第三十四章

<원문> (1) 山陽過魏 長沙北地

<국역> 산양山陽(산양군山陽郡. 한漢 경제景帝 중원中元 6년(기원전 144) 산양국山陽國을 건립하였고, 한漢 무제武帝 건원建元 5년(기원전 136) 국國을 군군郡郡으로 삼은 이후 여러 차례 바뀌었으며 창읍현昌邑縣(지금의 산동山東 거야현巨野縣 남쪽)을 다스림)은 위魏(전국戰國시대의 한 나라. 진晉 나라의 대부大夫 위사魏斯가 진나라를 삼분三分하여 그 중의 하남성河南省 북부, 산서성山西省의 서남부를 차지하여 창건하였고, 후에 진秦 나라에 멸망당함)를 지나야 장사長沙(진秦 나라가 설치한 장사군長沙郡. 지금의 호남성湖南省 장사현長沙縣. 한漢 고조高祖 5년(기원전 202)에 장사국長沙國으로 고쳤다가 동한東漢 때 다시 고쳐 군군郡郡으로 삼음), 북지北地(진秦 나라가 설치한 북지군北地郡으로 의거義渠(지금의 감숙甘肅 녕현寧縣 서북)을 다스림. 서한西漢 때 마령馬嶺(지금의 감숙 경양현慶陽縣 서북)으로 이치移置되었다가 동한東漢 때 부평富平(지금의 영하寧夏 오충시吳忠市 서남)으로 옮겨 다스렸음)에 다다른다.

<원문> (2) 馬飮漳鄴及淸河
<국역> 말에게 장장漳(산서성山西省에서 발원發源하여, 하남성河南省·하북성河北省을 거쳐 위하衛河로 흘러 들어가는 강)의 물을 먹이고, 업鄴[한대漢代에 지금의 하남성河南省 임장현臨漳縣에 있던 한 현縣이었고, 삼국시대三國時代에는 위魏 나라 서울이 되었음]과 청하淸河[청하淸河의 물은 본래 혼탁하지만 여양현黎陽縣의 산천수山泉水이 모여들면서 맑게 변하여, 이로 인하여 '청하淸河'라는 이름을 얻었음. 한漢 나라 초에 청하淸河 하류 지구에 청하군淸河郡이 설치되었다가 후에 청하국淸河國으로 개칭되었는데 원제元帝 때에 다시 군군郡郡으로 개칭됨]에 다다른다.

<원문原文> (3) 雲中定襄與朔方
<국역> 운중雲中[군명郡名. 원래는 전국戰國시대 조趙 나라 땅

이었다가, 진秦이 군郡을 설치하였다가, 한漢 나라 때 관할 구역이 축소되었음. 지금의 내몽고內蒙古 탁극탁托克托. 때로는 변경邊境의 관문關門을 범칭泛稱으로 쓰이기도 하였음], 정양定襄[군명郡名. 한漢 고조高祖 때 군郡이 설치되었다가 동한東漢 말에 폐지됨. 지금의 내몽고內蒙古 장성長城 이북의 청수하淸水河 등지等地]와 더불어 삭방朔方[군명郡名. 한漢 무제武帝 때 군郡이 설치되었다가 동한東漢 말에 폐지됨. 지금의 내몽고內蒙古 항금기杭錦旗]

<원문> (4) 代郡上谷右北平
<국역> 대군代郡[군명郡名. 전국戰國시대 조趙 나라의 무영왕武靈王이 설치, 진秦·서한西漢시대에는 치소治所가 대현代縣(지금의 하북성河北省 울현蔚縣 동북東北)에 있었음], 상곡上谷[상곡군上谷郡. 상곡군은 전국戰國시대 연燕 나라가 설치하고, 진秦 때에는 치소治所가 저양현沮陽縣(재금의 하북성河北省 회래현懷來縣 동남東南)에 있었음]과 우북평右北平[우북평군右北平郡. 우북평군은 전국戰國시대 연燕 나라가 설치하고, 진秦 때에는 치소治所가 무종현無終縣(지금의 천진天津 계현薊縣)에 있었고, 서한西漢 때에는 평강현平剛縣(지금의 요녕성遼寧省 능원현凌源縣 서남西南)에 있었음. 왕망王莽 때에는 북순군北順郡으로 개명改名하였다가 동한東漢 때 다시 원래 명칭으로 고쳤으며 치소를 토은현土垠縣(지금의 하북성河北省 북풍윤현北豊潤縣 동북東北)로 옮겼음]

<원문> (5) 遼東濱西上平岡
<국역> 요동遼東[요동군遼東郡. 전국戰國시대에는 연燕의 땅이었고, 진秦이 군郡을 설치하였으며, 치소治所는 양평현襄平縣(지금의 요녕성遼寧省 요양시遼陽市 노성구老城區)에 있었음], 빈서濱西[군명郡名. 즉 요서군遼西郡. 요하遼河의 서쪽에 가깝게 있어서 얻은 명칭. 진秦 나라 때 군郡을 설치하였고, 치소治所는 양락현陽樂

縣(지금의 요녕성遼寧省 의현義縣 서쪽)에 있었음]의 변두리 평강平岡[평강현平岡縣. 서한西漢 때 설치하여 우북평군右北平郡을 치소治所로 삼았는데 지금의 내몽고內蒙古 녕성현寧城縣 서남西南 고성古城. 동한東漢 때 폐지]

<원문> (6) 酒泉彊弩與敦煌
<국역> 주천酒泉[군명郡名. 서한西漢 원수元狩 2년(기원전 121) 설치되었는데, 천수泉水가 술과 같다 하여 얻은 명칭. 치소治所는 녹복현祿福縣(지금의 감숙성甘肅省 주천시酒泉市). 왕망王莽이 보평군輔平郡으로 개명하였으나 동한東漢 때 원래의 명칭으로 다시 고쳤음], 강한 쇠뇌[강노彊弩, 노弩는 여러 개의 화살이나 돌을 잇따라 쏘게 된 큰 활]과 돈황敦煌[군명郡名. 서한西漢 원정元鼎 6년(기원전 111) 설치, 치소治所는 돈황현敦煌縣(지금의 감숙성甘肅省 돈황시敦煌市 서쪽). 왕망王莽이 돈덕현敦德縣으로 개명하였으나, 동한東漢 때 다시 원래 이름으로 고쳐졌음]

<원문> (7) 居邊守塞備胡羌
<국역> 변방邊方에 거주居住하면서 요새[塞]를 지키며 호胡[중국의 북부에 살던 만족蠻族]와 강羌[중국 서방西方의 오랑캐 이름. 지금의 티베트족]을 방비防備한다.

<원문> (8) 遠近還集殺胡王
<국역> 멀리서든 가까이서든 돌아와 모여[환집還集] 호왕[胡王]을 살해하였다.

<원문> (9) 漢土興隆中國康
<국역> 한漢나라의 국토가 일어나 성대盛大해지니[흥륭興隆] 중국中國이 편안하였다[康].

제2장

백제의 중요 서법 수용과
서법·금석학의 발달

제1절
서언

中國에서 근자에 출판된 『中國古代書畫圖目』 全23冊 가운데 第1冊의 첫 寫眞으로 「魏太尉鍾繇千字文右軍將軍王羲之奉勅書」라는 題號의 書畫 한 점이 편집되어 있다.[1) 이것은 단 1面의 大形 黑白 寫眞版이라 그렇지 않으나, 최근에 연속 출판된 一品堂 編의 『王羲之臨鍾繇千字文』[2)과 孫寶文 編의 『王羲之臨鍾繇千字文』[3)은 컬러版이라 實感이 잘 느껴진다. 더욱이 이 2種의 『王羲之臨鍾繇千字文』에는, 아래에 제시한 [寫眞資料](1)에서 보이듯이 실물을 부분적으로 확대하여 20면에 걸쳐 제시하였을 뿐만 아니라 그 判讀文을 곁들이고 있어 매우 유익하다.

그런데 이 『王羲之臨鍾繇千字文』의 原文은 "二儀日月, 雲露嚴霜. 夫貞婦絜, 君聖臣良."으로 開始되어, 흔히 널리 알려진 "天地玄黃, 宇宙洪荒. 日月盈昃, 辰宿列張."으로 시작되는 [梁(502-557)] 周興嗣(470?~521) 編纂 『千字文』과는 다른 [魏(220-265)] 鍾繇(151-230)의 『千字文』이다. 두 『千字文』은 그 처음 부분만 다른 게 아니라, 내용을 일일이 대조하면서

---

1) 中國古代書畫鑑定組 編, 『中國古代書畫圖目』 第1冊, 北京 : 文物出版社, 1986, p.11.
2) 南寧 : 廣西美術出版社, 2014.
3) 上海 : 上海辭書出版社, 2017; 重印, 2021.

분석해본 결과, 鍾繇 『千字文』에만 있는 漢字는 85字, 周興嗣 『千字文』에만 있는 漢字는 106字일 뿐만 아니라 異體字의 경우에 있어서도 서로 6字나 차이가 나므로4), 그 個別性이 확연하다고 할 수 있겠다.

[寫眞資料](1)「魏太尉鍾繇千字文右軍將軍王羲之奉勅書」

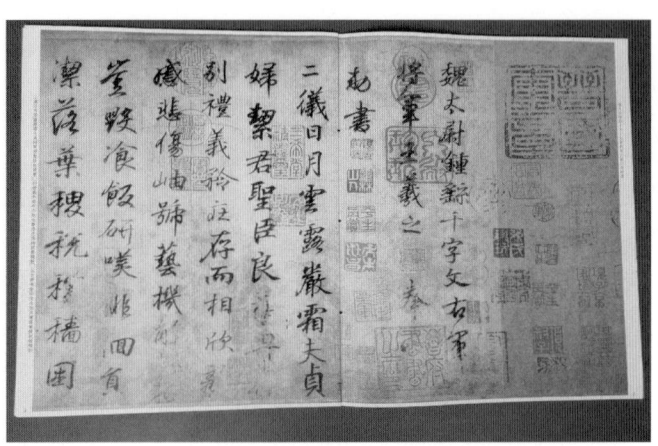

[典據：孫寶文 編, 『王羲之臨鍾繇千字文』, 上海：上海辭書出版社, 2021, pp.2-3.]

『王羲之臨鍾繇千字文』에 관한 이러한 자료의 연이은 출간으로 해서 이제 [魏] 鍾繇의 『千字文』을 皇帝의 勅書를 받들어 [晉(265-419)] 王羲之(307-365)가 臨摹하였고, 그것이 지금껏 전해지게 된 것으로 정리되는 듯하다.5) 다만 이 『王羲之臨鍾繇千字文』의 書體에 관련된 漢字 文化圈의

---

4) 이와 관련한 구체적인 세부 사항은 첨부한 [附錄] [魏] 鍾繇 撰 『千字文』과 [梁] 周興嗣 次韻 『千字文』의 比較 分析의 <附錄表 1·2> 내용을 참조하시라.

5) 한편 吉田茂松, 「寫眞版 王羲之行書千字文」, 『千字文解釋』, 東京：書壇社出版部, 1937, p.1에는 중국에서 최근 출판된 이 2種의 『王羲之臨鍾繇千字文』에서 찾아볼 수 있는 첫 줄의 "魏太尉鍾繇千字文右軍將軍王羲之奉勅書"라는 부분을 제외하고 본문의 4행만을 제시하였고, 解說인 「千字文に就て」, pp.1-2에서는 "우리나라[日本]의 應神天皇 16년에 百濟의 王仁이 論語 十卷과 千字文 1卷을 貢進했다고 古事記에 있지만, 그 年이 晋 武帝 太康 6년으로 梁 武帝 보다는 2백여 년도 전이었으므로, 그 千字文이라고 말하는 것은 周興嗣가 次韻해서 지

학문적 연구 특히 문헌 기록에 대한 정밀한 검토 그리고 이『王羲之臨鍾繇千字文』외의 鍾繇 眞蹟의 臨摹本에 대한 조사 및 검증을 통한 분석에 입각한 본격적인 연구는 정작 현재까지는 中國에서조차도 발표되지 않고 있는 것 같다.

그러나 鍾繇 眞蹟의 書體와 관련해서 이미 널리 알려진 문헌 기록에 대한 정밀한 검토뿐만 아니라 기왕에 주목을 받지 못했던 새로운 자료에 대한 발굴 그리고 지금껏 공개된 그의 眞蹟 臨摹本에 대한 세밀한 재조사 및 검증을 통한 분석을 통해 지금까지 알려진 바와는 달리 그 眞面貌를 가늠해볼 수 있다고 믿는다. 이러한 검토와 분석을 통해서 특히 鍾繇의 書體 臨摹에 능숙했던 [梁] 蕭子雲의 '書三十紙'를 통해 百濟가 鍾繇의 書法을 受容함으로써 百濟의 書法은 물론이고 金石學도 發達시킨 역사적 사실에 관하여 밝혀 보고자 한다.

그러기 위해 먼저 敦煌漢文寫本『雜抄』와 日本王室寫本『日本國見在書目錄』그리고 [唐] 李暹「注千字文序」등을 세밀하게 검토하여 百濟의 鍾繇『千字文』受容에 관해서 천착하여 그 實像을 규명하겠다. 그런 뒤 [晉] 王羲之·[梁] 武帝의 鍾繇 書法에 대한 評價를 比較 分析하고, [淸] 顧炎武『日知錄』「千字文」條와 [日本]『日本國見在書目錄』筆寫 記錄에 나타난 [梁] 蕭子雲의 行蹟을 檢證하고자 한다. 또한 그러한 鍾繇 書法을 본받은 蕭子雲의 眞蹟을 발굴하여 제시하고 武寧王陵의 誌石 搨本 墨蹟과 비교함으로써 蕭子雲이 百濟 使臣에게 써준 '書三十紙'를 통한 鍾繇 書法 受容과 그를 계기로 이뤄진 百濟의 書法·金石學 發達의 樣相을 眺望하기로 하겠다.

은 千字文은 아닐 만도 하다. 그 이전에 있었던 鍾繇의 千字文인지, 그렇지 않으면 그것을 王羲之가 寫한 千字文인지, 남아 있지 않으므로 알 수 없다."라고 한 바가 있다. 아마도 그 자신이 그 실물의 일부를 사진으로 제시하고 제목을 「王羲之行書千字文」이라 한 것이, 王羲之가 '그 이전에 있었던 鍾繇의 千字文'을 臨摹한 것일지도 모른다는 생각에서 그랬던 게 아닐까 생각한다.

제2절

돈황한문사본『잡초』· 일본왕실사본 『일본국현재서목록』· [당] 이섬 「주천자문서」의 [위] 종요『천자문』찬 · [양] 주흥사『천자문』차운 기록 검토

敦煌漢文寫本 『雜抄』6)·『日本國見在書目錄』 [唐]李暹 「注千字文序」에 는 공통으로 '[魏] 鍾繇『千字文』撰 · [梁] 周興嗣『千字文』次韻'의 기록 이 기재되어 있다. 그 내용에 대한 면밀한 검토가 鍾繇『千字文』의 실체 를 밝히는 데에 무엇보다도 요긴하겠기에 詳論하고자 한다.

---

6) 20세기 초에 이르러 敦煌의 莫古窟에서 發掘된 所謂 敦煌文書 가운데 티벳트 語 등으로 기록한 것들은 제외하고 漢文으로 筆寫된 漢文 文獻의 寫本만을 敦 煌漢文寫本이라 指稱한다. 吳其昱, 伊藤美重子 譯, 「敦煌漢文寫本槪觀」, 池田 溫 編, 講座敦煌 5『敦煌漢文文獻』, 東京 : 大東出版社, 1992 참조. 그 중의 가장 대표적인 것 하나가 題記에 '雜抄一卷'으로 시작되는 문서이기에 그 첫머 리의 書名을 따서 이후『雜抄』라고 일컫고 있다. 그리고 특히『雜抄』자체가 經書·史書에 대한 고증은 물론 經學·史學의 敎育과도 의당 직결되는 사안이 므로 지금껏 특히 당시의 敎育史 분야의 학자들에 의해 크게 주목을 받아 왔 다. 那波利貞, 「唐鈔本雜抄考—唐代庶民敎育史硏究の一資料—」,『支那學』 13 小島祐馬·本田成之還曆記念號, 1942;『唐代社會文化史硏究』, 東京 : 創文社, 제1쇄, 1974; 제3쇄, 1988 및 周一良, 「敦煌寫本雜抄考」,『燕京學報』第35期, 1948; 錢文忠 譯,『唐代密宗』, 上海 : 上海遠東出版社, 2012.

1)돈황한문사본 『잡초』·일본왕실사본 『일본국현재서목록』 의 종요『천자문』찬·주흥사『천자문』차운 기록 검토

『雜抄』의 내용 중에서도 특히 "經史何人修撰製注" 곧 "經書·史書를 어떤 사람이 修撰하고 製注하였는가"를 정리한 내용을 筆寫한 부분에 『千字文』에 관한 대목 중 '鍾繇 撰·周興嗣 次韻' 기록이 보인다. 이 대목을 중심으로 인용하면 다음과 같다.

> 雜抄一卷 …
> (58) 疎。夫妻不忍令子孤。 … 經史何人修撰製注。史
> (59) 記[司馬/遷修] 三國志[陳壽/修] 春秋[孔子修/杜預注] 老子
> [河上注] 三禮[孔子修/鄭玄注] 周禮[王弼/注] 離騷經[屈原/注] …
> (62) 幾家書[虞夏商/周書] … 千字文[鍾繇撰/李暹注] 周興嗣
> (63) 次韻。 嗲新文章起何人。 賦荀卿[五言李/陵作] 七言[起李/
> 伯景] 四言[起壽/孟] 書[起子蒙][7]

『雜抄』의 이 (62)·(63)行에 걸쳐 있는 "千字文[鍾繇撰/李暹注] 周興嗣 次韻"이라고 한 대목이 곧 그것이다. 이렇듯이 『雜抄』에 記載된 이 李暹 (生歿年代未詳)의 注 『千字文』은 敦煌만이 아니라 다른 지역에도 널리 전해져서 庶民들의 漢字 敎育에 활용되었음이 분명하다.[8]

그리고 그것이 실제로 所謂 東京帝室博物館에서 所藏 중인 古代 日本 王室에서부터 전해져 내려오는 문서들의 筆寫 目錄인 『日本國見在書目錄』 에도 기재되어 있음이 알려졌다.[9] 더욱이 그 실제의 면모를 다음 [寫眞 資料](2)의 左側面의 3-4行 "千字文一卷 [周興嗣次韻撰] 千字文一卷 [李

---

7) 那波利貞, 「唐鈔本雜抄考」, 1942, pp.36-41; 『唐代社會文化史研究』, 1988, pp. 225-229.
8) 那波利貞, 「唐鈔本雜抄考—唐代庶民敎育史硏究の一資料—」, 1988 및 周一良, 「敦煌寫本雜抄考」, 2012 참조.
9) 東野治之, 「訓蒙書」, 池田 溫 編, 講座敦煌 5 『敦煌漢文文獻』, 東京 : 大東出版 社, 1992, pp.415-416.

暹注]" 대목에서 확인할 수가 있다.10)

[寫眞資料](2) 『日本國見在書目錄』 598卷 「小學家」 部分

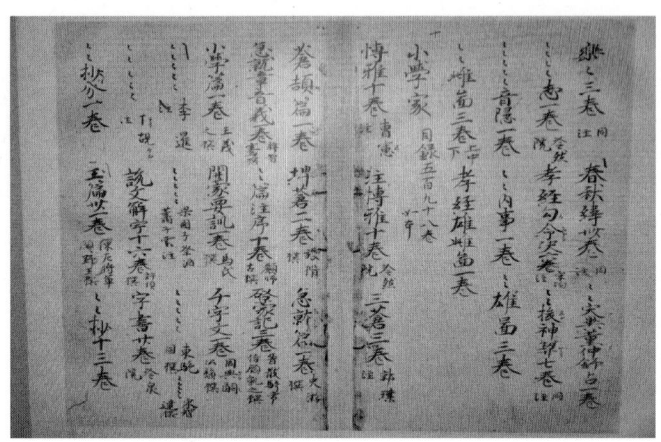

[典據：藤原佐世 [撰][他]，『(東京帝室博物館藏) 日本國見在書目錄』，
東京：古典保存會，1925, p.13.]

『千字文』에 대한 이러한 李暹 注의 撰成 年代는 혹 南北朝 末期였다고
보기도 하지만11), 대체로 이르면 中唐 玄宗 開元(713- 741) 어간, 늦어
도 唐末 昭宗 光化(898-901) 어간이라고 여겨지고 있다.12) 따라서 적어

---

10) 原文은 藤原佐世 [撰][他]，『(東京帝室博物館藏) 日本國見在書目錄』，東京：古
典保存會，1925, p.13. 그리고 判讀文은 孫 猛，『日本國見在書目錄詳考』，
2015, pp.386-393.『日本國見在書目錄』에 관련해서는 水口幹記，「『日本國見在
書目錄』誕生の素地・背景-書物の收集・傳來・受容を考える」，鈴木靖民 (等)編，
『日本古代交流史入門』，東京：勉誠出版，2017 및 張靜，「《日本國見在書目錄》
著錄小學類考略」，『名家名作』2022年 第12期 참조.
11) 특히 日本의 上野淳一 所藏本 「注千字文」에 보이는 李暹 注는 "序・本文 다
같이 原撰時의 옛 모습을 잘 保持하고 있고, 그 성립 연대는 南北朝時代 末期
라고 추정할 수 있다."라고 여겨지기도 한다. 東野治之，「敦煌と日本の『千字文』
」，『遣唐使と正倉院』，東京：岩波書店，1992, p.250.
12) 李暹의 注 자체의 撰成 時點에 대해서는 中唐 初인 肅宗(756-762) 이후라고 보
는 那波利貞의 견해(「唐鈔本雜抄考」，1988, pp.225-229.)，玄宗 開元

도 이 무렵에는 『雜抄』 (62)·(63)行에 筆寫된 "千字文[鍾繇撰/李暹注] 周興嗣次韻"이라고 하는 기록 그리고 『日本國見在書目錄』 "千字文一卷 [周興嗣次韻撰] 千字文一卷 [李暹注]" 기록은, 鍾繇 撰·周興嗣 次韻의 『千字文』이 敦煌은 물론이고 日本에까지 普遍的으로 受容되어 있었던 사실을 증명하는 것으로 보아도 무난하지 않나 생각된다.

2)이섬 「주천자문서」의 종요 『천자문』 찬·주흥사 『천자문』 차운 기록 검토

[唐] 李暹의 「注千字文序」에도 [魏] 鍾繇 『千字文』 撰·[梁] 周興嗣 『千字文』 次韻의 역사적 사실에 대한 매우 구체적인 기록이 상세하게 정리되어 있으며, 이 李暹의 「注千字文序」는 그 서술 내용상으로 구분하자면 前·後半部로 兩分할 때, 그 전반부에서 핵심적인 내용을 제시하고 있어 그 내용의 구성을 분석하여 圖表로 작성하였다. 다음의 <表 1-1> 李暹 「注千字文序」 前半部 內容 構成 分析表가 그것이다.

<表 1-1> 李暹 「注千字文序」 內容 前半部 構成 分析表

區分			項目	原文
Ⅰ	鍾繇 作·書 『千字文』	(A)	鍾繇 作·書 『千字文』에 관한 梁 [武帝 皇六子] 邵陵王 蕭綸의 評	鍾繇 『千字文』의 書體[千字文이라는 것은 魏 太尉 鍾繇가 지은 것이다. 梁 邵陵王 蕭綸이 (그 『千字文』) 書體에 대한 評에서 鍾繇의 書體라고 말하였다][13]
		(B)	鍾繇 『千字文』 書에 대한 蕭	마치 아득한 구름 위를 날아오르는 고니가 창공에 노닐고, 봉

(713-741)부터 穆宗 長慶(821-824) 이전일 것으로 추정하는 周一良의 견해(「敦煌寫本雜抄考」, 1948, p.9; 錢文忠 譯, 2012, p.218.) 그리고 근자에는 『雜抄』의 編集은 中唐 때가 아닌 唐 高祖·武則天 執權 때에 이뤄졌고 抄寫 年代는 가장 이르면 唐 玄宗 天寶 14년(755) 末, 늦어도 唐末 昭宗 光化 年間(898-901)이라는 盧善煥의 견해(「敦煌寫本《雜抄》考述」, 黃正建 主編, 『中國社會科學院敦煌研究回顧與前瞻學術研討會論文集』,   上海:上海古籍出版社, 2012, pp.117-120.) 등이 제기되어 있다.

		綸의 評 내용	새의 무리가 바다를 가로질러 나는 것 같이 行間이 오밀조밀하여 또한 지나치기 어렵다.14)
Ⅱ	王羲之 臨摹 鍾繇 『千字文』	(C)	鍾繇 作·書 『千字文』의 王羲之 臨摹에 대한 李暹의 評	王羲之의 書體는 字體의 흐름이 웅건하여, 마치 용이 연못 입구에서 뛰어오르고, 범이 흉륭한 누각에 엎드려 있는 것과 같다.15)
		(D)	王羲之 臨摹 『千字文』의 傳藏	그러므로 대대로 그것을 보물로 여기고 전승하며 서예의 가르침으로 삼으며 祕府[祕閣]에 收藏해왔다.16)
		(E)	王羲之 臨摹 『千字文』의 '湮滅' 위기 상황 서술	永嘉[西晉 懷帝의 年號] 연간 (307-312)에 이르러 근거지를 잃고 丹陽으로 옮겨갔다. 그러나 뱃길 여정이 곤란하고 강산이 넓고 험했다. 아울러 石勒이 추격해와서 줄곧 쫓겨 다니느라 불안하였다. 게다가 더위와 비를 만나 (수레에) 실었던 典籍이 이때부터 썩기 시작하여 『千字文』도 거의 흩어져서 일부가 없어졌다.17)
		(F)	晉 中宗 元皇帝의 王羲之 臨摹 『千字文』 '滅絶' 염려와 「魏太尉鍾繇千字文右將軍王羲之奉勅書」의 下達 및 效用 기록	晉 中宗 元皇帝는 그것이 絶滅될까 염려해서 勅令을 내려, 右將軍 王羲之에게 그 문장을 깨끗하게 쓰게 해 그것을 교육에 사용토록 했다.18)
Ⅲ	周興嗣 次韻 鍾繇 『千字文』	(G)	鍾繇 作 『千字文』의 한계 지적	하지만 문장의 흐름이 이어지지 않고 韻도 맞지 않아 그것을 [익히려는 이들에게] 장려하고 인도하는 것이 매우 어려웠다.19)
		(H)	梁 武帝 命 周興嗣 次韻 『千字文』의 등장 (1)	梁 武帝가 天命을 받아 員外散騎侍郞 周興嗣에게 그 내용을 理致에 맞게 정리하고 韻에 맞는 글로 짓게 했다.20),
		(I)	周興嗣 次韻 『千字文』의 意義 (1)	무릇 학문은 몸을 세우는 근본이고, 문장을 관직 체계에 들어서는 기초가 되었도다.21)

李暹 「注千字文序」의 이 前半部 構成 내용을 거론된 『千字文』 자체를 중심으로 分析하면, Ⅰ 鍾繇 作·書 『千字文』, Ⅱ 王羲之 臨摹 鍾繇 『千字文』, Ⅲ 周興嗣 次韻 鍾繇 『千字文』 3부분으로 나뉜다고 판단된다. 이 3부분에서 각각 크게 주목해야 할 세부적인 면모는, 첫째 Ⅰ대목에서는 [梁] 邵陵王 蕭綸의 鍾繇 『千字文』의 書體에 관한 論評(A), 둘째 Ⅱ대목에서는 「魏太尉鍾繇千字文右將軍王羲之奉勅書」의 내용에 관한 기록(F), 그리고 셋째 Ⅲ대목에서는 梁 武帝 命 周興嗣 次韻 『千字文』의 등장에 관한 기록 (H·I)일 것이다.

첫째, Ⅰ(A)대목 梁 邵陵王 蕭綸의 鍾繇 『千字文』의 書體에 관한 論評의 원문 "鍾繇千字文書[千字文者 魏太尉鍾繇之所作也 梁邵陵王蕭綸評書曰 鍾繇之書]" 가운데 '蕭綸'의 '綸'字를 종래에는 '論'으로 판독해왔는데, 이는 그 앞 '梁邵陵王'의 姓名이 '蕭綸'임을 전혀 염두에 두지 못한 誤讀이므로 바로 잡아야 한다고 믿는다.22) 따라서 이 문장의 국역도 의당 제시한 바대로가 옳겠다.

----

13) "鍾繇千字文書[千字文者 魏太尉鍾繇之所作也 梁邵陵王蕭綸評書曰 鍾繇之書]"
14) "如雲鵠遊天 群鴻戲海 人間茂密 實亦難遇"
15) "王羲之書 字勢雄强 如龍躍淵門 虎臥鳳閣"
16) "故歷代寶之 傳以爲訓 藏諸祕府"
17) "逮于永嘉年 失據遷移丹陽 然川途重阻 江山遐險 兼爲石勒逼逐驅馳不安 又逢暑雨 所載典籍 從玆靡爛 千字文幾將湮滅"
18) "晉中宗元皇帝 恐其絕滅 遂勅右將軍王羲之繕寫其文 用爲敎授"
19) "但文勢不次 音韻不屬 及其獎導 頗以爲難"
20) "至梁武帝受命令員外散騎侍郎周興嗣 推其理致爲之次韻"
21) "夫學者蓋立身之本 文者乃入官之始也"
22) 李暹의 이 「注千字文序」에 관한 小川環樹·本田章義, 『注解 千字文』, 東京 : 岩波書店, 1984, pp.333-336에서 "梁邵陵王蕭論評書曰"이라 하여 '梁邵陵王蕭'의 다음 글자를 '論'으로 읽은 이후, 줄곧 小川環樹·本田章義, 『千字文』, 東京 : 岩波文庫, 1997, pp.355-358; 주해 오가와 다마키·기다 아키요시, 번역 신정근, 『세상을 삼킨 천자문』, 심산출판사. 2009, pp.347-351에서 그대로 이를 따르고 있으나, 이 '論'은 梁 邵陵王의 본명이 蕭綸이라는 사실을 간과하고 筆寫本의 '綸'을 誤讀한 것이 거의 틀림이 없다고 판단한다. 이러한 사실과 관련해서는 東野治之, 「李暹の注千字文について」, 五味智英 (等)編, 『萬葉集硏究』 第13集, 東京 : 塙書房, 1985, p.221의 원문과 p.233의 脚注 (10)에서 종래에 '論'으로 判讀해온 데에 대해서 '綸'의 誤讀이었다고 지적한 사실을 本稿의 완성 무렵에 비로소 발견하고 더욱 확신을 지니게 되었음을 밝혀 두고자 한다.

그리고 Ⅰ(B)대목의 원문 "如雲鵠遊天 群鴻戲海 人間茂密 實亦難遇" 대목을 梁 武帝 蕭衍의 「古今書人優劣評」과 대조해본 결과, 이 蕭衍의 글에는 "如雲鵠遊天 群鴻戲海 行間茂密 實亦難過"로 되어 있음을 알게 되었다.[23] 앞 구절 "如雲鵠遊天 群鴻戲海"가 완전히 일치하며, 뒤 구절 중 '人間'의 '人'이 '行'으로 그리고 '遇'가 '過'로 되어 있음을 발견하였는데, 문장의 앞뒤 의미로 보아 「古今書人優劣評」의 "行間茂密 實亦難過"가 오히려 더욱 적합하다고 판단되었다.

따라서 이 "如雲鵠遊天 群鴻戲海 人間茂密 實亦難遇" 대목은 梁 武帝의 皇六子 梁 邵陵王 蕭綸의 글에서 인용한 것일지라도 기실은 梁 武帝가 鍾繇의 『千字文』에 대해 평한 것으로, 父皇로부터 그것을 듣고 배운 6번째 아들 邵陵王 蕭綸이 그대로 옮긴 것뿐 전적으로 武帝 자신의 평 그 자체였다고 보인다. 이는 곧 父 武帝 蕭衍의 鍾繇 『千字文』에 대한 논평을 子 邵陵王 蕭綸이 그대로 전하였을 뿐이더라도, 武帝를 위시한 梁 皇室에서 鍾繇의 書體에 대해 이렇게 높이 평가하고 있고, 그것이 그대로 傳播되고 있었던 實狀을 전해주는 바라고 믿어진다.

둘째, Ⅱ(F) 「魏太尉鍾繇千字文右將軍王羲之奉勅書」의 내용에 관한 기록 역시 주목하여 검토해야 마땅하다. 이 대목의 사실 확인은 『梁書』 「周興嗣傳」 중 인용한 아래의 기록 부분을 면밀하게 살핌으로써 가능하다.

> 『梁書』 「周興嗣傳」에 '梁 高祖가 三橋의 舊宅을 光宅寺로 만들고 周興嗣 및 陸倕에게 詔書하여 광택사 碑文을 짓게 하였는데, 비문이 다 이루어져서 함께 아뢰자 高祖는 周興嗣가 지은 비문을 채택하였다. 이로부터 『銅表銘』·『柵塘碣』·『北伐檄』·『<u>次韻王羲之書千字</u>』를 周興嗣로 하여금 문장으로 만들게 하였다.' 하였다. (周興嗣가 완성하여) 上奏할 때마다 高祖는 번번이 잘 했다고 칭찬하고 金帛을 더하여 下賜하였다.[24]

인용한 이 문장 속의 특히 "『次韻王羲之書千字』를 周興嗣로 하여금 문장으로 만들게 하였다." 대목에서 『次韻王羲之書千字』라고 함은 다름 아니라

---

23) 雒三桂, 「書法藝術」, 『王羲之評傳』 修訂本, 北京 : 人民美術出版社, 2017; 重印, 2019, p.458 참조.

24) 『梁書』 卷49 列傳 43 周興嗣傳 "高祖以三橋舊宅爲光宅寺, 勅興嗣與陸倕製碑, 及成俱奏, 高祖用興嗣所製者, 自是『銅表銘』·『柵塘碣』·『北代檄』·『次韻王羲之書千字』, 竝使興嗣爲文, 每奏, 高祖輒稱善, 加賜金帛.」"

『次韻王羲之書鍾繇千字文』을 가리켜 말한 것으로, 곧 앞서 언급한 '「魏太尉鍾繇千字文右將軍王羲之奉勅書」'에 의한 '王羲之 臨摹 鍾繇『千字文』 자체를 일컫는 것이라 하겠다. 따라서 梁 武帝에게서 (앞서 제시한 바 있는 [寫眞資料](1)의) "二儀日月, 雲露嚴霜."으로 시작되는 「魏太尉鍾繇千字文右將軍王羲之奉勅書」—곧 오늘날 중국에서 간행된 『王羲之臨摹鍾繇千字文』—를 받아 周興嗣가 이를 실행함으로써 그것을 次韻한 "天地玄黃, 宇宙洪荒."로 시작되는 새로운 『千字文』을 만들었음이 이로써 확인된다고 하겠다.

셋째, Ⅲ대목의 梁 武帝 命 周興嗣 次韻 『千字文』 등장과 관련해서 (H)에서는 그 역사적 사실을 서술하고, (I)에서는 그 역사적 의의도 서술하였음이 괄목할 만하다. 즉 (H)에서는 "梁 武帝가 … 員外散騎侍郎 周興嗣에게 그 내용을 理致에 맞게 정리하고 韻에 맞는 글로 짓게 했다."는 역사적 사실 자체를, (I)에서는 "무릇 학문은 몸을 세우는 근본이고, 문장을 관직 체계에 들어서는 기초가 되었다."라고 하여 周興嗣 次韻 王羲之 臨摹 鍾繇 『千字文』의 역사적 의의까지도 기술하고 있다. 이로써 李暹의 「注千字文序」에도 鍾繇 『千字文』 撰·周興嗣 『千字文』 次韻의 역사적 사실에 대한 매우 구체적인 기록이 상세하게 정리되어 있다고 하겠다.25)

---

25) 이상과 같은 李暹 「注千字文序」의 前半部 內容에 곧 뒤이어지는 내용은 아래의 <표 1-2> 李暹 「注千字文序」 內容 後半部 構成 分析表로 정리하였는데, 그 핵심 내용은 (IV)李暹의 周興嗣 次韻 『千字文』, (V)王羲之 臨摹 鍾繇 『千字文』 및 周興嗣 次韻 『千字文』, (VI)李暹의 謙辭여서 참고가 되므로 여기에 제시해두고자 한다.

<표 1-2> 李暹 「注千字文序」 後半部 內容 構成 分析表

區分		項目	原文
IV	(J)	李暹의 周興嗣 次韻 『千字文』 構成 분석	"是以開天立地 三曜於是生焉 二儀旣立 四節以之由序 上古玄朴 墳典之詰未弘 下代稍文 丘索之書乃著 故五經諸子 卷軸弘多 積載累功 用闕其戶牖耳"
	(K)	李暹의 周興嗣 次韻 『千字文』 內容 요약	"千字文簡要略 義括三才 包覽百家 意存省約 上論天地 下次人倫 議及九州 汎論五岳 日月星辰之度 建首明王 三皇封禪之書 亦在其內 前漢後漢之事 次第俱論 秦始刻碑之勳 於斯辨釋"
V	(L)	鍾繇 作·書『千字文』 王羲之 筆寫本의	"然王羲之本有餘文 傳通世俗 以爲法軌"

제3절

[진] 왕희지·[양] 무제의 종요 서법 평가 비교 분석

앞에서 「魏太尉鍾繇千字文右將軍王羲之奉勅書」 곧 오늘날 중국에서 간행된 『王羲之臨摹鍾繇千字文』를 거론하였는바, 鍾繇 자신의 書法은 정작 어떠하였을까, 이것이 자못 궁금하였다.[26] 그의 墨蹟을 직접 살핌으로써

		한계	
	(M)	梁 武帝 命 周興嗣 次韻 『千字文』의 등장 (2)	"蕭王乃令周興嗣 次韻正之焉 得千字文"
	(N)	周興嗣 次韻 『千字文』의 意義 (2)	"慳義奧詮者難尋 若不解釋 無以得悟"
VI		李暹의 謙辭	"寂雖不敏 曾在學門 依據諸處 敢註斯記 意淺義深 如或未周 輒率己情 萬無一是 上纔其所見 以曉愚蒙 若有智者 望垂更爲潤色焉"

26) 이 밖에도 王羲之가 臨摹한 鍾繇 『千字文』은 과연 얼마나 鍾繇의 書法에 걸맞는 것이었을까—달리 말하자면 王羲之는 鍾繇 『千字文』을 臨摹했지만 그것이 鍾繇의 書法을 그대로 따른 것인지 아니면 자신의 독창적인 해석을 얼마 가미한 것이었는가가 될 터이다—, 王羲之는 鍾繇의 書法에 대해 내심 어떠한 평가를 내리고 있었던 것이었을까, 그리고 「魏太尉鍾繇千字文右將軍王羲之奉勅書」를 하달하여 周興嗣로 하여금 그것을 次韻해서 새로운 『千字文』을 구성하게 했던 張本人인 [梁] 武帝는 물론이고 그 이후 唐 시대의 書人

이를 해소할 수 있겠기에 中國의 古代 書法 資料로서 전해져 오는 中國・日本의 모든 서법 관련 자료들을 찾아 섭렵하였다.

<墨蹟 影印 資料 (1)> 鍾繇의 墨蹟 (1)

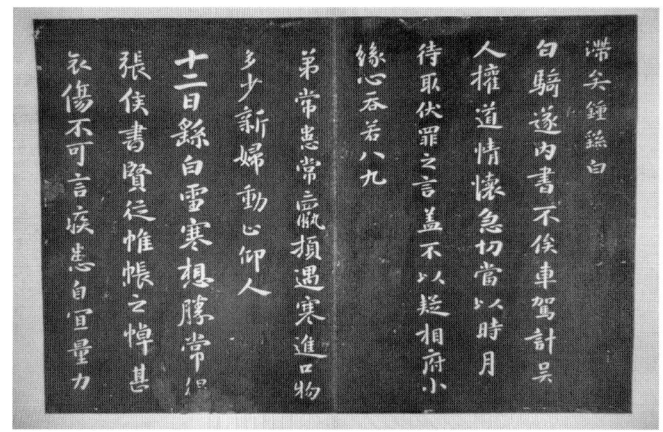

<典據：『淳化閣帖』(2), 宋王著奉敕輯, 淳化 3년(992); 肅藩刊, 萬曆 43년(1615), p.9.>

그런 과정에 2種의 자료를 특정할 수가 있었다. 하나는 鍾繇의 墨蹟으로 宋王 著奉敕輯, 淳化 3년(992); 肅藩刊, 萬曆 43년(1615)의 『淳化閣帖』[27] 제2권에서 접할 수가 있었다. 먼저 그 가운데 대표적인 작품 중 2점을 제시하면 앞뒤에 제시한 <墨蹟 影印 資料 (1)・(2)> 鍾繇의 墨蹟 (1)・(2)가 그것이다. 또 다른 하나는 「魏鍾太傅賀捷表」로 蕭子雲의 臨摹本이 아닌가 생각되는데, 이는 뒤 <5. [양] 소자운의 '서삼십지'를 통한 백제의 종요 서법 수용과 서법・금석학 발달의 양상> 대목에서 제시하며

들은 또한 鍾繇의 書法에 대해 어떠한 평가를 하고 있었던 것이었을까 등등도 그러하다. 이 같은 여러 궁금함에 대해서는 곧 그것을 해소할 수 있는 실마리를 찾아 제시하게 될 것이다.

27) 『淳化閣帖』에 관한 槪括的인 해설은 何碧琪, 『≪淳化閣貼≫史話』, 北京：國家圖書館出版社, 2017. 그리고 실물 자료 대한 소개는 天津人民美術出版社 編, 『淳化閣帖』 (2)(3)(5) 歷代名臣法帖, 天津：天津人民美術出版社, 2012; 重印, 2014 참조.

詳論하고자 한다.

<墨蹟 影印 資料 (2)> 鍾繇의 墨蹟 (2)

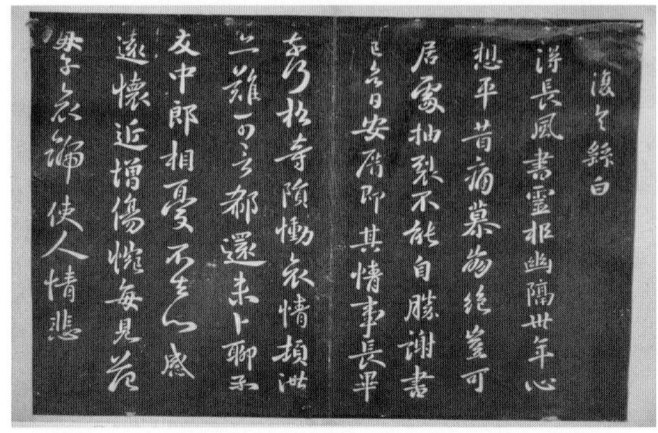

<典據 : 『淳化閣帖』(2), p.10.>

이와 같은 鍾繇의 墨蹟에 관해서는 후대의 書論들에서 서술한 내용을
통해 그 評價를 접할 수가 있다. 작성의 시대순으로 살필 때, 가장 먼저
鍾繇의 『千字文』을 臨摹하였던 [晉] 王羲之가 남겨놓은 「書論」 가운데서
鍾繇의 書法에 관해 論評한 다음의 대목이 주목된다.

무릇 서예라는 것은 심오한 기예다. 만약 학식에 통달하거나 書
學에 뜻이 있는 사람이 아니라면 배운다고 이루어지는 게 아니
다. 대저 서예는 깊이 생각함이 있어야 한다. 나는 李斯 등이 筆
勢를 논한 것과 鍾繇의 글씨를 보고 骨力이 심히 가볍지 않은 것
을, 자손들이 기억하지 못할까 염려되어 서술하여 이를 논한
다.28)

이로써 王羲之는 "자손들이 기억하지 못할까 염려되어" "李斯 등이 筆勢

---

28) 원문은 "夫書者 玄妙之伎也 若非通人志士 學無及之 大抵書須存思 余覽李斯等
論筆勢 及鍾繇書 骨甚是不輕 恐子孫不記 故敍而論之". 王羲之, 「書論」; 郭魯鳳,
『中國歷代書論』, 東文選, 2000, p.21 및 p.24 참조.

를 논한 것과 鍾繇의 글씨를 보고 骨力이 심히 가볍지 않은 것을" 서술하
였음을 알 수 있는데, 이 중에서도 "鍾繇의 글씨를 보고 骨力이 심히 가볍
지 않은 것"을 특별히 지적하고 있는 사실에 주목하고자 한다. 바로 그 앞
에서 "대저 서예란 배우겠다는 생각이 있어야 한다."라고 강조한 바대로,
이 <墨蹟 影印 資料 (1)·(2)> 鍾繇의 墨蹟 (1)·(2)에서 드러나듯이
鍾繇의 書가 骨力이 심히 가볍지 않은 것을 배우고자 하였을 것이다. 그
래서 앞서 언급한 『王羲之臨摹鍾繇千字文』(「魏太尉鍾繇千字文右將軍王羲
之奉勅書」)도 완성하여 후대에 전하게 된 듯하다.

　王羲之는 이렇게 鍾繇의 書法을 배워 자신의 筆力 증진에 성공하여 명
성을 얻게 되었지만, 후대에는 王羲之가 「書論」에서 "鍾繇의 글씨를 보고
骨力이 심히 가볍지 않은 것을, 자손들이 기억하지 못할까 염려되어 서술
하여 이를 논한" 사실을 차츰 잊게 되었던 것으로 보인다. 이렇듯이 後代
에 鍾繇 書法을 잊게 된 實狀에 대한 지적과 함께 鍾繇의 書法 자체에 관
해서도 방금 살펴본 王羲之의 「書論」에서 언급한 면모와는 상당히 다른
점을 정밀하게 제시하고 있는 글은 [梁] 武帝 蕭衍(464生~502卽位~549
歿)의 「觀鍾繇書法十二義」이다. 다음의 대목에서 확연하다.

　(Ⅰ)글자 너머의 기이함은 글로 표현할 수 없다. ①글씨를 배우는
사람들은 모두 王羲之·王獻之를 숭상하면서, 鍾繇의 빼어난 작
품에는 눈길조차 주지 않는다. 王羲之가 자신의 아들 王獻之에
대해 '남보다 뛰어난 글씨의 재능을 타고났다.'고 논평한 뒤로 후
세 사람들은 모두 그것을 맹목적으로 추종하게 되었다. ②鍾繇의
글씨는 '예스럽고 살지다'라고, 王獻之는 '동시대적이고 말랐다'라
고 평가된다. '예스럽다'와 '동시대적이다', '살지다'와 '말랐다'라
는 評語는 완전히 상반된다. 그런데 잘 살펴본 결과 나는 세간의
논의와는 다른 생각을 갖고 있다. 張芝와 鍾繇는 솜씨나 의취가
精細하여 그 天機와 정신을 거의 같이하고 있다. 그들의 살지고
마르며 예스럽고 동시적인 경지에 어찌 쉽게 통달할 수 있으랴.
③그 眞迹은 적지만 넉넉히 헤아릴 수 있다.
　(Ⅱ)④王羲之는 鍾繇의 글씨를 배워 그 형세가 교묘하고 정밀하
지만, 독자적인 면도 있어 담긴 뜻과 글자의 모습이 넉넉하고 여
유롭다. 비유하자면 楚나라 사람이 中原의 말을 배워도 楚나라다
움을 아예 없앨 수는 없는 것과 같다. 王羲之는 거리낌 없이 지
나친 주장을 폈으니 철저한 이론이 될 수 없다.
　(Ⅲ)게다가 ⑤王獻之는 王羲之에도 미치지 못하니 이는 마치 王

義之가 鍾繇에 미치지 못함과 같다. 王獻之를 배우는 것은 호랑
이를 그리는 것과 같고, 鍾繇를 배우는 것은 龍을 그리는 것과
같다. ⑥나는 제대로 익히지 못하였지만 우연히 그 이치를 알게
되었다. 익히지 못했으면서도 이런 말이 나오니 鍾繇를 崇慕하기
때문이 아니겠는가. 부족하나마 내 생각을 기술하여 그의 미진함
을 보충하려 할 뿐, 분명히 해설하여 억지로 그 본질을 드러내려
함은 아니다. 혹시 조화롭게 헤아림이라도 있어 뜻의 절반이라도
채우시라.29)

[梁] 武帝 蕭衍의 이 글은 크게 셋으로 구분할 수 있다고 가늠된다.
(Ⅰ)부분은 후대에 鍾繇 書法을 잊게 된 實狀과 鍾繇 書法의 특징 및 鍾
繇의 眞蹟에 관하여, (Ⅱ)부분은 王羲之 書體에 대한 자신의 평가에 대해
서, 그리고 (Ⅲ)부분은 王羲之・王獻之 書法과 鍾繇 書法의 比較를 통한
각각의 個別性에 대하여 뿐만이 아니라 蕭衍 자신의 鍾繇에 대한 評價가
至極하였다는 사실에 관해서 각각 기술하고 있음이 그 핵심이라 생각된
다.30)

먼저 (Ⅰ)부분의 내용 중에서 "①글씨를 배우는 사람들은 모두 王羲之・
王獻之를 숭상하면서, 鍾繇의 빼어난 작품에는 눈길조차 주지 않는다."라는
서술이야말로, 後代에 鍾繇 書法을 잊게 된 實狀에 대한 지적임이 분명하
다. 또한 이미 앞서서 살폈듯이 王羲之가 「書論」에서 鍾繇의 書體를 "자손
들이 기억하지 못할까 염려"했던 바와 서로 통하는 바라고 하겠다.

그리고 武帝 蕭衍이 ②"鍾繇의 글씨는 '예스럽고 살지다.'라고 평가된

---

29) [梁]武帝 蕭衍, 「觀鍾繇書法十二義」; "字外之奇, 文所不書, 世之學者宗二王, 元
常逸迹, 曾不眄睐, 羲之有過人之論, 後生遂爾雷同. 元常謂之古肥, 子敬謂之今瘦,
今古旣殊, 肥瘦頗反, 如自省覽, 有異衆說, 張芝鍾繇, 巧趣精細, 殆同機神, 肥瘦古
今, 豈易致意. 眞迹雖少, 可得而推. 逸少至學鍾書, 勢巧形密, 及其獨運, 意疏字
緩. 譬猶楚音習夏, 不能無楚. 過言不悒, 未爲篤論. 又子敬之不逮逸少, 猶逸少之
不逮元常. 學子敬者如畫虎也, 學元常者如畫龍也. 余雖不習, 偶見其理. 不習而言,
必慕之歟. 聊復自記, 以補其闕, 非欲明解, 强以示物也. 倘有均思, 思盈半矣." 국
역은 윤성훈 역, 「종요의 서법 12의를 논함」, 백낙규 (외) 편역, 『중국 고대 서
예론 선역』, 한국학술정보, 2014, pp.63-65 참조.
30) [梁] 武帝 蕭衍의 이러한 書法 전반에 관한 識見과 관련해서는 眞田但馬, 『中
國書道史』上卷, 東京 : 木耳社, 1967, pp.90-91; [日]眞田但馬 著, 瀛生・吳緒
彬 譯, 『中國書法史』(上), 北京 : 人民美術出版社, 1998; 重印, 2012, p.49 참
조.

다."라고 언급하면서, 동시에 "③그 眞迹은 적지만 넉넉히 헤아릴 수 있다."라고 자신 있게 서술한 것은 그가 당시에 전해지는 鍾繇의 墨蹟들을 실제로 섭렵하였기에 가능했음이 틀림없다. 즉 이러한 사실 자체는 첫째, 오늘날도 전해지는 앞의 <墨蹟 影印 資料 (1)·(2)> 鍾繇의 墨蹟 (1)·(2) 등도 역시 그가 직접 보았기 때문이었을 것이며, 둘째, 鍾繇 『千字文』을 그가 周興嗣에게 주어 재정리하도록 하여 周興嗣 次韻 『千字文』을 撰하게 했다는 역사적 사실31)로써도 너끈히 입증된다고 생각된다.

또한 (Ⅱ)부분의 서술에서 "④王羲之는 鍾繇의 글씨를 배워 그 형세가 교묘하고 정밀하지만, 독자적인 면도 있어 담긴 뜻과 글자의 모습이 넉넉하고 여유롭다."라고 한 대목의 실제 면모는 이미 앞서 제시한 [寫眞資料](1) 「魏太尉鍾繇千字文右軍將軍王羲之奉勅書」(『王羲之臨摹鍾繇千字文』)에서도 충분히 엿볼 수가 있다. 王羲之가 「勅書」를 받고 鍾繇 『千字文』을 臨摹했다고는 하지만, 鍾繇 書體 그대로 한 것이 아니라 "독자적인 면도 있어" 원래의 鍾繇 『千字文』의 書體와는 사뭇 다른 분위기를 풍기게 되었던 것이라 보인다. 이 점은 [寫眞資料](1) 「魏太尉鍾繇千字文右軍將軍王羲之奉勅書」(『王羲之臨摹鍾繇千字文』)와 앞의 <墨蹟 影印 資料 (1)·(2)> 鍾繇의 墨蹟 (1)·(2) 등과 대조해봄으로써 충분히 가늠된다고 해도 과언이 아니라고 믿어진다.32)

그리고 (Ⅲ)부분에서 武帝 蕭衍이 "⑤王獻之는 王羲之에도 미치지 못하니 이는 마치 王羲之가 鍾繇에 미치지 못함과 같다. 王獻之를 배우는 것은 호랑이를 그리는 것과 같고, 鍾繇를 배우는 것은 龍을 그리는 것과 같다."라고 하여서, 鍾繇를 王獻之는 말할 것도 없고 王羲之보다도 높이 평가하고 있음이 주목된다. 더욱이 "⑥나는 제대로 익히지 못하였지만 우연히 그 이치를 알게 되었다. 익히지 못했으면서도 이런 말이 나오니 鍾繇를 崇慕하기 때문이 아니겠는가."라고까지 함으로써, 그 자신의 書法에 대

---

31) 이에 대해서는 『太平御覽』 卷601 文部 17 著書上의 "『梁書』曰 武帝取鍾王眞迹授周興嗣 令選不重復者千字 韵而文之 興嗣一宿即上 鬢髮皆白 大被賞遇 後興嗣目疾 武帝親爲之合藥."이라는 기록도 참고가 된다.

32) [明] 朱有燉 編, 『東書堂集古法帖』 六 歷代名臣書, 北京 : 北京出版社, 2012, pp.13-22에도 鍾繇의 書蹟 「長風帖」, 「宣示帖」, 「還示帖」, 「白騎帖」, 「常患帖」, 「雪寒帖」, 「墓田帖」이 등재되어 있으나 상태가 [宋] 『淳化閣帖』의 것만 못하여 참조만 하였을 뿐이다.

한 識見을 여실히 드러내고 있음을 간과해서 안 된다고 본다.33)

　武帝 蕭衍이 이렇듯이 「觀鍾繇書法十二義」에서 鍾繇 書法과 관련하여 王羲之・王獻之와 비교하면서 설파하자, 이런 내용을 접한 그의 臣下들은 아무래도 武帝의 鍾繇 書法에 대한 극찬에 크게 영향을 받지 않을 수밖에 없었을 것이다. 그래서 蕭子雲이 "처음에 王獻之의 書法을 공부하던 것을 바꾸어, 오로지 鍾繇를 模範으로 삼았다.34)"라고 하였다는 당시의 事例가 가장 대표적인 경우라고 생각된다.35) 그러므로 蕭子雲의 구체적인 行蹟 및 그 活躍狀에 대해서 이어서 詳論하고자 한다.

---

33) 그의 書法에 관한 識見과 관련해서는 비록 훗날 明 나라 때 謝肇淛 (1567-1624)의 기록이기는 하지만, "帝王의 書跡에 이르러서는 梁 武帝가 으뜸이고, 宋 高宗이 그 다음이며 唐 太宗이 또한 그 다음이며, 그 나머지는 볼 가치가 없다."라고 한 사실을 감안해야 할 것이다. 원문은 "帝王之書 則梁武帝 爲冠 宋高宗次之 唐太宗又次之 其餘不足觀矣" [明]謝肇淛(1567-1624) 撰, 『五雜組』 卷之七 人部三, 上海：上海書店出版社, 2009; 제2차 인쇄, 2015; 韓 梅・韓錫鐸 點校, 『五雜粗』, 北京：中華書局, 2021, p.222. 한편 이 대목은 [日本]寺島良安(生歿年代未詳), 「藝才」, 『和漢三才圖會』 卷15; 影印本 第一冊, 2002, p.330; 影印本 上, 2014, p.257에도 인용되어 있음이 참조된다.

34) 『梁書』卷35 列傳 29 蕭子雲傳 "始變子敬[王獻之], 全範元常[鍾繇]."

35) 眞田但馬, 『中國書道史』上卷, 東京：木耳社, 1967, p.91; [日] 眞田但馬 著, 瀛生・吳緒彬 譯, 『中國書法史』 (上), 北京：人民美術出版社, 1998; 重印, 2012, p.50 참조.

제4절

[당] 장언원『법서요록』·[청] 고염무 『일지록』·[日本]『일본국현재서목록』의 [양] 소자운 행적 검증

　먼저 [唐] 張彦遠(生卒年不詳)의 『法書要錄』에는 「梁蕭子雲啓」가 登載되어 있고 그 내용 중 『千字文』을 筆寫했다는 대목이 明示되어 있으므로 이러한 사실과 관련된 蕭子雲의 行蹟을 살펴보려고 한다. 다음으로 顧炎武(1613-1682)의 『日知錄』 중에 기술된 「千字文」條에는 蕭子雲이 『千字文』을 注解한 사실의 기록을 인용하고 있기에 이에 관해 분석할 것이다. 그리고 日本에서 전해지고 있는 所謂 東京帝室博物館 所藏 書籍들에 관한 目錄 『日本國見在書目錄』에도 蕭子雲이 注解한 『千字文』을 所藏하고 있었다는 기록이 전하고 있어, 이에 대해서도 검토하고자 한다.

(1)[唐] 張彦遠 『法書要錄』 所載 「梁蕭子雲啓」에 보이는 [梁] 蕭子雲의 行績 檢證

오늘날 전해지는 [唐] 張彦遠의 『法書要錄』에 전하는 「梁蕭子雲啓」의 내용에 보면 蕭子雲이 武帝의 勅令을 받들어 『千字文』을 筆寫했다는 대목이 있어 자못 주목된다. 다음과 같다.

> 「梁 蕭子雲의 啓 梁 子雲이 스스로 말하기를 '鍾元常[鍾繇]·王逸少[王羲之] 字體를 잘 본받았지만 조금 변화시켰다.'라고 하였다. 일찍이 勅에 답하여 말하였다.」
> 臣 子雲이 臣에게 『千字文』을 筆寫하라고 하신 勅令을 받들어 이제 陛下께 바칩니다. … 侍中·國子祭酒·南徐州太守 臣 子雲이 말씀드립니다.36)

이 기록으로써 蕭子雲 자신이 武帝의 『千字文』 筆寫 勅令을 받고 筆寫本 『千字文』을 바쳤다고 하는 역사적 사실이 완연히 드러났다. 그리고 그 筆寫本 『千字文』은 周興嗣의 『千字文』을 原文으로 삼은 게 아니라 (뒤에서 詳論하는 바대로) 鍾繇의 『千字文』을 原文으로 삼은 것이며, 더욱이 그 書體 역시 鍾繇의 것을 模本으로 한 것이지 싶다.

다만 여기에서 "梁 子雲이 스스로 말하기를 '鍾元常[鍾繇]·王逸少[王羲之] 字體를 잘 본받았지만 조금 변화시켰다.'"라고 한 것이, 방금 앞에서 거론한 바대로 蕭子雲이 "처음에 王獻之의 書法을 공부하던 것을 바꾸어, 오로지 鍾繇를 模範으로 삼았다."라고 한 것과는 차이가 약간 있어 보인다. 그러나 이것은 어디까지나 張彦遠이 『法書要錄』을 편찬하면서 그가 「梁蕭子雲啓」에 夾注를 붙이면서 문장을 그렇게 정리한 것에 불과할 뿐,

---

36) "「梁蕭子雲啓子雲自云善效鍾元常·王逸少而微變字體. 嘗答勅云」臣子雲奉勅, 使臣寫 『千字文』, 今已上呈. … 侍中國子祭酒南徐州太守臣子雲上." [唐] 張彦遠 撰, 武良成(等)點校, 『法書要錄』, 杭州：浙江人民美術出版社, 2019, pp.25-26.

실제로 蕭子雲 자신이 꼭 그렇게 말한 것이라고는 생각되지 않는다. 이에 대해서는 뒤에서 상론할 바와 같이,『南史』卷42 列傳 32「蕭子雲傳」의 기록에 서술된 내용을 검토함으로써 立證이 된다.

(2)[청]고염무『일지록』「천자문」조에 보이는 [양] 소자운의 행적 검증

顧炎武는 "士가 되어서는 마땅히 '實學'을 추구해서 무릇 天文·地理·兵農·水土 및 한 시대의 制度와 文物의 典故를 깊이 탐구하지 않으면 안 된다."라는 점을 설파하였으며37), 한편으로는 "君子가 학문을 해서 道를 밝히기도 하고 세상을 구하기도 해야 한다."라고 하여 '救世'를 강조한 바가 있다.38) 다른 한편으로는 "옛것을 믿고 의심을 없애야 한다.39)"라고도 했는데, 여기에서 소위 '옛것을 믿는다(信古).'라는 것은 司馬遷이 『史記』에 기술하였듯이 "옛것을 믿어 한다(信古)."라는 것은 즉 '歷史를 尊重해야 함'을, 그리고 "의심을 없애야 한다(闕疑)."라는 것은 곧 '證據를 중히 여겨야 함'을 뜻하는 것으로 풀이된다.40)

그러하였기에 顧炎武는 上古 이래 中國 歷史上의 모든 분야의 세세한 사항에 대해 考證하는 작업을 간단없이 전개하였고, 그래서 『日知錄』 곳

---

37) "以爲士當求實學, 凡天文·地理·兵農·水土及一代典章之故不可不熟究." 顧炎武,「與人書二十五」,『亭林文集』卷之四; [淸] 顧炎武 撰, 華忱之 點校,『顧亭林詩文集』, 北京：中華書局, 1959; 重印, 2015, p.99. 程志華, 〈經世致用之"實學"〉,「顧炎武」,『中國儒學史』上卷, 北京：人民出版社, 2017, p.279.

38) "君子之爲學, 以明道也, 以救世也." 顧炎武,「三朝紀事闕文序」,『亭林餘集』; [淸] 顧炎武 撰, 華忱之 點校,『顧亭林詩文集』, 北京：中華書局, 1959; 重印, 2015, p.155. 程志華, 〈經世致用之"實學"〉,「顧炎武」,『中國儒學史』上卷, 北京：人民出版社, 2017, p.280.

39) "信古而闕疑" 구절은 "《五經》得於秦火之餘, 其中固不能無錯誤. 學者不倖而生乎貳千餘載之後, 信古而闕疑, 乃其分也."(《日知錄集釋》卷2, 《豐熙僞尙書》條; [淸]黃汝成 集釋, 欒保群 校點,『日知錄集釋』上, 北京：中華書局, 2020, p.115.)에 보인다.

40) 孫慶,「顧炎武的學術成就」,『明代遺民：顧炎武·王夫之·黃宗羲』, 鄭州：中州古籍出版社, 2015, p.45.

곳에 허다히 많은 서적에 관해서 뿐만이 아니라 書法에 대해서도 정리하였던 것으로 보인다. 따라서 顧炎武는 그런 작업의 一環으로 前漢 末期의 漢字 敎本인 『急就篇』은 물론이려니와 『千字文』과 관련된 적지 않은 기록도 일일이 대조해가면서 그 實狀을 究明하고자 했고, 그 결과 다음과 같은 내용을 저술하게 되었던 것이라 하겠다.

『천자문』은 원래 2종류의 책이 있다. ㉮『梁書』「周興嗣傳」에 '梁高祖가 三橋의 舊宅을 光宅寺로 만들고 周興嗣 및 陸倕에게 詔書하여 光宅寺 碑文을 짓게 하였는데, 비문이 다 이루어져서 함께 아뢰자 高祖는 周興嗣가 지은 비문을 채택하였다. 이로부터 銅表銘·柵塘碣·北伐檄을 周興嗣로 하여금 王羲之가 쓴 千字를 次韻하여 만들게 하였다.' 하였고, 「蕭子範傳」에는 '蕭子範에게 大司馬·南平王·戶曹屬從事中郞을 除授하고 『천자문』을 만들게 하였는데, 그 辭가 매우 아름다워서 記室 蔡薳에게 명하여 注釋하게 하였다.'고 하였다. ㉯『舊唐書』「經籍志」에 '『千字文』 1권은 蕭子範이 撰하고 또 1권은 周興嗣가 撰하였다.' 하였으니, 여기에서 周興嗣가 編次한 바가 하나의 『千字文』이고 蕭子範이 製作한 바가 또 하나의 『千字文』임을 알겠다. [『陳書』「沈衆傳」에 '이때에 梁武帝가 『千字詩』를 짓고 沈衆이 注解했다.' 하였으니, 여기에서 또한 周興嗣·蕭子範 두 사람뿐이 아님을 알겠다.] ㉰『隋書』「經籍志」에는 '『千字文』 1권은 梁 給事郞 周興嗣가 지었고 『千字文』 1권은 梁 國子祭酒 蕭子雲이 注解했다.' 하였는데, 『梁書』本傳에는 '蕭子範이 짓고 蔡薳이 注釋했다.' 하였으니, 지금 蕭子雲의 註라 하였는데 蕭子雲이 곧 蕭子範의 아우이고 보면 말이 다르다. ㉱『宋史』「李至傳」에는 '『千字文』은 곧 梁 武帝가 鍾繇가 쓴 破碑 중에서 1천여 자를 얻어 周興嗣에게 명하여 次韻해서 만든 것이다.'라 하였는데[『山堂考索』에도 이와 같다], 本傳에는 '王羲之'라고 하고 여기에는 또 '鍾繇'라 하였으니 또 말이 다르다. 『隋書』·『舊唐書』의 「經籍志」에 또 『演千字文』 5권이 있는데 著者가 누구임은 밝히지 않았다. 『隋書』「文苑傳」에는 "秦王이 潘徽로 하여금 萬字文을 만들게 하였다." 하였다.[41]

---

41) 『千字文』元有二本, 『梁書·周興嗣傳』曰:「高祖以三橋舊宅爲光宅寺, 勅興嗣與陸倕製碑, 及成俱奏, 高祖用興嗣所製者, 自是『銅表銘』·『柵塘碣』·『北代檄』·『次韻王義之書千字』, 並使興嗣爲之.」「蕭子範傳」曰:「子範除大司馬南平王戶曹屬, 從事中郞, 使製『千字文』, 其辭甚美, 命記室蔡薳注釋之.」『舊唐書·經籍志』:「『千字文』一卷, 蕭子範撰; 又一卷, 周興嗣撰. 是興嗣所次者一『千字文』, 而子範所製者又一『千字文』也. [『陳書·沈衆傳』:「是時梁武帝制『千字詩』, 衆爲之注解.」 是

이 내용을 분석하여 제대로 파악하기 위해서, 顧炎武가 매우 複雜多端
하게 이렇듯이 인용한 서적들의 서술 중 『千字文』의 契機・製・撰 등에
관한 諸說을 整理하여 圖表로 제시함이 이해하기에 효율적이라 믿어졌다.
하여 이를 그렇게 실행한 게 다음의 <표 2>이다.

<표 2> 『千字文』의 契機・製・撰 등에 관한 顧炎武 『日知錄』
「千字文」의 諸說 整理表

典據	契機	製(制)	撰	書	次韻	注釋 (注解)
『梁書』 「周興嗣傳」	梁 高祖 勅			王羲之	周興嗣	
『梁書』 「蕭子範傳」		蕭子範				蔡薳
『舊唐書』 「經籍志」			一卷 蕭子範 —— 一卷 周興嗣			
『陳書』 「沈衆傳」		梁 武帝 『千字詩』				衆爲
『隋書』 「經籍志」			一卷 周興嗣			一卷 蕭子雲
『宋史』 「李至傳」	梁 武帝 得 —— 梁 武帝 命			鍾繇	周興嗣	

又不獨興嗣・子範二人矣.] 乃『隋書・經籍志』云：「『千字文』一卷, 梁給事郎周興
嗣撰；『千字文』一卷, 梁國子祭酒蕭子雲注.」『梁書』本傳謂子範作之而蔡薳爲之注
釋, 今以爲子雲注, 子雲乃子範之弟, 則異矣, 『宋史・李至傳』言『千字文』乃梁武帝
得鍾繇書破碑千餘字, 命周興嗣次韻而成, [『山堂考索』同], 本傳以爲王羲之, 而此
又以爲鍾繇, 則又異矣.『隋書』・『舊唐書』志又有『演千字文』五卷, 不著何人作.『
隋書・文苑傳』：「秦王俊令潘徽爲『萬字文』.」 [淸]顧炎武 著, [淸]黃汝成 集釋,
秦克誠 點校, 『日知錄集釋』, 長沙：岳麓書社, 1994, p.761. 欒保群・呂宗力 校
點, 『日知錄集釋：全校本』, 上海：上海古籍出版社, 2006, pp.1218-1219. 欒保
群 校點, 『日知錄集釋』, 上海：上海古籍出版社, 2020, pp.1094-1095. 張京華
校注, 『抄本日知錄校注』, 上海：華東師範大學出版社, 2021, pp.1154-1155. 특
히 『日知錄』과 『日知錄集釋』本에 관한 해설로는 陳祖武, 「從『日知錄』到『日知錄
集釋』」, 欒保群・呂宗力 校點, 『日知錄集釋：全校本』, 上海：上海古籍出版社,
2006, pp.1-14 참조.

종래에는 『千字文』과 관련하여 논의할 때 대체로 周興嗣·王羲之 혹은 鍾繇가 주로 거론되었을 뿐, 이 顧炎武의 『日知錄』「千字文」과 관련한 諸說 가운데서 擧名되고 있는 인물들로서 그들 이외에 2인이 더 있다는 점에 대해서 지금까지 거의 주목하지 않았던 듯하다. 그 2인은 다름 아니라 蕭子範(486-550)[42]·蕭子雲(488-549)[43] 兄弟이다.

물론 兄 蕭子範은 『梁書』所載 그의 傳에서 단지 『千字文』의 '撰者' 혹은 '製者'로 擧名되었지만, 『舊唐書』「經籍志」에서 보다 구체적으로 『千字文』에 2종이 있어 그중 하나는 周興嗣의 '撰'이고 다른 하나는 蕭子範의 '製'라고 서술하고 있음에 등장하고 있다. 이에 비해서 弟 蕭子雲은 정작 『隋書』「經籍志」에서 『千字文』 1권은 周興嗣의 '撰'이고 또 1권은 蕭子雲의 '注'라고 서술했음에 기록되어 있다.[44]

이러한 서술 내용 중 특히 蕭子雲의 『千字文』 注와 관련된 대목을 주목하고자 한다. 방금 앞서 [唐] 張彦遠 『法書要錄』所載 「梁蕭子雲啓」에 보

---

42) 蕭子範의 生歿 年度에 대해서 孫 猛, 『日本國見在書目錄詳考』, 上海：上海古籍出版社, 2015, p.397에서는 (486-549)라고 했으나 최근의 曾貽芬 校注, 『隋書經籍志校注』(二), 北京：商務印書館, 2021, p.880에서는 (486-550)이라 했기에 이를 따르고자 한다.

43) 蕭子雲의 生歿 年度에 대해서 孫 猛, 『日本國見在書目錄詳考』, 2015, p.397에서는 (487-549)라고 했으나 최근의 曾貽芬 校注, 『隋書經籍志校注』(一), 2021, p.210에서는 (488-549)이라 했기에 이를 따르고자 한다.

44) [淸] 謝啓昆 撰『小學考』에는 당시의 이러한 『千字文』 관련 기록으로 "蕭氏[子範]千字文 舊唐志一卷 佚 … 蔡氏[邕]注千字文 見梁書蕭子範傳 佚 … 蕭氏[子雲]注千字文 隋志一卷 佚 …"라고 기재되어 있음이 참고된다. [淸] 謝啓昆 原著, 李文澤 (等)校點, 『小學考』, 成都：四川大學出版社, 2015; [淸]謝啓昆 撰, 『小學考』; 『續修四庫全書』 922 卷14 『小學考』, 上海：上海古籍出版社, 1999, p.202. 이 謝啓昆 撰의 『小學考』, 1999, p.203에 "按蕭子範兄弟, 一作千文, 一注千文, 自是兩事. 隋志遺子範千文一卷, 故顧氏疑之, 然非有錯誤也."라고 되어 있고, 孫 猛, 『日本國見在書目錄詳考』, p.397에서는 "按：顧氏, 顧炎武, 語見日知錄."이라고 소개해서 顧炎武가 『日知錄』에서 그런 것으로 되어 있다. 그러나 정작 顧炎武의 [淸] 顧炎武 撰, [淸] 黃汝成 集釋, 『日知錄集釋』 中, 北京：中華書局, 2020, p.1095 및 [淸] 顧炎武 著, 張京華 校注, 『抄本日知錄校注』 中, 上海：華東師範大學出版社, 2021, pp.1154-1155를 보면, "而後村劉氏遂謂千字文'非梁人作', 誤矣."라고 서술되어 있어, 기실은 後村 劉氏(張京華의 校注에서는 劉克莊이라 밝혀 놓았다)가 千字文이 梁人의 作이 아니라고 한 것을 顧炎武가 틀렸다고 지적한 것임을 알 수가 있다. 謝啓昆과 그의 『小學考』에 관한 연구로는 簡碩, 「謝啓昆與《小學考》」, 『古漢語硏究』 1997年 第3期 참조.

이는 [梁] 蕭子雲의 行績 檢證에서 언급한 바대로, 蕭子雲 자신이 武帝의 『千字文』 筆寫 勅令을 받고 筆寫本 『千字文』을 바쳤다고 하는 사실에서, 그 筆寫本 『千字文』은 周興嗣의 『千字文』을 原文으로 삼은 게 아니라 (뒤에서 詳論하는 바대로) 鍾繇의 『千字文』을 原文으로 삼은 것이며, 더욱이 그 書體 역시 鍾繇의 것을 模本으로 한 것이라고 가늠된다. 아울러 蕭子雲이 단지 그 내용 자체를 그대로 筆寫한 것에 그치기만 한 것은 아니라고 여겨지며, 그러지 않고 자신의 의견을 곁들여 그야말로 '注'를 달았던 게 그대로 전해질 가능성도 상당히 크다고 推察된다.

이러한 짐작은 앞서 제시한 [唐] 張彦遠 『法書要錄』 所載 「梁蕭子雲啓」에는 그의 官職이 '侍中·國子祭酒·南徐州太守'라고 기재되어 있지만, 그것과는 달리 [唐] 魏徵의 著作인 『隋書』 「經籍志」에는 "千字文一卷 梁國子祭酒蕭子雲注45)"라고만 되어 있는 점을 눈여겨보아야 한다고 생각한다. 즉 그의 職銜이 '侍中'과 '南徐州太守'는 제외하고 이렇게 '國子祭酒'라고만 공통되게 기재되어 있는 점 자체가, 당시에 그가 梁 武帝 治下에서 皇太子 및 여러 王·侯의 子弟들이 入學해서 교육받는 국가 최고 교육 기관인 國子學의 尊長(혹은 主官)인 祭酒로서 수행하고 있던 특별한 役割46)을 더욱 극명하게 드러내 주는 게 아닐까 싶기 때문이다.

이렇게 皇太子 및 王·侯의 子弟들을 國子學의 尊長인 祭酒로서 교육하는 그가 단지 『千字文』 筆寫 勅令을 받고 筆寫本 『千字文』만을 작성하여 제출한 데에 그치지 않았을 것이며, 筆寫本 『千字文』에 注釋을 달아서 자신의 講義에서 거론하며 활용하였을 법하다고 하겠다. 즉 蕭子雲이 武帝의 『千字文』 筆寫 勅令을 받고 그 자신이 筆寫한 鍾繇 『千字文』 原文을 敎材로 삼아, 國子學 祭酒로서 皇太子 및 王·侯의 子弟에게 행한 講義에서 그 原

---

45) 『隋書』 卷32 志 第27 「經籍志」 1; 曾貽芬 校注, 『隋書經籍志校注』 (一), 北京 : 商務印書館, 2021, p.210.

46) 『梁書』 2 「武帝 本紀」 中의 9년(543) 條에 보면, "三月己丑, 車駕幸國子學, 親臨講肆, 賜國子祭酒以下帛各有差. 乙未, 詔曰 : '王子從學, 著自禮經, 貴遊咸在, 實惟前誥, 所以式廣義方, 克隆敎道. 今成均大啓, 元良齒讓, 自斯以降, 並宜肄業. 皇太子及王侯之子, 年在從師者, 可令入學.'"라고 했음에서, 蕭子雲이 梁 武帝 治下에서 皇太子 및 王侯의 子들이 入學하여 교육받는 국가 최고 교육 기관인 國子學의 尊長 혹은 主官인 祭酒로서 수행하고 있던 특별한 役割에 관한 사실을 잘 알 수가 있다.

文에 注釋을 붙인 게 이렇게 전해지고 있었던 것이라 헤아려진다고 하겠다.

(3)[日本] 『日本國見在書目錄』 筆寫 記錄에 보이는 [梁] 蕭子雲의 行績 檢證

앞서 [寫眞資料](2)로 이미 제시한 바 있는 日本의 所謂 東京帝室博物館 所藏 書籍들에 대한 目錄 『日本國見在書目錄』 598卷 「小學家」 部分에서 一連의 『千字文』 대목을 다시 한번 刮目할 필요가 있다. 여기에서도 다음과 같이 蕭子雲의 行績을 檢證할 수 있는 또 하나의 기록을 찾을 수가 있기 때문이다.

千字文一卷 [周興嗣次韻撰]
千字文一卷 [李暹注]
千字文一卷 [梁國子祭酒蕭子雲注]
千字文一卷 [東馳固撰]
千字文一卷 [宋智達撰]
千字文一卷 [丁覘注][47]

이 기록에 보이는 "千字文一卷 [梁國子祭酒蕭子雲注]" 대목과 관련하여 유달리 주목해 마땅하다고 생각되는 점은 다음의 2가지이다. 하나는 그것이 분명히 그 맨 앞에 기재된 "千字文一卷 [周興嗣次韻撰]"과는 다른 『千字文』일 가능성이 크다는 점이다. 그렇다면 그것은 분명 鍾繇의 『千字文』일 것이다. 또 하나는 이 기록에서 2번째로 기재된 "千字文一卷 [李暹注]"와도 전혀 다른 것이었을 게 거의 틀림이 없다. 즉 이것이 바로 앞에서

---

47) 原文은 藤原佐世 [撰][他], 『(東京帝室博物館藏) 日本國見在書目錄』, 東京:古典保存會, 1925, p.13. 그리고 判讀文은 孫 猛, 『日本國見在書目錄詳考』, 2015, pp.386-393. 『日本國見在書目錄』에 관련해서는 水口幹記, 「『日本國見在書目錄』誕生の素地・背景—書物の收集・傳來・受容を考える」, 鈴木靖民 (等)編, 『日本古代交流史入門』, 東京:勉誠出版, 2017 및 張靜, 「《日本國見在書目錄》著錄小學類考略」, 『名家名作』 2022年 第12期 참조.

이미 상세히 분석한 바 있는 오늘날 전해지는 「李暹注」와 그 내용이 전혀 다른 蕭子雲 자신의 『千字文』注釋本이 분명하다고 하겠다.

그리고 이것은 방금 앞서 언급한 바와 같이, 蕭子雲이 武帝의 『千字文』 筆寫 勅令을 받고 그 자신이 筆寫한 鍾繇 『千字文』 原文을 敎材로 삼아, 國子學 祭酒로서 皇太子 및 王·侯의 子弟에게 행한 講義에서 그 原文에 注釋을 붙인 그 자신의 注釋本이 이렇게 전해지고 있었던 것이라 하겠다. 그래서 이것이 곧 「鍾繇『千字文』蕭子雲 注釋本」이라 가늠된다.

제5절

[양] 소자운의 '서삼십지'를 통한 백제의 종요
서법 수용과 서법·금석학 발달의 양상

蕭子雲의 書體에 대해서 직접 거론하여 그 기록을 남겨 오늘날까지 전해지도록 한 三國時代의 인물은 百濟人이 아닌 新羅의 崔致遠(857-908?)이었다. 그는 [唐] 黃巢의 亂(880) 때 揚州(梁의 首都 建康, 오늘날의 南京) 지역을 管轄하며 戰勢의 주도권을 쥐었던 적이 있던 淮南節度使 高騈(821-887)48)의 幕僚로서 활동하였는데, 그가 高騈의 功德을 칭송한 詩「七言記德詩 三十首 謹獻司徒相公」30首 중 둘째 首「筆法」에서 그러하였다. 다음이다.

---

48) 당시 그의 상세한 활약상에 관해서는 岑仲勉,「大革命之爆發─領導者黃巢」,『隋唐史』, 北京 : 高等教育出版社, 1957, pp471-472. 胡戟, <唐末農民戰爭與唐朝的滅亡>,「隋唐五代政治述略」,『胡戟文存』 2 隋唐歷史與敦煌卷, 北京 : 中國社會科學出版社, 2004, p.65. 岑仲勉,「張璘等破降黃巢部隊」,『通鑒隋唐紀比事質疑』岑仲勉著作集, 北京 : 中華書局, 1964; 重印, 2004, pp.338-339. 趙劍敏,「黃巢起義」,『黎東方講史之續·細說隋唐』, 上海 : 上海人民出版社, 2007, pp.332 -333. 陳麗萍,「詠菊言志終亂唐─黃巢起義的毁滅性打擊」,『巓峰下的暗流 : 隋唐帝國』, 西安 : 陝西人民出版社, 2007, pp.124-125 등의 서술 내용 참조.

「筆法」
(A)글을 보는 書窓에 용이 잠깐 누었으매
神이 묘한 법을 전해 기이한 붓을 돕네,
(B)아마 외국 사람들이 다투어 배우려 하지만
오직 手蹟을 얻을 수 없음을 한하리.
[南朝 蕭子雲이 글씨를 잘 썼는데,
(C)百濟 사신이 그 手蹟을 구해다가 國寶를 삼았다.]49)

崔致遠의 蕭子雲 筆法에 대한 이러한 서술이 高騈의 功德을 칭송한 詩
30首 속에 포함되어 있으며, 특히 (A) 부분에서 "글을 보는 書窓에 용이
잠깐 누었으매, 神이 묘한 법을 전해 기이한 붓을 돕네."라고 하여 마치
그 자신의 눈 바로 앞에 펼쳐진 筆體를 보는 것처럼 실감이 나게 서술하
고 있다는 점 등이 주목된다. 그래서 高騈이 승승장구하며 揚州 일대를
장악하던 그 당시에 그를 幕僚로서 보좌하면서 梁의 首都이기도 했던 현
지에서 崔致遠 자신이 蕭子雲의 手蹟을 직접 보고 작성한 것인 듯하다고
생각된다. 물론 (B) 부분에서 "아마 외국 사람들이 다투어 배우려 하지만
오직 手蹟을 얻을 수 없음을 한하리."라고 한 것이라든가, (C) 부분에서
"百濟 사신이 그 手蹟을 구해다가 國寶를 삼았다."라고 한 것이라든가 하
는 대목은, 이와 관련된 史書들을 崔致遠이 읽고 알게 되었을 공산이 매
우 크다고 여겨진다.
魏晉南北朝에 관한 史書로 唐에 이르러 편찬되어 그가 읽었음 직한 것
은 우선 太宗 貞觀 10년(636) 魏徵(580-643)의 주도로 이뤄진 『隋書』
55권・『五代史』「經籍志」 4권일 것이다. 특히 그중에서 『隋書』 序論 및 『
梁書』・『陳書』・『齊書』 總論 그리고 『隋書』「經籍志」 등은 모두 魏徵의
作으로 널리 알려져 있다.50) 그런데 바로 이 가운데 『隋書』「經籍志」의

49) 崔致遠, 「筆法」, 『桂苑筆耕集』 卷17 七言紀德詩三十首 謹獻司徒相公
"見說書窓暫臥龍 神傳妙訣助奇鋒 也知外國人爭學 唯恨無因乞手蹤 [南
朝蕭子雲善書 百濟使人求手蹤 以爲國寶]" 崔致遠 撰, 黨銀平 校注, 『桂
苑筆耕集校注』, 北京：中華書局, 2007; [新羅]崔致遠 著, 李時人・詹
緖左 編校, 『崔致遠全集』 中, 上海：上海古籍出版社, 2018, pp.398-
399. 국역은 成樂熏, 「필법」, 『한글번역 孤雲崔致遠先生文集』, 孤雲崔
致遠先生文集重刊委員會, 1982, pp.397-398 참조.

서술 내용에 (방금 앞서 살핀 『日本國見在書目錄』 筆寫 내용과 똑같이)
"千字文一卷 [梁國子祭酒蕭子雲注]"라고 하는 기록51)이 담겨 있으므로,
崔致遠은 이 대목 역시 그냥 지나치지 않고 눈여겨보았을 게 거의 틀림
없지 않나 생각된다. 또 그는 동일한 『隋書』 「經籍志」 내용 중에 있는 "『
晉書』 十一卷. 本一百二卷, 梁有, 今殘缺. 蕭子雲撰.52)"이라고 하는 대목도
蕭子雲에 직결되는 사항이라서 주목하였을 것이 분명하다.

이와 같은 『隋書』 55卷·『五代史』 「經籍志」 4권 다음으로 崔致遠이 魏
晉南北朝에 관한 史書로 읽었을 것은 李延壽(?-687)가 『史記』와 『漢書』
의 趣旨를 본받아 唐이 南朝와 北朝의 正統을 계승하였다는 인식에 근거
하여 독자적으로 唐 太宗 貞觀 17년(643)에 撰述을 시작하여 高宗 顯慶
4년(659)에 완성한 『南史』·『北史』53)이었을 법하다. 그중에서도 『南史』
에 齊 高帝의 19명 아들 중 第二子 豫章文獻王 蕭嶷의 아들인 蕭子雲은
의당 그 기록이 비교적 자세히 전해지는데, 그의 筆法에 관한 기록으로
특히 주목되는 대목은 바로 다음이다.

> 蕭子雲은 ⓐ草·隷를 잘하면서도 당시 楷書 筆法을 행하였다. 蕭
> 子雲은 ⓑ鍾元常[鍾繇]·王逸少[王羲之] 字體를 잘 본받았지만
> 조금 변화시켰다. 일찍이 (梁 武帝의) 命에 답하는 글[答勅]에
> 서 말하기를, " … 오로지 이로부터 생각을 궁구하여 바야흐로
> 隷書의 方式을 깨달아 ⓒ이전에 子敬[王獻之]의 書法을 [공부하
> 던 것을] 바꾸어 鍾元常[鍾繇]을 모범으로 삼았으며 그를 따라잡
> 으려 한 이래 스스로 깨달아 成果가 進展되었습니다."라고 하였
> 다. 그 書跡이 優雅하여 梁 武帝가 소중히 여기는 바가 되었으며,

50) 杜來梭, 『魏徵年譜』, 北京:科學出版社, 2011, pp.221-222. 특히 『五
   代史經籍志』와 『隋書』 「經籍志」 撰과 관련해서는 趙才萱, 『大唐名相：
   魏徵傳』, 天津:南開大學出版社, 2015, pp188-193 참조.
51) 曾貽芬 校注, 『隋書經籍志校注』(一), 北京:商務印書館, 2021, p.210.
52) 曾貽芬 校注, 『隋書經籍志校注』(一), 2021, p.255.
53) 烏廷玉, 「史學的發展及其重大成就」, 『隋唐史話』, 北京:北京出版社,
   1984; 제2차인쇄, 1992, p.303. 雷家驥, 「正史及其形成理念」, 『中國古
   代史學觀念史』, 北京:北京師範大學出版社, 2018, p.478 및 p.490. 그
   리고 倉修良, <李延壽的≪南史≫和≪北史≫>, 「唐設史館修史」, 『中國古
   代史學史』, 北京:人民出版社, 2009; 北京:商務印書館, 2021, pp.189
   -191.

황제가 일찍이 (그의) 書跡을 논평하여, "ⓓ곧고 힘센 筆力이라
붓이 마음먹은 대로 가서 기교는 杜度를 뛰어넘고 아름다움은 崔
寔을 지나쳤으니 ⓔ마땅히 鍾元常[鍾繇]과 선두를 다툰다."라고
말하였다.54)

이 글을 통해서 "草·隷를 잘하면서도 당시 楷書 筆法을 행하던(ⓐ)."
蕭子雲이 "鍾元常[鍾繇]·王逸少[王羲之] 字體를 잘 본받았지만 조금 변
화시켰다(ⓑ)."라는 사실을 확인할 수 있다. 이후 蕭子雲은 「(梁 武帝의)
命에 답하는 글[答勅]」에서, "오로지 이로부터 생각을 궁구하여 바야흐로
隷書의 方式을 깨달아" "이전에 子敬[王獻之]의 書法을 [공부하던 것을]
바꾸어 鍾元常[鍾繇]을 모범으로 삼았으며 그를 따라잡으려 한 이래 스스
로 깨달아 成果가 進展되었다(ⓒ)."라고 하였다. 그의 이러한 書跡을 梁
武帝가 일찍이 논평하여, "곧고 힘센 筆力이라 붓이 마음먹은 대로 가서
(ⓓ)" "마땅히 鍾元常[鍾繇]과 선두를 다툰다(ⓔ)."라고 극히 높이 평가55)
하였던 점도 아울러 전해지고 있다.56)

---

54) 『南史』卷42 列傳 32 齊高帝諸子 上「蕭子雲傳」"子雲善草隷, 爲時楷法. 子
   雲善效鍾元常·王逸少而微變字體. 嘗答勅云:" … 自此硏思, 方悟隷式, 始變子
   敬, 全範元常. 逮爾以來, 自覺功進." 其書跡雅爲武帝所重, 帝嘗論書曰:"筆力勁
   駿, 心手相應, 巧逾杜度, 美過崔寔, 當與元常並驅爭先." 이와 恰似한 글이 『梁
   書』卷35 列傳 29「蕭子恪 弟子範 子顯 子雲」에도 역시 있다.
55) [梁] 武帝 蕭衍의「古今書人優劣評」이 오늘날 전해지고 있는데, 그중 <評魏
   鍾繇書> 부분에"鍾繇의 書蹟은 마치 구름의 鶴이 하늘을 노니는 것과 같고 무
   리의 기러기가 바다를 희롱하는 것과 같으며, 행간이 무성하게 밀집하여 실로
   또한 지나가기가 어렵다(鍾繇書, 如雲鶴遊天, 群鶴戱海, 行間茂密, 實亦難過
   耶)."라고 하였음도 이러한 평가와 짝한다고 여겨진다. 何碧琪,《≪淳化閣帖≫
   與書法品評》,『≪淳化閣帖≫史話』, 北京:國家圖書館出版社, 2017, pp.61-62;
   天津人民美術出版社 編,『淳化閣帖』(5) 諸家古法帖, 天津:天津人民美術出版
   社, 2012, p.26.
56) 眞田但馬,『中國書道史』上卷, 東京:木耳社, 1967, p.91; [日]眞田但馬 著,
   瀛生·吳緒彬 譯,『中國書法史』(上), 北京:人民美術出版社, 1998; 重印, 2012,
   pp.49-50.
   반면에『晉書』卷80 列傳 第50「王羲之傳」'制曰'의 내용에는 王羲之가 蕭子雲
   의 書蹟에 대해 대단히 平價切下하는 내용이 전해지고 있음도 사실이다. 그 내
   용은 다음과 같다. "蕭子雲이 요사이 나타나 江表[江左:揚子江의 동쪽 지방.
   곧 지금의 江蘇省]에서 명성을 떨치고는 있지만, 그러나 겨우 글씨를 이룰 수
   있었지 (ⅰ)丈夫의 기백은 보이지 아니하고, (★)한 行 한 行은 마치 봄철의 지
   렁이가 꿈틀거리는 듯하며, 한 字 한 字는 마치 가을철의 뱀이 똬리를 튼 듯하

그런데 이러한 蕭子雲의 書法에 관한 梁 武帝의 극찬 속에서 분명히 간
과해서 안 될 한 가지 사실은 그가 "草・隷를 잘하면서도 당시 楷書 筆法
을 행하였다."(ⓐ)는 점이다. 즉 그는 다른 서법보다는 楷書에서 가장 뛰
어났고, 더욱이 "곧고 힘센 筆力이라 붓이 마음먹은 대로 가서ⓓ" 그랬다
는 사실은 거듭 反芻할 대목이라 하겠다. 그러므로 蕭子雲은 "곧고 힘센
筆力이라 붓이 마음먹은 대로 가서ⓓ" 楷書에서 鍾繇에 匹敵할 만큼의 수
준에 이르러 있었던 것임이 자명하다고 할 수 하겠다.[57]

다. … 그가 비록 1천 자루의 토끼털 붓이 모두 닳을 때까지 글을 썼다고는 하
지만 (ii)약간의 힘도 없는 듯하며, 많은 뽕나무의 껍질[로 만든 종이를] 다 없
앴지만, (iii)거둔 것에는 절반의 筆力도 없다. 이런 글씨를 퍼뜨리며 찬미하니,
그 실력에 명성이 외람되지 않은가!(子雲近出 擅名江表 然僅得成書 無丈夫之氣
行行若縈春蚓 字字如綰秋蛇 … 雖禿千免之翰 聚無一毫之筋 窮萬穀之皮 斂無半
分之骨 以玆播美 非其濫名邪)" 이러한 평가 가운데서 "大丈夫의 기백은 보이지
아니(i)" 한다거니, "약간의 힘도 없는 듯하(ii)" 다거니, "거둔 것에는 절반의
筆力도 없다(iii)." 라고 평한 것도 그러려니와, 특히 "한 行 한 行은 마치 봄철
의 지렁이가 꿈틀거리는 듯하며, 한 字 한 字는 마치 가을철의 뱀이 똬리를 튼
듯하다(★)." 라고 한 대목은 매우 지나친 酷評에 가까운 것이 아닌가 싶다.
57) [唐] 孫過庭(648-703경)이 『書譜』(『新編叢書集成』 第52冊 藝術類, 上海 : 商
務印書館, 1937; 서울 : 以會文化社, 2001, p.233; 樋口銅牛 編, 『碑碣法帖談』,
東京 : 玄黃社, 1912, pp.5-6.)에서 鍾繇・張芝・王羲之의 書法을 상호 비교하
여, "…鍾繇는 楷書에 오로지 工巧하고 張芝는 草書에 精通했으되, 이 둘의 뛰
어난 점을 王羲之는 모두 갖추었다. 王羲之를 張芝와 비교했을 때 둘 다 草書
에 뛰어났지만 王羲之는 張芝보다 楷書 하나를 더 잘했고, 鍾繇와 비교했을 때
둘은 모두 楷書에 정통했지만 王羲之는 또한 그보다 草書 하나가 더 뛰어났다.
따라서 어떤 한 書體에 뛰어남을 말할 때 비록 王羲之가 다소 부족한 점이 있
더라도, 그는 여러 書體에 정통하다는 분명한 장점이 있다.(且元常專工於隷書,
伯英尤精於草體, 彼之二美, 而逸少兼之. 擬草則餘眞, 比眞則長草, 雖專工小劣,
而博涉多優.)" 라고 평가한 대목이 그 이후에 크게 영향을 미쳐 마치 모든 書法
에서 王羲之를 가장 높이 평가하려는 경향이 생긴 듯하다. 하지만 분명히 孫過
庭이 지적한 바대로 楷書에 있어서는 鍾繇가 누구보다도 가장 뛰어났다는 평가
했다는 점을 잊지 않아야 할 것이라고 본다. 이 부분에 대한 국역 및 번역・주
석・해설은 손과정 저, 임태승 역해, 『손과정 서보 역해』, 미술문화, 2008,
p.74 및 pp.113-116 참조. 한편 손과정 저, 임동석 옮김, 『서보』, 동서문화사,
2012, pp.39-41. 백낙규 (외), 『중국 고대 서예론 선역』, 한국학술정보, 2014,
pp.92-94.도 참조하였다. 원문에는 '隷書'라 했지만, 이는 晉代부터 唐代까지
'楷書'를 이렇게 부른 데에 따른 것이며, 이 '楷書'를 또한 '眞書' 혹은 '正書'라
고 지칭하기도 하였다.
한편 이런 『書譜』를 남긴 孫過庭에 대해서 "唐代의 사람으로 書學에 精通한 누

이렇듯이 鍾元常[鍾繇]을 모범으로 삼았으며 그를 따라잡으려 한 이래 스스로 깨달아 成果가 進展되어(ⓒ)" "鍾元常[鍾繇]과 선두를 다툰다 (ⓔ)."라고 하는 梁 武帝의 극찬을 받았던 蕭子雲이 남긴 筆跡으로써 오늘날까지 전해지는 게 한 점이라도 있지 않을까? 하는 생각에 지금껏 전해지는 당시의 거의 모든 자료를 일일이 찾아 섭렵하고 검증하였다. 그러던 중 「魏鍾太傅賀捷表」의 末尾에 그의 姓名이 기재된 점으로 미루어, 그가 鍾繇 「賀捷表」를 臨摹한 것으로 여겨지는 墨蹟도 발견하였다.58)

구라도 孫過庭을 뛰어넘은 자가 없었다. 『書譜』에 저술한 바는 심오한 이치를 드러내 밝혀 기뻐하며 모두 가장 중요한 곳에 적중하였다(唐人精書學者 無逾孫過庭 所著書譜 揚扢蘊奧 悉中綮窾)."라고 한 [明]謝肇淛 撰, 『五雜組』 卷之七 人部三, 上海 : 上海書店出版社, 2009; 제2차 인쇄, 2015; 韓梅·韓錫鐸 點校, 『五雜粗』, 北京 : 中華書局, 2021, p.212의 지적을 상기할 필요가 있다.

58) 오늘날 『書道全集』 4 三國及西晉, 東京 : 平凡社, 1931, pp.196-199에 전해지는 「魏鍾太傅賀捷表」는 蕭子雲의 臨摹本이라고 여겨진다. 그 墨帖의 寫眞資料를 면밀히 鑑定해볼 때, 그 마지막 부분에 聯名 "… 庾肩吾 子雲" 중 맨 마지막의 '子雲'이 바로 蕭子雲 자신을 말하는 것이 틀림없다. 따라서 이것을 정확히 호칭하자면, 「魏鍾太傅賀捷表」가 아니라 「蕭子雲臨摹本 魏鍾太傅賀捷表」이며, 그것이 唐 이후에 「魏鍾太傅賀捷表 唐本」이라 전해진 것으로 가늠된다. 그러므로 오늘날에는 「蕭子雲臨摹本 : 魏鍾太傅賀捷表」 唐本」(其1) 및 「蕭子雲臨摹本 : 魏鍾太傅賀捷表」 唐本」(其4)이라고 호칭함이 올바른 것으로 생각한다.

한편 이 「魏鍾太傅賀捷表 唐本」에 蕭子雲(488-549) 바로 앞에 記名된 庾肩吾(487-551) 또한 中國書藝史에서 주목받는 評論家 중 하나로 「書品」이라는 체계적인 書論을 쓴 것으로 定評이 있고(眞田但馬, 『中國書道史』 上卷, 東京 : 木耳社, 1967, p.91; [日]眞田但馬 著, 瀛生·吳緒彬 譯, 『中國書法史』(上), 北京 : 人民美術出版社, 1998; 重印, 2012, p.50. 원문은 『新編叢書集成』 第52冊 藝術類, 서울 : 以會文化社, 1994, pp.315-317; 국역은 명법 역, 「유견호(庾肩吾) : 서품(書品)」, 박낙규 (외)편역, 『중국 고대 서예론 선역』, 한국학술정보, 2014, pp.66-73 참조), 그의 子 庾信(513-581)의 楷書 眞蹟을 臨摹한 것으로 거의 틀림 없어 보이는 [唐] 太宗(599-649)의 眞蹟이 전해지고 있어 주목된다. 『淳化閣帖』 (1) 歷代帝王法帖(天津人民美術出版社 編, 『淳化閣帖』 (1) 歷代帝王法帖, 天津 : 天津出版社, 2012; 重印, 2017, pp.49-50. 洪丕謨, 「唐太宗楷書≪效庾信敎庾信體詩帖≫」, 『中國歷代帝王書法欣賞』, 上海 : 上海遠東出版社, 2007, pp.52-53 또한 참조. [明] 朱有燉 編, 『東書堂集古法帖』 一 歷代帝王書, 北京 : 北京出版社, 2012, pp.47-48에도 唐 太宗의 書蹟 「五言秋日敎庾信體」가 등재되어 있으나 상태가 [宋] 『淳化閣帖』의 것만 못하여 참조만 하였다.)에 [唐] 太宗이 楷書로 구사한 글이 편집되어 있고, 그 제목이 「五言秋日敎庾信體」라고 붙여져 있는 게 그것이다. 이 가운데 '敎'는 '斅·學'과 통용되어

하지만 그것이 곧 그의 墨蹟 자체가 아니므로 만족할 수가 없어서 기왕에 中國 및 日本에서 수습하여 출판한 자료들을 全數 조사하며 더욱 면밀하게 재검토한 끝에 드디어 그것을 찾기에 이르렀다. 아래에 제시한 <墨蹟 影印 資料 (3·4·5)> 蕭子雲 墨蹟이 그것이다.[59]

<墨蹟 影印 資料 (3)> 蕭子雲의 墨蹟 (1)

<典據 : 『淳化閣帖』(4), 宋王著奉敕輯, 淳化 3년(992); 肅藩刊, 萬曆 43년(1615), p.4.>

"가르치다."라고 풀어지기도 하고, "가르쳐 이끌다. 敎導하다."라는 뜻으로 풀어지기도 하며(『中韓辭典』 全面 改訂, 高麗大學校 民族文化硏究院, 2006, p.2214. 및 p.2285.), '斅'는 '斆'와 同字로 "채찍질하여 배우게 하다. 가르치다."의 뜻을 나타내므로(『漢韓大字典』 全面 改訂·增補版, 民衆書林 , 2001, p.2214. 및 p.2285.), 이는 [唐] 太宗이 庾信의 眞蹟을 익히기 위해 臨摹한 것임을 알려준다고 하겠는데, 이 庾信의 書體 역시 鍾繇의 그것을 본받은 것임이 분명하다고 본다.

59) 蕭子雲의 墨蹟은 이외에 「蕭子雲書」,『書道全集』5 六朝(晉·齊), 東京 : 平凡社, 1930, p.272 및 尹一梅 主編, 故宮博物館藏文物珍品全集 『懋勤殿本 淳化閣帖』(上), 香港 : 商務印書館, 2005, p.210에서도 찾아볼 수 있다. 그리고 [明] 朱有燉 編, 『東書堂集古法帖』九 歷代名臣書, 北京 : 北京出版社, 2012, pp.21-26에도 蕭子雲의 書蹟 「舜問帖」, 「國氏帖」, 「列子帖」이 등재되어 있으나, 그 보존상태가 [宋] 『淳化閣帖』의 것만 못하여 참조만 하였다.

<墨蹟 影印 資料 (4)> 蕭子雲의 墨蹟 (2)

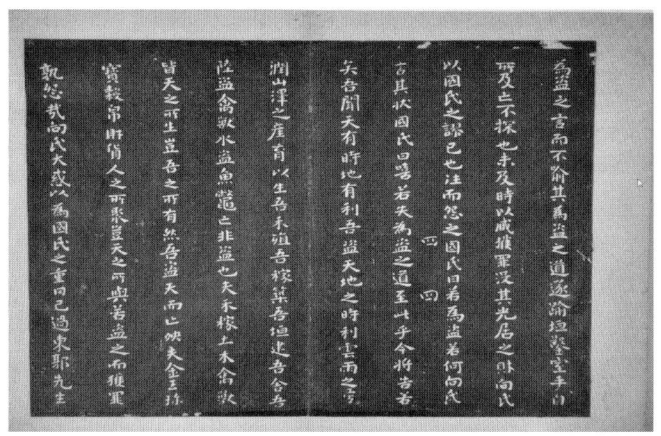

<典據：『淳化閣帖』(4), 宋王著奉敕輯, 淳化 3년(992); 肅藩刊, 萬曆 43
년(1615), p.5.>

<墨蹟 影印 資料 (5)> 蕭子雲의 墨蹟 (3)

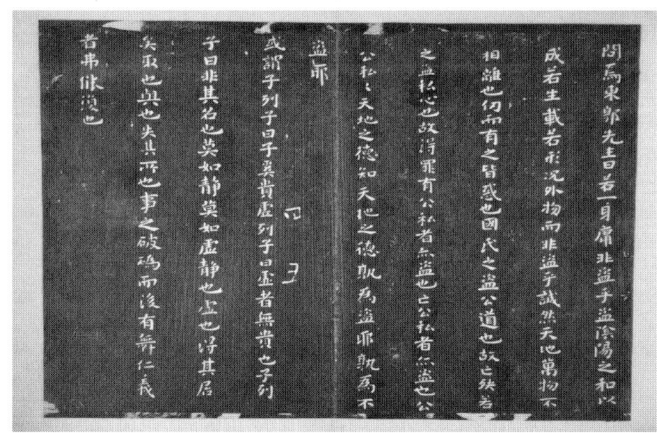

<典據：『淳化閣帖』(4), 宋王著奉敕輯, 淳化 3년(992); 肅藩刊,
萬曆 43년(1615), p.6.>

이와 같은 墨蹟 影印 資料들을 통해 확인한 蕭子雲 楷書 筆法의 眞面貌가 百濟에 實物로 전해지게 된 經緯에 대해서는 『南史』「蕭子雲傳」 중에 소상하게 기록되어 있어 크게 괄목할 만하다. 다음의 대목이 그러하다.

蕭子雲이 東陽太守로 나가게 되었다. 百濟國 使人이 建業에 이르러 글씨를 구하는데 마침 蕭子雲이 郡을 다스리러 가게 되었다. 배가 떠나려 하는데 (百濟國) 使人이 물가에 머물면서 그를 기다렸다. 배에서 30여 步 떨어진 곳에서 인사를 하고 앞에 나섰다. 蕭子雲이 그를 보고 묻자, 使人이 대답하기를, "侍中의 尺牘의 아름다움은 멀리 海外에도 알려졌습니다. 오늘 구하려는 바는 오직 名跡입니다."라고 하였다. 이에 蕭子雲은 배를 멈추고서 3일간 글씨 30紙를 써주고 金貨 수백만을 얻었다. 그의 성격은 인색하여 외부에 答狀할 때 좋은 종이에 쓰지 않아 好事者들이 뇌물을 많이 주고서 그 答狀을 구하였다.[60]

이 기록에서 蕭子雲(488-549)이 太守로 부임하려는 東陽郡은 지금의 浙江省 金華市(杭州市 西南, 紹興市 東南) 일원을 管轄하는 곳으로, 建業(建康, 揚州, 오늘날의 南京)이 梁 나라의 首都였고, 그곳을 끼고 도는 揚子江(長江) 河口지역이 南徐州로 中國의 東海 즉 오늘날 韓國 黃海의 海路로 진출하기 위한 橋頭堡 구실을 하는 곳이었는데, 蕭子雲이 이 南徐州의 太守를 겸임하고 있었던 사실에서 비롯된 것이라 풀이된다. 그리고 이 기록 중에서 百濟의 사신이 그의 職銜을 '侍中'이라 호칭한 것은 ([唐] 張彦遠 『法書要錄』 所載)「梁蕭子雲啓」에 그의 官職이 '侍中·國子祭酒·南徐州太守'라고 기재되었던 職銜에서 가장 고위직의 것으로 그를 禮遇하던 데에서 그런 것이라고 여겨진다.

아울러 이 기록 가운데 눈여겨보아 좋을 사실은, 蕭子雲이 "3일간 글씨 30紙를 써주었다(三日 書三十紙)"라고 하였음에서 '3일간 30紙'라고 했으

---

60) 『南史』 卷42 列傳 32 齊高帝諸子 上「蕭子雲傳」 "出爲東陽太守 百濟國使人至建鄴求書 逢子雲爲郡 維舟將發 使人於渚次候之 望船三十許步 行拜sí前 子雲遣問之 答曰 侍中尺牘之美 遠流海外 今日所求 唯在名跡 子雲乃爲停船三日 書三十紙與之 獲金貨數百萬 性吝 自外答餉不書好紙 好事者重加賂遺 以要其答" 국역은 이성배, 「백제와 남조·수·당의 서예비교」, 『서예학연구』 13, 2008, pp. 161-162 및 이성배, 「백제의 서예」, 한국서예학회 편, 『한국서예사』, 미진사, 2017, pp.73-74의 것을 참조했고, 손질해서 제시하였다.

므로 1일에 평균 10紙를 썼다고 계산되는 점이라 하겠다. 여기에서 '紙'는 數量의 單位로써는 '장'·'매'의 의미이므로[61], 그는 하루에 평균 10장 정도를 썼던 것으로 헤아려진다.[62] 그런데 이 작업으로 '金貨 수백만'을 받았다고 하니, 이는 엄청난 경제적 이득을 취한 것이 분명하다.

그러므로 이렇듯이 蕭子雲이 百濟의 使臣에게 '侍中'이라는 최고의 직함으로 존칭받으며, 상당한 경제적 대가도 취하던 당시는 아무래도 그가 武帝의 총애를 한몸에 받으며 가장 왕성하게 활동하였던 시기였을 뿐만이 아니라 鍾繇의 書法을 본받아 그의 楷書 書法 역시 무르익어서 武帝 蕭衍(464生~502卽位~549歿)의 인정을 받던 시기였을 가능성이 매우 크다고 생각된다. 그렇기에 그러한 그가 百濟 使臣에게 써준 '3일간 글씨 30紙'는 百濟人들에게 소중한 書蹟이 되었을 게 틀림이 없다.[63]

따라서 鍾繇의 書法을 본받은 蕭子雲의 30紙 楷書 書蹟을 통해 百濟에 鍾繇의 楷書 書法이 비로소 受容되었던 것으로 가늠된다. 더욱이 그 書體가 곧 뒤의 <墨蹟 影印 資料 (6)> 武寧王陵의 誌石 搨本 墨蹟에서 보듯이 百濟 武寧王(461生~501卽位~523歿)의 王陵 誌石 搨本 墨蹟과 매우

---

61) 高大民族文化研究所 編, 『中韓辭典』, 同 研究所, 1989, p.3106 참조.

62) 그 한 폭의 크기는 통상 畫幅의 크기인 33×24㎝ 혹은 上海圖書館藏 ≪淳化閣帖宋搨泉州本≫의 32.6×24.9㎝, 혹은 1859년 朴文會가 中國·韓國의 역대 서예가들의 筆跡을 모아 펴낸 『古今歷代法帖』(奎章閣 所藏)의 32.8×21.5㎝에 버금가는 정도일 것으로 추정된다. 따라서 1장의 크기가 대략 32.6(또는 32.8 내지 33)×21.5(또는 24 내지 24.9)㎝의 용지에 하루 평균 10장 그래서 蕭子雲이 百濟國 使人에게 3일 동안 30장의 書蹟을 직접 써주었던 것으로 셈이 된다.

63) 蕭子雲의 30紙 楷書 書蹟이 이렇듯이 百濟의 使臣을 통해 百濟에 수용되었던 역사적 사실에 관해 『南史』의 기록을 인용해서 정리하여 서술한 韓致奫 『海東繹史』 卷46 <蕭子雲書>의 "南齊蕭子雲字景喬, 善艸隸, 爲時楷法. 時百濟國使人, 至建業求書. 適子雲出麾東陽, 維舟將發, 使人於渚次候之, 望船三十許步行拜而前, 子雲遣問之. 答曰. 侍中尺牘之美, 遠流海外, 今日所求惟在名蹟. 子雲乃爲停舟三日, 書三十紙與之, 獲金貨數百萬<南史>" 역시 이러한 면모를 드러내기 위한 것이었다고 여겨진다. 이는 韓致奫의 같은 『海東繹史』 卷67 「人物考」 <王仁> 條에서 百濟 王仁 『千字文』 日本 傳播 確認論을 日本의 기록들과의 比較史的 검토를 통해 설파한 것과 相通하는 바라고 생각한다. 韓致奫 『海東繹史』 百濟 王仁 『千字文』 日本 傳播論 敍述의 역사적 의의에 대해서는 盧鏞弼, 「韓致奫 『海東繹史』의 百濟 王仁 『千字文』 日本 傳播 確認論 比較史的 分析」, 『民族文化』 60집, 한국고전번역원, 2022, pp.369-376을 참조하시라.

恰似하므로, 百濟 使臣에게 써준 蕭子雲의 鍾繇 楷書 書法에 입각한 '書三十紙'가 百濟의 書法·金石學 發達에 결정적인 계기가 되었을 법하다.

<墨蹟 影印 資料 (6)> 武寧王陵의 誌石 揚本 墨蹟

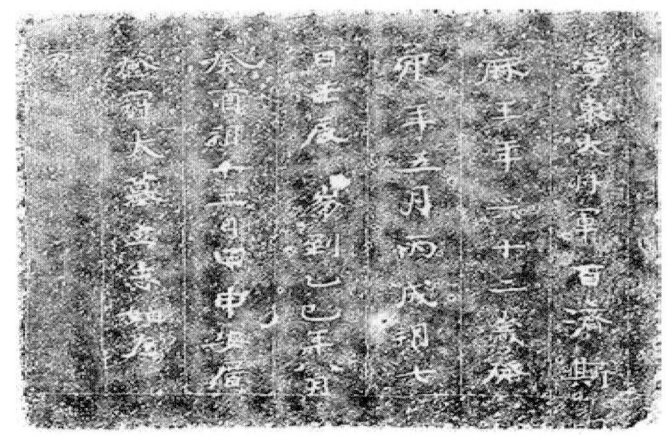

제6절
결어

현재 전해지는 敦煌을 위시한 中國·日本의 文書 寫本·書帖 및 각종 서적 등을 求得하여 그 자료의 기록을 섭렵하고 정리하여 百濟의 鍾繇 書法 수용과 書法·金石學의 발달과 관련된 역사적 사실을 규명하려 하였다. 그리하여 지금껏 미처 밝혀지지 않았던 여러 면모를 새로이 조망하게 되었노라고 여겨지며, 그 핵심을 정리하여 제시하면 아래와 같다.

敦煌 石窟 寫本『雜抄』와 日本 王室 寫本『日本國見在書目錄』의 기록에 대한 검토를 통해 [魏] 鍾繇의『千字文』이 敦煌은 물론이고 日本에까지 보편적으로 수용되어 있었던 사실이 증명된다. 따라서 그 무렵 百濟에도 그랬음을 것임이 거의 틀림없다. 또한 [唐] 李暹「注千字文序」에도 鍾繇『千字文』의 역사적 사실에 관한 매우 구체적인 기록이 상세하게 정리되어 있으므로 이는 더욱 분명하다.[64]

---

64) 게다가 日本 谷川士淸의『日本書紀通證』에서는『集解千字文』의「序」를, 그리고 本居宣長의『古事記傳』에서는 谷川士淸이 인용한 책과는 書名이 유사하나 내용은 다른 또 하나의『千字文』註釋書인『集註千字文』의「序」를 각각 인용하여 百濟의『千字文』日本 傳播 確認論 및 鍾繇『千字文』受容論을 서술하고 있음이 주목된다. 谷川士淸의『日本書紀通證』과 本居宣長의『古事記傳』에서 이러하였다는 것은 百濟의『千字文』日本 傳播 確認論 및 鍾繇『千字文』受容論이 당시 일본에서 적지 않은 비중을 차지하고 있었음을 증명해준다. 盧鏞弼,「谷川士淸『日本書紀通證』·本居宣長『古事記傳』의 史學史的 意義」,『韓國史學史

또한 鍾繇의 墨蹟을 찾기 위해 중국·일본의 모든 書法 관련 자료들을 거의 섭렵한 결과, 오늘날 珍品으로 가장 定評이 있는 宋王 著奉敕輯의 『淳化閣帖』제2권(淳化 3년, 992; 肅藩刊, 萬曆 43년,1615)에서 발견하여 제시하였다. 그럼으로써 [晉] 王羲之가 그의 「書論」가운데서 鍾繇의 書法에 관해 論評하며 "鍾繇의 글씨를 보고 骨力이 심히 가볍지 않은 것"을 느꼈음을 진술하게 토로한 연유, 그리고 [梁] 武帝 蕭衍이 그 자신의 「觀鍾繇書法十二義」에서 "王獻之는 王羲之에도 미치지 못하니 이는 마치 王羲之가 鍾繇에 미치지 못함과 같다. 王獻之를 배우는 것은 호랑이를 그리는 것과 같고, 鍾繇를 배우는 것은 龍을 그리는 것과 같다."라고 하여서, 鍾繇를 王獻之는 말할 것도 없고 王羲之보다도 높이 평가하고 있는 까닭을 확실히 입증할 수 있었다.

그런 뒤 鍾繇의 이러한 書體에 능숙했던 [梁] 蕭子雲의 行蹟을 검증하였다. 그리하여 [唐] 張彦遠의 『法書要錄』에는 「梁蕭子雲啓」가 登載되어 있고 그 내용 중 『千字文』을 筆寫했다는 대목이 明示되어 있음을, 顧炎武의 『日知錄』중에 기술된 「千字文」條에 蕭子雲이 『千字文』을 注解한 사실의 기록을 인용하고 있음을 알게 되었다. 그리고 『日本國見在書目錄』에도 蕭子雲이 注解한 『千字文』을 所藏하고 있었다는 기록 등을 찾아 제시하였다.

한편 蕭子雲의 墨蹟을 직접 접하고 작성한 게 분명한 新羅 崔致遠의 詩 「筆法」에서 "南朝 蕭子雲이 글씨를 잘 썼는데, 百濟 사신이 그 手蹟을 구해다가 國寶를 삼았다."라고 한 사실을 주목하였다. 그리고 梁 武帝가 蕭子雲의 書法에 관해서 "草·隷를 잘하면서도 당시 楷書 筆法을 행하였"으며, "鍾繇를 모범으로 삼았으며 그를 따라잡으려 한 이래 스스로 깨달아 成果가 進展되었"고, "곧고 힘센 筆力이라 붓이 마음먹은 대로 가서" 그랬다고 극찬하였다는 점을 상기하였다. 그래서 蕭子雲의 墨蹟을 샅샅이 조사한 결과 『淳化閣帖』제4권에서 그것을 찾게 되었다.

學報』47, 韓國史學史學會, 2023 및 盧鏞弼, 「日本 江戶時代 谷川士淸『日本書紀通證』의 百濟 王仁 鍾繇『千字文』日本 傳播 確認論」, 『百濟文化硏究』69, 公州大學校 百濟文化硏究所, 2023 그리고 盧鏞弼, 「日本 江戶時代 本居宣長『古事記傳』의 百濟 王仁 鍾繇『千字文』日本 傳播 確認論」, 『歷史學報』260, 歷史學會, 2023 참조.

蕭子雲의 그 書體는 鍾繇의 楷書 書蹟을 모범으로 삼은 게 분명하다. 그리고 『南史』 「蕭子雲傳」의 기록에 그가 百濟의 使人에게 "3일간 글씨 30紙를 써주었다(三日 書三十紙)."라고 한 사실에 근거하여 蕭子雲의 그 書蹟을 통해 百濟에 鍾繇의 楷書 書法이 비로소 受容되었음이 입증된다. 그리고 그 書體가 곧 百濟 武寧王陵의 誌石 搨本 墨蹟과 恰似하므로, 蕭子雲의 鍾繇 楷書 書法에 입각한 '書三十紙'가 百濟의 書法·金石學 發達에 결정적인 계기가 되었다고 여겨진다.

[자료]

[위] 종요 찬『천자문』과
[양] 주흥사 차운『천자문』의 비교 분석

1)구성 내용에 대한 비교 분석

<표 1> 종요·주흥사『천자문』내용 비교표
(한글 가나다순)

(1)鍾繇『千字文』에만 있는 漢字

<ㄱ>

番	漢字	番	漢字	番	漢字	番	漢字	番	漢字
1	간懇 834	2	강崗 157	3	강薑 541	4	개豈 040	5	개個 047
6	개盖 687	7	거袪 590	8	건虔 336	9	견岍 836	10	결抉 804
11	계磎 404	12	고稾 077	13	고孤 414	14	고鼓 432	15	곤崑 156
16	과菓 592	17	극剋 563								

<ㄴ>

番	漢字	番	漢字
1	나奈 654	2	념恬 766

<ㄷ>

1	대代 663								

<ㄹ>

1	량粮 843	2	려驪 384	3	록綠 570	4	륜綸 347		

<ㅁ>

1	망芒 671	2	면眠 332	3	무毋 120				

<ㅂ>

1	반磐 428	2	배俳 046	3	변變 835	4	병並 726	5	보普 738

<ㅅ>

1	사査 356	2	상床 752	3	서序 692	4	선旋 253	5	소唉 045
6	소疏 353	7	소宵 898	8	수脩 090	9	수綏 763	10	순笋 411
11	승丞 251	12	승升 094	13	실失 761				

<ㅇ>

1	역役 576	2	연研 044	3	연莚 679	4	영暎 715	5	영榮 910
6	오傲 079	7	오吳 151	8	요寥 477	9	우雨 352	10	원員 048
11	유遊 739	12	이已 072	13	일釖 159				

<ㅈ>

1	자藉 118	2	장墙 280	3	장塲 660	4	장長 721	5	적積 222
6	적糴 360	7	조彫 591	8	좌座 837	9	주遒 586	10	직職 187
11	진晉 457								

<ㅊ>

1	철鐵 338	2	체砌 359	3	추秋 076	4	치雉 177	5	치寘 764

<ㅌ>

1	탁拓 496								

<ㅎ>

1	현弦 753	2	현懸 856	3	혈絜 012	4	형亨 278	5	호濠 361
6	홍鴻 549	7	활活 178	8	회廻 454	9	휘徽 807	10	희義 760

(2)주흥사『천자문』에만 있는 한자

<ㄱ>

1	개蓋 145	2	검劍 049	3	경競 240	4	경涇 424	5	계溪 530
6	계鷄 629	7	고敲 453	8	고藁 482	9	고固 985	10	곤崑 047
11	공恭 153	12	과果 057	13	과寡 987	14	광光 056	15	괵虢 580
16	극克 205	17	금金 041	18	기豈 157	19	기己 183		

<ㄴ>

1	내柰 060								

<ㄷ>

1	두杜 481								

<ㄹ>

1	량糧 824	2	려慮 742	3	로路 493				

<ㅁ>

1	막莫 175	2	망罔 177	3	망邙 418	4	맹盟 584	5	명鳴 129
6	모母	7	모貌	8	묘杳	9	미未		

343		694		647		541		

＜ㅂ＞

1	반盤 427	2	반叛 911	3	발髮 148	4	배徘 981	5	벌伐 099
6	변辨 695	7	병幷 616	8	병竝 933	9	복服 086	10	부扶 551

＜ㅅ＞

1	상常 152	2	상牀 848	3	선琁 953	4	소素 676	5	소疏 722
6	소霄 784	7	소嘯 920	8	소笑 944	9	소劭 968	10	숙夙 261
11	숙俶 657	12	숙熟 666	13	순筍 846	14	승陞 457	15	시矢 946

＜ㅇ＞

1	양兩 721	2	연緣 230	3	연淵 277	4	연筵 450	5	연姸 943
6	열烈 164	7	영映 280	8	영營 544	9	예隷 484	10	옥玉 045
11	왈曰 245	12	요蓼 736	13	요飇 776	14	원圓 835	15	위位 090
16	위威 602	17	유游 777	18	유綏 966	19	육育 114	20	윤倫 923
21	음音 690								

＜ㅈ＞

1	장場 136	2	장牆 800	3	적籍 301	4	적赤 631	5	적寂 735
6	조組 726	7	조凋 768	8	조糟 815	9	좌坐 105	10	주主 622
11	준遵 586	12	중中 683	13	증蒸 871	14	지枝 360	15	지祇 703
16	직職 310	17	진晋 569						

＜ㅊ＞

1	책策	2	척尺	3	초招	4	측昃	5	치致

	521		233		752		012		035
6	치治 649	7	칠漆 485						

<ㅌ>

1	탕湯 104	2	투投 363

<ㅍ>

1	팽烹 811	2	핍逼 728

<ㅎ>

1	하何 585	2	한閑 731	3	항恒 619	4	현絃 849	5	홍洪 007
6	황皇 080	7	회回 554	8	회徊 982	9	희曦 949		

<일러두기>
※漢字 표기는 '한글발음+한자+천자문 속에서의 순번' 방식으로 하였다※

2)이체자에 대한 비교 분석

<表 2>鍾繇·周興嗣 『千字文』의 異體字 漢字 比較表

番	鍾繇	周興嗣	番	鍾繇	周興嗣	番	鍾繇	周興嗣
1	盖687	蓋145	2	羣200	群479	3	奈654	奈060
4	脩090	修963	5	䞓187	職310	6	晉457	晋569

제3장

신라 중고기 서사·각석·입비 전문가의 분화와 서법·금석학의 발달

제1절

신라 중고기 금석문의
'서사'·'서석'·'석서'·'입석비'

新羅 中古期의 金石文에 보이는 '書寫', '書石'·'石書', '立石碑'의 意味는 각기 무엇이었으며, 그 工程은 어떻게 진행되는 것이었을까? 이것부터가 우선 궁금하다. 하여 그 槪念부터 定立한 후 그 作業의 工程에 관련된 記錄을 新羅의 金石文 및 文獻 資料들에서 發見할 수 없는 경우 比較史的 硏究 方法을 準用하여[1], 中國의 그것이든 高麗의 그것이든 가능한 대로 찾아내 그 내용을 통해 가늠해 보기로 한다.

---

[1] 노용필, 「서론 : 통섭인문학의 지향과 비교사적 연구 방법의 준용」, 『한국고대인문학발달사연구』 (1) 어문학·고문서학·역사학 권, 한국사학, 2017; 新裝版, 2026, pp.10-12.

(1)'서사'의 개념과 그 공정

新羅 中古期 金石文 중 이 '書寫'의 用例는 「明活山城碑」의 '書寫人'에서 찾아진다. 그리고 이 '書寫人'의 略語가 '書人'이었을 법한데, 이 '書人'은 「蔚珍 居伐牟羅碑」·「丹陽 赤城碑」·「昌寧 眞興王巡狩碑」 등에서도 등장하고 있는 것이다.

이 경우 '書寫人'의 '書寫'가 文書의 文章[2]을 書寫한 行爲 자체를 나타내주는 것임에는 의문의 여지가 없고, 中國 古代의 用例에서도 '書'字만으로도 이미 書寫의 意味가 內包된 것으로 이해된다.[3] 따라서 「明活山城碑」의 '書寫人'은 물론이고 뒤에서 詳論할 바 「蔚珍 居伐牟羅碑」·「丹陽 赤城碑」·「昌寧 眞興王巡狩碑」 등의 '書人' 역시 같은 의미임이 自明하다고 하겠다.

이 '書寫'의 정확한 개념 및 그 工程 把握과 관련하여서는 中國의 文獻에서 종종 記錄을 찾아볼 수가 있다. '書' 자체가 細絹 및 紙에 書寫한 것

---

2) 남풍현, 「丹陽新羅赤城碑의 語學的 考察」, 『檀國大論文集』 13, 1979; 改題 「丹陽新羅赤城碑銘의 吏讀的 硏究」, 『吏讀硏究』, 태학사, 2000, p.129에서, "후대에 格式을 갖춘 비문에서 '書'라고 하면 글보다는 글씨를 가리키는 것이 원칙이다. 그러나 書字는 일반적으로는 '글월'(訓蒙字會, 千字文, 新增類合)이라 훈독하여 그 일차적인 의미는 글씨보다는 문장들을 가리키는 것이었다."고 하였음이 참조가 된다.

3) 『文心雕龍』 卷5 「書記」 第25를 살피면 "大舜云 : '書用識哉!' 所以記時事也. 蓋聖賢言辭, 總爲之書, 書之爲體, 主言者也。揚雄曰 : '言, 心聲也 ; 書, 心畫也. 聲畫形, 君子小人見矣.' 故書者, 舒也. 舒布其言, 陳之簡牘, 取象於夬, 貴在明決而已." 대목에서 이 '書'의 개념에 대해 언급하고 있음이 찾아진다. 이 문맥에서 揚雄의 해석을 따라 劉勰이 認識한 바는 '書'의 의미가 종종 많은 이들이 생각한 바처럼 '書法'을 가리키는 게 아니라 簡牘에 '그 말을 筆寫해둔다'는 의미로 이해되는 게 옳다고 한다. 王元軍, 「漢代的"書"與"書藝"」, 『漢代書刻文化硏究』, 上海 : 上海書畫出版社, 2007, pp.20-21.

『文心雕龍』의 新羅 受容 특히 崔致遠의 傳·碑 중심의 역사 인식과 관련하여서는 노용필, 「최치원의 『문심조룡』 수용과 傳·碑 중심의 역사 인식 및 서술」, 『한국고대인문학발달사연구』(1), 2017; 新裝版, 2026을 참조하시라.

을 의미한다고 한다.

> 夫翰墨之妙, 多以身後騰聲, 二王之書, 當世見貴. 獻之嘗與簡文帝十
> 許紙, 題最後云, "下官此書甚合作, 願聊存之." 此書爲桓玄所寶. 玄
> 愛重二王, 不能釋手, 乃撰縑素及紙書正行之尤美者. 各爲一帙, 常置
> 左右. ([唐]張懷瓘, 「二王書錄」)[4]

唐나라 때의 유명한 書法家 張懷瓘의 이 기록에 따르면, 王羲之의 子
王獻之가 二王 즉 아버지와 자신의 글씨를 東晉의 簡文帝에게 바쳤고, 그
후 그것이 廢帝・安帝 때의 桓玄(후일의 楚王)에게 전해져 愛重하여 손을
댈 수가 없자 縑素・紙書에 撰하여, 풀어서 말하면 세밀한 비단 위에 書
寫하고 종이 위에 書寫하여 각각 1질을 만들어 항상 좌우에 두었다고 한
다. 이렇게 書寫할 때에 쓰는 비단은 合絲로 짠 세밀한 재질이라 '縑素'라
일컫는 것이며 '紙書'도 역시 일반 종이가 아니라 비단처럼 얇으면서도 合
絲로 짜서 매우 질긴 均質의 것이어야 했을 것인데, 이와 같이 비단과 종
이에 글씨를 본뜨는 것 자체를 '搨書'라 일컬었음이 南朝 宋 孝武帝 때 太
學博士 虞龢의 글에 자세히 보인다.

> 大凡秘藏所錄 鍾繇紙書六百九十七字, 張芝縑素及紙書四千七百廿
> 五字, 年代旣久. …(中略)… 龢是搨書 悉用薄紙 厚薄不均 輒好縐
> 起. ([宋]虞龢, 「論書表」)[5]

唐의 皇室에서 이와 같이 '搨書'를 皇帝의 命令을 받아 專門的으로 실행
하는 官員을 '供奉搨書人'이라 하였음은 [唐]何延之가 남긴 글에 분명하
다. 그리고 이들이 實行한 이러한 '搨寫'가 국가 기관의 여럿에서 이루어
지고 있었다는 사실 역시 [唐]張彦遠의 著書에 明瞭하게 전해지고 있다.

4) 引用한 이 부분의 原文과 이에 대한 상세한 注釋은 [唐]張彦遠 集, 『法書要錄』,
   北京：中華書局, 1985; 潘運告 編著, 『張懷瓘書論』, 長沙：湖南美術出版社,
   1997; 重印, 2004, pp.1-2.
5) 欒保群 編, 『書論彙要』(上), 北京：古宮出版社, 2014, p.42.

(Ⅰ)帝命供奉搨書人趙模・韓道政・馮承素・諸葛貞等四人各搨數本 以賜皇太子・諸王・近臣. ([唐]何延之,「蘭亭始末記」)6)
(Ⅱ)國朝内庫・翰林・集賢・秘閣 搨寫不輟, 承平之時, 此道甚行, 艱難之後, 斯事漸廢. 故有非常好本, 搨得之者, 所宜寶之, 旣可希其 眞蹤, 又得留爲證驗. ([唐]張彦遠,「論畫體工用搨寫」)7)

　　唐 太宗은 ‘供奉搨書人’ 趙模・韓道政・馮承素・諸葛貞 4人에게 命을 내 려 王羲之의 眞蹟을 ‘搨書’하게 하여 이를 皇太子・諸王・近臣에게 下賜할 정도로(Ⅰ), 王羲之의 書蹟을 尊崇하였기에 당시에 唐 皇室의 內庫를 비 롯한 여러 기관에서 ‘搨寫’가 그치질 않았다고(Ⅱ) 하는 것이다. 여기에서 ‘搨書人’은 ‘書法을 摹寫하는 人’이라 ‘搨書’는 ‘書蹟을 影摹하는 것’이라 풀 이할 수 있으며8), ‘搨’이나 ‘摹’ 자체가 곧 筆蹟을 複製하는 것을 의미하므 로 이들 ‘搨書人’ 4人은 ‘能書者9)’로서 拔擢되어 누구보다도 書法(書蹟・ 筆蹟)에 能通하고 熟達되어 複製하는 搨書의 最高 專門家였던 것이다.10)

---

6) [唐]張彦遠 集,『法書要錄』, 北京：中華書局, 1985; 潘運告 主編, 云告 譯注,『 中晚唐五代書論』, 長沙：湖南美術出版社, 1997; 重印, 2011, p.200 등에는 題 目이 ‘蘭亭記’로 되어 있는데, 여기에서는 云告 譯注,『中晚唐五代書論』,2011, p.189의 注釋에 따라 ‘蘭亭始末記’를 취하기로 하였다.
7) 원문은 [唐]張彦遠 撰,『歷代名畫記』, 北京：中華書局, 1985, p.76 그리고 국역 은 황지원 역주,『역대명화기』, 대구：계명대학교출판부, 2007; 2쇄, 2011, p.152 및 조송식 옮김,『역대명화기』(상), 시공사, 2008, pp.160-161 참조.
8) 潘運告 主編, 云告 譯注,『中晚唐五代書論』, 長沙：湖南美術出版社, 1997; 重印, 2011, pp.201-202. 中國語 原文의 表記로는 譯注者 云告의 <今釋>에서 ‘搨書 人’에 대해 ‘摹寫書法的人’이라 했고, <注釋>에서 ‘搨書’에 대해 ‘影摹書迹’이라 했다.
9) 이 ‘能書者’라는 用語는 [唐]李林甫 等撰,『唐六典』卷9 集賢殿書院 條의 “書直 及寫御書一百人<開元五年十二月, 勅於秘書省, 昭文館兼廣召諸色能書者充, 皆親 經御簡. … >”이라고 한 대목(陳仲夫 點校,『唐六典』, 北京：中華書局, 1992; 重印, 2008, p.281)에서 찾아지며, 또한『新唐書』卷47 百官志 二 集賢殿書院 條에 “募能書者爲書直及寫御書人 …”라 한 기록에서도 보인다.
10) 施蟄存,「拓本」,『金石叢話』, 北京：中華書局, 2003; 重印版, 2007：文史知識 文庫典藏本, 2013; 시첩존 지음, 이상천・백수진 옮김,『중국 금석문 이야기』, 주류성, 2014, pp.42-45.

(2)'서석'·'석서'의 개념과 그 공정

新羅 中古期 金石文 중 '書石'은 「蔚州 川前里 石刻」의 '書石谷'에서, 그리고 이 '書石'과 동일한 용어일 '石書'는 「丹陽 赤城碑」의 '石書立人'에서 찾아진다. 이때 '書石'·'石書'는 곧 '刻石'·'石刻'의 의미일 것이다.

中國에 있어서 '刻石'·'石刻'의 가장 최초이자 대표적인 實例가 秦始皇의 4개의 巡狩碑를 위시한 도합 7개 刻石이라는 점은 널리 膾炙될뿐더러 『史記』등의 史書에도 登載되어 있어 明白하며11), 秦始皇이 國都에서 멀리 떨어진 같지 않은 장소에 7개의 石刻을 건립한 것 自體가 空間을 超越하는 領土 主權과 權力의 合法性을 빌리는 것이며, 이러한 종류의 觀念이 바로 天下를 巡歷하는 巡狩의 核心에 있는 것이다. 그리고 이러한 立石·刻石의 形式을 취해서 행해진 秦始皇의 7개 石刻이 지닌 說得力은 石刻을 重建하는 禮儀의 背景이 되었고, 그것 자체가 곧 帝王의 巡狩觀을 상징적으로 입증해준다고 하겠다.12) 이와 같은 刻石이 지니는 政治的 意味에 관해서는 『漢書』王莽傳 下의 기록에 "刻石爲約"이라 하였음에서 立證된다. 그리고 이는 『後漢書』靈帝紀의 "詔諸儒, 正五經文字, 刻石"이라 한 대목에서도 분명히 증명이 된다고 하겠다.13)

이러한 古代의 碑刻에는 石面이 灰暗임으로 인하여, 墨과는 달리 朱色

---

11) 容庚, 「秦始皇刻石考」, 『燕京學報』17, 1935; 曾憲通 編, 『容庚文集』, 廣州 : 中山大學物出版社, 2004, pp.181-221. 徐自强·吳梦麟, 『古代石刻通論』, 北京 : 紫禁城出版社, 2002, pp.93-94. 李穡, 「秦嶧山刻石」, 『秦漢刻石選譯』, 北京 : 文物出版社, 2009, pp.1-9.

12) [美]柯馬丁 著, 劉倩 譯, 「石刻的」觀念, 『秦始皇石刻 : 早期中國的文本與儀式』, 上海 : 上海古籍出版社, 2015, pp.51-52.

13) 이들의 原文은 中文大辭典編纂委員會 編, 『漢文大辭典』2, 臺灣 : 臺灣省立師範大學國文研究所, 1962; 影印本, 景仁文化社, 1981, p.734 및 中文大辭典編纂委員會 編, 『中文大辭典』(四) 第一次修訂版 普及本, 臺北 : 中國文化大學出版部, 初版, 1973; 9版, 1993, p.1680의 설명을 參照하여 『漢書』와 『後漢書』에서 제각각 확인하였다.

을 써서 명확히 드러내기 위해서 일반적으로 朱紅顔色의 朱砂 혹은 朱漆을 써서 직접 碑石 위에 書寫한 후 재차 刻石하였고, 이렇게 碑石 위에 朱色으로 寫字한 것 자체를 '書丹'이라 指稱하였다. 刻者의 刻石 과정에 있어서 이 書丹의 效用性을 看破하는 데는 南宋의 姜夔(1155-1235)가 다음과 같이 說破한 바가 要緊하다.

> 欲刻者不失眞, 未有若書丹者, 然書時盤薄, 不無少勞, …(中略)…
> 若鍾繇·李邕, 又自刻之, 可謂癖矣. ([南宋]姜夔, 『續書譜』)14)

'刻者' 즉 刻石을 담당하는 사람이 眞蹟을 새기고자 할 때 書丹의 방법을 써서 '書時盤薄' 곧 碑石의 盤床에 眞蹟의 搨寫 그 자체를 書寫하였음을 엿볼 수 있다. 그리고 刻石의 專門家가 이러한 刻石의 방법을 밟아서 하지 않으면, 만약 東漢·北魏의 鍾繇(151-230)와 唐의 李邕(678-747)과 같은 뛰어난 書法家가 스스로 刻字했어도 癖性이라 일렀을 것이라고 論評하고 있는 것이다.

한편 어떤 것은 직접 碑石 위에 書寫하지 않고 종이 등의 위에 베낀 후에 재차 그 筆蹟의 테두리만 그어 속은 비도록 하는 雙鉤 書法으로 摹寫하여 碑石 위에 複製하는 所謂 '摹勒'을 하기도 하였는데, 이러한 경우는 唐代 이후에 많이 나타나고 있다. 이럴 때의 刻字는 刻刀로 돌을 파서 들어가 正文 즉 本文은 일반적으로 陰刻하고 碑額의 題名 등은 陽刻하기도 하였으나 本文을 陽刻한 경우는 대단히 드물다.

그리고 鐫刻의 방법상으로는 單刀·雙刀의 區分이 있어, 單刀는 하나의 劃마다 한번의 刀로써 刻을 이루는 것을 가리키는 것이며, 雙刀는 筆劃의 양쪽 측면에 붙여 刀를 실시해서 刻하는 것을 가리키는 것이다. 單刀 刻字는 보통 書丹하지 않고 직접 鐫刻해서 대개 速成으로 되어 粗率하다. 모범적인 碑誌는 모두 雙刀로 刻字되었는데, 鐫刻할 때 石面을 垂直으로 하지 않고 字蹟의 筆劃 外線에 붙여 안쪽을 향해 아래로 刀를 실시해서 刻字한 字口의 上下가 '▽'形을 드러냄으로써 字口가 容易하게 崩壞되지

---

14) [南宋]姜夔, 「書丹」, 『續書譜』; 孫過庭(外), 『書譜』(外), 上海 : 商務印書館, 1936, p.6; 于玉安 編, 『中國歷代書法論著彙編』 5, 天津 : 天津古籍出版社, 1999; 欒保群 編, 『書論彙要』(上), 北京 : 古宮出版社, 2014, p.352.

않으면서 또한 風化에도 잘 견디고, 아울러 凹面의 底部가 處理하기에 便利하다는 등의 長點이 있다.15)

(3)'입석비'의 개념과 그 공정

新羅 中古期 金石文 중 '立石碑'의 端的인 例는 「蔚珍 居伐牟羅碑」(世稱 「蔚珍 鳳坪碑」 혹은 「蔚珍 鳳坪里 新羅碑」)의 '立石碑人'에서 찾아진다. 이외에도 「丹陽 赤城碑」의 '石書立人'중 '石書立'이나 「明活山城碑」의 '作石立記' 중 '作石立'도 같은 槪念일 것이다.

이러한 '立石碑' 혹은 '石書立'이나 '作石立' 工程을 충실히 담고 있는 記錄이 찾아지지 않아서, 그 作業 工程을 생생하게 把握하기는 어렵다.16) 그렇기는 하지만 그나마 高麗 顯宗 22년(1031)에 建立된 「淨兜寺五層石塔」의 工程이 비교적 상세히 기록되어 있는 古文書로서 「淨兜寺五層石塔造成形止記」가 오늘날 전해지고 있으므로17), 이 '造成形止記'를 통해 그 工程의 상세한 面貌를 觀察하여 그 事實에 立脚해서, 新羅의 '立石碑' 工程 중 初期 段階 工程의 實狀을 類推해 보고자 한다. 「形止記」 중 다음 대목에 「淨兜寺五層石塔」의 建立 場所 選定 및 石築 工程의 實狀이 기록되어 있음에 주목해보자.

(1)地理僧인 延嘿─八居縣─이 阽村에 占定한 취지와, 郡司의 戶長인 別將 柳瓊, 攝戶長인 金甫, 副戶正인 李希, 書者인 承福 등이 太平 10년(현종 21, 1036) 庚午 12월 7일에 공문[牒]으로 (淨

---

15) 陸明君, 「刻工與別字」, 『魏晉南北朝碑別字硏究』, 北京 : 文化藝術出版社, 2009, p.233.
16) 다만 「明活山城碑」 碑文 중 '作石立記'의 구체적인 내용 일부는 바로 "此記者 古他門中西南回 行其作石立記" 부분에 있고, "至十一月十五日作始 十二月廿日 了 積卅五日也"의 공사 기간 내용도 그 일부가 드러날 뿐이다. 이러한 文書의 내용을 筆寫해서 이 碑文에 반영하여 書刻되도록 하는 게 書寫人의 所任이었을 것이다.
17) 李基白, 「淨兜寺五層石塔造成形止記」, 『韓國上代古文書資料集成』, 一志社, 1986; 第二版, 1993, pp.46-52.

兜)寺 敷地内의 마땅한 곳에 따라 세우고자 한 뜻을 이룬 것으로
서, 같은 날[12월 7일] 절 안의 뜰 가운데서 정한 일로 (2)12일
正인 位剛, 隊正인 嵩嵒·式英, 一品軍인 作隣 등 21일이 掘取 5
尺하여 石築 10尺을 方으로 排立시키었다.[18]

   이를 면밀히 살피면, 크게 나누어 2부분으로 구성되어 있음을 알 수가
있다. 앞(1)은 「淨兜寺五層石塔」 造成 計劃 執行의 具體的인 內容이고, 뒤
(2)는 그 石築 工程의 詳細한 擔當者 構成 및 工程의 記錄이다. 이 「形止
記」의 (1)·(2)부분에 나타난 「淨兜寺五層石塔」 基礎 工程의 職役 分擔을
分析하여 圖表로 작성해보았더니 다음 <表 1>과 같이 되었다.

<表 1> 「形止記」에 나타난 「淨兜寺五層石塔」 基礎 工程의
職役 分擔 分析表

集團 區分		行政 單位 區劃	職役 名稱	人名	備考
A	I	郡	別將	柳瓊	郡司 戶長
			攝戶長	金甫	
			副戶正	李希	
	II		書者	承福	
B		村	正	位剛	
			隊正	嵩嵒	
			〃	式英	
			一品軍	作隣	

   이 중에서 郡의 郡司에서 差出 動員되었을 A I 集團의 戶長層은 郡司에
서 下達된 公文인 牒의 내용에 따라 "(淨兜)寺 敷地内의 마땅한 곳에 따
라 세우고자 한 뜻을 이룬 것"으로 판단된다. 그러므로 이들은 牒 内容의
執行人이었다고 하겠는데, 그 중에서 각별히 주목되는 존재는 基礎 工程
에서 郡司 戶長으로서 別將의 職任을 修行한 柳瓊이다. 그는 이후 造成
工程에서도 또 다시 등장하여 石運 및 石練을 주관하고 있기 때문이다.

---

18) 申虎澈, 「高麗 顯宗代의 「淨兜寺五層石塔造成形止記」 註解」, 『李基白先生古稀
   紀念 韓國史學論叢』[上] −古代篇·高麗時代篇−, 一潮閣, 1994, p.577.

더욱 物業을 모아 太平 7년(현종 18, 1027) 丁卯 12월에 隨願僧
俗 등 1,000여 인을 戶長인 柳瓊이 左徒, 副戶長인 承律이 右徒
로 例와 같이 나누어 매일매일 石運을 마치고, 太平 9년(현종 20,
1029) 乙巳 3월(?)에 右伯士[위의 貞元 伯士]에게 다시 請하여
그 해[1029년] 봄·가을·겨울을 거쳐 금년[1031년] 겨울까지
石練을 마치었다.[19]

이렇듯이 柳瓊이 「淨兜寺五層石塔」 造成 工程 중 石運과 石練을 모두
指揮하였음이 명백히 記錄上으로 드러나고 있으므로, 이들은 建立의 地域
選定, 場所 및 位置 確定, 工事 期間의 算定, 管理 組織의 體系 樹立, 人夫
人員의 計算 및 動員 그리고 食糧 調達의 時期 및 明細 提示, 石運의 組
織 體系 樹立 및 每日의 作業量 割當 그리고 石練의 年間 進行 計劃 樹立
및 進陟 狀況 確認 등을 그 所任으로 했을 듯하다. 따라서 그를 포함한 A
Ⅰ集團의 戶長層은 新羅 中古期 「蔚珍 居伐牟羅碑」의 '立石碑人', 「丹陽
赤城碑」의 '石書立人'과 恰似한 所任을 修行한 것으로 볼 수 있지 않나 싶
다.
한편 역시 郡司에서 差出 動員되었을 AⅡ集團의 '書者'는 곧 '能書者'인
書人으로서[20] 郡司에서 下達하는 그 牒의 內容을 筆寫하여 保管하고 傳
達함으로써 「淨兜寺五層石塔」 造成 計劃의 執行을 實行하는 過程에 文書
受領·筆寫·傳達 및 保管의 職役을 담당했을 것이다. 그리고 이 '書者'가
筆寫하여 傳達한 郡司 發行 牒의 命令 下達에 따라 村에서 差出 動員되었
을 B集團의 正·隊正·一品軍은 「淨兜寺五層石塔」 基礎 工程의 實行 監督
者들이었다, 그러므로 이들은 바로 石塔 完成의 實務陣이었다고 보인다.

---

19) 申虎澈, 「高麗 顯宗代의 「淨兜寺五層石塔造成形止記」 註解」, 1994, pp.576-
577.
20) 요즘도 '書者'는 '能書者'라는 의미에서 '書人'을 일컫는 것으로 쓰이는 경우가
간혹 있는 모양인데, 최영성, 「新羅 鍪藏寺碑와 書者」, 『한국의 금석학 연구』,
이른아침, 2014에서와 같은 예가 그렇지 않나 싶다. 한편 오늘날 日本이나 韓
國에서도 역사상 뛰어난 書法家를 왕왕 '書人'이라 이르기도 함을 中田勇次郎
編, 『中國書人傳』, 東京 : 中央公論社, 1979; 東京 : 中央公論新社, 2015. 駒田
信二, 『中國書人傳』, 東京 : 藝術新聞社, 1985; 崔長潤 編譯, 『中國書人傳』, 서
울 : 雲林堂, 1986 등의 書名과 그 內容에서 알 수가 있다.

제2절
신라 중고기 금석문
서사·각석·입비 전문가의 소임 분석

「蔚州 川前里 石刻」의 '作書人' 중 '書'는 같은 石刻 내용 중 '書石谷'에 서의 '書石'의 '書'와 동일한 의미로, 따라서 이 '作書人'은 書寫 專門家이 다. 그리고 「蔚珍 居伐牟羅碑」의 '節書人' 등도 그러했을 게 분명하며, 같은 碑文의 '刻人'·'立石碑人'은 각기 刻石 專門家, 立碑 專門家라 하겠다. 이러한 書寫·刻石·立碑 專門家의 具體的인 所任은 각각 무엇이었을까? 이에 대해 살펴보도록 하자.

(1)서사 전문가의 소임

新羅 中古期 金石文 資料 중 書寫 專門家가 「蔚州 川前里 石刻」에는 '作書人', 「蔚珍 居伐牟羅碑」에는 '節書人', 「明活山城碑」에는 '書寫人' 등으로 각각 銘記되어 있으므로, 그 所任에 대해서도 제각각 검토해야 할 것이다.

이러한 '作書人'·'書人'·'書寫人' 등을 모두 동일한 '專門 書家'라 여기기도 하지만[21], 名稱이 각기 다른 만큼 그 所任 역시 그럴 수 있다고 여겨지기 때문이다.[22]

1)「울주 천전리 석각」원명의 '작서인'

「蔚州 川前里 石刻」原銘에 등장하는 이 '作書人'의 所任을 온전히 살피기 위해서는, 같은 原銘에서 찾아지는 '書石' 등의 銘文 역시 함께 검토되어야 할 것으로 믿어진다. 이 '書石' 자체가 곧 '作書人'의 所任이 된다고 보이므로 그러하다. 하여 '書石'·'作書人' 部分에 대한 分析表를 작성하였다.

<表 2>「蔚州 川前里 石刻」原銘의 '書石'·'作書人' 部分 分析表

記載 連番	役名[23]	職名	部名· 地名	人名	官等名	其他
1						文王覓遊 來始得見 谷□

---

21) 孫煥一,「新羅 <鳳坪碑>의 書體」,『泰東古典研究』 18, 2002, pp.3-4에서, "당시의 實名이나 實職의 書寫한 사람을 보면 書人, 書寫人, 文作人, 文尺, 書尺, 作書人 등이 있다."고 하여 이들 書人·書寫人 등을 '書寫한 사람'이라 보고 있음이 참고가 된다. 특히 孫煥一,「新羅 赤城碑의 書體(2)」,『泰東古典研究』 17, 2000, p.6에서는 「丹陽 赤城碑」의 서체에 대해 "일상생활의 書寫에서 쓰던 실용서체의 영향"을 거론한 후 "격식을 갖춘 서체가 아닌 일상 생활에서 사용되던 격식을 차리지 않은 생활실용서체로 당시 신라의 전문 書家에 의하여 씌어진 것으로 보인다."고 하였는데, 이를 보면 이들 書人·書寫人 등을 모두 '專門 書家'로 파악하고 있는 것으로 이해된다.

22) 남풍현,「丹陽新羅赤城碑의 語學的 考察」, 1979; 改題「丹陽新羅赤城碑銘의 吏讀的 研究」,『吏讀研究』, 2000, p.129에서는, 이 가운데 '作書人'에 대하여 "그 본문이 주로 한문식 어순인 것과 같이 이 부분도 한문식으로 읽어 일차적으로는 글을 지은 사람만을 기록한 것으로 보고 2차적인 의미에 글씨를 새긴 것까지도 포함하는 것으로 보아야 할 것이다."라고 한 바가 있음에서도 이러한 측면을 考慮할 수 있다고 하겠다.

23) 이 '役名'이라는 用語를 '職名'과 明確히 細分하기 위해 筆者 나름대로 構想하

2						之古谷无 名谷善得 得造□
3						乙以下爲 名書石谷 字作
...						
4	作書人			慕□尒智	大舍	
5				帝智		

이 石刻 내용 중 '書石谷'의 '書石'은 곧이어 나오는 '字作'의 의미일 것이며, '作書人'의 '書'는 이 '書石'의 '書'의 의미로, 따라서 '作書人'은 '書石을 행한 사람'이라는 뜻일 것이다. 그리고 「蔚珍 居伐牟羅碑」의 '石書立人' 가운데 '石書'의 '書'와도 同一할 것이며, 또한 「大邱 戊戌塢作碑」의 '文作人' 中 '作'도 이와 相通하는 意味라고 파악된다. 결국 이 「蔚州 川前里 石刻」 原銘의 '作書人'이나 「大邱 戊戌塢作碑」의 '文作人' 모두 '書石을 行한 사람24)'을 指稱하는 것으로 풀이된다고 하겠다.25)

그리고 이 '作書人'의 '作書'는 文書의 書式에 따라 筆寫를 통해 그 내용을 立碑 工程 進行 중인 現場에 傳達하고 現場에서의 書刻 作業 工程의 實行을 擔當한 사실을 이르는 것이지 싶다. 보다 實感나게 말하면, 「蔚州 川前里 石刻」에 보이는 '作書人'은 미리 準備된 문서—그 모양이 바로 「蔚

였는데, 최근 재차 橋本 繁의 「浦項中城里新羅碑の硏究」, 『朝鮮學報』 220輯, 2011, p.36 本文 및 p.61 註9)의 내용을 읽다가 武田幸男, 「新羅六部とその展開」, 『朝鮮史硏究會論文集』 28, 1991, p.186에서부터 이미 그래왔다는 사실을 깨닫게 되었음을 밝혀 두고자 한다. 한편 남풍현, 「戊戌塢作碑銘」, 『吏讀硏究』, 2000, p.147에서, "'文尺'과 '史'는 관직의 이름으로 보이지만 '作書人', '書人', '書寫人'과 아울러 '文作人'은 기록하는 사람이 임의로 붙인 명칭임을 알 수가 있다."고 한 바가 있는데, 여기에서 '기록하는 사람이 임의로 붙인 명칭'이라는 게 역시 '役名'을 의미하는 게 아닌가 싶다.

24) 『禮記』「王制」篇 "凡作刑罰 輕無赦"에서 '作'과 같은 用例로, 여기에서 '作'은 法律 用語로서 '행하는 것'이라는 의미로 새기는 게 정당하다. 權五惇 譯解, 『禮記』, 敎育出版公社, 1985, p.125. 이는 같은 「蔚州 川前里 石刻」 題銘 가운데 <表 2>의 連番 6에 보이는 "行時書"의 '行'과 같은 뜻이라고 가늠된다.

25) 任昌淳, 「戊戌塢作碑小考」, 『史學硏究』 1, 1958, p.16에서도 이 '文作人'을 '글씨 쓴 사람'・'筆者'를 가리킨 것으로 파악하고 있다.

州 川前里 石刻」文書의 樣式을 象徵하는 테두리 外廓線[26]이라 보고 싶다—의 내용을 당시 이미 名望이 자자해져 있었던 新羅 自體 製作의 鷄林産이라 '鷄林紙'라 일컬어졌을 用紙[27]에 筆寫한 후 傳達하고 管理하는 任務를 修行하였음을 意味하는 것으로 읽힌다.

2)「대구 무술오작비」의 '문작인'

방금 앞에서 살핀「蔚州 川前里 石刻」原銘의 이 '作書人'과 견주면,「大邱 戊戌塢作碑」의 '文作人' 역시 그 所任이 確然해진다.

<表 3>「大邱 戊戌塢作碑」의 '文作人' 部分 分析表

記載連番	役名	職名	部名·地名	人名	官等名	其他
1	文作人			壹利兮	一尺	

「大邱 戊戌塢作碑」의 '文作人'은 '碑文의 作書人'이라는 意味일 것이다. 따라서 '文作人'은 곧 碑文 內容의 筆寫者였다고 斟酌한다.[28]

---

26) 이러한 생각은 本稿를 推敲하는 과정에 기왕의 연구 성과들을 재차 일일이 涉獵하다가 정현숙,「신라 서예의 다양성과 일관성」,『신라의 서예』, 다운샘, 2016, p.79에서 "원명은 서석의 하단부 중앙에서 보는 이의 우측으로 조금 치우친 곳에 위치하고 있는데, 면을 파서 곱게 다듬고 가장자리에 테두리를 둘러 글씨 쓸 공간을 만든 후 글자를 새겼다."고 한 대목, 그리고 p.80에서 "원명과 추명은 마치 책을 약간 비스듬히 펼쳐 놓은 듯한 모양이다. 두 명문을 구분하는 세로선이 좌측으로 약간 기울어졌는데, 이를 따라 각 행도 좌측으로 기울어졌다."고 서술한 대목을 읽으면서 더욱 지니게 되었다.

27) 이러한 사실은 1920년 慶尙北道 製紙 技手 深田安吉의 報告에서, 당시로부터 약1,300년 전 즉 西紀 600년경 佛敎 盛行 당시에 慶州에서 가장 발달한 紙가 사용되었다고 기술한 것을 그대로 引用해 놓은 關義城,「朝鮮紙について」,『手漉紙史の硏究』, 東京 : 木耳社, 1976, pp.371-372에 根據하여 筆者가 想定한 것임을 밝혀 두고자 한다. 陳紫君,「"高麗紙"變遷及性能變化硏究」,『業務硏究』2016年 7月, pp.25-30도 참조.

28) 朱甫暾,「大邱 戊戌塢作碑」,『譯註 韓國古代金石文』 II, 1992, p.102에서는 "文作人 : 이 비를 작성한 사람인 듯하며, 동시에 작업에 관련된 日誌 등을 정

3)「울주 천전리 석각」제명의 '서인'

「蔚州 川前里 石刻」題銘에서는 2種의 '書人'이 찾아진다. 아래의 <표 4>에서 드러나듯이 하나는 所謂 癸巳題記 部分에서 보이는 '□部書人'이고, 또 하나는 여러 題名들 속에서 보이는 '慧 書人'이다.

<表 4> 「蔚州 川前里 石刻」題銘의 '書人'・'文人' 部分 分析表[29]

連番	役名	職名	部名・地名	人名	官等名	其他	備考
1	□部書人			少文			癸巳題記
2				慧		書人	여러 題銘들
3						… 居智伐村衆士 先人等見記	乙卯年法興大王題記
4						有文人	여러 題銘들
5						行文作之	
6						行時書	

여기에서 '□部書人'은 분명 6部 所屬의 書人을 가리키는 것이므로, '慧書人' 역시 그러한 人物 중의 하나였을 것이다. 따라서 「蔚州 川前里 石刻」題銘의 '書人'들은 6부 所屬으로서 現場에 와서 직접 '書人'으로서의 所任을 修行한 것으로 보아야 옳겠다.

이 '書人'과 함께 여러 題銘 중에 보이는 '有文人'의 '文人'은 그야말로 石刻의 내용을 作成해준 文人 自體를 가리킨다고 가늠되며, 이런 '文人'의

리하는 역할을 담당한 것으로 보인다. 비슷한 시기의 다른 비문에는 '書人', '文尺' 등으로 보인다."고 한 바가 있다. 하지만 任昌淳, 「戊戌塢作碑小考」, 1958, p.16에서는 이 '文作人'을 '글씨 쓴 사람'・'筆者'를 가리키는 것으로 파악하고 있으며, 「昌寧 眞興王巡狩碑」의 '書人'도 그와 同一한 것으로 보고 있다.

29) 黃壽永 編, 「蔚州川前里書石」, 『韓國金石遺文』, 一志社, 1976; 第5版, 1994; 『黃壽永全集』 4 금석유문, 혜안, 1999. pp.31-36. 이 가운데 특히 3-5 부분의 판독은 任昌淳 編, 『韓國金石集成』 1 先史時代, 一志社, 1984 참조.

활동은 <제1단계 : 文書 作成 段階>라고 할 수 있을 것이다. 그리고 '行文作之'는 그 내용의 문장을 書法을 選定하여 '字作'을 施行했음을 의미하는 것으로 이해되는데, 이는 <제2단계 : 書法 選定 및 字作 施行 段階>라 할 수 있겠다.. 그리고 '行時書'는 그 '字作'한 文書에 따라 筆寫하여 그대로 당시에 刻書하였음을 나타내주는 과정으로 보이며, 이는 <제3단계 : 筆寫 및 刻石 實行 段階>라고 풀어진다.

이러한 과정에서 石刻의 내용 자체를 作成해준 '文人'들은 漢字에 造詣가 깊어 文章 作成 能力을 갖추고 있어서 때로는 '文士'라 지칭되기도 하였으며, 여러 분야에 걸쳐 該博한 學識을 갖추었기에 경우에 따라서는 法興王 11년(524) 建立된 「蔚珍 居伐牟羅碑」에 보이는 바와 같이 '博士'라 優待받기도 하면서 국가적인 사업에 참여하기도 하였던 것으로 보인다. 그러했으므로 이들 '文士'들이 다음의 기록에 보이듯이 眞興王 6년(555)의 國史 編纂에 대거 참여하기에 이르렀던 것이라 하겠다.

(A)眞興王六年 秋七月 伊湌異斯夫奏曰 國史者 記君臣之善惡 示褒貶於萬代 不有修撰 後代何觀 王深然之 命大阿湌居柒夫等 廣集文士 俾之修撰. (『三國史記』 4 新羅本紀)
(B)眞興大王六年乙丑 承朝旨 集諸文士 修撰國史 加官波珍湌. (『三國史記』 44 居柒夫傳)

이 기록들에 '廣集文士'(A)·'集諸文士'(B)라고 하여 '文士'들이 國史 編纂에 적극 참여하였다는 사실이 밝혀져 있는데[30], 이들 文士들은 당연히 漢文字의 解讀 및 書寫는 물론이고 高度의 文書 作成 및 綜合的인 著述 能力을 갖추고 있었기에 國史 편찬에 極力 參與하였던 것임이 분명하다.[31]

---

30) 盧鏞弼, 「新羅 眞興王代 大等의 分化와 그 政治的 背景」, 『歷史學報』 127, 1990; 改題 「眞興王代 大等 分化의 政治的 背景」, 『新羅眞興王巡狩碑硏究』, 一潮閣, 1996, pp.124-125.
31) 이러한 점과 관련하여 고광의, 「5~6세기 新羅 書藝에 나타난 외래 書風의 수용과 전개」, 『書藝學硏究』 4, 2004, p.51에서 "'廣集文士'라는 문구를 통해서는 당시 신라사회에 국사를 편찬할 정도의 학문적 소양을 갖춘 문사들이 폭넓게 존재하고 있었음을 알 수 있다. 이러한 학문적 소양을 갖춘 문사들은 당연히 漢文字의 서사능력을 갖추고 있었을 것이며, 이들이 폭 넓게 존재하고 있다는

이런 견지에서 정리하면, 「蔚州 川前里 石刻」 銘文을 통해서 '文人'이 이 刻石 내용의 문장을 書法을 選定하여 '字作'하여 作成해준 것을, '書人'이 그 '字作'한 文書에 따라 筆寫하여 그대로 刻書하게 提供하였던 것으로 보인다. 따라서 이 「蔚州 川前里 石刻」 題銘의 '書人' 역시 刻石할 수 있도록 書法을 選定하여 그 文書의 '文字를 筆寫한 사람'임이 立證된다고 하겠다.

4)「울진 거벌모라비」의 '절서인'과 「단양 적성비」·「창녕 진흥왕순수비」의 '서인'

방금 살핀 「蔚州 川前里 石刻」 題銘의 '書人'과 恰似한 '書人'의 實例가 또한 「蔚珍 居伐牟羅碑」, 「丹陽 赤城碑」, 「昌寧 眞興王巡狩碑」 등에서도 보인다. 이들 碑文에 보이는 '書人' 부분을 圖表로 정리하여 제시하면 각각 다음이다.

<表 5> 「蔚珍 居伐牟羅碑」의 '節書人' 部分 分析表

記載 連番	役名	職名	部名·地名	人名	官等名	其他
1	節書人			牟(珍)斯利公	吉之智	
2			沙喙部	善文	吉之智	

<表 6> 「丹陽 赤城碑」의 '書人' 部分 分析表

記載 連番	役名	職名	部名·地名	人名	官等名	其他
1	□□(?)人			勿支次	阿尺	
2	書人		喙部			

사실은 6세기 중반 신라사회의 향상된 서예수준을 반영하고 있다고 볼 수 있다."고 하였음이 크게 주목된다. 고광의는 아울러 「川前里書石 銘文의 書藝史的 考察—6세기 前半 紀年銘을 중심으로—」, 『書藝學研究』 16, 2010, p.28에서, "이러한 '廣集文士'는 학문적 소양과 함께 전대의 서적을 읽을 수 있는 서체 인식 능력이 있는 계층이 존재하였다는 것을 말해준다."고 한 바도 있다.

3	□(?)人					

<表 7> 「昌寧 眞興王巡狩碑」의 '書人' 部分 分析表

記載 連番	役名	職名	部名・地名	人名	官等名	其他
1	書人		沙喙	薄智	奈舍	
2		村主		□聰智	述干	
3				㤠叱智	述干	

　이 「蔚珍 居伐牟羅碑」의 '節書人'과 「丹陽 赤城碑」・「昌寧 眞興王巡狩碑」의 '書人' 모두 역시 碑文 즉 刻石된 文章의 '文字를 筆寫한 사람[32]'이므로 그대로 碑文의 '글을 쓴 사람[33]'이라 해도 무방할 것이다. 다만 「蔚珍 居伐牟羅碑」의 경우 '書人' 앞에 분명히 '節'字가 冠飾되어 있음에 留意해야 한다고 본다.[34] 이 '節'字는 統一 이후 新羅에서 造成된 「永川菁堤碑 貞元銘」의 '節所内使', 「中初寺 幢竿石柱記」・「蓮池寺鐘銘」의 '節州統', 「竅興寺鐘銘」의 '節縣令', 「无盡寺鍾記」・「禪林院鍾銘」의 '節唯乃'의 '節'과 同一한 用例로[35] '이 때에' 또는 '臨時해서' 혹은 '이 臨時에'의 뜻으로 풀이

---

32) 諸橋轍次, 『大漢和辭典』 卷5, 東京 : 大修館書店, 1956; 縮寫版, 1966, p.971
의 '書人'項에서는 '書家'를 이른다고 했는데, p.967의 '書家'項에서는 "글자를 능숙하게 쓰는 사람. 글씨 잘 쓰는 사람. 書工. 能書家. 또 書道를 敎授하는 사람."이라 하였으며, p.970의 '書工'項에서는 "書에 기교 있는 사람. 書家와 같음. 圖書를 베껴 쓰는 사람. 筆工."이라고 풀이하였다. 한편 中文大辭典編纂委員會 編, 『中文大辭典』(四) 第一次 修訂版 普及本, 臺北 : 中國文化大學出版部, 初版, 1973; 9版, 1993, p.1450의 '書人'項에서는 "書法家."라고, '書工'項에서는 "書에 技藝가 있는 사람. 書家와 같음. 筆工."이라 하였다.

33) 李基白, 「蔚珍 居伐牟羅碑에 대한 考察」, 『아시아문화』 4, 1988; 『韓國古代政治社會史研究』, 一潮閣, 1996, p.216. 崔光植, 「蔚珍鳳坪新羅碑의 釋文과 內容」, 『韓國古代史研究』 2, 1989, p.102.

34) 지금껏 이 점에 대해 기왕의 연구에서는 거의 무관심으로 일관하다시피 했던 것 같다. 이 「蔚珍 居伐牟羅碑」에 대한 譯註에서도 그랬지만, <立碑 關聯 人名一覽表>를 작성하면서도 '書人'이라 했을 뿐이지 '節書人'이라 표기한 경우는 찾아볼 수가 없기 때문이다. 李基白, 「蔚珍 居伐牟羅碑에 대한 考察」, 1988; 『韓國古代政治社會史研究』, 1996, p.226. 崔光植, 「蔚珍鳳坪新羅碑의 釋文과 內容」, 『韓國古代史研究』 2, 1989, p.103. 李文基, 「蔚珍鳳坪新羅碑와 中古期의 六部問題」, 『韓國古代史研究』 2, 1989, p.142. 모두 그러하다.

되므로36), 이 '節書人' 자체가 職名이 아님이 분명하다. 이는 결국 이 '書人'이 훗날의 '節州統'·'節縣令' 등의 경우와 유사하게 다른 職責을 맡고 있다가37) '臨時로' 이 「蔚珍 居伐牟羅碑」 文書의 文章 內容을 筆寫해 刻石할 수 있도록 해주었음을 밝힌 것으로써, 이럴 정도로 '書人'에게 비록 臨時였을지라도 그 文書 筆寫의 責任 所在가 있음이 明示된 것이라 생각된다.

그리고 「丹陽 赤城碑」의 '書人' 역시 앞서 「蔚州 川前里 石刻」 題銘의 '書人'이 6部 所屬이었던 것과 同一하게 沙喙部 出身으로 되어 있음이 주목되는데, 碑文에 村主들이 列記되어 있음도 勘案해야 할 것이다. 따라서 '書人'이 筆寫해 준 文書를 根據로38) 이 「昌寧 眞興王巡狩碑」의 경우는 물론이려니와 「蔚珍 居伐牟羅碑」·「丹陽 赤城碑」에서도 村主들이 登場하므로, 결국 이들 村主가 現場에서 立碑의 實務 過程을 進行했던 게 아닐까 싶다.39)

5)「명활산성비」의 '서사인'

---

35) 黃壽永, 『韓國金石遺文』, 1976; 『黃壽永全集』 4, 1999, p.48 및 p.320 그리고 p.322 및 p.323 또한 金煐泰, 『三國新羅時代佛敎金石文考證』, 民族社, 1992, p.76 및 p.126 참조.

36) 南豊鉉, 「新羅時代 吏讀文의 解釋」, 『書誌學報』 9, 1993; 『吏讀研究』, 2000, p.392 및 p.397 그리고 p.400 및 p.404.

37) 정병삼, 「통일신라 금석문을 통해 본 僧官制度」, 『國史館論叢』 62, 1995, p.209.

38) 이와 관련하여 남풍현, 「丹陽新羅赤城碑의 語學的 考察」, 1979; 改題 「丹陽新羅赤城碑銘의 吏讀的 研究」, 『吏讀研究』, 2000, p.130에서 "이 赤城碑의 書人도 단순히 글씨를 쓴 사람이란 뜻이 아니라, 文書一般을 맡아보는 職名으로 보는 것이 이 비문의 내용이 말해주는 권위를 보아서도 타당한 것으로 생각된다."고 하였음이 크게 주목된다. 이러한 面貌를 念頭에 두고 盧鏞弼, 「黃草嶺碑文의 '衆公'」, 『新羅眞興王巡狩碑研究』, 一潮閣, 1996, p.175에서 書人을 '비문 기록자'로 파악하여, '비문 작성자'와는 구별되는 존재인 것으로 想定한 바가 있었다.

39) 盧鏞弼, 「삼국시대 신라의 촌주」, 『新羅高麗初政治史研究』, 韓國史學, 2007, pp.129-130.

「明活山城碑」銘文에는, 앞서 살펴온 바와 같은 '書人'과 恰似한 '書寫人'이 등장하고 있다. 이 '書寫人'의 所任 역시 여느 '書人'과 마찬가지였을 것으로 보인다.

<表 8> 「明活山城碑」의 '書寫人' 部分 分析表

記載 連番	役名	職名	部名·地名	人名	官等名	其他
1	書寫人			須欣利	阿尺	

이 '書寫人'은 「明活山城碑」自體의 基本 書式이 이미 정해져 있어 이를 筆寫해서 완성했으므로 役名이 그리되었다고 본다.40) 요컨대 '書寫人'은 이미 기본 書式에 맞게 작성되어 있던 「明活山城碑」의 文書 內容을 筆寫해서 전달하고 그 내용이 정확히 書刻되었는지까지를 확인하는 작업을 맡아서 하였던 것이라 推定되는 것이다.41)

6) 「포항 중성리비」의 '전서'

智證王 2년(501)에 건립된 것으로 여겨지는 「浦項 中城里碑」에서 '典書'라는 職名이 처음으로 모습을 드러냈다. 다만 그 建立 時點으로 보아서 그 보다 앞선 「蔚州 川前里 石刻」 題銘에 등장하는 2種의 '書人'과 類似한 所任을 띠었던 게 아니었나 생각된다.

---

40) 金貞淑, 「慶州 明活山城碑」, 『譯註 韓國古代金石文』 II, 1992, p.45의 解釋文에서는 "글을 쓰고 베낀 書寫人"이라고 하였음이 참조가 된다.
41) 이와 관련하여 南豊鉉, 「明活山城 作城碑文의 語學的 考察」, 『國語國文學論叢』 鄭然粲先生回甲紀念, 1989; 改題 「明活山城 作城碑銘」, 『吏讀研究』, 2000, pp.178-179에서, "書寫人은 비문을 지어서 비문에 쓰고 새긴 사람을 가리킨다. … 이 적성비에선 동일인이 글을 짓고(書) 다음에 비에 써서 새긴 것(寫)이어서 書寫人이라고 한 것으로 믿어진다."고 하였는데, 앞뒤 서술에서 赤城碑와 明活山城碑의 내용에 착오가 발생하고 있을뿐더러 '書'와 '寫'의 의미를 잘못 해석한 것이라 취하기 어렵다고 생각한다.

<表 9> 「浦項 中城里碑」의 '典書' 部分 分析表

記載 連番	役名	職名	部名·地名	人名	官等名	其他
1		典書42)		與牟豆		故記
2			沙喙	心刀哩□		

　「浦項 中城里碑」 碑文의 이 '典書'에서 '典'은 月城 出土 土器片銘 중 '典人'의 '典'43) 그리고 이 「浦項 中城里碑」와 같은 시기인 智證王代에 건립된 것으로 여겨지는 「迎日 冷水里碑」의 '典事人'의 '典', 『三國史記』 職官志 기록의 '典大等'의 '典'과 같은 用例로 이해된다. 이 '典'은 그 분야 업무를 도맡아 처리한다는 의미이며, 이 '典'이 붙은 이들 役名 혹은 職名이 智證王代 무렵에 始置되었음을 전해주는 것이라 판단된다.44) 따라서 '典書'는 「浦項 中城里碑」 碑文의 文書 內容을 書寫해서 刻石할 수 있게 所任을 實行한 사람의 職名일 것이다.45)

---

42) 이 '典書'에 대해 橋本 繁의 「浦項中城里新羅碑の研究」, 『朝鮮學報』 220輯, 2011, p.36에서는 '役名'으로 보았으나, 筆者는 곧이어 脚註 46)와 47)에 제시하는 『新唐書』 및 『唐六典』에 보이는 中國 唐 弘文館·史館 등의 '典書'가 그렇듯이 '職名'이 옳다고 생각한다.

43) 국립경주박물관·국립경주문화재연구소 공동기획 특별전 「신라 왕궁 월성」, 국립경주박물관 특별전시관, 2017.11.28~2018.2.25의 전시 물품 중에서 이 土器의 銘文을 著者가 2017년 12월 28일 오전 직접 관람한 바가 있다.

44) 盧鏞弼, 「新羅 眞興王代 大等의 分化와 그 政治的 背景」, 1990; 改題「眞興王代 大等의 分化와 中央集權的 統治體制의 確立」, 『新羅眞興王巡狩碑研究』, 1996, p.110.

45) 기왕의 연구에서는 이 '典書'에 대해서 김희만, 「浦項 中城里新羅碑와 新羅의 官等制」, 『동국사학』 47, 2009, p.101에서는 "전서는 글을 짓고 쓴 사람을 가리키고…"라 하였고, 강종훈, 「포항중성리신라비의 내용과 성격」, 『한국고대사연구』 56, 2009, p.161에서는 "'典書'는 한문 문장 작성의 임무를 띤 직책"이라고 하였으며, 橋本 繁, 「浦項中城里新羅碑の研究」, 『朝鮮學報』 220, 2011, p.35에서도 '碑文作成者'로 把握하고 있다. 한편 朱甫暾, 「포항중성리신라비의 構造와 내용」, 『한국고대사연구』 65, 2012, p.122 및 p129에서도, "비문 작성자인 典書"라 한 바가 있는데, 이후 p.138에서는 "典書의 역할이란 단순히 비문을 작성하는 데에 머문 것이 아니라 '教'의 내용 전체가 구두로 전달된 사정을 종합적으로 기록하는 행위를 담당한 데에 있었던 것이다."고 기술하였고, p.140에서는 "典書(전체를 기록하는 역할)"이라고 정리하였다. 그리고 선석열,

그런데 이 '典書'의 所任과 관련하여 각별히 유념해야 할 점은, 이 '典書'가 『新唐書』에 따르면 唐의 弘文館 및 史館에서 '能書者'에게 맡겨진 '寫御書人'類의 職責이라는 사실이다.46) 또한 한편으로는 '典書'가 『唐六典』에 依據하면 弘文館 등에 所藏되어 있는 '經·史·子·集 四部之書'들을 '搨書手'와 마찬가지로 筆寫하는 所任을 修行하였던 것으로 기록되어 있음47) 역시 看過해서 안될 것이다.

이러한 唐 弘文館 등의 '典書'의 '典'은 書法에 따라서 文書의 書寫는 물론 그 文書의 傳達 및 이후의 文書 保管까지도 도맡아 했으므로 붙여진 것이었으리라고 본다. 따라서 新羅의 '典書'는 이미 碑文 內容 作成者에 의해 作成된 내용을 書體를 選定하여 자신이 직접 筆寫하여 지니고 이를

「인명표기분석을 통해본 포항 중성리신라비」, 『인문학논총』 제14권 3호, 경성대 인문과학연구소, 2009, p.7에서는, "… 典書라는 관직을 가진 與牟豆가 공식 기록을 남긴 것이다. 典書가 작성한 기록 전부가 바로 중성리비에 보이는 내용을 말하는 것은 아닐 것이다."라고 서술한 바가 있다. 이렇듯이 주보돈과 선석열이 典書를 각각 '전체를 기록하는 역할' 혹은 '공식 기록'과 관련을 지워 해석한 것은, 다름이 아니라 <表 9>에 제시한 바대로 原文에 '典書與牟豆故記'라 되어 있음에 따른 것이다. 이 '故記'의 '記'는 直譯하면 이처럼 '기록한다'고 할 수 있겠다. 하지만 그 의미를 釋讀하자면 典書가 자신이 管掌하는 文書의 내용들을 간추려 정리하여 그것을 書寫해주어 刻人으로 하여금 이 碑文에 刻石할 수 있게 해주었다고 보는 게 옳지 않나 싶다.

46) 『新唐書』卷47 百官志 二 弘文館 條의 기록에는 '典書 二人' 및 '搨書手 三人' 그리고 同書 集賢殿書院 條에는 "開元 … 十二年 … 募能書者爲書直及寫御書人, 其後亦以前資·常選·三衛·散官五品以上子孫爲之, 又置畫直. 至十九年, 以書直·畫直·搨書有官者 爲直院."이라 하였으며, 그 다음의 校書에 대한 상세한 기록에도 또 "書直·寫御書手九十人, 畫直六人, 裝書直十四人, 造筆直四人, 拓書六人, 典四人."이라 하였다. 한편 '典書'는 同書 史館 條의 "大中八年 … 有令史二人, 楷書十二人, 寫國史楷書十八人, 楷書手二十五人, 典書二人" 대목에서도 보이고 있다.

47) [唐]李林甫 等撰, 『唐六典』卷8 弘文館 條의 기록(陳仲夫 點校, 『唐六典』, 北京:中華書局, 1992; 重印, 2008, p.255.)에 "典書二人<館中有經·史·子·集四部之書, 使典之也. 其職同流外, 八考人流.> 搨書手三人<貞觀二十三年置. 龍朔三年, 館內法書九百四十九卷並裝進, 其搨書停. 神龍元年又置.>"라고 되어 있으며, 同書 卷9 集賢殿書院 條의 기록(陳仲夫 點校, 『唐六典』, 2008, p.281)에 "書直及寫御書一百人<開元五年十二月, 勅於秘書省, 昭文館兼廣召諸色能書者充, 皆親經御簡. 後又取前資·常選·三衛·散官五品已上子·孫, 各有年限, 依資甄敍. 至十九年, 勅有官爲直院也.> 搨書手六人<乾元殿初置二人, 開元十四年奏加至六人. 取人及有官同直院.>"이라고 되어 있음에 주목하였다.

傳達하여 정확히 書刻하는 作業까지를 諮問하였을 것이다. 물론 이후 그 文書의 保管·管理 역시 그의 所任이었을 것이다.

7) 「남산 신성비」 제1비 등의 '문척'과 제4비의 '서척'

「南山 新城碑」 第1·2·3·5·9碑 등에서는 '文尺'이 보이고, 第4碑에서만 '書尺'이 보인다. 그 所任의 分析을 위해 지금껏 발견된 모든 「南山 新城碑」에 나타난 職役의 名稱 比較 分析表를 作成해보았다. 다음의 <表 10>이 그것이다.

<表 10> 「南山新城碑」 職役 名稱 比較 分析表48)

集團	區分	動員體系	行政單位 區劃	職役 名稱					
				第1碑	第2碑	第3碑	第4碑	第5碑	第9碑
A	I	郡↓城↓村	郡		郡中上人		郡中上人	郡中上人	郡上人
				郡上村主			郡上村主	郡上村主	
			城						〃
	II		村	匠尺	匠尺		匠尺	匠尺	匠尺
				文尺	文尺	文尺			文尺
B	I	城↓村	城	城促人			城上人	城促上人	城促上人
				村作上人	里作上人				
	II		村	工尺	工尺		工尺	工尺	工尺
				文尺	文尺	文尺		文尺	文尺
							書尺		
	III			面捉上	面石捉人	面石捉人	面石捉上人	面石捉人	面捉伯干
				□捉上	□石捉人	面石捉人	面石捉上人	面石捉人	面捉
				□捉上	□石捉人	□石捉人	石捉上人	□石捉人	□捉人
				小石捉人	小石捉人	小石捉上人	小石捉上人	小石捉人	小石捉人伯干

48) 이 <表 10>의 작성에는 朴方龍, 「南山新城碑 第9碑에 대한 檢討」, 『美術資料』 53, 1994, p.12의 <表 3>南山新城碑 職名比較表>가 參考가 되었으며, 朴方龍, 「南山新城碑·月城垓字碑의 再解釋」, 『목간과 문자』 8, 2011의 <判讀文>

「南山 新城碑」第1·2·3·5·9碑에 보이는 '文尺'과 第4碑에서만 보이는 '書尺'과 관련하여, 종래 '文尺'이 "書記와 같은 직책을 가졌던 것"으로 "기록 업무를 담당하였던 자"로 보고 '書尺'이 이 "文尺과 同一한 職能을 가졌다고 생각"하기도 하고49), 이 <表 10> AⅡ의 文尺은 "築城碑文을 作成하는 일을 하였을 것"이고 BⅡ의 文尺은 "築城 現場에서 實務를 보던 文尺임이 분명하다"고 보고, '書尺'은 "文尺과 같은 職能으로 생각되며 C集團도 書尺일 가능성이 많다"고 보기도50) 하였다. 그렇더라도 그 이전의 先行 硏究에서 '書尺'에 대해 이미 '書尺'은 "書者'를 뜻하여 本 碑文을 쓴 사람으로 보여지며 이와 같이 書字에 能한 사람을 '書尺'이라 불렀다고 생각"한 바51)가 있음을 重視하고 싶다.

을 反映하였음을 밝혀둔다.

49) 李鍾旭, 「南山新城碑를 通하여 본 新羅의 地方統治體制」, 『歷史學報』 64, 1974, pp.22-23에서 "현재 匠尺·文尺의 구체적인 職能이 어떠한 것이었는지는 잘 모르겠다. 그러나 구태어 추측을 하자면 文尺은 書記와 같은 직책을 가졌던 것이 아닐가 짐작된다. 그는 南山新城碑의 건립에도 참여하였을 가능성이 있다. … 그리고 文尺은 위에서 살핀 바 있으나, 특히 C집단에 대한 기록업무를 담당하였던 자는 아니었을가 생각된다. … 그리고 第4碑에는 文尺과 同一한 職能을 가졌다고 생각되는 書尺이 나오고 있다."고 한 바가 있다. 한편 李明植, 「慶州 南山新城碑」, 『譯註 韓國古代金石文』 Ⅱ, 1992, p.112에서, "文尺 : 일종의 기술직인데, 기록의 임무를 가진 직명으로 보는 견해가 있다."고 정리한 바는 이러한 견해를 반영한 것으로 보인다. 그리고 남풍현, 「丹陽新羅赤城碑의 語學的 考察」, 1979; 改題 「丹陽新羅赤城碑銘의 吏讀的 硏究」, 『吏讀硏究』, 2000, p.163에서도 "文尺은 文書기록을 맡은 書記이다."라고 하였다.

50) 朴方龍, 「南山新城碑 第9碑에 대한 檢討」, 『美術資料』 53, 1994, p.11에서는 "C集團의 文尺은 築城碑文을 作成하는 일을 하였을 것이고, D集團의 文尺은 築城 現場에서 實務를 보던 文尺임이 분명하다. 第1碑, 第2碑, 第3碑, 第5碑, 第9碑에서의 文尺을 第4碑에서는 書尺이라고 한 것은 다른 南山新城碑와 다르나 文尺과 같은 職能으로 생각되며 C集團도 書尺일 가능성이 많다."고 한 바가 있다. 또한 남풍현, 「丹陽新羅赤城碑의 語學的 考察」, 1979; 改題 「丹陽新羅赤城碑銘의 吏讀的 硏究」, 『吏讀硏究』, 2000, p.129에서도 "書尺은 文尺과 같은 뜻으로 쓰인 것임이 분명하다."고 한 바가 역시 있다.

51) 秦弘燮, 「南山新城碑의 綜合的 考察」, 『歷史學報』 26, 1965, p.31에서 "'書尺'은 所謂 밑에 '尺'字다가 붙는 匠人으로 다른 데서는 볼 수 없는 새로운 例이다. … 여기서도 '書者'를 뜻하여 本 碑文을 쓴 사람으로 보여지며 이와 같이 書字에 能한 사람을 '書尺'이라 불렀다고 생각된다."고 한 바가 그렇다. 한편 李明植, 「慶州 南山新城碑」, 『譯註 韓國古代金石文』 Ⅱ, 1992, p.117에서 "書尺 : 다른 碑에서는 볼 수 없는 직명이다. 「昌寧碑」에는 '書人'의 예도 있는데,

여기에서 나름대로의 推論이 容納된다면, 文尺의 所任이 모든 文書의 受納・發送 管掌 및 管理 등이었음에 비해, 書尺의 所任은 文書의 筆寫 및 所藏, 書式에 適合한 內容의 書寫, 그리고 碑文의 書體 選定 및 筆寫 傳達 등이었다고 가늠된다.[52] 물론 文尺이 書尺의 所任을 兼任할 수도 있었고, 또한 書尺이 文尺의 所任을 兼任할 수도 있었을 것이다. 그렇기에 <表 9>에서 보이듯이 ‘文尺’은 第1・2・3・5・9碑에만 보이고, ‘書尺’은 第4碑에서만 보일 뿐, 重複되지 않았던 것이라 하겠다.

文尺이든 書尺이든 書式의 規定에 적합하게 碑文의 內容을 書寫하여 石刻할 수 있게끔 제공하고 이후 그 文書의 事後 管理까지를 所任으로 하였는데, 그 碑文 內容의 書寫本을 傳達받은 刻工인 工尺이 刻字를 實行하였던 듯하다. 한편 ‘□石’ 혹은 ‘小石’이 冠稱된 차이가 있을지라도 技能的으로는 石工이었을 石捉上人들이 刻字에 適合한 材質・크기의 石材를 探索하여 石運함은 물론 石練하는 게 所任이었고, 刻工인 工尺이 刻石을 마치고 나면 事前에 指定된 現場의 特定 場所에 石運하여 立碑하는 工程까지도 責任졌던 것으로 여겨진다.

書者의 뜻으로 보아 비문을 쓴 사람으로 볼 수 있다."고 정리한 바는 이러한 선행 연구의 결과를 반영한 것으로 보인다.

52) 諸橋轍次, 『大漢和辭典』 卷4, 東京 : 大修館書店, 1956; 縮寫版, 1966, p.128 의 ‘尺書’項에서 "てかみ. 短い 文書. 尺牘. 尺翰."이라고 하였는데, 여기에서 ‘てかみ’는 片紙, ‘尺翰’은 그야말로 ‘片紙’의 의미 그 자체일 뿐일 수가 있지만, ‘短い 文書’은 단순히 ‘짧은 文書’이기만 한 게 아니라 ‘簡單한 文書’를 뜻할 수도 있을 것이다. 더욱이 ‘尺牘’은 古吳軒出版社 編, 『王羲之王獻之尺牘六十種』, 蘇州 : 古吳軒出版社, 2009에서와 같이 個人의 書札을 지칭하는 경우가 일반적이기도 하지만, 現在 中國에서는 허다한 簡牘이 끊임없이 발견되면서 그 속에서 書檄類・律令類・簿籍類・錄課類・符券類・檢楬類 등의 다양한 類型의 文書가 발견되어 정리되고 있는데(李均明, 『秦漢簡牘文書分類輯解』, 北京 : 文物出版社, 2009 참조), 그럼에 따라 이 ‘尺牘’에 단순히 ‘書札’의 의미만이 있는 게 아니라는 사실이 밝혀지기에 이르렀다. 李寶通・黃兆宏 主編, 「簡牘槪論」, 『簡牘學敎程』, 蘭州 : 甘肅人民出版社, 2011, p.8에 따르면, 눈앞에 우리들이 볼 수 있는 出土 簡牘들 중 가장 普遍的인 一種이 길이(長) 약 23㎝, 너비(寬) 1㎝, 두께(厚) 0.2 내지 0.3㎝로 1行의 文字가 담긴 것인데, 그 길이가 대강 秦漢의 길이 단위 1尺와 엇비슷한 까닭에 옛날 사람들이 이를 칭하기를 ‘尺牘’이라고 했다는 것이다. 이렇듯이 ‘尺牘’ 자체가 그러한 크기의 文書를 지칭하기도 하는 것이므로, ‘尺書’ 역시 같은 의미의 用語일 수 있고, 따라서 ‘書尺’ 또한 그러한 크기의 문서들을 筆寫하는 所任을 띠는 役名으로 풀이하고자 한다.

(2)각석 전문가의 소임

刻石을 전문으로 하는 刻人의 존재가 金石文 資料에서 처음 밝혀진 것은 「蔚珍 居伐牟羅碑」에서이다. 하지만 이 刻人의 '刻'字와 관련하여 그렇게 판독한 경우도 있었으나, 그렇지 않고 '新'字로 判讀하는 傾向이 여전히 있다.[53] '刻'字의 左邊이 '亲'과 유사하게 읽혀진다고 판단해서 '新'으로 보는 근거로 삼는 것 같다.

그러나 中國의 書體 관련 서적들을 總括해서 分析해보면 전혀 그렇지 않음이 입증된다. 즉 王羲之體의 筆跡을 따라 模寫하는 '臨'이나 筆跡을 複製하는 '摹'[54]의 榻本, 혹은 그 이전의 「李超墓誌」나 이후 唐太宗의 書體에서도 '刻'字의 左邊 '亥'가 마치 '亲'인 듯하게 보임은 물론이고 右邊 '刂'도 마치 '斤'인 듯하게 보이지만, 其實은 王羲之書法 字典類[55]나 漢文 辭典類[56]에서 일관되게 '刻'字로 읽혀 제시되고 있음을 간과할 수가 없는 것이다. 따라서 「蔚珍 居伐牟羅碑」에서 이 刻人의 존재를 뚜렷이 확인하게 된다.[57]

---

53) 최근의 심현용, 「울진 봉평리 신라비의 명문 판독」, 『울지 봉평리 신라비의 과학적 조사 및 보존처리 보고서』, 울진군청, 2013, p.175. 조영훈·이찬희·심현용, 「울진 봉평리 신라비의 재판독과 보존과학적 진단」, 『文化財』 제44권 제3호, 국립문화재연구소, 2013, p.54에서 판독이 그렇다. 그런데 앞글의 p.180과 뒷글의 p.53의 번역문에서는 모두 "비에 글을 새긴 사람"으로 적고 있다.

54) '臨'·'摹'에 대해서는 [北宋]黃伯思, 「論臨摹二法」, 『東觀餘論』, 北京 : 中華書局, 1985, pp.33-34 및 [南宋]姜夔, 「臨摹」, 『續書譜』; 孫過庭(外), 『書譜』(外), 上海 : 商務印書館, 1936, pp.5-6; 欒保群 編, 『書論彙要』(上), 北京 : 古宮出版社, 2014, p.351 참조.

55) 樵效鋒 編, 『王羲之王獻之書法字典』, 長春 : 吉林文史出版社, 2012, p.426. 周世聞 主編, 『王羲之書法常用字典』 第2版, 成都 : 四川美術出版社, 2015, pp.92-93. 이외에 沈道榮 編, 『隸書辨異字典』 第2版, 北京 : 文物出版社, 2008, p.59에서도 이러한 面貌를 엿볼 수 있다.

56) 中文大辭典編纂委員會 編, 『漢文大辭典』 2, 臺灣 : 臺灣省立師範大學國文研究所, 1962; 影印本, 景仁文化社, 1981, p.734 및 中文大辭典編纂委員會 編, 『中文大辭典』(四) 第一次修訂版 普及本, 臺北 : 中國文化大學出版部, 初版, 1973; 9版, 1993, p.1680.

57) 李基白, 「蔚珍 居伐牟羅碑에 대한 考察」, 1988; 『韓國古代政治社會史研究』, 1996, p.226. 그리고 姜鳳龍, 「울진 신라 거벌모라비의 재검토」, 『역사와 현실

<表 11> 「蔚珍 居伐牟羅碑」의 '刻人' 部分 分析表

記載連番	役名	職名	所屬部名	人名	官等名	其他
1	刻人		喙部	述刀	小烏帝智	
2			沙喙部	牟利智	小烏帝智	

이 刻人 部分에서 3가지 사실이 주목된다. 첫째는 刻人이 1人이 아니라 2人이라는 점이다. 이는 書人이 筆寫해준 文書의 內容과 달리 刻石에 錯誤가 생기지 않게 하기 위해서 公同 作業의 連帶性을 보다 강화하기 위함이었을 듯하다.

둘째는 이 2人의 所屬이 각기 喙部와 沙喙部로 되어 있다는 점이다. 이는 같은 「蔚珍 居伐牟羅碑」의 '所敎事' 部分 人名 登載에 있어서 第1位인 牟卽智 寐錦王이 喙部, 第2位記인 徙夫智 葛文王이 沙喙部이며, 또한 刑人 執行 關係 部分 人名 中 가장 먼저 登載되어 있어 그 最高 責任者이었을 '大人'들 역시 모두 喙部 아니면 沙喙部 出身도 包含시켜 構成되어 있는 사실과 直結되어 있었던 게 아닐까 싶다. 말하자면 '所敎事'의 내용이 文書의 그것과 틀림없이 刻字되게끔 하기 위해 그랬던 것으로 살펴지는 것이다.

셋째는 이들의 官等이 同一하게 小烏帝智로 되어 있다는 점이다. 이 小烏帝智는 곧 京位 第16等 小烏로 地方官職으로는 縣令에 해당하므로,[58] 位格의 정도가 결코 낮은 게 아님을 나타내주는 것이며, 아울러 그럴 만치 刻人들의 專門的 技能이 당시에 국가적으로 인정되고 있었음을 드러내는 것이라 여겨진다.

』창간호, 1989에서도 '刻人'으로 판독을 한 바가 있다. 『韓國古代金石文資料集』 II, 國史編纂委員會, 1995, p.23 참조. 이에 대해 특히 李基白은 p.213의 脚註 6)에서 "이 '刻人'은 언뜻 보면 '新人'과 같이 보이고, 따라서 모두 그렇게 읽어 왔다. 그러나 자세히 보면 '新'보다는 '刻' 혹은 '剝'이라고 판독하는 것이 옳게 보인다. 우선 이 글자의 左邊은 결코 '亲'이 아니며, 右邊은 '斤'으로도 읽을 수 있으나, 'ㅣ'로 읽을 가능성도 충분히 있다. 그러므로 필자는 이를 '刻' 혹은 '剝'이라고 생각한다. 그래야 뜻이 통하게 된다."고 詳論한 바가 參考된다.

58) 李基東, 「貴族國家의 政治와 社會」, 李基白・李基東 共著, 『韓國史講座』 I 古代篇, 一潮閣, 1982; 19刷, 2001, p.221 참조.

(3)立碑 專門家의 所任

「蔚珍 居伐牟羅碑」의 '立石碑人' 部分과 「丹陽 赤城碑」의 '石書立人' 部分에 登載된 人物들이 바로 立碑 專門家로서의 面貌를 지니고 있었다고 본다. 이들을 立碑 專門家로서 指稱함에 있어서는 물론 「蔚珍 居伐牟羅碑」의 '立石碑人'이라는 用語가 가장 適合하고, 「丹陽 赤城碑」의 '石書立人'에는 비록 '立石碑'가 아니라 '石書立'으로 되어 있기는 하나 의미상에 있어서는 이 역시 같다고 여겨, 이들 '立石碑人'과 '石書立人'을 동일한 성격의 立碑 專門家로 把握해도 無妨하다고 생각한다.

1)「蔚珍 居伐牟羅碑」의 '立石碑人'

<表 12> 「蔚珍 居伐牟羅碑」의 '立石碑人' 部分 分析表

記載連番	役名	職名	所屬地名	人名	官等名	其他
1	立石碑人	博士				于時教之若此者獲罪於天
2			居伐牟羅	異知巴	下干支	
3				辛日智	一尺	

「蔚珍 居伐牟羅碑」의 碑文 內容 중 '立石碑人喙部博士于時教之若此者獲罪於天' 부분에서 '獲'字를 判讀 不能이라 하여 △로 표기해둔 연구자들도 있지만 이를 '誓'로 판독한 경우가 있으나 字形으로 보아 '獲'으로 釋讀하는 게 온당한 것으로 판단된다.[59] 따라서 이 대목은 '獲罪於天'이며, 그렇다면 이는 바로 『論語』「八佾」篇의 그것을 인용한 것이 거의 틀림이 없다. 『論語』 3 「八佾」篇 가운데, "王孫賈問曰, '與其媚於奧, 寧媚於竈, 何謂也?' 子曰, '不然, 獲罪於天, 無所禱也.'"에 '獲罪於天' 구절이 있는 것이다.[60]

---

59) 『韓國古代金石文資料集』 II, 國史編纂委員會, 1995, pp.20-30. 姜鳳龍・崔光植・任世權・李宇泰・李明植 등이 이렇게 '獲'字로 判讀하고 있다.

「蔚珍 居伐牟羅碑」의 이 '敎之若此者 獲罪於天' 內容이 담긴 國王의 敎를 筆寫하여 傳達한 것은 다름 아닌 立石碑人 喙部 博士의 所任이었다고 보인다.[61] 따라서 이 博士는 中國 秦·漢과 同一하게 儒生으로서 儒敎 經典에 該博하여 漢字로 作成된 그 이전 및 당시의 모든 文書에 能通하여 그것을 管掌하는 所任[62]을 띠고 있었으므로 博士라는 職銜을 띠게 되었을 법하다.[63] 그가 이와 같이 '立石碑人'의 所任을 맡아서[64] 國王의 敎

---

60) 崔光植, 「蔚珍鳳坪新羅碑의 釋文과 內容」, 『韓國古代史研究』 2, 1989, p.104. 이러한 「蔚珍 居伐牟羅碑」의 『論語』 인용에 대해서는 또한 윤진석, 「포항 중성리 신라비의 새로운 해석과 신라부체제」, 『신라 최고의 금석문 포항 중성리비와 냉수리비』, 주류성, 2012, p.105. 그리고 정현숙, 「신라 서예의 다양성과 일관성」, 『신라의 서예』, 다운샘, 2016, p.67 및 정현숙, 「신라의 서예」, 한국서예학회 편, 『한국서예사』, 미진사, 2017, p.85 참조.

61) 이와 관련하여서는 崔光植이 앞의 「蔚珍鳳坪新羅碑의 釋文과 內容」, 1989, pp.103-104에서, "결국 이 대목은 碑를 세운 것과 관련이 있는 것이다. 그런 관점에서 볼 때 「于時敎之」는 碑를 세울 때 敎를 내렸다고 보아야 할 것이다. … 문장상으로 보아서는 博士가 敎를 내린 것같이 되어 있지만 사실은 이미 王이 「若此者 獲罪於天」이라는 敎를 이미 내린 것인데 博士가 儀禮를 행하면서 그 내용을 傳受한 것이다."라고 한 바가 참조가 된다. 다만 이 立石碑人 博士가 "王碑의 巡幸時에 따라왔다가 碑가 다 완성된 후에 碑를 세우는 儀禮를 담당했던 儀官이라고 보아야 하지 않을까?"(p.103)라고 한 崔光植의 해석에는 쉬이 동의하기 어렵지 않나 싶다.

62) 『史記』에서 云謂하는 博士는 마치 儒生을 云稱하는 것과 같으며, 漢 武帝 建元 5年(紀元前 136年)에 이르러 처음으로 五經博士가 設置되기 以前부터 秦에서도 이미 있으면서 典禮와 政事를 議論하였으며 그렇기에 이들은 '掌通古今' 곧 그 이전 및 당시의 文書에 能通하여 그것을 管掌하는 所任을 맡고 있었다. 王國維, 「漢魏博士考」, 周錫山 編校, 『王國維集』 第4冊, 北京 : 中國社會科學出版社, 2008; 重印, 2012, pp.157-159 및 向彬, 「中國古代"書學"中的書法敎育」, 『中國古代書法敎育研究』, 北京 : 中國社會科學出版社, 2009, pp.78-79.

63) 이와 관련하여 朱甫暾, 「蔚珍鳳坪新羅碑와 法興王代 律令」, 『韓國古代史研究』 2, 1989, p.132; 『금석문과 신라사』, 지식산업사, 2002, pp.112-113에서, 이 博士가 "다름아닌 바로 율령박사로서 율령을 지방민에게 주지시킬 목적에서 임시로 파견된 관료라 생각된다."고 한 바가 참조가 될 것이다.

64) 이러한 博士의 性格에 대해 李文基, 「蔚珍鳳坪新羅碑와 中古期의 六部問題」, 『韓國古代史研究』 2, 1989, pp.151-152에서, "이 博士라는 직명은 百濟나 통일신라의 예에서 보아 전문기술자가 갖는 관직으로 추측되는데 구체적인 인물이 기록되지 않은 것은 博士의 숫자가 많아 모두 기록할 수 없었기 때문이 아닐까 생각된다."고 한 바가 있고, 이와 같이 博士를 '기술자가 갖는 관직'으로 보는 견해에 대해 李基白, 「蔚珍 居伐牟羅碑에 대한 考察」, 1988; 『韓國古代政治社會史研究』, 1996, p.227 및 金義萬, 「蔚珍 鳳坪碑와 新羅의 官等制」, 『慶

文書 寫本을 傳達하였고, 이 教書의 內容까지 포함시켜 碑文의 내용 전체를 書人으로 하여금 筆寫해서 提供하는 過程을 밟게 한 다음, 刻人이 그것을 刻字하고 나면 비로소 '立石碑'에 이르는 工程이 完了되었던 것이라 헤아려진다.

그리고 앞의 <表 12>에 보이듯이 이러한 博士 뒤에 列記된 居伐牟羅 現地의 異知巴 下干支와 辛日智 一尺도 立石碑人의 一員으로서 그 所任을 하였을 것이다. 아마도 이들은 現地人으로서 '立石碑'할 場所의 選定과 '立石碑' 工程의 實行에 앞장을 섰던 인물들일 것이다.

2)「丹陽 赤城碑」의 '石書立人'

<표 13> 「丹陽 赤城碑」의 '石書立人' 部分 分析表

記載連番	役名	職名	所屬地名	人名	官等名	其他
1	石書立人		非今皆里村			
2				□□(?)智	大烏之	

「丹陽 赤城碑」의 이 '石書立人'의 '石書'는 '刻石'과 같은 의미로서, 그 문서의 내용 자체를 石刻한 행위를 지칭하는 것으로 여겨진다. 그런 그가 그것의 '立石'까지 담당하였기에 '石書立人'이라 銘記되었던 게 분명하다고 하겠다.

그런데 이 '石書立人'이 碑文 缺落으로 잘 알기가 어려우나 2人이 아니었나 싶은데, 1人의 所屬이 '非今皆里村'으로, 1人의 官等이 京位 (第15位) 大烏로 ─앞서 살폈듯이 「蔚珍 居伐牟羅碑」의 刻人이 小烏로서 그랬

州史學』 10, 1991, p.9에서 각각 동의한 바가 있다. 한편 李文基가 "박사의 숫자가 많아 모두 기록할 수 없었기 때문"이라는 의견을 개진한 부분에 관해, 金義滿은 "그것 보다는 이 당시 아직 博士라는 官職이 미분화된 상태이므로 그렇게 기록된 것으로 보는 것이 합리적일 듯싶다."고 한 바가 있는데, 筆者 역시 「蔚珍 居伐牟羅碑」의 이 博士를 '官職'으로 보는 것은 온당하다고 여기지만, 그러나 그가 立石碑人 가운데 하나였다고 해서 그를 '비석을 세우는 기술자'로 파악하려는 데에는 선뜻 동의할 수 없다고 생각한다.

던 것과 거의 마찬가지로— 地方官 중 縣令級으로 選任되어 있다. 따라서 現地의 赤城 '非今皆里村' 所屬의 地方民 1人과 中央의 王京人으로 地方官 으로서는 縣令級인 1人을 公同 責任者로 설정하여 立碑 工程의 모든 과정 은 물론이려니와 이후의 保存 및 管理까지도 連帶해서 공동 責任지도록 하였던 것으로 가늠된다.

제3절
신라 중고기 서사 · 각석 · 입비 전문가의
분화와 소임 분장

　방금까지 新羅 中古期의 碑文別로 重點的으로 나누어 살펴온 書寫 · 刻石 · 立碑 專門家에 관해 지금부터 그 時期別 分化의 推移를 眺望해보고자 한다. 그리고 그 所任 分掌의 具體的인 樣態를 「南山新城碑」 第9碑에 나타난 바를 중심으로 檢證해보도록 하겠다.

(1)신라 중고기 서사 · 각석 · 입비 전문가의 시기별 분화 추이

　新羅 中古期의 書寫 · 刻石 · 立碑 專門家가 時期別로 어떠한 分化의 推移를 보이는지를 분석하여 그에 나타난 특징을 살피고자 한다. 하여 分野別로 그 全體的인 推移를 파악하기 위해 분석표를 작성하였다. 다음의 <表 14>가 그것이다.

<表 14> 新羅 中古期 書寫·刻石·立碑 專門家 時期別 分化
推移 分析表

連番	資料名	書寫 專門家	刻石 專門家	立碑 專門家	造成 및 建立 時期
1	「蔚州　　川前里 石刻」	'作書人'			?(西紀 4□□년)
2	〃	'書人'			〃
3	「浦項　中城里碑 」	'典書'			智證王 2년(501)
4	「蔚珍　居伐牟羅 碑」	'節書人'	'刻人'	'立石碑 人'	法興王 11년(524)
5	「丹陽　赤城碑」	'書人'		'石書立 人'	眞興王 11년(550)
6	「明活山城　作城 碑」	'書寫人'			眞興王 12년(551)
7	「昌寧　眞興王巡 狩碑」	'書人'			眞興王 22년(561)
8	「大邱　戊戌塢作 碑」	'文作人'			眞智王 3년(578)
9	「南山　　新城碑」 第4碑	'書尺'			眞平王 13년(591)

이 <表 14>를 통해 드러난 바를 살피면, 「蔚珍 居伐牟羅碑」 碑文에 담겨 있는 '節書人'·'刻人'·'立石碑人'의 존재는 書寫·刻石·立碑의 실무를 추진함에 있어서 그 所任의 分掌이 가장 합리적이고 체계적으로 행해지고 있었음을 입증해주는 것이라 하겠다. 이후 「丹陽 赤城碑」의 書人 및 石書立人 중에서 書人은 碑面에 새길 文書의 내용을 일정한 用紙에 筆寫해준 임무를 맡았고, 石書立人은 書人이 筆寫해서 傳達해 준 그 文書의 내용을 刻石한 후 立碑하는 임무를 담당하였음을 드러내준다고 이해된다.

따라서 「蔚珍 居伐牟羅碑」의 書人—刻人—立石碑人 3단계 業務 分掌 體系가 「丹陽 赤城碑」의 書人—石書立人 2단계 업무 분장 체계로 간소화되면서 효율적인 작업 진행 방식으로 전환되었음을 알려주는 것이며, 이에 따라 刻人의 존재가 업무 수행에 있어서 그 전문성을 더 이상 인정받지 못하는 상황이었던 게 아닐까 헤아려진다. 말하자면 刻人의 역할 격하를 의미하며 그와 동반하여 石書立人이 그것까지 관장하게 됨은 물론 그에게 立碑의 전반적인 監督 管轄權이 賦與되었음을 뜻하는 것으로 풀이할 수 있다고 본다.

한편 이들 書寫 專門家들이 驅使한 書法과 관련하여 眞興王代에 建立된 石碑의 碑文 資料만으로 局限해서「丹陽 赤城碑」및 4개의「眞興王巡狩碑」를 면밀히 검토해보더라도 그 書體의 個別性은 인정되어 마땅하고 생각한다. 특히「丹陽 赤城碑」의 書體는 오늘날 '赤城碑體'라고까지 일컬어질 정도로 그 書法의 個別性이 높이 評價되는 타이프므로65), 더더군다나 그러하다고 하겠다.

또한 刻石 專門家들이 刻石할 때 書人 혹은 書寫人 등이 書寫해서 傳達해준 文書를 토대로 工程을 進行했다는 사실은 文書의 樣式을 象徵하는 테두리 外廓線이 있는 金石文 資料들의 존재가 이를 立證해준다고 판단되는데,「蔚州 川前里 刻石」,「昌寧 眞興王巡狩碑」,「黃草嶺 眞興王巡狩碑」등의 경우가 그러하다고 생각한다. 더더군다나「磨雲嶺 眞興王巡狩碑」의 全面・後面의 確然한 區分 및「北漢山 眞興王巡狩碑」의 碑面上에서 刻字 內容이 確然하게 段落 區分이 設定된 것 등은 文書의 樣式 그 自體에 立脚해서 刻石한 것이었음이 분명하다고 여겨진다.66)

---

65) 이「丹陽 赤城碑」의 書體와 관련하여, 孫煥一,「新羅 赤城碑의 書體(2)」,『泰東古典研究』17, 2000, p.6에서 그 특징이 '예서 장법의 신라서풍의 해서'에 있다고 보고 있으며, 또한 고광의,「5~6세기 新羅 書藝에 나타난 외래 書風의 수용과 전개」, 2004, p.52에서는 6세기 중반 眞興王 때에 이르러 "新羅의 書寫文化도 한층 성숙되었다. 그 동안 수용된 외래 서풍과 토착화된 서풍을 바탕으로 새로운 풍격의 서체를 형성하게 되었는데, 이것이 바로「적성비」에서 보이는 해서 풍격 즉 '赤城碑體'라고 할 수 있다. '赤城碑體'는 신라의 서체 연변사적 측면에서 보면 해서의 1차 완성이라고도 할 수 있다."고 하였음이 참조가 된다.

66) 이와 관련하여 秦弘燮,「南山新城碑의 綜合的 考察」, 1965, p.39에서 "둘째, 碑石은 分團別로 自由로이 建立되었다. ― 碑石의 形態로 보아 原石의 選擇은 손쉽게 얻을 수 있는 適當한 돌을 골라서 썼으며 碑文의 體裁는 當時의 格式에 依하였으나 前段을 除하고는 特別한 制約을 받지 않았던 모양으로 …"라고 記述하였음을 이 논문의 완성을 앞두고 새삼 발견하여, 특히 "碑文의 體裁는 當時의 格式에 依하였으나 前段을 除하고는 特別한 制約을 받지 않았던 모양으로"와 같은 대목은 筆者의 論旨와 類似함이 적지 않다고 여겨 參考로 提示해둔다.

그리고 立石碑人의 所任과 관련하여서는 石碑 製作 및 立碑 方法의 科學的 進步라는 面貌가 考慮되어야 마땅할 것으로 생각한다. 立碑가 地域的으로 全國 곳곳에 이루어지는 趨勢 속에서 이러한 立碑의 活性化와 짝하여 그 形態의 多樣化 그리고 立碑 方式의 科學化 成就는 그 歷史的 意義가 매우 높다고 판단된다. 먼저 그 形態 多樣化의 實像은 오늘날 發掘되어 알려지고 있는 中古期의 立碑 모두가 그 形態가 제각각이라는 個別性을 지니고 있음을 勘案하면 충분히 이해될 것이다.

또한 立碑 方式의 科學的 進步라고 하는 側面은 「北漢山 眞興王巡狩碑」와 「浦項 中城里碑」의 경우를 통해 가늠할 수 있다고 본다. 「北漢山 眞興王巡狩碑」는 그게 설치되어 있었다 하여 '碑峰'이라 指稱되던 北漢山의 頂上 巖石 위에 설치되어 北으로는 臨津江 以北 黃海道 地域, 西로는 仁川 앞 西海 地域, 南으로는 京畿道 利川 및 驪州 地域을 훤히 眺望되는 곳에 설치되어 있었음에서 당시 地理科學의 水準이 十分 反映되었음을 알 수 있다. 뿐더러 1972년 더 이상의 磨耗로부터 이를 保護하기 위해 移置가 추진되는 과정에 전혀 움직여지지 않아[67] 결국 전문가들을 동원하여 현장 조사를 세밀히 해보니, "아랫부분이 길이 7cm, 두께 3cm의 鐵心으로 巖盤에 堅固하게 연결되어 있어[68]" 그랬음이 밝혀졌을 정도로, 그 碑身이 이렇듯이 天然의 巖石에 堅固하게 裝着되었다는 側面에서 그 立碑의 工程에 당시 土木工學의 水準이 高度로 發揮되었을 것임을 충분히 느끼게 해준다. 그리고 「浦項 中城里碑」의 경우에도 형태가 不定形인데다가 碑의 윗부분이 볼록한 圓形인데 碑面의 全體的인 空間 構成에서 下段部의 空白이 지나치게 많다는 느낌으로, 이 石碑의 建立을 위해 그리 考案된 것으로 살펴진다.[69] 따라서 이러한 「浦項 中城里碑」의 立碑에는 荷重 中心 維

---

67) 筆者가 現場 멀리에서 이 작업을 지켜본 사람의 證言을 들은 바에 따르면, 처음에는 헬리콥터가 밧줄로 동여 碑石 전체를 들어 올리려고 아무리 試圖해도 전혀 움직여지지 않아 결국 抛棄하고 말았다고 한다. 이후 당시 移轉 과정에 대한 상세한 진행 상황 설명은 뒤의 [附錄] 「北漢山 眞興王巡狩碑 移轉 關聯 新聞 記事 整理」를 참조하시라.

68) 蘇在龜, 「북한산신라진흥왕순수비유지遺址」, 『한국민족문화대백과사전』 10, 한국정신문화연구원, 1991, p.450.

69) 高光儀, 「浦項 中城里新羅碑 書體와 古新羅 문자생활」, 『新羅文化』 35, 2010, p.127를 읽다가, "비면의 전체적인 공간으로 보았을 때 하단부의 공백이 지나

持의 物理學的 原理에 대한 知識이 역시 活用되었을 可能性을 짙게 풍긴다고 하겠다.

(2)「남산신성비」제9비에 나타난 서사·각석·입비 전문가의 소임 분장

新羅 中古期 書寫·刻石·立碑 專門家들의 所任이 어찌 分掌되었는지를 深層的으로 看破하기 위해,「南山新城碑」第9碑의 銘文 內容을 重點的으로 分析해보기로 하겠다.[70] 그러기 위해 作成한 圖表는 아래의 <表 15>이다.

<表 15>「南山新城碑」第9碑 職役 分擔 分析表

集團 區分		差出 動員 體系	行政 單位 區劃	職役 名稱	出身地	人名	官等
A	I	郡↓城↓村	郡	郡上人		曳安知	撰干
			城	〃	生伐城	文	上干
	II		村	匠尺		內丁	上干
				〃	斤谷村	另利支	一尺
				文尺	生伐	只次丈	一伐
B	I	城↓村	城	城捉上人	伊同村	□尸丁	上干
	II		村	工尺	指大厶村	入夫□	一伐
				文尺	伊同村	□次兮	阿尺
	III			面捉伯干	支村	支刀	一尺
				面捉		西西	阿尺

치게 많다는 느낌이다. 아마도 어떠한 용도가 있었을 것으로 추정되는데, 어딘가에 세워두기 위한 공간이 아니었나 싶다."고 하였는데, 이 대목을 보고 이런 생각을 筆者는 더욱 지니게 되었다.

70) 이「南山新城碑」第9碑 銘文에는 그 第4碑의 '書尺'이 등장하지 않는다는 限界가 있기는 하나, 여느 中古期 金石文들보다도 碑面의 狀態가 良好하여 判讀이 容易하기에 深層 分析 對象으로 選定하였다.

				□捉人	伊同村	□□	□□
				小石捉人伯干	支村	戊七	□□

이 <表 15>를 면밀히 분석해보면, 첫째 郡上人과 城捉上人의 경우 각
각 AⅠ集團에 2人, BⅠ集團의 1人으로 上層에 있으며, 職役 名稱에 '上
人'이 공통적으로 포함되어 있으므로 上人이라 通稱할 수 있을 것이다.
그리고 둘째 匠尺의 경우 AⅡ集團에만 2人이 있고, 셋째 文尺의 경우는
AⅡ·BⅡ集團에 各1人씩이 있으나, 넷째 工尺의 경우 BⅡ集團에만 1人
이 있을 뿐이었음이 확인된다. 上人·匠尺·文尺·工尺의 이러한 個別性
은 곧 이들의 所任은 勿論 그 出身地의 位格 등과 緊密한 相關이 있었지
않았나 싶다.

첫째 上人의 경우, AⅠ集團의 郡 所屬의 郡上人과 城 所屬의 郡上人
은 所屬에서 차이가 날 뿐 동일한 郡上人이며, 그리고 BⅠ集團의 城 所
屬의 城捉上人 역시 上人이다.71) 이들 上人 職役 擔當者들은 碑文에 登
載된 集團의 序列에 따라서 所任이 差別되었을 것이다. AⅠ集團은 南山
新城의 築城 및 「南山新城碑」의 立碑 作業의 企劃 및 擔當 構成員의 策
定·差出 등의 全般的인 總括을 그 所任으로 하였음에 비해, BⅠ集團은
南山新城의 築城 및 「南山新城碑」의 立碑 作業을 現場에서 監督하고 管
理하는 것을 그 所任으로 하였을 것으로 헤아려진다. 따라서 이들 AⅠ
·BⅠ集團의 上人·捉上人들은 築城은 말할 것도 없고 立碑 工程에 있
어서도 말하자면 각각 正·副 責任者로서 그 所任을 다 해야 했던 것이
라고 생각된다.

둘째 匠尺의 경우, AⅡ集團에만 文尺과 함께 속해져 있음이 드러나
있는데, 文尺은 1人일 뿐이지만 2人으로 策定되어 있어 刮目해야 마땅할
듯하다. 匠尺은 職役 名稱의 文字 그대로 匠人답게 築城 및 立碑의 모든

---

71) 이 '城捉上人' 등의 '捉上'을 '作上'으로 判讀한 秦弘燮, 「南山新城碑의 綜合的
考察」, 1965, p.16 및 p.18 등을 기준으로 삼은 李鍾旭, 「南山新城碑를 통하여
본 新羅의 地方統治體制」, 1974, p.24에서 "作上은 築城作業의 우두머리고 작
업책임자였다고 헤아려진다."고 했으며, 또한 p.54에서는, "作上 역시 作業의
우두머리였던 점만은 어느 정도 생각할 수 있다. 南山新城 築造 時에 作上은
表 (1)C에 나오고 있는 기술자들과 雜役夫를 지휘하였다고 믿어진다."고 한 바
가 있다.

工程에 있어서 뛰어난 技能을 발휘하여 細部 實務 執行을 先導하며 指揮하는 役割이 그 所任이었을 것이다.72) 이들은 文尺·工尺 등의 각 專門 分野의 實務를 執行하는 熟練 技能工을 築城 및 立碑의 現場에서 先導하며 指揮하였을 법하다. 이들은 各其 專門 分野의 熟練 技能工을 技術的으로도 監督해야 했으므로, 2人이 이를 分擔하였을 것이며, 이에 따라서 그 2人 中 1人은 年晚한 者로서 AⅠ·BⅠ集團의 上人·捉上人層과 圓滑한 業務 協助와 圓滿한 業務 進行을 考慮해서 AⅠ·BⅠ集團의 上人·捉上人層과 同級 官等 上干(外位 第6位)인 人物이 配屬되었고, 1人은 年少한 者로서 現場에서의 業務 推進을 達成할 수 있게끔 官等이 下位인 一伐(外位 第8位)인 人物이 選定되었던 게 아닐까 推定된다.

셋째 文尺의 경우, AⅡ·BⅡ集團에 각기 1人씩 있는데다가, 그 出身地 및 官等까지도 차이가 난다는 사실이 주목된다.73) 이들의 이와 같은 차이는 아마도 AⅡ集團과 BⅡ集團에 있는 文尺이 所屬 集團은 물론이고 그 所任이 각기 달랐던 데에서 비롯되었던 듯하다. AⅡ集團의 文尺인 生伐 出身의 只次丈 一伐은 郡→城→村의 指揮 體系에 따라 差出되어 動員되었지만, BⅡ集團의 文尺인 伊同村 出身의 □次今 阿尺(外位 第11位)은 城→村의 指揮 體系에 따라 差出되어 動員되었으며, 그에 따라 所任도 差別이 있었다고 헤아려진다. 그리고 AⅡ集團의 文尺은 郡→城의 差出 動員 體系를 밟아 下達된 碑文의 內容 關聯 文書들의 受領·保管·管理를 그 所任으로 할뿐더러 그 下達된 所定 樣式의 書式에 具體的인 實行 計劃 內容을 記入하여 文書로 整理한 후 그 文書를 筆寫해서 BⅡ

---

72) 匠尺에 대해서 李鍾旭, 「南山新城碑를 통하여 본 新羅의 地方統治體制」, 1974, p.22에서 "第1·2碑의 村主 밑에 나오는 匠尺·文尺들은 村主에 딸린 기술자들로 기술적인 면에서 村主를 보좌하여 C집단의 築城工事를 지휘·감독하였다고 생각된다."고 한 바가 있고, p.23에서는 "作上은 築城作業의 우두머리고 작업책임자였다고 헤아려진다. 匠尺은 築城工事의 실질적인 기술책임자였다고 보여진다."고 한 바가 있음이 참조된다.

73) 이에 대해 朴方龍, 「南山新城碑 第9碑에 대한 檢討」, 1994, p.11에서 "文尺이 本碑에서는 C集團과 D集團에 各.1名씩 있는데, C集團의 文尺과 D集團의 文尺은 出身地만 다를 뿐 官等까지 같다."고 하였다. 그런데 그가 C集團이라 한 것이 筆者가 作成한 이 <表 12>「南山新城碑」 第9碑 職役 分擔 分析表에서는 A集團, D集團이라고 한 것이 B集團으로, 이 가운데서 文尺은 사실인즉슨 出身地뿐만 아니라 官等까지도 다르다.

集團의 工尺과 文尺에게 移管하는 게 主要 所任이었음직하다.

넷째 工尺의 경우, BⅡ集團에서만 유일하게 1人이 찾아지는데, 이는 工具를 활용하여 面石에 刻字하는 刻工을 지칭한 것으로 생각한다. 이는 中國 漢代의 「祀三公山碑」에서도 刻工을 '工'이라 지칭한 구체적인 實例가 있으므로 거의 틀림이 없을 것이다.[74] 이들은 立碑의 現場에서 그 所任을 실행에 옮겼을 것으로, AⅡ集團의 文尺이 郡→城의 體系를 밟아 下達된 碑文의 內容 關聯 文書를 筆寫해서 BⅡ集團의 文尺에게 移管해주면, 그것을 傳達받아 刻字 工程에 비로소 着手하게 되었던 듯하다. 다만 이런 工程 중에 石練된 面石의 容態에 따라 刻字의 配列과 組合의 變更이 切實한 狀況이 擡頭하게 되면, 文尺과 協議하고 上人層 및 匠尺 등과 商議한 후, 文尺이 그 內容을 反映하여 書寫해주면 그것으로 面石에 刻字하는 作業에 비로소 着手하기에 이르렀으리라 보인다. 이와 같은 일련의 결과로 그리하여, 第1碑에서는 그런 경우가 찾아지지 않으나 第2·3·4·5·9碑에서는 '上干', '小舍' 등의 銘文이 餘他의 碑文에서는 거의 一律的으로 縱書인 것과는 달리 橫書로 刻字되었던 게 아니었을까 推察된다.

한편 <表 15>의 BⅢ 集團을 보다 深層的으로 分析하면, 「南山新城碑」第1碑의 '面捉上'은 '面石捉上人'을 줄인 것으로, 第2碑·第5碑의 '面石捉人', '小石捉人'이나 第4碑의 '石捉上人', '小石捉上人' 등과 같은 石工의 한 부류인 것으로 보인다.[75] 다만 '上人'과 '人'은 職役의 序列上 上下를 區別하는 稱號이며, 전문적으로 다루는 부분이 築城 後 外部에 드

---

74) 王曉光, 「漢碑石工刻工」, 『秦漢簡牘具名與書手硏究』, 北京 : 榮寶斎出版社, 2016, pp.215-216.

75) 이와 관련하여서는 秦弘燮, 「南山新城碑의 綜合的 考察」, 1965, p12에서, "'面提上'은 '面捉上'으로 人名이 아니고 職名이며…. 이것은 石工에 대한 職種으로 보여지는데 … 第1碑의 '面捉上'은 '面石捉上人'의 줄인 것으로 본다."고 하였음에 주목하였다. 또한 p.15에서 "… '尺'에 속하는 所謂 匠人을 두고 끝으로 直接 돌을 다루던 石工 卽 '捉人'의 順으로 …"라고 하였음에서도 '捉人'을 石工으로 파악하고 있음이 분명하다. 한편 李明植, 「慶州 南山新城碑」, 『譯註 韓國古代金石文』 Ⅱ, 1992, p.117에서도 "□石捉上人 : 石工을 가리키는 것으로 여겨지는데, 여타 「新城碑」에는 비슷한 用例로써 '面石捉上人', '面石捉人', '面捉上', '石捉上人', '石捉人', '小石捉上人', '小石上人' 등이 있다."고 기술한 내용이 역시 참고가 되었다.

러나는 面石을 비롯해서 碑文의 내용이 刻石되는 面石까지의 石鍊을 맡았으면 '面石捉上人'·'面石捉人'이고, 그 面石 자체의 石運 및 裝置를 맡았으면 '石捉上人'·'石捉人'이었으며, 築城 후 겉에 드러나는 '面石'을 쌓기에 앞서 그 基礎가 되는 內部石 및 刻字 후 立碑 工程 중 그 刻字된 面石의 下部를 괴는 小石의 石運 및 裝置를 맡았으면 '小石捉上人'·'小石捉人'이었을 것이다.76)

---

76) 이러한 石工들의 技能과 관련하여 李鍾旭, 「南山新城碑를 통하여 본 新羅의 地方統治體制」, 1974, p.24에서 다음과 같이 서술하였음이 주목된다. "이제 위와 같은 石工들의 실제 職能을 살펴야 하겠다. 우선 앞에 나오는 두 石工은 城의 壁面을 이루고 있는 가로 40~50㎝, 두께 10~20㎝ 정도의 돌을 깨고, 다듬고, 쌓았던 자들로 보여진다. 그리고 이들은 石工 중에는 비교적 기술을 필요로 하였던 자들로 생각된다. 그러므로 그들의 官等이 그 밑에 나오는 나머지 두 石工보다 다소 높았던 것을 알 수 있다. 뒤의 두 石工은 官等이 비교적 낮았으며 城의 壁面에 필요한 돌이 아니고 그 안에 넣었던 작은 돌을 다루던 직책을 가졌던 사람들로 보여진다."

제4절
신라 중고기 서법·금석학 발달의 양상

新羅 中古期 書法과 金石學의 發達은 이 시기에 漢文의 異體字가 流行하고, 그럴 수 있을 정도로 文字學 및 訓詁學 자체가 발달하였음에서 비롯되었다고 생각한다. 따라서 당시 漢文의 異體字 流行과 文字學·訓詁學 發達의 眞面貌를 具體的으로 檢證함으로써 당시 書法 및 金石學 發達의 樣相을 確認하도록 하겠다.

(1)이체자의 유행과 서법·금석학 발달

新羅에서 漢文이 본격적으로 受容되어 異體字가 流行하게 되는 契機는 특히 法興王代 佛敎가 公認되면서[77] 이루어진 佛經의 流通과 깊은 關聯

---

77) 당시의 불교 수용과 신라의 한문자 발달에 관해서는 朱甫暾, 「新羅의 漢文字 定着過程과 佛敎의 受用」, 『韓國書藝二千年』 특강자료집, 藝術의 殿堂, 2000, p.34; 『금석문과 신라사』, 2002, p.411에서 "요컨대 신라에서 불교 수용은 한문자의 발달에 큰 영향을 미쳤던 바, 법흥왕대를 중심으로 그 전후의 문자체계가 크게 달라졌다. 그 점에서 6세기초는 한문자 발달사에서 하나의 劃期를 이룬다고 하겠다."라 한 바가 참조된다.

있을 것으로 여겨진다. 물론 韓國에 佛敎가 처음 들어온 것이 『三國史記』 18 高句麗本紀에 의거하면, 三國時代 高句麗 小獸林王 2년(372) 前秦王 符堅이 파견한 使臣과 僧 順道에 의해 佛像과 '經文'이 전해지면서부터였다고 하는데, 여기에서 '經文'은 분명 漢字로 飜譯된 소위 漢譯 佛敎 經典으로 筆寫本 形態였을 것이다. 그러한 漢譯 佛敎 經典이 新羅 法興王代에 비로소 受容된 것은 『三國史記』 4 新羅本紀 法興王 15년(528)의 기록에 引用된 金大問의 『鷄林雜傳』에 따르면, 毗處王(炤知王의 다른 表記) 때 阿道和尙이 侍者 3人과 함께 一善郡(오늘날의 경북 구미시) 所在 毛禮의 집에서 "講讀經律"함에서 비롯되었다고 전해진다.

이 기록 "講讀經律"에서 '經'은 물론 漢譯 佛敎 經典으로, 阿道와 侍者 3인이 이와 같이 文字 그대로 '講讀'할 때 분명 筆寫本의 經典 즉 寫經을 각각 지니고 보았을 것이다. 이때의 寫經은 그 方法의 2가지, 첫째 漢譯하는 現場에서 譯者의 口述을 받아 적는 방법과 둘째 이미 寫經된 底本의 經文을 보고 옮겨 쓰는 방법[78] 중 앞엣것이 아닌 뒤엣것일 가능성이 더 커 보인다. 佛敎 受容 당시의 寫經은 전해지지 않고 있지만, 景德王 14년(755)의 것인 「新羅 白紙墨字 大方廣佛華嚴經 寫經 卷五十 寫經 跋文」[79]과 「新羅 白紙墨字 大方廣佛華嚴經 寫經 卷十 寫經 跋文」[80]이 전해지고 있는데, 이들도 뒤엣것 곧 이미 寫經된 底本의 經文을 보고 옮겨 쓴 것으로 판단된다.

이 2종의 寫經 跋文에는, 槪念이 '글자의 음과 뜻이 서로 같으나 寫法이 같지 않은 글자[81]'인 異字體들이 더러 섞여 있는데, 이들을 中國 敦煌의 石室에서 發見된 여러 종류의 寫經들 그 중에서도 특히 六朝時代의 寫經 殘卷 그리고 唐代의 몇 종류 寫經과 견주어 보면[82], 매우 恰似하다는

---

78) 김경호, 「寫經의 歷史」, 『韓國의 寫經』, 도서출판 古輪, 2006, p.35.

79) 李基白 編著, 『韓國上代古文書資料集成』, 一志社, 1986; 第二版, 1993, p.347 寫眞 參照.

80) 李基白 編著, 『韓國上代古文書資料集成』 第二版, 1993, p.484 寫眞 參照.

81) 曾榮汾, 「字樣學之基本原理」, 『字樣學硏究』, 臺灣 : 學生書局, 1988, p.121. 이러한 寫經의 槪念 設定은 中國 [淸末]周祖謨의 설명에 따른 것이다.

82) 劉墨 主編, 『敦煌寫本書法精選系列-六朝寫經殘卷(1)』, 沈陽 : 遼寧美術出版社, 2000. 郝春文, 『石室寫經 : 敦煌遺書』, 蘭州 : 甘肅敎育出版社, 2007. ≪歷代碑帖法書選≫編輯組編, 『唐人寫經』, 北京 : 文物出版社, 2000; 重印, 2010.

느낌을 지울 길이 없다. 이 寫經들의 書體가 모두 동일하게 隸書와 楷書를 겸한 面貌를 지니고 있다고 여겨지고, 이러한 書法의 面貌를 北朝의 所謂 '魏碑體'의 特徵을 지니는 寫經 나름의 書體라 하여 '寫經體'라고 하므로[83], 新羅의 이 寫經들도 그러한 特徵을 共有하고 있다고 생각된다. 中國에서 이와 같은 '寫經體'가 佛經이 飜譯되던 最初 段階 즉 東漢부터 三國·西晉까지의 時期에 形成되기 시작한 후 唐·五代에 이르는 기간 동안에 發展되는 樣相이었다.[84] 따라서 新羅의 佛敎 受容과 함께 이러한 寫經에 의해 中國에서 盛行하던 '魏碑體'인 '寫經體'가 역시 受容되어 實用化되었다고 보는 게 順理일 듯하다.[85]

아울러 中國에서는 歷代의 碑版·墨蹟 중에서도 大量으로 異體字가 사용되어 왔으므로[86], 그 영향도 받았을 것이지만, 新羅 王室에서는 특히 高句麗 資料의 輸入에 따라 異體字를 위시한 여러 書體[87]에 대한 理解가 한껏 高潮되었지 않았나 싶어진다. 이 점은 慶州 壺衧塚 出土 靑銅壺의 銘文 '乙卯年國岡上廣開土地好太王壺杆十'이 陽刻일뿐더러 그 가운데 異體字가 섞여 있음으로 해서 가능된다. 이 銘文 중 '乙卯年'이 西紀로는 415年, 高句麗 長壽王 3년, 新羅 實聖王 14년이기에, 이때 製作되어 이후 新

---

83) 毛秋瑾, 「佛經的飜譯與抄寫」, 『墨香佛音 : 敦煌寫經書法硏究』, 北京 : 北京大學出版社, 2014, pp.87-88.
84) 毛秋瑾, 「"寫經體"的形成和發展」, 『墨香佛音 : 敦煌寫經書法硏究』, 2014, pp. 178-196.
85) 고광의, 「川前里書石 銘文의 書藝史的 考察—6세기 前半 紀年銘을 중심으로—」, 2010, p.24에서 "최근 발견된 「中城里碑」나 「冷水里碑」를 통해서 「川前里書石」에 보이는 예서의 연원을 추정해 볼 수 있다."고 했으며, p.27에서 「川前里書石」 중 "특히 原銘은 … 북조의 해서인 魏碑體의 체세와 유사한 風格이 나타난다."고 했고, p.28에서는 그 追銘은 "남조 해서의 풍격에 가깝다"고 했으며, 곧 이어서 癸亥銘 역시 "해서의 체세가 비교적 안정되어 남조 해서풍의 단아한 느낌을 주고 있다."고 하였다.
86) 鍾明善, 「碑帖與書法」, 董恒宇 主編, 『全國首届碑帖學術硏討會論文集』, 北京 : 文物出版社, 2005, p.179.
87) 高光儀, 「5세기 高句麗 書藝의 특징 硏究」, 『書藝學』 21, 2001, pp.24-30에 따르면, 高句麗의 書寫에 있어서 書體는 4세기 이후 規範을 갖춘 八分의 隸書가 쇠퇴하면서 中國 魏晉시대에 널리 사용되던 新隸書(一名 新俗體)가 德興里古墳壁畵·牟頭婁墓誌 등에서 사용되고, 安岳3號墳 墨書의 일부에서 나타나는 行書가 발전하며 6세기 이후로 추정되는 集安四神墓의 墨書 등에서는 楷書가 성숙하는 단계에 발전하고 있었다.

羅로 輸入되어 所藏되어 전해지다가 古墳에 副葬品으로 埋葬된 것은 그 이후 언제쯤일 것이고, 따라서 그 사이에는 물론이고 그 이후에도 新羅 王室에서 金石文 資料上의 이러한 異體字에 대한 관심은 그 銘文이 榻本되어 전해지면서 지속되었을 것이라 추정하고 싶다.

그리고 中國 및 高句麗의 實物 金石文 資料 輸入의 影響이 新羅 金石學 發達의 契機 가운데 하나로 작용하였을 가능성은, 방금 앞서 언급한 慶州 壺衧塚 出土 靑銅壺의 銘文에 곁들여 또 하나 더 염두에 두어 좋을 實例는 慶州 瑞鳳冢 出土 銀製盒의 銘文일 듯하다. 그 銘文 내용에 사용된 '大王'의 稱號 등 여러 가지 점으로 新羅의 것이 아니라 高句麗의 作品일 가능성이 크며, 그 가운데 銘文 '延壽元年辛卯'의 '辛卯'는 西紀 451年, 高句麗 長壽 王 39年, 新羅 訥祇王 35년일 것으로 여겨지고 있는데[88]), 이와 같은 銘文 資料들의 輸入은 新羅 金石文 發達에 큰 영향을 끼쳤을 법하다.[89])

그리하여 新羅 中古期에 異體字가 筆寫되어 石刻되는 趨勢가 나타나기도 하였다고 보여진다. 「蔚州 川前里 石刻」의 일부에서는 이미 동일한 漢字를 서로 다른 書體로 書寫하는 '同字異體'의 現狀이 나타나기도 하고 있을 정도이다.[90]) 또한 「浦項 中城里碑」에서 이미 異體字가 多數 出現하고 있으며[91]), 「明活山城碑」에서도 적지 않게 異體字가 등장하고 있다.[92]) 그리고 「南山新城碑」 第1碑의 첫 부분 '辛亥年'의 '辛亥'가 異體字로 石刻되어 있는 것[93]) 이외에도 第2・4碑 등에서도 다수 확인된다.[94]) 따라서 中古期에 이러한 金石文 속에서의 異體字의 活用에 따른 書法에 대한 高度의 識見이

---

88) 李基白, 「三國의 文化」, 『韓國史講座』 I 古代篇, 一潮閣, 1982; 17刷, 1998, p.285.

89) 고광의, 「5~6세기 新羅 書藝에 나타난 외래 書風의 수용과 전개」, 2004., pp.42-34. 특히 p.43에서는 "고구려왕들이 사용하던 '太王'이란 칭호가 나타나는 것으로 보아 명문을 書刻한 사람은 고구려 사람일 가능성이 크고, 이 유물 또한 고구려에서 제작되어 전래된 것으로 생각된다."고 한 바가 참조된다.

90) 고광의, 「川前里書石 銘文의 書藝史的 考察―6세기 前半 紀年銘을 중심으로― 」, 2010, p.14.

91) 高光儀, 「浦項 中城里新羅碑 書體와 古新羅 문자생활」, 『新羅文化』 35, 2010, pp.125-127.

92) 金貞淑, 「慶州 明活山城碑」, 『譯註 韓國古代金石文』 II, 1992, p.41.

93) 李明植, 「慶州 南山新城碑」, 『譯註 韓國古代金石文』 II, 1992, p.107.

94) 南豊鉉, 「南山山城碑銘」, 『吏讀研究』, 태학사, 2000, p.162.

갖춰져 있어야 했기에, 그만큼 新羅에서 다양한 書法에 대한 關心의 高潮는
물론이고 金石學 자체의 發達이 자연스레 꾀하여 졌을 것이다.[95]

   하지만 그럼에도 불구하고 金石學 水準의 高揚이 中古期에 기대만큼 그
다지 만족스런 段階에까지 이르기는 어려웠던 모양이다. 法興王 때에 建立
된 「蔚珍 居伐牟羅碑」에서 뿐만이 아니라 眞興王 때에 建立된 「丹陽 赤城
碑」・「昌寧 眞興王巡狩碑」에서도 잘못 石刻된 예가 발견되고 있음으로 해
서 이를 느낄 수 있다. 「蔚珍 居伐牟羅碑」에서는 '所敎事' 부분의 人名 表記
가운데 '美昕智 干支'는 분명 '美昕智 ( )干支'였을 터인데, ( ) 부분의 刻字
가 누락되어 있음이 그러하다.[96] 또한 「丹陽 赤城碑」에서는 '西叱夫智'가
'西夫叱智'로 잘못 石刻되어 있으며, 「昌寧 眞興王巡狩碑」의 人名表記에서는
앞뒤 모두 '沙尺干'으로 되어 있지만 '沙尺'이라고만 石刻된 경우가 찾아지
는 것이다.[97] 게다가 眞平王 때에 建立된 「南山新城碑」 중 지금껏 발견된
碑文들을 서로 비교하여 분석해보면, 그 내용 가운데 다른 碑文들에서는 一
貫되게 '以作後三年'이라 石刻되어 있는 것과는 달리 第2碑에서는 '作'字가
누락된 채 '以後三年'이라 石刻되어 있음이 찾아지기도 한다.[98]

   中國 漢・魏・六朝의 경우를 보더라도 碑刻 文字는 一般的으로 우선 書
手 즉 書人의 書丹를 거쳐 다시 刻工의 鑴刻을 거치므로, 書人과 刻工이
合作한 成果이자 筆과 刀의 綜合的인 産物이라고 할 수 있다. 따라서 간
혹 學識을 갖추고 修養이 비교적 높은 文人 學士에 의해 文章이 작성되어
撰文 자체에는 전혀 문제가 없지만, 書人과 刻工의 文字學 水準이 보통
比較的 低級하기 때문에 書丹과 鑴刻에서 誤謬가 발생하여 결과적으로 碑
刻 文字에 誤脫字가 있는 경우가 생기는데, 오늘날 전해지는 漢 「張遷碑」

---

95) 고광의, 「5~6세기 新羅 書藝에 나타난 외래 書風의 수용과 전개」, 2004,
    p.64에서 "「南山新城碑」 第1碑에서 「黃草嶺碑」와 유사한 풍격의 해서가 나타
    나고 있어, 6세기 말에는 신라의 지방민에 의해 제작된 금석문에서도 점차 남
    북조 후기의 성숙한 해서풍으로 변해 가고 있음을 알 수 있다."고 하였다.

96) 李基白, 「蔚珍 居伐牟羅碑에 대한 考察」, 1988;『韓國古代政治社會史研究』,
    1996, p.215.

97) 李基白, 「丹陽 赤城碑 '王敎事' 부분의 檢討」,『史學志』12, 1978;『韓國古代
    政治社會史研究』, 1996, p.231의 脚註 2).

98) 朱甫暾, 「南山新城의 築造와 南山新城碑—第9碑를 중심으로」,『新羅文化』10
    ・11, 1994, pp.34-35의 脚註5); 改題「南山新城의 축조와 南山新城碑 제9비
    」,『금석문과 신라사』, 지식산업사, 2002, p.257.

에서도 그러한 경우가 구체적으로 찾아져 이후 이에 대한 원인 규명과 관련한 논의가 이어지고 있을 정도이다.99)

이러한 異體字의 大量 生産은 漢 이후 漢·魏·六朝時代에 隷書에서 楷書로 변화되는 중요한 시기에 나타나, 文字의 筆劃, 結構의 要素 및 그 方式 등 여러 方面에서 모두 커다란 變化가 發生하면서 이 過程에서 生成된 文字의 變體 그 중에서도 가장 큰 特性은 簡俗字의 大量 發生이었다. 그럼으로써 碑刻에 새겨지는 漢字의 形體가 더욱 簡單해지고 樣式이 더욱 아름다워졌으며 書寫도 더욱 簡便해지면서, 이러한 異體字는 漢字 發展의 必然的인 産物이었는데, 또한 碑刻 異體字의 大量 發生 자체가 漢字의 新陳代謝를 促進시켜 주는 게 바로 그 碑刻 異體字의 積極的인 作用이었다고 分析된다.100)

中國에서도 이와 같이 異體字의 大量 生産이 書法 자체가 隷書에서 楷書로 변화하는 시기에 이루어지고 있었으므로, 이러한 樣相은 高句麗에서도 거의 同一하였을 것이며 中古期 新羅의 경우는 더더욱 그러하였을 것이다. 그러므로 지금껏 살펴온 바대로 新羅 中古期 金石文 資料들에서 찾아지는 異體字의 流行 자체가 이러한 趨勢 속에서 나타난 자연스런 現象이었다고 해서 무방할 듯하다. 그리고 이러한 현상 그 자체가 또한 근본적으로는 당시 書法과 金石學 發達의 樣相을 克明하게 立證해준다고 하겠다.

그러면 이렇게 異體字가 流行하고 書法 자체가 隷書에서 楷書로 變化하는 狀況 속에서 新羅 中古期의 漢字 解讀者 및 書寫者들은 筆寫本이나 金石文 속에 나타난 그러한 面貌들을 제대로 把握하기 위해서는 字書의 代名詞이다시피 하는 『玉篇』과 같은 書籍에 依存하여 文字學 및 訓詁學에 대한 知識을 갖추는 게 무엇보다도 切實하였을 것이다. 따라서 당시에 文字學·訓詁學의 振興이 어찌 이루어지고 있었는지가 또한 勘案되어야 할 것이다.

---

99) 毛遠明, 「碑刻異體字成因分析」, 『漢魏六朝碑刻異體字研究』, 北京 : 商務印書館, 2012, p.536.
100) 毛遠明, 「碑刻異體字在漢字發展史上的積極作用和消極影響」, 『漢魏六朝碑刻異體字研究』, 2012, pp.548-549.

(2)문자학·훈고학의 진흥과 서법·금석학 발달

新羅 中古期에 이루어졌을 文字學 및 訓詁學의 振興은 隸書·楷書를 포함한 다양한 書體로 筆寫된 하나하나의 漢字를 정확히 解讀하는 작업에서부터 비롯되었을 것으로 여겨지는데, 그렇다면 이를 해결하기 위해 당시에 活用되던 漢字 字書類 같은 書籍에는 구체적으로 어떠한 것들이 있었을까? 新羅 中古期에서 統一이 推進되는 무렵의 그것에 관해서는 强首가 『爾雅』 등을 활용하여 外交 文書의 解讀과 作成에 能通했다는 기록 외에는 특별히 전하는 게 없다. 다만 高句麗에서의 그것은 中國側 史書에 다음과 같이 그나마 仔詳히 전해지고 있으므로 이를 통해 眺望해보도록 하자.

> 俗愛書籍 … 其書有五經及史記·漢書·范曄後漢書·三國志·孫盛晉春秋·玉篇·字統·字林 又有文選 尤愛重之. (『舊唐書』 199 高麗傳)

이를 통해 高句麗人들이 愛用한 書籍 중에 儒教 經典과 史書들을 제외하고는 字書로서는 『玉篇』·『字統』·『字林』이 포함되어 있었음이 드러난다. 굳이 中古期만으로 한정되지 않고 그 이후의 경우도 역시 이와 거의 다를 바가 없었을 것이지만, 筆寫本 佛教 經典 등을 통해 漢字의 異體字를 접하기 시작하던 中古期 新羅人들에게는 특히 더 이러한 字書類들의 活用이 效用性이 보다 더 커서 더욱 그러하였을 것이다. 그런데 이들 『玉篇』·『字統』·『字林』은 각기 담고 있는 書體에 있어서 특징이 完然하였다. 이들 字書에 담긴 書體의 特徵을, 『說文解字』의 경우까지 포함시켜 정리하여 圖表로 작성해 보이면 <表 16>과 같다.

<표 16> 中國 古代 主要 字書의 收錄 漢字 字數 및 書體의 特徵 比較表[101]

字書名	撰者 및 編纂 時期			漢字 字數	書體의 特徵
	撰者	時代	年度		
『說文解字』	許 愼	漢	100	9,353	篆書
『字林』	呂 忱	晉		12,824	隸書
『字統』	楊承慶	後魏		13,734	異體字
『玉篇』	顧野王	梁	543	16,917	楷書

이 <표 16>에서 분명히 드러나듯이 이들 字書의 編纂이 時代順으로는 『字林』・『字統』・『玉篇』順이지만, 앞서 방금 인용한 바대로 『舊唐書』 199 高麗傳의 기록에는 '玉篇・字統・字林'順으로 기록된 것은 그 登載의 基準이 高句麗 당시의 실질적인 활용의 정도에 따른 것으로 여겨지는데[102], 이는 역시 新羅人들에게도 거의 마찬가지였을 듯하다. 특히 新羅의 國家的인 佛敎 受容이 梁과의 외교 관계를 통해서였으므로, 梁의 顧野王이 편찬한 『玉篇』은 楷書를 全的으로 整理하여 담고 있으므로 여느 무엇보다도 중시되었을 가능성이 크며, 그럼에 따라 그 效用性 역시 높았을 것이다. 게다가 『字統』 또한 異體字를 정리한 字書이기에, 당시 中古期 新羅에서 立碑된 金石文 資料에서 異體字가 流行하고 있었음에 비추어, 더더욱 그랬을 것임은 거의 틀림없어 보인다.

新羅 中古期에 이러한 字書들의 活用을 통해서도 그랬지만 한편으로는 『爾雅』의 活用을 통해서도 文字學과 訓詁學이 발달하고 있었다는 사실을 아울러 주목해 마땅하다고 생각한다. 『爾雅』를 外交 文書의 解讀 및 作成에 實質的으로 活用하였던 强首의 活躍이 『三國史記』의 기록에 뚜렷하기

---

101) 封演 撰, 『封氏見聞記』卷2 「典籍」; 王雲五 主編, 『叢書集成』初編, 1936, pp.8-9 및 王鳳陽, 『漢字學』, 吉林文士出版社, 1989, p.532 그리고 胡奇光, 「小學的發展—六朝隋唐時代」, 『中國小學史』, 2005, p.115; 이재석 역, 『중국소학사』, 1997, p.186 참조. 그리고 이 <표 16> 자체는 노용필, 「한국 고대 문자학과 훈고학의 발달」, 『震檀學報』 110, 2010; 『한국고대인문학발달사연구』 (1) 어문학・고문서학・역사학 권, 한국사학, 2017; 新裝版, 2026, p.43의 것을 그대로 옮겨온 것이다.

102) 노용필, 「한국 고대 문자학과 훈고학의 발달」, 2010; 『한국고대인문학발달사연구』 (1), 2017; 新裝版, 2026, p.26.

때문이다.

> 及壯自知讀書 通曉義理 … 遂就師讀孝經·曲禮·爾雅·文選 所聞
> 雖淺近 而所得愈高遠 魁然爲一時之傑 遂入仕 歷官爲時聞人 (『三
> 國史記』 46 强首傳)

이 기록을 통해 强首는, 中國 社會의 實狀를 제대로 파악하고 이해하는
데 크게 도움이 되었을 『爾雅』를 가지고 精進함으로써 그것을 바탕으로
漢文 解讀에 能通해졌을 것이다. 그러고서는 儒敎 經典인 『孝經』, 首篇 「
曲禮」를 위시한 『禮記』 전체는 물론이고 綜合文學書 『文選』을 읽고 활용
하는 수준까지 너끈히 發展하였을 것이다.

强首가 이토록 愛用한 『爾雅』는 전체 2091항목에 걸쳐 모두 4,300개에
달하는 옛말의 해석을 수록한 책으로[103], 단지 言語學的인 部分에만 그치
고 있지 않고 中國 古代 社會의 文物制度에 대한 認識의 변화 사항까지도
포함하고 있다.[104] 더욱이 經典에 대한 訓詁 뿐만이 아니라 中國 古代의
日常生活 用語까지도 포괄하고 있었으므로, 『爾雅』는 中國 古代 社會를
제대로 파악하고 이해하는 데에는 누구에게나 必須的인 書籍이었다.[105]

强首는 이렇듯이 『爾雅』를 愛用함으로써 이후 『三國史記』 46 强首傳의
기록에서와 같이 太宗武烈王의 왕명으로 唐과의 외교문서를 막힘이 없이
解讀하게 되었을[106] 뿐만 아니라, 또 『三國遺事』 2 紀異 文武王法敏 條의
기록에 있듯이 그가 지은 「請放仁問表」를 보고 唐 高宗이 눈물을 흘리며
金仁問을 놓아 보낼 정도로 外交 文書의 作成에도 역시 能通하게 되었던
것[107]이라 여겨진다. 이러한 사실들은 그만큼 强首의 학문적 활동에 『爾

---

103) 王力, 『中國語言學史』, 上海 : 復旦大學出版社, 2006, p.9; 이종진·이홍진
　　공역, 『중국언어학사』, 계명대학교출판부, 1983, p.26.
104) 濮之珍, 『中國語言學史』, 上海 : 上海古籍出版社, 2002; 重印, 2005, p.80;
　　김현철 (외) 共譯, 『중국언어학사』, 신아사, 1997; 제2판, 2006, pp.93-94.
105) 이상의 내용에 대한 정리는 노용필, 「한국 고대 문자학과 훈고학의 발달」,
　　2010; 『한국고대인문학발달사연구』(1), 2017; 新裝版, 2026, pp.45-48 참조.
106) 원문은 "及太宗大王即位 唐使者至 傳詔書 其中有難讀處 王召問之 在王前 一
　　見說 無疑滯".
107) 원문은 "王聞文俊善奏帝有寬赦之意 乃命强首先生作請放仁問表 以舍人遠禹奏
　　於唐 帝見表流涕赦仁問慰送之".

雅』受容의 영향이 지대하였고, 또한 그럴 정도로 新羅의 訓詁學이 당시에 發達했음을 立證해준다고 하겠으며108), 그럼으로써 역시 文字學은 물론이려니와 書法 및 金石學의 發達에도 군건한 基底가 되었을 것이다.

---

108) 노용필, 「신라·발해의 『이아』 수용과 한문학의 발달」, 『한국고대인문학발달 사연구』(1), 2017; 新裝版, 2026, pp.57-58.

[자료] 북한산 진흥왕순수비
이전 관련 신문 기사 정리

(I)『경향신문』

1)「眞興王巡狩碑 移轉」1969년 8월 7일 4면.
2)「北漢山 眞興王 巡狩碑 風化로 크게 磨損」1972년 6월 28일 7면.
　"이 비석은 6·25사변 때 일부 비신이 떨어져나가 시멘트로 이어 놓
았었으나 … "
3)「眞興王巡狩碑 移轉 작업 着手」1972년 8월 10일 5면.
4)「碑峰엔 標石 세워 史蹟으로, 비바람 千4百年 北漢山서 博物館으로
眞興王巡狩碑 옮겨」1972년 8월 16일 7면.
5)「難工事… '1400년'下山, 眞興王巡狩碑 이전 작업 20日까지」1972년
8월 17일 7면.
6)「진흥왕 巡狩碑 景福宮에 옮겨」1972년 8월 25일 7면.

(II)『동아일보』

1)「國寶三호 眞興王순수碑」1972년 6월 28일 7면.
　"6·25 이후 시멘트로 보수해서 세워 놓았던 것이다. 파손된 부분은 시

멘트로 보수했던 남면 하단부로 한자 남짓의 세모꼴로 비신이 떨어져나가고 윗 부분에 비스듬히 금이 가 있어 그대로 두면 작은 힘에도 쓰러질 가능성이 짙어 안전보존 대책이 대두되게 되었다."

2)「북한山서 國立綜合博物館으로 「眞興王巡狩碑」 16日 옮겨」 1972년 8월 11일 5면.

3)「오늘 북한山서 경복宮으로 眞興王순수碑 移轉 작업」 1972년 8월 16일 7면.

4)「眞興王 순수碑 移轉 碑身分離 작업 늦어져」 1972년 8월 17일 7면.

"전혀 예상을 못했던 이들 철쐐기는 지름 1㎝, 길이 5~6㎝ 가량의 것들로 비신과 자연 암반을 이용한 대석 사이에서 비신을 고정시키기 위해 콘크리트로 다져서 박혀 있었는데 모두 파내면 18개 정도는 될 것 같다고 공사 감독을 맡은 張慶浩씨(문화재관리국 연구실 기좌)는 말하고 있다."

5)「眞興王 순수碑 경솔한 移轉」 1972년 8월 19일 5면 李根茂 記者.

"가장 염려했던 비신 상단부의 금이 간 부분도 직경 3㎝ 가량의 굵은 철심이 엇가려서 2개나 들어 있어서 힘센 사람 수명이 일부러 들어 던지기 전에는 까닥도 하지 않은 만큼 안정되어 있다는 것이 판명되었다."

(Ⅲ)『조선일보』

1)「國宝수난, 第3號 신라 眞興王巡狩碑 碑身이 허물어지고 있다」 1972년 6월 28일 7면.

2)「國寶 『巡狩碑』 오늘 國立博物館으로, 北漢山頂 千4百年만에」
1972년 8월 16일 7면.

3)「下山하는 『千4百年』, 眞興王巡狩碑 옮겨지던 날」 1972년 8월
17일 7면. 李俊佑 記者

"비신 아래 부분과 암반을 연결시킨 쇠쐐기는 모두 8개. 25년간 석공일
을 해온 안상덕(安商德·45)씨가 작은 정으로 쪼아 떼어냈다. … 석공 안
씨는 이 비의 보수는 일제 때 한 것으로 추정했다."

(IV)『매일경제』

1)「16日 博物館으로 眞興王 巡狩碑」 1972년 8월 9일 7면.

제4장

신라의 당 태종 「진사명」·「온탕명」 수용과 서법·금석학의 진흥

제1절
서언 : 『삼국사기』 신라본기 관련 기록 검토

新羅의 唐 太宗(출생, 598; 재위 626-649) 「溫湯銘」[1]・「晉祠銘」 受容과 그에 따른 書法・金石學 振興과 관련한 端緒는 『三國史記』 新羅本紀 5 眞德女王 2년(648) 조의 기록에 서술되어 있다. 다음이 그것이다.

(1)伊飡 金春秋와 그의 아들 文王을 唐 나라에 보내 朝貢하였다. [唐의] 太宗이 光祿卿 柳亨을 보내서 郊外에서 그를 맞이하여 위로하였다. 이윽고 [궁성에] 다다르자 [김]춘추의 용모가 영특하고 늠름함을 보고 후하게 대우하였다. [김]춘추가 國學에 가서 釋奠과 講論을 참관하기를 청하자 태종이 이를 허락하였다. 아울러 그 자신이 직접 지은 「溫湯(碑)」와 「晉祠碑」 그리고 새로 편찬한 『晉書』를 내려 주었다.[2]

---

1) 韓國의 『三國史記』와 中國의 『舊唐書』・『冊府元龜』의 기록 모두에는 「溫湯銘」으로 기록된 데에 반해, 오늘날에 이르러서 中國・日本에서는 「溫泉銘」이라 지칭하고 있다. 가장 대표적 사례로 일본의 下中彌三郎, 『唐太宗晉祠銘溫泉銘』, 東京 : 平凡社, 1933과 중국의 魏文源 編, 『晉祠銘・溫泉銘』, 哈爾濱 : 黑龍江美術出版社, 2009 등을 손꼽을 수 있다. 오늘날에 이르러 새로이 채택한 명칭이 아니라 史書의 기록 자체를 따르는 게 역사학적으로 온당하겠으므로 여기에서는 「溫湯銘」이라 표기하고자 한다.
2) 『三國史記』 新羅本紀 5 眞德女王 2년(648) "遣伊飡金春秋及其子文王朝唐 太宗 遣光祿卿柳亨 郊勞之 旣至 見春秋儀表英偉 厚待之 春秋請詣國學 觀釋奠及講論

이러한 기록을 통하여 그 당시 唐을 방문한 金春秋에게 唐 太宗이 "그 자신이 직접 지은 「溫湯碑」와 「晉祠碑」 그리고 새로 편찬한 『晉書』를 내려 주었다."라는 사실을 확인할 수 있다. 여기에서 거론된 자료 가운데 「溫湯碑」는 실물은 전하지 않고 搨本 資料만 전해질 뿐이나 「晉祠碑」는 그 실물이 현재 그대로3) 다음의 <資料 1·2·3>에서 보듯이 전해지고 있다.

<資料 1> 晉祠銘 實物 寫眞4)

    太宗許之 仍賜御製溫湯及晉祠碑幷新撰晉書"

    한편 『舊唐書』 卷199 上 東夷傳 新羅에는 "貞觀二十二年 眞德遣其弟國相伊贊 干金春秋及其子文王來朝 詔授春秋爲特進 文王爲左武衛將軍 春秋請詣國學觀釋奠 及講論 太宗因賜以所制溫湯及晉祠碑幷新撰晉書 將歸國 令三品以上宴餞之 優禮 甚稱."으로 기록되어 있음도 아울러 참조된다.

3) 下中彌三郎, 『唐太宗晉祠銘溫泉銘』, 東京：平凡社, 1933. 伏見沖敬 解說, 西川 寧·神田喜一郎 監修, 『唐·太宗 晉祠銘·溫泉銘』 書跡名品叢刊 38, 東京：二 玄社, 1960; 27刷, 1982. 桃山艸槪 解說, 『唐太宗 溫泉銘 晉祠銘』 書聖名品選 集 9, 東京：株式會社 マール社, 1986.

4) 張元成 編著, 『中國晉祠』, 太原：山西人民出版社, 2003.

<資料 2> 晉祠銘 拓本 寫眞

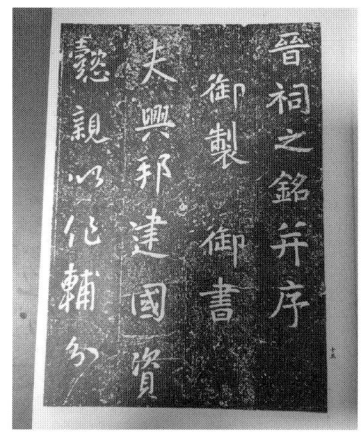

<資料 3> 溫湯銘 拓本 寫眞5)

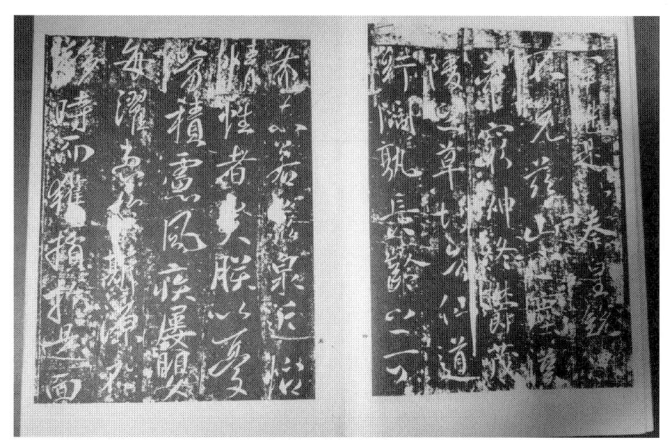

5) 角井博 解說, 『溫泉銘 晉祠銘 唐太宗』 中國法書選 36, 東京：二玄社, 1989.

그러므로 이것의 原文 내용을 면밀하게 분석하면 그것들의 수용을 통한 新羅의 書法 및 金石學의 振興 樣相을 밝혀낼 수 있을 것이라 가늠된다. 더욱이 이에 관한 연구가 지금껏 韓國 史學界에서 발표된 바가 전연 없기에[6], 本稿에서 실행하고자 하는 것이다.

또한 인용하여 제시한 이 기록 (1)의 자체에서 간과해서는 안 될 점은 唐 太宗이 金春秋에게 내려 주었다고 한 '新撰晉書' 즉 "새로 편찬한 『晉書』"가 西晉 4대 54년과 東晉 11대 120년의 일을 기록한 史書였고, 그 가운데 「宣帝紀」・「武帝紀」와 「陸機傳」・「王羲之傳」에 太宗이 史論을 撰한 사실이다.[7] 그중에서도 卷80 「王羲之傳」의 기록 중 '贊曰' 이하의 史論 즉 所謂 '王羲之論'은 唐 太宗이 王羲之 書法 자체에 대해 논평한 것으로 정평이 나 있다는 점[8]은 더더욱 유념해야 옳겠다.

특히 그 序頭에서는 漢字의 기원에 관해 언급하고 나서 "종이를 펼치고 붓으로 점을 찍어" 쓰는 書法이 등장한 이후의 그것에 관하여 서술하였다.[9] 그리고 뒤에서 상론할 바대로 張芝・師宜官・鍾繇・王獻之・蕭子雲 등의 경우를 거론한 다음, 결말 대목에서는 王羲之의 書法에 관한 '讚曰'에서 그야말로 極讚으로 일관하고 있다.[10] 그중에서도 가장 핵심적인 대

---

6) 그렇기 때문에 李丙燾의 1977년 『國譯 三國史記』 출간 이래 출간된 여느 개인의 저술이든 공동작업을 통해 시도된 그간의 『三國史記』 國譯本의 註釋에서도 이에 관련한 구체적인 사항이 摘示된 바가 전혀 찾아지지 않는 실정에 있다. 정구복 (외), 『개정증보 역주 삼국사기』 3 주석편 상, 한국학중앙연구원출판부, 2012, pp.164-165에서도 그러하였고, 그 내용을 대폭 반영하여 가장 최근 2024년 2월에 國史編纂委員會에서 개편이 행해진 한국고대사료 데이터베이스 중 『삼국사기』의 세부 관련 부분에서조차도 여전히 그러하다.

7) 趙克堯・許道勛, 『唐太宗傳』, 北京 : 人民出版社, 2002; 第2版, 2015, p.320 및 pp.330-332; 김정희 옮김, 『당 태종 평전』, 민음사, 2011, p.471 및 pp.486-489.

8) 宋明信, 「이세민 『왕희지전론』의 서예 비평 사상 : 중국서예미학・23」, 『(월간) 서예문인화』 64호, 서울 : 서예문인화, 2007년 2월, pp.68-72.

9) 唐 太宗 李世民, 「王羲之傳」 '贊曰', 『晉書』 卷80; 吳云・冀宇 校注, 『唐太宗全集校注』, 天津 : 天津古籍出版社, 2004, pp. 176-177. 관련 대목의 國譯은 "書契[나무에 새긴 글자]의 興起는 中古부터 비롯되었으나, 繩文[실을 여러 겹 꼰 문자]・鳥跡[새 발자취 모방의 문자]은 보기에 족하지 않다. 나중에는 소박함을 버리고 화려함으로 돌아가서 종이를 펼치고 붓으로 점을 찍어 서로가 다투어 誇示하고 崇尚하여 그 工巧하고 稚拙함을 겨루었다." 原文은 "書契之興, 肇乎中古, 繩文鳥跡, 不足可觀. 末代去朴歸華, 舒箋點翰, 爭相跨尚, 競其工拙."

목을 인용하여 제시하면 다음이다.

　　…… 지극히 좋고 지극히 아름다운 것은 오직 王羲之뿐이로다! ……
　　마음으로 欽慕하고 손으로 追求한 것은 이 사람일 뿐이다.[11]

　　이로써 唐 太宗 자신이 이러한 내용을 서술하여 포함시켜 "새로 편찬한
『晉書』"를 군이 金春秋에게 준 것도, 그 가운데 「王羲之傳」의 기록 중 '贊
曰' 이하의 所謂 '王羲之論'을 내심 강조하기 위함이었을 법하다고 짐작된
다. 아울러 그 자신이 직접 작성한 「溫湯銘」과 「晉祠銘」이 이러한 王羲之
의 書法에 입각한 것이었음을 역시 피력하기 위함이기도 하였던 것으로
보인다.

　　그런데 여기에서 간과해서는 안 될 사실 하나는 唐 太宗의 이러한 「溫
湯銘」·「晉祠銘」·『晉書』 「王羲之傳」 '贊曰'의 작성이 제각각 언제 이루어
졌으며, 그래서 그 작성의 先後 및 影響 관계가 어찌 되는가 하는 점이라
생각한다. 그 작성의 실제 선후 관계를 면밀하게 조사해보니, 방금 앞에서
제시한 인용문 (1)의 『三國史記』 新羅本紀 5 眞德女王 2년(648) 조 기록
에서는 "「溫湯碑」와 「晉祠碑」 그리고 새로 편찬한 『晉書』"로 열거되어 있
어서 그 작성 시기도 그런 순서겠거니 여기기 쉬우나, 실제는 그렇지 않
았음이 드러났다.

　　이들 셋 중에서 우선 房玄齡 등에게 명령한 『晉書』 重修의 개시는 貞觀
18년(644)이고, 「修晉書詔」 하달로 그 완료는 20년(646)이어서[12] 舊本에
서는 '御撰'이라고 했던[13] 唐 太宗의 「王羲之傳」 '贊曰' 역시 「修晉書詔」

10) 『唐會要』 卷40 「書法」의 내용 가운데서는 唐 太宗의 王羲之에 대해 평가한
　　대목을 중심으로 인용하여 기술했음도 참조된다. 그래서 『唐會要』 「書法」 항의
　　이러한 서술 내용을 상세히 인용하면서 牛致功, 「唐太宗心目中的王羲之」, 『陝
　　西師範大學學報』 1998年 第3期; 『唐代碑石與文化研究』, 西安 : 三秦出版社,
　　2002, p.334 및 pp.336-337 등에서 唐 太宗이 王羲之의 書法을 '酷愛'·'崇
　　拜'·'推崇'·'崇敬'했다고 서술한 바를 유념해야 할 듯하다.
11) 原文은 "…… 盡善盡美, 其惟王逸少乎! …… 心慕手追, 此人而已."
12) 倉修良, <晉書>, 「唐設史館修史」, 『中國古代史學史』, 北京 : 人民出版社, 2009;
　　北京 : 商務印書館, 2021, pp.187-189. 雷家驥, <唐太宗的史學修養與貞觀史
　　風>, 「唐朝前期官修及其體制的確立與變化」, 『中國古代史學觀念史』, 北京 : 北京
　　師範大學出版社, 2018, pp.561-567.

하달의 이전에 이미 작성되었을 것이 분명하기에, 가장 앞선 시기의 것이었다. 그것 다음으로 「晉祠碑」는 앞서 제시한 <資料 1> 晉祠銘 實物 寫眞 속의 그 碑額 銘文에 "貞觀廿年正月廿六日"이라 銘記되어 있어 貞觀 20년 (646) 正月의 것임이 입증되며 立碑는 그 翌年 8월에 이뤄졌는데[14], 아마도 唐 太宗이 「王羲之傳」 '贊曰'을 먼저 작성하고 나서 王羲之의 書法에 매료되어 그에 심취하여 그러한 감흥의 토대 위에서 이 銘文을 작성하였던 듯싶다.[15] 그리고 「溫湯銘」은 뒤에서 상론할 바대로 『冊府元龜』에 貞觀 22년(648) 正月 癸卯에 唐 太宗이 작성해서 이를 신료들에게 제시하였다는 기록이 있으므로[16], 셋 중에서는 가장 늦게 작성된 것이었음이 틀림없다.

　　따라서 우선 唐 太宗의 歷代 書法 認識과 王羲之 書法 評價와 관련하여 『晉書』 「王羲之傳」 '贊曰'의 구체적인 서술 내용이 어떠한가를 심층적으로 검증하려고 한다. 그리고 唐 太宗 「晉祠銘」・「溫湯銘」의 내용 구성을 원문과 국역을 함께 제시하며 세밀하게 분석한 후 그것을 토대로 이어서 唐 太宗의 「晉祠銘」・「溫湯銘」 作成의 背景・意圖와 그 書法의 특징이 무엇인지를 규명하겠다. 그런 뒤 唐 太宗의 「晉祠銘」・「溫湯銘」 受容이 新羅의 書法・金石學 振興에 끼친 영향의 樣相을 조망하고자 한다.

---

13) 趙克堯・許道勛, 『唐太宗傳』, 2015, p.320; 김정희 옮김, 『당 태종 평전』, 2011, p.471.
14) 角井博, 「溫泉銘 晉祠銘」, 『溫泉銘 晉祠銘 唐太宗』, 1989, p.10.
15) 牛丸好一, 「晉祠銘見聞記」, 『溫泉銘 晉祠銘 唐太宗』, 1989, p.19 및 森 鵬父, 「帝王の書"晉祠銘"の自由豁達」, 同書, 1989, p.21.
16) 『冊府元龜』 卷113 帝王部 巡幸 3; 『冊府元龜』 第2冊, 臺北:中華書局, 1972, p.1349. 原文은 "貞觀 二十二年 正月 戊戌 幸溫湯 癸卯 御制溫湯碑以示群臣 戊申 還宮."

제2절

당 태종의 역대 서법 인식과 왕희지 서법 평가 : 『진서』「왕희지전」 '찬왈' 분석

唐 太宗 李世民은 『晉書』 卷80의 「王羲之傳」 '贊曰'에서 張芝·師宜官·鍾繇·王獻之·蕭子雲 5명[17]을 거론하면서 이들과 견주어서 王羲之 書法이 가장 탁월함을 설파하였다. 그 내용의 주요 대목을 '贊曰'의 서술 순서대로 인용하여 도표로 정리하니, 아래의 <표 1>과 같다.

<표 1> 唐 太宗의 『晉書』 「王羲之傳」 '贊曰' 內容 分析表

區分		核心 句節
1	書法 發達史 槪略	書契[나무에 새긴 글자]의 興起는 中古부터 비롯되었으(며), …… 종이를 펼치고 붓으로 점을 찍어 서로가 다투어 誇示하고 崇尚하여 그 工巧하고 稚拙함을 겨루었다.[18]
2	張芝 書法 評價	오묘함은 남은 자취를 회복하지 못하였다.[19]
3	師宜官 書	휘장을 매단 기이함은 드물게 남은 자취가 있었다.[20]

---

17) 이들 5명 중 張芝·鍾繇·王獻之·蕭子雲에 관해서는 唐 太宗(재위 626-649) 사망 직전에 태어나 그 이후의 시기에 활동했던 孫過庭(648?-703?)의 著述 『書譜』에 보면 매우 자세하게 언급되어 있어 크게 참고가 된다. 다만 師宜官에 관해서는 그 가운데 "말하자면 師宜官의 高名함에 관해서는 다만 史牒[역사서]에서 著名하였다(若乃師宜官之高名 徒彰史牒)"라고 한 대목에서 알 수 있을 뿐이다. 孫過庭 저, 임태승 역해, 『손과정 서보 역해』, 미술문화, 2008, p.82 및 p.183 참조.

	法 評價	
4	鍾繇 書法 評價	그 형체가 예스럽고 지금과 같지 않으며, 字形은 길어서 法度를 벗어났으니, 대략을 말하면 그것을 허물로 여겼다.21)
5	王獻之 書法 評價	비록 아버지[王義之]의 風格이 있었으나, 특별히 새로운 工巧함은 아니었다.22)
6	蕭子雲 書法 評價	장부의 기개가 없어서, 행마다 봄 지렁이가 얽힌 것과 같고, 글자마다 가을 뱀이 얽힌 것과 같았다.23)
7	王義之 書法 評價	古今을 상세히 살펴서 [石碑에 쓰인] 篆書와 絹絲[에 쓰인 글씨]을 硏磨하고 精進하여 지극히 좋고 지극히 아름다운 것은 오직 王義之뿐이로다! …… 이것을 玩賞하면 倦怠를 느끼지 않고, 이것을 觀覽하면 그 端緖를 알지 못하나, 마음으로 欽慕하고, 손으로 追求한 것은 이 사람일 뿐이다.24)

---

18) 國譯 全文은 "書契[나무에 새긴 글자]의 興起는 中古부터 비롯되었으나, 繩文[실을 여러 겹 꼰 문자]·鳥跡[새 발자취 모방의 문자]은 보기에 족하지 않다. 末期에는 소박함을 버리고 화려함으로 돌아가서 종이를 펼치고 붓으로 점을 찍어 서로가 다투어 誇示하고 崇尙하여 그 工巧하고 稚拙함을 겨루었다." 原文은 "書契之興, 肇乎中古, 繩文鳥跡, 不足可觀. 末代去朴歸華, 舒箋點翰, 爭相跨尙, 競其工拙."

19) 國譯 全文은 "張芝(後漢 末期) 書藝의 오묘함은 남은 자취를 회복하지 못하였으나" 原文은 "伯英臨池之妙, 無復餘蹤."

20) 國譯 全文은 "師宜官(後漢 末期)의 휘장을 매단 기이함은 드물게 남은 자취가 있었다." 原文은 "師宜懸帳之奇, 罕有遺跡. 逮乎鍾王以降, 略可言焉."

21) 國譯 全文은 "鍾繇(151-230)는 비록 당시에 아름답다고 찬사를 받고, 또한 월등히 뛰어났지만, 지극한 아름다움을 논함에는 혹 의심하는 바가 있었다. 가늘고 농염한 것을 배치하고 성글고 조밀함을 분간함에 이르러서는, 노을이 펴지고, 구름이 말리는 것처럼 자연스러워 이의를 제기하는 바가 없었다. 다만 그 형체가 예스럽고 지금과 같지 않으며, 字形은 길어서 法度를 벗어났으니, 대략을 말하면 그것을 허물로 여겼다." 原文은 "鍾雖擅美一時, 亦為回絶, 論其盡善, 或有所疑. 至於布纖濃, 分疏密, 霞舒雲卷, 無所間然. 但其體則古而不今, 字則長而逾制, 語其大量, 以此爲瑕."

22) 國譯 全文은 "王獻之(344-386)는 비록 아버지[王義之]의 風格이 있었으나, 특별히 새로운 工巧함은 아니었다. 글자 형세의 성글고 파리함을 보면 마치 추운 겨울의 마른 나무와 같고, 붓 자취의 구속됨을 보면 마치 엄한 집안의 굶주린 노예와 같다. 마른 나무는 비록 큰 나무의 그루터기일지라도 구부리거나 펴지 못한다. 굶주린 노예는 곧 굴레가 약해도 放縱하지 않는다. 이 두 가지를 겸하는 것이 진실로 筆墨의 병폐로구나." 原文은 "獻之雖有父風, 殊非新巧. 觀其字勢疏瘦, 如隆冬之枯樹;覽其筆蹤拘束, 若嚴家之餓隸. 其枯樹也, 雖槎枿而無屈伸;其餓隸也, 則羈贏而不放縱. 兼斯二者, 故翰墨之病歟!"

王羲之의 書法에 관해 "지극히 좋고 지극히 아름다운 것은 오직 王羲之 뿐이로다!"라고 하여 더할 나위 없을 정도로 극찬한 太宗은 곧이어서는 張芝를 위시한 5인의 서법에 대해 비판하면서 王羲之 書法의 특징을 상론하였다. 다음 대목이 바로 그 핵심 구절이다.

> 이 몇 사람[張芝・師宜官・鍾繇・王獻之・蕭子雲]은 (ⅰ)모두 名譽가 實狀을 뛰어넘었다. …… 그 點과 끌어당기는 (①)[筆劃이] 工巧함을 보면, 마름하여 완성한 奇妙함이 연기가 피어오르고 이슬이 맺히니, (②)形狀은 끊어진 것 같으면서도 이어져 鳳凰이 날아오르고 龍이 서렸으니 (③)形勢가 기운 듯하지만 도리어 곧다. …… (ⅱ)나머지 區區한 類들은 어찌 논할 수 있겠는가!25)

太宗은 張芝 등 5인이 "모두 명예가 실상을 뛰어넘었다(ⅰ)"라고 지적하여 실상보다는 이들의 서법이 명예롭게 평가되었노라고 비판하면서, 그러니 이들 이외 "나머지 區區한 類들은 어찌 논할 수 있겠는가(ⅱ)"라고 반문하여 냉정하게 지적했다. 반면에 王羲之의 書法은 "[筆劃이] 工巧(①)"하여 "形狀은 끊어진 것 같으면서도 이어(②)"지고 "形勢가 기운 듯하지만 도리어 곧다(③)"라고 높이 평가했던 것이다.

王羲之 書法의 분석을 통해 이렇듯이 터득한 要諦를 太宗은 그런 뒤에

---

23) 國譯 全文은 "蕭子雲(488?-549)은 근세에 江表[南朝]에서 이름을 날렸는데, 겨우 글씨를 이룰 수 있었으나, 장부의 기개가 없어서, 행마다 봄 지렁이가 얽힌 것과 같고, 글자마다 가을 뱀이 얽힌 것과 같았다. 王濛(309-347)이 종이에 눕고, 徐偃(漢 武帝 때 博士)이 붓 아래에 앉은 것과 같이, 비록 천 자루의 토끼털 붓이 모지라질지라도, 모아도 터럭 하나의 근력이 없고, 수많은 계곡의 나무껍질을 다 모아도 거둠에 절반의 골력이 없었다. 이로써 아름다움을 퍼뜨린 것이 이름을 함부로 한 것이 아닌가?" 原文은 "子雲近出, 擅名江表, 然僅得成書, 無丈夫之氣, 行行若縈春蚓, 字字如綰秋蛇;臥王濛於紙中, 坐徐偃於筆下;雖禿千兔之翰, 聚無一毫之筋, 窮萬谷之皮, 斂無半分之骨;以兹播美, 非其濫名邪!"

24) 인용한 대목의 原文은 "所以詳察古今, 研精篆素, 盡善盡美, 其惟王逸少乎! …… 玩之不覺爲倦, 覽之莫識其端, 心慕手追, 此人而已."

25) 唐 太宗 李世民,「王羲之傳」,『晉書』卷80; 吳云・冀宇 校注,『唐太宗全集校注』, 天津:天津古籍出版社, 2004, pp. 176-177. 原文은 "此數子者, 皆譽過其實. …… 觀其點曳之工, 裁成之妙, 煙霏露結, 狀若斷而還連;鳳翥龍蟠, 勢如斜而反直. …… 其餘區區之類, 何足論哉!"

그것을 자신의 「筆法論」과 「指法論」에 담아냈던 것으로 여겨진다. 그 가운데서도 각각의 중심 대목은 특히 다음 (Ⅰ)·(Ⅱ)라고 가늠된다.

(Ⅰ)"처음 글을 쓸 때는 보지도 말고 듣지도 말며 걱정을 끊어 정신을 즐겁게 한다. 心이 바르고 氣가 온화하면 오묘한 경지에 이르게 된다. 정신이 바르지 않으면 글자가 삐뚤어지고, 志氣가 온화하지 않으면 字體가 전복되어 마치 魯 나라 祠堂의 祭器처럼 된다."26)

(Ⅱ)"너무 천천히 쓰면 붓 놀림이 느려 힘줄이 없게 되고, 너무 급하게 쓰면 붓 놀림이 빨라 뼈대가 없게 된다. 붓털을 눕히고 붓대를 기울이면 무디고 느려져 살집이 많은 글씨가 된다. 붓을 세우고 붓끝을 곧게 하면 마르고 메말라 뼈대가 드러난 글씨가 된다. 깨달음의 단계에 이르면 마음이 움직이고 손힘이 고르게 된다."27)

太宗 자신이 앞의 「筆法論」에서는 "心이 바르고 氣가 온화하면(心正氣和) 오묘한 경지에 이르게 된다(則契於元妙)(Ⅰ)"라고 해서 '心의 正과 氣의 和'를 중시하여 설파하였음이 그 요점이다. 그리고 뒤의 「指法論」에서는 "깨달음의 단계에 이르면(及其悟也) 마음이 움직이고 손힘이 고르게 된다(心動而手均)(Ⅱ)"라고 함으로써 '悟'를 각별하게 강조하였음이 그 핵심이라 주목된다.

이러한 그가 王羲之의 書로 애호했던 것은 楷書로는 「樂毅論」, 行書로는 「蘭亭敍」, 草書로는 「十七帖」이었는데, 그것들을 두루마리로 表裝해서

---

26) 唐 太宗, 「筆法論」, [淸] 董誥 等編, 『全唐文』 卷10; 『全唐文』 1, 上海：上海古籍出版社, 1993, p.48; 吳云·冀宇 校注, 『唐太宗全集校注』, 2004, p.157. 原文은 "初書之時, 收視反聽, 絶慮怡神, 心正氣和, 則契於元妙. 心神不正, 字則欹斜, 志氣不和, 字則顚仆, 如魯廟之器也." 許道勛, 「宮闈生活與愛好」, 『唐太宗傳』, 2015, p.410; 김정희 옮김, 『당 태종 평전』, 2011, p.612 참조.

27) 唐 太宗, 「指法論」, [淸] 董誥 等編, 『全唐文』 卷10; 『全唐文』 1, 1993, p.48; 吳云·冀宇 校注, 『唐太宗全集校注』, 2004, p.158. 原文은 "太緩者, 滯而無筋; 太急者, 病而無骨. 橫毫側管則鈍, 慢而多肉. 竪筆直鋒, 則干枯而露骨. 及其悟也, 心動而手均." 許道勛, 「宮闈生活與愛好」, 『唐太宗傳』, 2015, p.410; 김정희 옮김, 『당 태종 평전』, 2011, p.613 참조.

좌우에 두고 틈만 나면 手本[글씨본]으로 習字했다고 한다. 또한 王羲之
의 副本 제작에 힘을 기울여 뛰어난 搨書人들에게 명해서 雙鉤塡墨本을
만들어서 近親 및 신하들에게 하사하곤 하였으며, 오늘날 現存하는 王羲
之 관계의 遺墨은 전부 이때의 副本에 由來하는 것으로 널리 알려져 있
다.[28] 그 가운데서도 특히 「蘭亭敍」에 집착이 강해서 스스로 行書를 숙련
하였으며 죽음에 임해서 유언하여 昭陵에 殉葬이 되었다고 전해진다.[29]

---

28) 唐 太宗은 이렇듯이 王羲之의 書를 애호하여, 국력을 기울여서 王羲之 書蹟의
수집에 노력하였는데, 당시에 이미 僞作이 있었던 것 같아 그 鑑定은 魏徵·虞
世南이 담당하게 하고 뒤에는 주로 褚遂良이 그 소임을 담당하게 했을 정도였
다. 角井博, 「溫泉銘 晋祠銘」, 『溫泉銘 搨祠銘 唐太宗』, 1989, p.9. 그리하여 『
唐會要』 卷35 「書法」의 기록에는 "고금의 명필가 鍾繇와 王羲之 등의 진품
1510권을 얻었다(古今工書鍾王等眞迹, 得一千五百一十卷)"라고 하였으며(許道
勛, 「宮闈生活與愛好」, 『唐太宗傳』, 2015, p.409; 김정희 옮김, 『당 태종 평전
』, 2011, p.607 참조), 貞觀 13년(639) 太宗의 勅命에 의해서 王羲之의 書를
集成했고, 그 수는 '2,290紙 13帙 128卷'에 달하였다고도 한다. 牛丸好一, 「晋
祠銘見聞記」, 『溫泉銘 晋祠銘 唐太宗』, 1989, p.18.
29) 許道勛, 「宮闈生活與愛好」, 『唐太宗傳』, 2015, p.409; 김정희 옮김, 『당 태종
평전』, 2011, p.611의 서술에는 『唐會要』 卷20 "昭陵 내부에 東西 行廊을 만
들고 石函을 줄지어 배치했고, 그 석함 안에 鐵匣을 설치하고 鍾繇와 王羲之의
珍品을 보관했다." 『隋唐嘉話』 下 "內設東西廂, 列置石函, 內裝鐵匣, 藏鍾王墨
迹."라고 해서 마치 『隋唐嘉話』의 기록에 鍾繇와 王羲之의 墨跡 자체가 昭陵에
收藏된 듯이 서술하였다. 그렇지만 정작 zh.wikisource.org를 통해 조회해 본
[唐] 劉餗, 『隋唐嘉話』 下의 기록에는 "王右軍『蘭亭序』, 梁亂出在外, 陳天嘉中
爲僧永所得. 至太建中, 獻之宣帝. 隋平陳日, 或以獻晉王, 王不之寶. 後僧果從帝
借搨. 及登極, 竟未從索. 果師死後, 弟子僧辯得之. 太宗爲秦王日, 見搨本驚喜,
乃貴價市大王書『蘭亭』, 終不至焉. 及知在師處, 使蕭翼就越州求得之, 以武德四年
入秦府. 貞觀十年, 乃搨十本以賜近臣. 帝崩, 中書令褚遂良奏:『蘭亭』先帝所重,
不可留. 遂秘於昭陵."라고 되어 있을 뿐이다. 한편 唐 太宗과 昭陵 및 그 碑에
관한 상세한 개설은 外山君治, 「唐太宗と昭陵の碑」, 『書道全集』 7 中國 7 隋·
唐 I, 東京：平凡社, 初版 1刷, 1954; 26刷, 1987, pp.21-26 참조.

제3절

당 태종 「진사명」·「온탕명」의
내용 구성 분석

　　內容 構成을 면밀하게 파악하기 위해 唐 太宗 「晉祠銘」·「溫湯銘」의 全文을 차례로 分析하고자 한다. 「晉祠銘」·「溫湯銘」의 전문 내용이 둘 다 <本文>과 <偈句>로 구분되므로, 그렇게 大別한 후 그 제각각의 내용을 또한 세부적으로 분석하여 그 構成 分析表를 작성하였다. 우선 「晉祠銘」에 관한 것을 제시하면 다음의 <表 1>「晉祠銘」의 內容 構成 分析表이다.

<表 1>「晉祠銘」의 內容 構成 分析表

連番	區分			原文	國譯
1	本文	Ⅰ 晉祠 建立의 歷史 背景	[周公旦·召公奭의] 周王室 建立 顯彰	夫興邦建國傳跡 …… 芳之斯在	무릇 城邦을 흥성하게 하여 國家를 건설하면서 …… 名聲을 전하는 遺蹟이 여기에 있도다.
2			晉國 始祖 唐叔虞의 偉業 讚揚	惟神誕室開之 惟神靈周 …… 一匡之覇業	오로지 唐叔虞[周 武王의 子, 후일의 晉國 始祖]가 周 王室에서 出生하여 …… (晉 文公의)

					한결같은 霸業 開創에 이르렀도다.
3			晉國 三分에 대한 悔恨	既而今運 …… 古革 …… 顯如晦	이후 古今의 國運이 更迭되어 세상사에 변화가 생겨 …… 드러나는 것도 같고 숨겨진 것 같기도 하구나.
4		II 晉祠 讚揚	唐叔虞 晉祠 建築 讚辭	臨汾川而降 …… 流於 星起於 珠樹	汾水 물가에 臨하여 (사람들에게) 降福해 …… 流星이 기이한 樹木에서 일어났도다.
5			晉祠의 四季 絶景 素描	若夫崇峙 山 …… 皎冬夏之 光	그런데 저 崇山의 드높은 언덕 …… 밝은 겨울과 여름의 빛깔이로다.
6			晉祠의 效能 摘示	其施惠也 …… 資四方而靡窮	恩惠를 베풀면 …… 四方에 財物을 베풀어도 가난해지지 않는다.
7			晉祠의 社會機能·自然景觀 敍述	故以衆美攸歸 …… 同上德之誡盈	그래서 많은 훌륭한 선비들이 歸依하는 곳이 되었고 …… 上德은 充滿하기를 警誡한다고 말하는 것과 同一하다
8			晉祠의 地理的神祕性 讚揚	陰澗懷氷 想徽音 其如在	생각하기에 탁한 涇水, 맑은 渭水가 …… 아름다운 音이 일어나는 것으로 像想하노라
9			晉祠의 宗教的效驗性 記述	是以朱轂 朱華豈之 …… 筐篚爲惠	이 때문에 朱紅으로 彩色된 화려한 貴族들의 수레가 …… 어째서 대나무 상자에 담긴 豊盛한 供物의 慈悲 덕분이겠는가
10		III 唐王朝	唐王朝 成立의 宗教的 正當性	昔有隨季昏寔 ……	옛날 隋 末年에 …… 실로 이 神의 功德에 의한 것이었다

			標榜	賴神功	
11		正當性强調	神靈保佑의 祭祀的 效能 祈願	故知茫茫万頃 …… 仰而靈壇肅志	그러니까 끝없이 펼쳐진 大地 …… 靈壇을 바라보며 마음을 다스리는 것이다
12		IV 晉祠保存闡明	晉祠의 無窮한 保存 懇求	若夫照車十二 …… 式刊芳烈, 乃作銘云	저 12대 수레를 비춘다는 [惠王의 珠玉], …… 삼가 명예스러운 功績을 새겨, 그래서 다음의 銘文을 짓노라.
13		i	周王朝와 唐叔虞 讚揚	赫赫宗周 …… 清飈自舉	赫赫하시도다! 諸侯를 封하신 宗主國 周王朝시여! …… 清風을 스스로 舉揚하셨도다
14		ii	諸侯들의 役割 認定	藩屏維寧 …… 不言而信	諸侯들이 宗主國 周王朝를 유지하고 편안하게 하여 …… 發言하지 않아도 信賴하였노라
15	偈句	iii	晉祠 景觀 描寫 (1)	玄化潛流 …… 霞帳晨丹	눈에 띄지 않는 德化가 은밀히 흐르고 …… 노을의 帳幕은 아침에 붉게 물든다
16		iii	晉祠 景觀 描寫 (2)	戶花冬桂 …… 非澄自清	집의 꽃은 겨울 계수나무 …… 맑게 하는 것도 아닌데도 자연스레 清雅해진다
17		iv	神殿 景觀 描寫	地斜文直 …… 載想忠貞	대지는 경사졌어도 물의 무늬는 곧으며 …… 忠義와 貞節을 지킨 사람을 생각하노라
18		v	晉祠의 靈妙 讚揚	濯兹塵穢 …… 神威靡墜	이 먼지와 때를 씻어내고 …… 神과 같은 威力은 墜落하지 않으리라!
19		vi	晉祠의 名譽 永遠 懇求	萬代千齡 …… 芳猷永嗣	천년만년, 이 명예스러운 일을 영원토록 전하자

「晉祠銘」의 <本文>은 <표 1>에서 보이듯이 (Ⅰ)晉祠 建立의 歷史 背景, (Ⅱ)晉祠 讚揚, (Ⅲ)唐 王朝 正當性 强調 그리고 (Ⅳ)晉祠 保存 闡明으로 구성되어 있음이 드러나는데, 이 가운데 (Ⅰ)·(Ⅱ)·(Ⅳ)부분은 晉祠 건립의 역사 배경, 그에 대한 찬양 및 보존 천명의 내용이라서 제목과 부합되므로 그러려니 싶을 뿐 별반 주목되지 않는다고 할 수도 있을 것이다. 그렇지만 (Ⅲ)부분은 唐 王朝의 正當性을 强調하고 있는 대목이기에 매우 이채롭다고 하겠다. 더욱이 그 내용이 '唐 王朝 成立의 宗教的 正當性 標榜'과 '神靈 保佑의 祭儀的 效能性 祈願'으로 되어 있어, 宗教的 및 祭儀的인 측면을 가미하면서도 정치적인 색채를 매우 강하게 드러내고 있다고 판단되기 때문에 그러하다고 하겠다.

이렇듯이 宗教的 및 祭儀的인 측면을 띠면서도 정치적인 색채를 매우 강하게 드러내는 면모는 <偈句>의 일부에서도 역력하다. (ⅲ)晉祠 景觀 描寫 (1)·(2), (ⅳ)神殿 景觀 描寫, (ⅴ)晉祠의 靈妙 讚揚 그리고 (ⅵ)晉祠의 名譽 永遠 懇求 등은 <偈句>에 걸맞는 내용의 구성이라고 가늠되지만, 예컨대 (ⅰ)周 王朝와 唐叔虞 讚揚 및 (ⅱ)諸侯들의 役割 認定 대목은 정치적인 색채를 농후하게 풍기는 것이므로 그렇다. 그리고 보면, 앞 <本文>의 (Ⅰ)晉祠 建立의 歷史 背景 대목 중에서 周公 旦·召公 奭의 周 王室 建立을 顯彰하고 晉國 始祖 唐叔虞의 偉業을 讚揚한 것도 역시 唐 太宗 자신의 執權과 皇位 登極의 배경과 직결된 역사적 사실로써 그것을 높이 평가하면서 이러한 역사적 사실을 그 當代뿐만이 아니라 後世에까지 길이 전파하기 하기 위한 정치적 목적이 이러한 서술 내용에 다분히 설정되어 있었기 때문이라고 여겨진다.

한편으로 이러한 太宗의「晉祠銘」내용의 구성과는 전혀 다른 면모를 드러내는 것은「溫湯銘」의 그것이라 하겠다. 즉「晉祠銘」에는 방금 보았듯이 太宗 자신의 정치적 목적 실현을 위한 내용 서술이 적지 않게 담겨 있는 것과는 전혀 달리「溫湯銘」에는 太宗 자신의 그러한 정치적 목적이 담긴 구절이 전연 찾아지지 않는다. 다음의 <표 2>「溫湯銘」의 內容 構成 分析 表를 통해서 이러한 사실이 살펴진다.

連番	區分			原文	國譯
1	本文	I 溫泉 崇尙	溫泉 崇尙 의 까닭	…… 及 故 …… 其 尙 矣 哉 ……	…… 더불어 …… 한 까닭에 그 숭상함이여 ……
2		II 長壽 所望 과 自負心	長壽에 관한 素望 吐露	雲英 可 以 蠲 災 蕩 穢 …… 其 蹤 訪 者 罕繼	하늘에서 내리는 단비는 재를 떨어내서 더러움을 흘러내리게 하고 …… 그 踪迹을 尋訪하는 자는 繼承함이 드물다
3			太宗 자신의 長壽에 대한 自負心 表出	是以秦 皇 銳 思 未 若 玆 泉 近 怡 情 性者矣	그래서 秦始皇의 생각을 날카롭게 했어도 …… 아직껏 이 溫泉의 가까이에서 本性을 기뻐하는 자에 미치지 못할 것이다
4		III 溫泉 效驗 과 移轉 事實 記述	太宗 자신의 溫泉 治療 效驗 과 溫泉 移轉 事實 記述	朕以 憂 勞 積 慮 …… 徙 舊裁基	朕[唐 太宗]은 근심하면 애썼고 …… 예전 것을 옮겨서 터를 裁斷하였다
5		IV 溫泉 景觀 과 不變 所望	溫泉의 景觀 讚揚	泉涌殿 而 縈 池 …… 疊 浪不稍 其寒	溫泉은 殿에서 솟아나 연못을 적시고 …… 風浪은 그 추위를 조금도 가누지 못하네
6			溫泉의 不變 所望 披瀝	不以古 今 變 質 …… 乃 爲銘曰	옛날이나 지금이나 變質하지 않으며 …… 그러므로 芳碑에 새겨 銘으로 이르노라
7	偈句	i	溫泉 景觀 讚揚	巖 巖秀 岳 …… 吐 岫標 神	바위 울창한 빼어난 山岳은 …… 산봉우리에서 내뿜어서 神을 나타낸다

8	ii	溫泉 靈驗 讚揚	古之不舊 …… 飛炎雪晨	옛것도 이제 옛것 같지 않고 …… 불길이 눈 내린 새벽에 날아오른다
9	iii	溫泉 神祕 讚揚	林寒尙翠 …… 其神靡覿	林野는 추워서 오히려 푸르고 …… 그 神祕는 정면으로 보는 것에 복종케 한다
10	iv	溫泉의 하루 景觀 描寫	落花縟岸 煙騰暮碧	떨어진 꽃은 물가에 물들고 …… 연기는 저녁노을 푸른 옥돌을 타고 오른다
11	v	溫泉 建築物 描寫	疎簷嶺際 風幽響深	처마를 산등성이 옆에 트고 …… 바람이 그윽하면서도 울림은 깊다
12	vi	溫泉의 永遠 懇求	蕩玆瑕穢 …… 芳流無竭	이제 傷處·不潔을 녹이고 …… 香氣의 流布는 枯渴됨이 없으리라

이 <表 2>에 보이듯이 <本文>에서는 (Ⅰ)溫泉 崇尙, (Ⅱ)長壽 所望과 自負心, (Ⅲ)溫泉 效驗과 移轉 事實 記述, (Ⅳ)溫泉 景觀과 不變 所望으로 溫泉 崇尙 자체 및 자신의 長壽 所望과 自負心 등으로 점철되어 있을 따름이다. 그리고 <偶句>에서도 역시 (i)溫泉 景觀 讚揚, (ii)溫泉 靈驗 讚揚, (iii)溫泉 神祕 讚揚, (iv)溫泉의 하루 景觀 描寫, (v)溫泉 建築物 描寫, (vi)溫泉의 永遠 懇求 등 溫泉 자체와 관련된 내용의 서술만으로 국한되어 있었을 뿐이다.

이처럼 「溫湯銘」에는 太宗 자신의 정치적 목적이 담긴 어떠한 구절도 전연 찾아지지 않아서, 「晉祠銘」에 太宗 자신의 정치적 목적 실현을 위한 내용 서술이 적지 않게 담겨 있는 것과 완연히 다르다. 따라서 이러한 점이 「晉祠銘」과 「溫湯銘」의 內容 構成에서 곧 각각의 個別性이라 하겠다.

제4절

당 태종 「진사명」·「온탕명」 작성의
배경·의도와 그 서법의 특징

唐 太宗이 「晉祠銘」과 「溫湯銘」을 作成한 각각의 背景 및 意圖는 과연 무엇이었을까, 이 점을 밝히기 위해 우선 「晉祠銘」·「溫湯銘」 <本文>의 내용을 분석하여 구체적으로 살펴보도록 하겠다. 아울러 이미 앞서 제시한 <資料 2> 晉祠銘 拓本 寫眞 및 <資料 3> 溫湯銘 拓本 寫眞을 비교해보면 그 書法의 個別性이 사뭇 강하다고 가늠되므로, 그 각각의 특징이 과연 무엇인지 또한 규명해보고자 한다.

1)「晉祠銘」作成의 背景·意圖와 그 書法의 特徵

(1)「晉祠銘」作成의 背景과 意圖

오늘날 山西省 太原市 懸瓮山麓에 자리 잡고 있는 晉祠의 주변이 옛날에는 唐國이라고 불렸고, 西周 成王의 弟 叔虞가 이 땅에 領主로 봉해졌었다. 그의 아들 燮이 세력을 확대해서 晉水부터 汾水 上流까지 지배하면서 國名을 晉으로 바꾸었고, 叔虞에게 祭를 지내는 堂으로써 세운 것이 唐叔虞祠로, 곧 오늘날 晉祠의 前身이다.[30]

훗날 隋朝를 타도하려 擧兵할 때 李淵·李世民 父子가 토지의 守護神 唐叔虞의 신비로운 힘을 얻기 위해 晉祠에 참배하며 기도를 바쳤었다. 그리고 隋를 멸망시킨 후에는 王朝名을 唐으로 칭하였다. 그러므로 晉祠의 땅은 곧 唐 帝國의 發祥地라고 할 수 있다.[31]

그러나 太宗은 貞觀 19년(645) 12월 高句麗 遠征에 실패하였고, 長安으로의 歸路에 失意에 빠진 데다가 건강도 상해서 제2의 고향인 太原에서 休養을 취하였다. 하지만 쉽사리 건강이 회복되지 않자 이듬해 正月 30년 전 隋朝를 打倒할 때 커다란 加護를 얻었던 唐叔虞祠를 방문하였다.[32] 그

---

30) 이러한 사실이 담긴 「晉祠銘」 대목의 國譯 "오로지 唐叔虞[周 武王의 子, 후일의 晉國 始祖]가 周 王室에서 出生하여 (西周의) 鄂都(오늘날의 陝西省 戶縣東)에서 誕生하였으니 皇室의 支派이자 北極星의 分枝로서 仁義를 治理로 企劃하여 행동을 謹愼하고 正道를 遵守하였다. (그의 品行이 高尙하여) 해와 달을 負擔함을 몸소 삼고 高明한 資質을 附着하였으며, 大海를 包括하여 度量으로 삼았고, 너르고 윤택한 資質을 體得하였다. 德望이 곧 民을 尊崇하였으며, 名望이 오직 國家의 典範이었으므로 隆盛과 國運에 협력할 수 있었고 晉國 700년의 커다란 기틀을 보좌하고 도와서 빛을 비춰 城邦을 모아 國家를 유지하며 (晉 文公의) 한결같은 霸業 開創에 이르렀도다." 原文 "惟神誕靈周室, 降德鄂都; 疏派天潢, 分枝璇極. 經仁緯義, 履順居貞. 揭日月以爲躬, 麗高明之質; 括滄溟而爲量, 體弘潤之資. 德乃民宗, 望惟國範. 故能恊隆鼎祚, 贊七百之洪基; 光啓維城, 開一匡之霸業."

31) 牛丸好一, 「晋祠銘見聞記」, 『溫泉銘 晋祠銘 唐太宗』 中國法書選ガイド 36, 東京: 二玄社, 1989, pp.14-15.

32) 이러한 사실이 담긴 「晉祠銘」 대목의 國譯 "옛날 隋 末年에 紀綱이 무너지고 四海에 風波가 沸騰하여 三光[日·月·星]도 빛남을 거두었다. 先皇[高祖 李淵]은 千年의 善美한 稱號를 물려받아 八百의 諸侯들이 다투어 모였을 때, 誠心을 다하여 뛰어난 福을 祈求하였다. 이에 처음으로 軍隊에 告하여 神邦에서 뜻을 이루어 擧兵하여 疾風·雷電 같이 멀리까지 말을 달려 天地를 籠括하여 멀리까지 掩襲하고, 한 번의 전투로 크게 確定하여 六合[天地四方]을 一家로 삼았도다. 符節에 合致되었으니 天命은 明確하였다고 말할 수 있으며, 大業을 잘 繁昌시킨 것은 실로 이 神의 功德에 의한 것이었다." 原文 "昔有隨昏季, 綱紀崩淪, 四海騰波, 三光戢要. 先皇襲千齡之徵號, 膺八百之先期, 用竭誠心, 以祈嘉福. 爰初鞠旅, 發跡神邦. 擧風電以長驅, 籠天地而遐掩. 一戎大定, 六合爲家. 雖

리고 정월 26일에 「晉祠銘」을 撰하고 揮毫하였다. 이때가 태종의 나이 49세로 皇帝로서는 絶頂期였지만, 遠征의 실패와 風疾 등 여러 가지 질병으로 고통받으면서 先祖를 回顧하고 晉祠의 靈威를 賞讚하는 복잡한 심리상태에서 「晉祠銘」을 작성하였던 것이라 하겠다.[33]

이 당시 태종은 '唐叔虞의 神靈'에게 의지하여 '天子의 獨運이며, 不可思議한 幸運'이라도 누리고 싶었던 마음이 간절하였던 것 같다. 이러한 태종 자신의 심정을 숨김없이 잘 드러내는 대목은 「晉祠銘」<本文> 가운데 다음이라 읽힌다.

> (A1)①汾水에 臨하여 降福해 山水에 晉祠 神廟를 建築하여 唐叔虞의 神靈이 居住하도록 해서, (道家에서 말하는 天上의) 9층 黃金闕이 (神仙이 사는) 蓬萊山을 이미 陋醜하다고 輕視하며, (傳說에서 天帝와 仙人이 산다는) 천길 玉樓가 崑崙山 위의 閬苑을 奇異하지 않다고 부끄러워하였고, 지는 달이 풍성한 筵席에 머무르며 流星이 기이한 樹木에서 일어났도다.[34]
> (A2)비록 根本은 自然의 작용에 근거한 것이더라도 또한 ②成功은 神의 도움을 받지 않으면 안 되니, 어찌 天子의 獨運이며, 不可思議한 幸運에 의하지 않았겠는가. 그러므로 報答 받지 못할 말에 의한 것도 아니고, 報答 받지 못할 德에 의한 것도 아니다. 그 때문에 ③옛날의 足跡을 찾아 大恩에 報告하고 祭를 지내고, 汾水에 臨하여 마음을 씻고 靈壇을 바라보며 마음을 다스리는 것이다.[35]

요컨대 태종은 "汾水에 臨하여 降福해 山水에 晉祠 神廟를 建築하여 唐叔虞의 神靈이 居住하도록 해서(A1①)" "成功은 神의 도움을 받지 않으면 안 되니, 어찌 天子의 獨運이며, 不可思議한 幸運에 의하지 않(A2②)"을 수 없어서 "옛날의 足跡을 찾아 大恩에 報告하고 祭를 지내고, 汾水에 臨

應籙受圖, 彰於天命; 而克昌洪業, 寔賴神功."
33) 牛丸好一, 「晋祠銘見聞記」, 『溫泉銘 晋祠銘 唐太宗』, 1989, pp.15-16.
34) 原文 "臨汾川而降祉, 構仁智以棲神. 金闕九層, 鄙蓬萊之已陋; 玉樓千仞, 恥崐閬之非奇. 落月低於桂筵, 流星起於珠樹."
35) 原文 "雖立本於自然, 亦成功而假助, 豈大寶之獨運, 不資靈福者乎. 故無言不酬 無德不報. 所以巡往跡賽洪恩 臨汾水而濯心 仰靈壇而肅志."

하여 마음을 씻고 靈壇을 바라보며 마음을 다스리는 것(A2③)"임을 스스로 吐露하고 있다고 보인다. 그 자신의 이러한 修辭의 핵심은 晉祠를 建造한 목적은 唐叔虞의 仁治를 기념할 뿐만 아니라 또한 그의 福佑를 구하기 위함이었음을 고백한 것이라 하겠으며, 내심으로는 唐 건국 후 특별히 貞觀之治 이래에 대해 옛날 즉 唐叔虞 시절보다 太宗 자신의 당시가 더 성공하여 그 功績이 천년 가기를 바라고 있음을 드러낸 것이라 가늠된다.

(2)「晉祠銘」 書法의 특징 :
王羲之 筆法의 飛白·行草 俱現

「晉祠銘」의 題額 "貞觀廿年正月廿六日" 3行 9字는 年月日만으로 額으로 삼은 게 異例일 뿐아니라 現存하는 飛白書로서는 가장 오래된 例로 손꼽히는데36), 이 '飛白'이란 먹물을 조금 묻혀 붓을 놀리는 서예 예술로, 字體가 웅건하고 노련하며 붓 자국에 흰색 잔줄이 생기기 때문에 이러한 이름이 붙여진 것이었다.37) 세찬 기질이 가득 차 넘쳐서 裝飾性을 느낄 수 없는 이 太宗의 飛白書는, 現存하지 않는 王羲之의 姿態를 조금이나마 확실한 형태로써 이해할 수 있는 귀중한 것이라는 평가를 받는다.38) 그러므

---

36) 牛丸好一, 「晋祠銘見聞記」, 『溫泉銘 晋祠銘 唐太宗』 1989, p.17.

37) 趙克堯·許道勛, 『唐太宗傳』, 2015, p.410; 김정희 옮김, 『당 태종 평전』, 2011, pp.611-612. 이 '飛白'에 대해서 諸橋轍次, 『大漢和辭典』 卷12, 東京 : 大修館書店, 初版, 1959; 縮刷版 第二刷, 1968, p.367에서는 "書體の名. 後漢の蔡邕の始めた書法."이라고 해설한 후 [唐]張懷瓘의 『書斷』 卷上에서 "案飛白者, 後漢左中郎將蔡邕所作也. 王隱·王愔並云：飛白變楷制也. 本是宮殿題署, 勢既徑丈, 字宜輕微不滿, 名爲飛白. 王僧虔云：飛白, 八分之輕者." 대목을 인용하였고, 『漢韓大字典』, 서울 : 民衆書館, 初版, 1966; 三版, 1967, p.1363; 全面改訂·增補版, 民衆書林. p.2270에서는 아마도 이것을 참조한 듯 "八書體의 하나. 八分과 비슷한데 筆勢가 나는 듯하고, 붓자죽이 비로 쓴 자리같이 보이는 書體임. 後漢의 蔡邕이 시작했음."이라고 풀이하였다. 하지만 高大民族文化研究所 中國語大辭典編纂室 編, 『中韓辭典』, 서울 : 高大民族文化研究所, 初版, 1989, p.688; 全面 改訂 二版 二刷, 2006, p.572에서는 "먹을 적게 하여 붓 자국에 흰 잔줄이 생기게 쓰는 書體"라고 하였는데, 이것이 的確한 槪念 規定이라고 판단되어 이를 채택한다.

로 太宗은 飛白이라는 일종의 특별한 書法에도 熟練되었고, 그의 飛白으로서는 이것이 唯一한 遺品이다.[39]

「晉祠銘」 題額의 이러한 飛白 이외에 <本文>과 <偈句>는 모두 行草[40]이다. 이때까지 碑碣의 文字는 전부 篆隸 혹은 楷書에 국한되었지만, 太宗에 이르러 처음으로 王羲之風의 '行書碑'가 출현하였을 뿐만 아니라 특히 唐代에 있어서 '行草碑' 流行의 발단이 되었다는 이유에서 이 碑가 現存 最古의 行書碑 중에서도 특히 行書와 구별되는 行草[41]로 작성한 行草碑가 분명하다.[42]

한편 「晉祠銘」 중 碑陰에는 唐 太宗을 수행했던 重臣 長孫無忌, 蕭瑀, 李勣, 張亮, 李道宗, 楊師道, 馬周 7인의 職銜姓名이 刻字되어 있는데[43],

---

38) 牛丸好一, 「晋祠銘見聞記」, 『溫泉銘 晋祠銘 唐太宗』, 1989, p.19.

39) 日比野丈夫, 「解說」, 中田勇次郎 責任編集, 『豪華普及版 書藝藝術』 第三卷, 東京 : 中央公論社, 1975, p.180.

40) 이 '行草'의 概念 規定은 諸橋轍次, 『大漢和辭典』 卷10, 東京 : 大修館書店, 初版, 1959; 縮刷版 第二刷, 1968, p.141에서, "①行書와 草書. 書體를 이름. ② 行書로 草書에 가까운 것. [翰林粹言] 行書로 草書도 아니고 眞書[楷書]도 아니며 眞書[楷書]를 겸하면 이르기를 '眞行'이라 하고 草書를 띠면 '行草'라고 이른다. [金石林緒論]行草는 二王[王羲之・王獻之]의 帖 속에서 약간씩 멋대로 쓴 書體, 孫過庭의 『書譜』 類와 같음이 이것이다(原文 ①行書と草書. 書體をいふ. ②行書の草書に近いもの. [翰林粹言]行書非草非眞, 兼眞謂之眞行, 帶草謂之行草. [金石林緒論]行草, 如二王帖中稍縱體, 孫過庭書譜之類, 是也)"라고 한 바 중에서 ②부분의 서술 내용에 따른다. 더욱이 高大民族文化研究所 中國語大辭典編纂室 編, 『中韓辭典』, 高大民族文化研究所, 初版, 1989에는 항목 자체가 설정되지 않았으나 全面 改訂 二版 二刷, 2006, p.2247에는 항목을 설정하고 "행초. 행초서. 행서와 초서 중간의 서체."라는 설명이 있는데, 이 가운데 "행서와 초서 중간의 서체"라고 규정했음도 참조하였다.
그리고 王羲之 '行草'의 구체적인 면면은 鄭曉華 主編, 『王羲之王獻之行草書字典』, 上海 : 上海辭書出版社, 2015. '行草'의 구체적인 章法 및 그 書集으로는 楊再春, 『行草章法』, 北京 : 北京体育大学出版社, 2017 및 于魁榮・周陽 主編, 『米芾行草書集字帖』, 北京 : 榮寶齋出版社, 2013 등을 참조하시라.

41) 王羲之의 書法 가운데 行書와 行草의 비교에 대해서는 특히 張恒國 主編, 『王羲之行書』, 北京 : 化學工業出版社, 初版, 2015; 3刷, 2017 및 鄭曉華 主編, 『王羲之王獻之行草書字典』, 上海 : 上海辭書出版社, 2015를 참조하시라.

42) 日比野丈夫, 「解說」, 『豪華普及版 書藝藝術』 第三卷, 1975, p.180 및 角井博, 「溫泉銘 晋祠銘」, 『溫泉銘 揖祠銘 唐太宗』, 1989, pp.10-11 참조.

43) 日比野丈夫, 「解說」, 1975, p.177의 上段에 이 碑陰의 搨本 사진이 편집되어 있어 매우 유용하다.

그 書體가 각기 다른 것은 각자 自筆로 작성한 문서를 바탕으로 刻字한 데에 따른 결과일 듯하다. 이들의 書體도 모두 行書로 각 개인 字體의 個別性이 잘 드러나므로, 이 역시 역사적 의미가 적지 않다고 말할 수 있다. 아울러 이러한 이들 7인 重臣의 行書 字體를 太宗의 그것과 대비해볼 때 太宗의 王羲之體 行草書가 지니는 특징이 이로써 더욱 확연히 드러난다고 해야 옳겠다.

2)「溫湯銘」作成의 背景·意圖와 그 書法의 特徵

(1)「溫湯銘」作成의 背景과 意圖

「溫湯銘」의 文中에 作者 스스로를 '朕'이라 칭하고, 碑面에서 太宗 자신의 本名 '世'·'民' 文字에 闕劃이 없어 避名하지 않은 점44)이 입증되었을 뿐만 아니라 더구나 筆致가 「晉祠銘」과 흡사하므로 太宗의 御撰·御書라고 羅振玉에 의해 主唱되었고, 오늘날에는 通說이 되었다.45) 그리고 溫湯碑가 실제로 貞觀 22년(648) 정월에 세워졌으니까, 앞서 『三國史記』新羅本紀 5 眞德女王 2년(648) 조의 기록에서 본 바대로 같은 해 12월에 金春秋에게 주었던 「溫湯銘」은 분명히 그것의 榻本임이 틀림없다.46)

따라서 「溫湯銘」은 貞觀 22년(648) 正月 太宗이 臨潼縣 驪山에 [秦] 始皇帝이 건설한 溫泉47)에 持病인 中風을 치유하려고 방문해서, 그 효능

---

44) 이러한 唐 太宗 李世民의 避諱와 관련한 문헌 자료의 상세한 정리는 [淸] 周廣業, 「帝王 十二 唐」, 『經史避名彙考』(上), 北京 : 北京圖書館出版社, 1999; 『經史避名彙考』, 臺北 : 明文書局, 1987, pp.224-232 참조.
45) 角井博, 「溫泉銘 晉祠銘」, 1989, p.12.
46) 日比野丈夫, <溫泉銘>, 「圖版 釋文·解題」, 『豪華普及版 書藝藝術』 第三卷, 1975, p.188.
47) 이 臨潼城 驪山에 있던 원래의 溫泉은 [周] 幽王이 臨潼城의 背山臨水의 자연환경을 이용하여 화려하고 웅장한 宮苑으로 麗宮을 세우면서 개발하였으며, [秦] 始皇帝가 都邑으로 咸陽을 건설한 이후 이 驪山溫泉을 그 자신의 '御洗之

을 탄복해서 碑를 제작하고 직접 筆을 휘둘러서 碑에 刻字한 것임이 분명하다.48) 이러한 사실의 구체적인 면모는 비문의 내용 중 다음의 대목에서 확연하다.

朕[唐 太宗]은 근심하면서 애썼고 中風에 여러 번 걸려 每年 患部를 이 [溫泉의] 根源에서 씻으며 세월을 보내면서 損傷을 治療하였노라. 이에 山을 향하여 건물을 지었으며 예전 것을 옮겨서 터를 裁斷하였다.49)

여기에서 태종 자신이 중풍에 여러 번 걸려 이 온천에 매년 와서 씻으며 치료해온 사실을 그대로 서술하고, 이곳에 애초부터 있었던 [秦] 始皇帝의 "예전 것을 옮겨서 터를 裁斷하였다"라고 밝힌 점도 함께 주목된다. 태종의 이러한 내면에는 不老長生 곧 長壽에 대한 염원이 간절하였음이 뚜렷한데, 아래의 두 대목에 특히 잘 담겨져 있다.

(B1)하늘에서 내리는 단비는 재를 떨어내서 더러움을 흘러내리게 하고, ⓐ[不老長生의 仙藥인] 金漿·玉液은 神을 기쁘게 해서 長壽를 머무르게 한다. 그렇다고 노을에 타고 오르고 안개를 밟으나, ⓑ그 技巧를 推仰하는 자는 찾기 어렵고, 鳳凰에 計策을 쓰고 난새를 쫓아도 ⓒ그 踪迹을 尋訪하는 자는 繼承함이 드물다.50)
(B2)그래서 ㉮秦始皇의 생각을 날카롭게 했어도 秦山의 먼지를 피하지 못했고, ㉯漢武帝의 정신을 다 하도록 했어도 끝내 茂陵의 풀을 울창하게 했도다. 그러므로 ㉰仙道를 안다는 것이 어려워 ㉱누구든 長壽하더라도 이를 희망하지만, ㉲아직껏 이 溫泉의 가까이에서 本性을 기뻐하는 자에 미치지 못할 것이다.51)

地'로 완성하였던 것이었다. 李志華, 「溫泉療養旅遊勝地」, 『中國的溫泉』, 西安 : 陝西人民出版社, 1985, p.76.
48) 吉川蕉仙, 「溫泉銘に學ぶ"書寫の姿勢"」, 『溫泉銘 晋祠銘 唐太宗』 中國法書選 ガイド 36, 東京 : 二玄社, 1989, p.26.
49) 原文 "朕以憂勞積慮 風疾屢嬰. 每濯患於斯源 不移時而獲損. 於是面山開宇 徙舊裁基."
50) 原文 "雲英可以蠲災蕩穢 金漿玉液可以怡神駐壽. 然而攀霞履 霧仰其術者難尋. 策鳳駈鸞 訪其蹤者罕繼."
51) 原文 "是以秦皇銳思 不免玆山之塵. 漢帝窮神 終鬱茂陵之草; 故知仙道紆闊 孰長齡之可希. 未若玆泉近怡情性者矣."

(A1)의 "[不老長生의 仙藥인] 金漿·玉液은 神을 기쁘게 해서 長壽를 머무르게 한다(ⓐ)"라는 대목과 (B2)의 "仙道를 안다는 것이 어려워 누구든 長壽하더라도 이를 희망하지만(㉣)"이라는 대목의 서술은 唐 太宗 자신의 長壽를 바라는 「溫湯銘」 작성의 의도를 그대로 잘 드러내고 있다고 하겠다. 그만큼 그는 여러 번 걸렸던 중풍에서 벗어나 장수하고픈 생각이 절박하였음을 이 대목에 고스란히 담아냈다고 하겠다.

또한 (A1)의 "그 技巧를 推仰하는 자는 찾기 어렵고(ⓑ)"와 "그 踪迹을 尋訪하는 자는 繼承함이 드물다(ⓒ)"라는 지적은 (B2)의 "仙道를 안다는 것이 어려워(㉣)"라는 지적과 상통하는 바로, 이럴 정도로 仙道를 안다는 것 자체가 지극히 어려운 경지라는 것을 드러내고 있다고 보인다. 그렇지만 唐 太宗 자신은 "泰山의 먼지를 피하지 못했"던 '秦始皇의 생각(㉮)'과 "끝내 茂陵의 풀을 울창하게 했"던 '漢武帝의 정신(㉯)'을 능가하였으니, 그들도 "아직껏 이 온천의 가까이에서 本性을 기뻐하는 자에 미치지 못할 것(㉰)"임을 표방하여 "아직껏 이 온천의 가까이에서 본성을 기뻐하는 자" 곧 자신은 "이 온천의 가까이에서 본성을 기뻐하"고 있다는 자부심을 강하게 드러내고 있는 것이라 여겨진다. 그리고 이것이 바로 唐 太宗의 「溫湯銘」 작성과 溫湯碑 건립의 궁극적인 의도였다고 하겠다.

(2)「溫湯銘」書法의 特徵 : 생동감 넘치는 行草의 熟達

「晉祠銘」과 「溫泉銘」의 行草를 견주며 분석해 볼 때, 세련되고 다양한 用筆과 자유로운 造型을 자랑하는 「溫泉銘」이지만, 이러한 一連의 特徵은 「晉祠銘」의 각각의 文字와의 對比를 통해 더욱더 분명하게 드러난다. 특히 '天地'·'無窮'·'古今' 등과 같은 熟語를 나란히 놓고 보면, 「晉祠銘」의 行草는 어디까지나 整然하고 차분히 자리 잡은 韻致가 格調의 높음을 전해주는 데에 비해, 「溫泉銘」의 行草는 生動感 넘치는 光輝가 있다고 하겠다.[52]

---

52) 吉川蕉仙, 「溫泉銘に學ぶ"書寫の姿勢"」, 『溫泉銘 晉祠銘 唐太宗』, 1989,

한편 「晉祠銘」과 「溫泉銘」을 비교하며 잘 살펴보면, 太宗의 書寫 습관으로 보이는 結體 상에서의 독자적인 패턴은 공통이며, 「晉祠銘」은 王羲之의 用筆・結體의 精巧함에 가장 肉迫하며 王羲之를 讚揚하고 崇仰하는 太宗의 생각을 誇示하지만, 「溫泉銘」에 보이는 直・曲의 정교한 사용의 분배도 그 根源은 결국 王羲之의 筆力의 밸런스에 있었다는 것이 명확하다고 여겨지기도 한다.53) 그렇지만 동시에 "豪快하게 天下에 君臨하던 勇者 太宗의 자신에 가득 찬 噴出"이라서, 이 「溫泉銘」의 行草 만큼 "드높이 특징을 강조하는 作品도 稀少한 것이었다고 말하지 않을 수 없다.54)"라는 평가도 있을 정도이다.

　　pp.29-30.
53) 吉川蕉仙, 「溫泉銘에 學ぶ "書寫の姿勢"」, 1989, p.29.
54) 吉川蕉仙, 「溫泉銘에 學ぶ "書寫の姿勢"」, 1989, p.31.

제5절

결어 : 당 태종「진사명」·「온탕명」수용과
신라 서법·금석학의 진흥

『三國史記』新羅本紀 5 眞德女王 2년(648) 조의 기록에 신라 使臣에게 唐 太宗 "그 자신이 직접 지은 「溫湯(碑)」와 「晉祠碑」 그리고 새로 편찬한 『晉書』를 내려 주었다."라고 한 이래로 新羅에서 「晉祠銘」·「溫湯銘」이 어떻게 전수되어 내려왔는가에 관한 기록은 일체 찾아볼 수가 없다. 다만 高麗 初의 崔光胤이 지은 「原州 興法寺址 眞空大師塔碑」의 글 가운데 다음의 대목만이 전해질 뿐이다.

> 高麗國 原州 …(결락)… 臣 崔光胤이 敎書를 받들어 (唐) 太宗의
> 글을 集字하여 …(결락)…55)

여기에서 金石文 원문의 "集 太宗文" 대목은 "(唐) 太宗의 글을 集字하여 (글을 지었다)"라고 새겨지는데, 이 '集字'의 방법은 '榻書'를 지칭한 것

---

55) 崔光胤, 「原州 興法寺址 眞空大師塔碑」; 許興植, 『韓國金石全文』 上世 上, 亞細亞文化社, 1984, p.308. 李智冠, 『校勘譯註 歷代高僧碑文』 1 高麗篇, 伽山文庫, 1994, p.160 및 p.168. 원문은 "高麗國原州 …(缺落)… 臣崔光胤奉 敎集太宗文 …(缺落)…."

으로, 太宗이 王羲之 書法을 익히기 위해 뛰어난 搨書人들에게 명해서 그 랬듯이 "所謂 雙鉤塡墨法으로 筆跡을 밑에 투명한 종이를 깔고 複寫해서 副本을 제작한 것56)"임을 말하는 것이다. 이 기록으로써 唐 太宗의 「晉祠 銘」과 「溫湯銘」 둘 다 新羅의 사신들에 의해 眞德女王 2년(648)에 수용 된 이래 역시 같은 이 '雙鉤塡墨法'으로 '集字'되어서 이후 高麗 初 崔光胤 당시까지도 傳授되었을 것으로 여겨진다.57)

이와 같은 高麗初의 崔光胤 이전에 그보다 앞서 唐 太宗이 王羲之 書法 의 行草로 「晉祠銘」과 「溫湯銘」을 작성한 것을 같은 방법으로 익혀서 唐 太宗 못지않게 王羲之의 行草 書法을 발휘하였던 인물은 新羅의 金生이었 다. 金生의 行草가 王羲之의 그것에 흡사하여 '神(의 경지)에 들은(皆入神 ①)' '神妙한 글씨(妙筆③)'였다는 평가를 宋의 使臣 楊球 등에게서 들은 사실을 전해주는 『三國史記』 「金生傳」의 기록은 다음이다.

> 어려서부터 글씨를 잘 썼는데, 평생 동안 다른 기예는 배우지 않 았다. 나이가 여든이 넘어서도 붓을 잡고 쉬지 않았다. (①)隸書 [楷書]·行草가 모두 神(의 경지)에 들었다. 지금[고려]도 때때로 친필이 있는데, 학자들이 전하여 그것을 보배로 여긴다.
> 崇寧 연간에 學士 洪灌이 進奉使를 따라 宋나라에 들어가 汴京에 묵었는데, 그때 翰林 待詔 楊球와 李革이 황제의 칙명을 받들고 숙소에 왔다. 그림 족자에 글씨를 썼는데, 홍관이 (②)金生의 行 草 1권을 그들에게 보여 주었다. 두 사람이 크게 놀라 "오늘 王 右軍이 손수 쓴 글씨를 보게 될 줄 몰랐다."라고 말하였다. 홍관

---

56) 日比野丈夫, 「解說」, 『豪華普及版 書藝藝術』 第三卷, 1975, pp.179-180.
57) 이러한 면모에 대해서는, 日比野丈夫, <溫泉銘>, 「圖版 釋文·解題」, 『豪華普 及版 書藝藝術』 第三卷, 1975, p.188에서 "太宗의 書跡은 朝鮮에서 대단히 尊 重되었던 것으로 보이며, 高麗의 興法寺眞空大師塔碑는 太宗의 筆跡에서 文字 를 採集해서 刻字되었다. 이것은 高麗 太祖 23년(940) 太祖가 직접 문장을 짓 고 崔光胤에게 命하여 集字하게 한 것이지만, 晉祠銘이나 溫泉銘이 그 材料가 되었음은 의심의 여지가 없다."라고 지적한 바가 있다.
한편 崔仁渷의 長子 崔光胤이 集字한 이러한 「興法寺址眞空大師塔碑」(940)에 관해 정현숙, <신라의 왕희지 행서와 그 집자비의 성행>, 「행서의 출현과 성행 」, 『통일신라의 서예』, 다운샘, 2022, p.125에서, "신라의 집자비 건립의 전통 은 고려까지 이어져 왕희지뿐만 아니라 당 태조의 글씨도 집자하게 된다. …… 648년 신라에 전해진 太宗의 「晉祠碑」(646)와 「溫湯碑」(648)가 모사본의 형태 로 고려 초까지 전해져 내려왔음을 시사한다."라고 하였음도 역시 참조가 된다.

이 "아니오. 이것은 신라 사람 김생이 쓴 것이오."라고 말하였다. 두 사람은 웃으면서 "(③)천하에 右軍을 제외하고 어찌 신묘한 글씨가 이와 같을 수 있겠소?"라고 말하였다. 홍관이 여러 번 말하여도 끝내 믿지 않았다. (『三國史記』 48 列傳 8 「金生傳」)[58]

이 『三國史記』 「金生傳」의 '隸書行草皆入神(①)'과 '金生行草一卷(②)' 부분은 제시한 바대로 '隸書[楷書]·行草가 모두 神(의 경지)에 들었다 (①)'와 '金生의 行草 1권(②)'으로 국역하고자 한다. 이 기록의 '隸書'라는 용어는 [唐] 孫過庭(648-703경)의 『書譜』에서도 그랬듯이 晉代부터 唐代까지 '楷書'를 이렇게 부른 데에 따른 것이므로[59], 이후 오늘날까지 '楷書'라고 하니까 오해를 불식시키기 위해서라도 '隸書[楷書]'라고 표기하는 게 옳겠다.[60]

---

58) 『三國史記』 48 列傳 8 金生傳. 原文은 "自幼能書, 平生不攻他藝, 季踰八十, 猶操筆不休. (①)隸書行草皆入神. 至今往往有眞蹟, 學者傳寶之. 崇寧中, 學士洪灌隨進奉使入宋, 館於汴京, 時翰林待詔楊球·李革, 奉帝勅至館. 書圖簇, 洪灌以 (②)金生行草一卷, 示之. 二人大駭曰, 不圖今日得見王右軍手書. 洪灌曰, 非是, 此乃新羅人金生所書也. 二人笑曰, (③)天下除右軍, 焉有妙筆如此哉. 洪灌屢言之, 終不信"

59) [唐] 孫過庭(648-703경)이 『書譜』(『新編叢書集成』 第52冊 藝術類, 上海 : 商務印書館, 1937; 서울 : 以會文化社, 2001, p.233; 樋口銅牛 編, 『碑碣法帖談』, 東京 : 玄黃社, 1912, pp.5-6)에서 鍾繇·張芝·王羲之의 書法을 상호 비교하여, "…鍾繇는 隸書에 오로지 工巧하고 張芝는 草書에 精通했으되, 이 둘의 뛰어난 점을 王羲之는 모두 갖추었다. 王羲之를 張芝와 비교했을 때 둘 다 草書에 뛰어났지만 王羲之는 張芝보다 隸書 하나를 더 잘했고, 鍾繇와 비교했을 때 둘은 모두 隸書에 정통했지만 王羲之는 또한 그보다 草書 하나가 더 뛰어났다. 따라서 어떤 한 書體에 뛰어남을 말할 때 비록 王羲之가 다소 부족한 점이 있더라도, 그는 여러 書體에 정통하다는 분명한 장점이 있다.(且元常專工於隸書, 伯英尤精於草體, 彼之二美, 而逸少兼之. 擬草則餘眞, 比眞則長草, 雖專工小劣, 而博涉多優)"라고 평가한 대목에서 '隸書'라 했지만, 이는 晉代부터 唐代까지 '楷書'를 이렇게 부른 데에 따른 것이며, 이 '楷書'를 또한 '眞書' 혹은 '正書'라고 지칭하기도 하였다. 이 부분에 대한 국역 및 번역·주석·해설은 손과정 저, 임태승 역해, 『손과정 서보 역해』, 미술문화, 2008, p.74 및 pp.113-116 참조. 한편 손과정 저, 임동석 옮김, 『서보』, 동서문화사, 2012, pp.39-41. 백낙규(외), 『중국 고대 서예론 선역』, 한국학술정보, 2014, pp.92-94도 참조하였다. 盧鏞弼, 「百濟의 鍾繇 書法 수용과 서법·金石學의 발달」, 『震檀學報』 141, 2023, p.24 각주 57).

60) 정구복 외, 『역주 삼국사기』 2 번역편, 성남 : 한국학중앙연구원, 2012, p.811; 『역주 삼국사기』 4 주석편 (하), 2012, p.826에서는 이 대목을 '隸書·

또한 王羲之의 書體를 본받아 唐 太宗이 '行草'로 작성한 「晉祠銘」과 「溫湯銘」이 新羅에 수용된 이래로 전해지고 있었던 搨本으로 金生 역시 그 서체를 익혔기에, 이렇듯이 『三國史記』 「金生傳」에서 '隸書[楷書]·行草가 모두 神(의 경지)에 들었다(①)'와 '金生의 行草 1권(②)'이라 서술되었음이 분명하다. 따라서 이럴 만큼 唐 太宗의 「晉祠銘」·「溫湯銘」 수용으로 그가 王羲之 筆法을 俱現한 「晉祠銘」 <題額>을 통해서는 飛白을, <本文>을 통해서는 行草를, 또한 「溫湯銘」 전체를 통해서는 생동감 넘치게 熟達된 行草를 통해서 新羅에서는 王羲之 書法 전반 특히 行草에 洞達한 金生과 같은 걸출한 書藝家가 배출될 수 있었던 것이라 하겠다.[61]

行書·草書가 모두 신묘한 경지에 들었다' 및 '金生의 行書와 草書 한 권을'로 새겼지만, 이 대목은 誤譯이므로 '隸書[楷書]·行草가 모두 신묘한 경지에 들었다' 및 '金生의 行草 1권을'로 수정하는 게 옳다. 李丙燾 譯註, 『國譯 三國史記』, 서울 : 乙酉文化社, 初版, 1977; 三版, 1982, p.703 참조. 이외에 李完雨, 「統一新羅 金生의 筆蹟」, 『先史와 古代』 11, 1998, p.268과 정현숙, 「통일신라 金生의 서예」, 『목간과 문자』 23, 2019, p.216에는 이 부분의 해석에 대한 의견의 차이가 드러나 있기도 하다.

61) 한편 "처음에는 王羲之의 書法을 모방했((㉯))"던 歐陽詢의 率更法을 터득한 姚克一이 新羅에서 王羲之의 行草 筆法에 익숙한 金生와 비교해 "비록 金生에게는 미치지 못하였으나 또한 보기 드문 솜씨였다(㉮)"라는 평가를 받았다고 하는 사실은 아래의 기록들을 통해 알 수가 있다.

(㉮)"또 姚克一이란 사람이 있었는데 벼슬이 侍中 겸 侍書學士에 이르렀다. 글씨에 드러난 힘이 힘차고 굳세었으며, 歐陽詢의 率更法을 터득하였다. 비록 金生에게는 미치지 못하였으나 또한 보기 드문 솜씨였다."(『三國史記』 48 列傳 8 「姚克一傳」 金生 附錄) 原文은 "又有姚克一者, 仕至侍中兼侍書學士, 筆力遒勁, 得歐陽率更法, 雖不及生, 亦高品也"

(㉯)歐陽詢이 처음에는 王羲之의 書法을 모방했으나 후에는 굳세고 강한 필력으로 그를 능가하였다. 이에 스스로 그 書體에 이름을 붙였다. 尺牘이 전해져 사람들이 모범으로 삼았다. 高麗에서 일찍이 使臣을 파견하여 구하였다."(『新唐書』 198 「歐陽詢傳」) 原文은 "詢初仿王羲之書, 後險勁過之, 因自名其體. 尺牘所傳, 人以爲法. 高麗嘗遣使求之"

이럴 만큼 新羅에서는 여느 어떠한 書法보다도 王羲之의 行草가 唐 太宗의 「晉祠銘」과 「溫湯銘」를 통해 지극히 風靡하였기 때문이라고 여겨진다.

[자료]

1. 「진사명」 판독・원문・국역

2. 「온천명」 판독・원문・국역

1. 「진사명」 판독·원문·국역

(1) 「진사명」 판독[1]

晉[2]祠之銘幷序 御製 御書[3]

---

1) 이 判讀에 활용한 참고 자료들을 年代順으로 정리하고, 판독 대조를 위해 편의
상 그 略語를 선정하여 함께 제시하면 다음과 같다.
　　王昶, 「晉祠銘」, 『金石萃編』 卷46, 1805. → 〈王昶〉
　　伏見沖敬 解說, 西川寧·神田喜一郎 監修, 『唐·太宗 晉祠銘·溫泉銘』 書跡名
品叢刊 38, 東京：二玄社, 1960; 27刷, 1982. → 〈伏見〉
　　桃山艸槪 解說,『唐太宗 溫泉銘 晉祠銘』書聖名品選集 9, 東京：株式會社 マー
ル社, 1986. → 〈桃山〉
　　吳云·冀宇 校注, 「晉祠銘幷序」, 『唐太宗全集校注』, 天津：天津古籍出版社,
2004. → 〈全集〉
　　魏文源 編, 『晉祠銘·溫泉銘』, 哈爾濱：黑龍江美術出版社, 2009. → 〈魏文〉
　　羅振玉, 「晉祠銘」, 『金石萃編校字記』; 羅繼祖 主編, 『金石萃編校字記(外十五種)
』上, 上海：上海古籍出版社, 2013. → 〈羅振〉
　　王新生 編譯, 『唐太宗晉祠銘』, 太原：三晉出版社, 2015. → 〈王新〉
　　浙江古籍出版社 編, 『唐太宗≪晉祠銘≫最美的字』, 杭州：浙江古籍出版社,
2015. → 〈浙江〉
　　　한편 위의 참고 자료들 중 판독에 있어서 불분명한 글자를 표시한 방식이
각기 다르게 표시되어 있으나, 여기에서는 그런 글자의 경우 일관되게 그 글자
전후에 (　) 표시를 하는 것으로 정리하고자 한다.
2) 이 '晉'字를 '晋'으로 적는 게 옳은 것으로 여기는 경우가 흔하나, 國號로서는 원
래 '晉'이 옳으므로, 그래서 〈王昶〉, p.13 後面 및 p.14 全面에서도 이렇게 표
기하였으며, 〈桃山〉, p.41 등의 판독에서도 이렇게 적었다. 다만 〈全集〉 및
〈魏文〉을 위시한 최근의 簡字體 자료집 〈浙江〉에서까지 모두 '晋'으로 판독하
였으나, 탁본 사진들에 볼 수 있는 그대로 '晉'으로 적는다. 이후에도 마찬가지
다.
3) 〈王昶〉 p.14의 前面에는 '晉祠之銘幷序' 부분과 '御製　　御書' 부분이 줄을 바
꿔 記載되어 있어서 마치 碑文 자체에도 그런 게 아닌가 생각하게 하고, 또한
〈桃山〉 p.40의 탁본 사진에도 그렇게 편집이 되어 있어 역시 그렇다고 여겨지
게 한다. 그러나 〈伏見〉, p.3의 탁본 사진을 확인해보면, 분명히 '晉祠之銘幷
序' 부분, '御製' 부분, '御書' 부분이 각각 2字 간격을 사이에 두고 같은 줄에

夫興邦建國 資懿親以作[4]輔 分珪錫社 寔茂德之攸居. 非親無以隆基 非德無以啓化. 是知功倖分陝[5] 奕葉之慶彌彰. 道洽留[6]棠 傳芳之跡斯在. 惟神誕靈 周室降德. 酆都疏派[7] 天潢分枝. 璇極經仁緯義 履順居貞. 揭日月以爲躬 麗高明之質 括滄溟而爲量 體[8]弘[9]潤之資. 德乃民宗 望惟國範. 故能恊[10]隆 鼎祚 賛七百之洪基 光啓維城 開一匡之霸業. 旣而今古革運 舟壑潛遷. 雖地盡三分 而餘風未泯. 世移千祀 而遺烈猶存. 玄化曠而無名 神理幽而靡究. 故

연이어 書刻되었음이 확인되므로, 그렇게 정리한 〈伏見〉, p.68의 판독에 따른다.

4) 다른 판독에서는 모두 '作'으로 보았는데, 〈王新〉 p.14 前面 및 〈羅振〉, p.30에서는 '化'로 읽었다. 탁본 사진에서 확인한 결과, '作'이 옳은 것으로 판단하였다.

5) 〈桃山〉, p.43의 판독에서는 이 '陝'字를 불분명한 것으로 표시하였는데, p.42의 탁본 사진에서 보면 이 글자의 일부가 손상된 상태로 보이기 때문이었던 듯하다. 더욱이 〈魏文〉, p.9에서의 판독에서는 '(倖分陝)'으로 하여 이 3글자가 모두 불분명한 것으로 표기하였음을 볼 수 있고, 이 역시 같은 p.9의 탁본 사진 자체가 그러하기 때문임을 알기가 어렵지 않다. 대체로 〈伏見〉, p.11의 탁본 사진 역시 거의 그렇지만, 〈伏見〉, p.68 판독에서는 3글자 제대로 읽어 제시하였다. 〈王新〉의 탁본 사진은 이 부분 또한 명료하므로, 전혀 의심의 여지가 없게 '倖分陝'로 읽혀진다. 이후에도 〈桃山〉의 판독에서 불분명한 것으로 표시한 것일지라도 다른 탁본 사진에서 틀림이 없는 것으로 판명되는 이러한 경우에는 별도의 지적 없이 그대로 반영하도록 하겠다.

6) 〈王新〉 p.14 前面에는 '畱'로 판독되어 있는데, 이 글자는 字典(民衆書林 編輯局 編, 『漢韓大字典』 全面改訂·增補版, 民衆書林, 2001, p.1369)의 풀이에 따르면 '留'의 本字라고 한다. 그런데다가 〈王新〉의 탁본 사진에서는 또렷하게 '留'로 읽혀진다. 따라서 〈伏見〉, p.68 및 〈桃山〉, p.45 그리고 〈王新〉, p.8 등에서 '留'로 판독한 것이 틀리지 않았다고 판단하여 이를 따랐다. 이 '留'字의 경우에는 이후에도 마찬가지이다.

7) 다른 판독에서는 모두 '派'로 보았는데, 〈王新〉 p.14의 前面에서만 '沠'로 읽었다. 탁본 사진에서 확인한 결과, '派'가 옳다고 판단되었다.

8) 〈王新〉 p.14의 前面, 〈伏見〉, p.68, 〈桃山〉, p.49, 〈魏文〉, p.11, 그리고 〈王新〉, p.8의 판독에는 '體'(〈魏文〉 및 〈王新〉의 경우에는 더 정확히 밝히자면 簡字體 '体')로 되어 있다. 하지만 어느 탁본 사진에서든 모두 '體'로 되어 있기에 이를 취하기로 한다.

9) 다른 판독에서는 모두 '弘'으로 보았는데, 〈王新〉 p.14의 前面에서만 '宏'으로 판독하였다. 탁본 사진에서 확인한 결과, '弘'이라 읽는 게 옳은 판독이라 판단하였다.

10) 예전의 〈王新〉 p.14 前面 등에서부터 최근의 〈浙江〉, p.28에 이르기까지 판독 자료에서 '協'字로 보았으나, 탁본 사진을 확인해보면 '恊'字가 분명하므로 '恊'을 취하기로 하였다.

歆祠利禱 若存若亡 濟世匡民 如顯如晦. 臨汾川而降祉 構仁智以捷[11]神. 金
闕九層 鄙蓬萊之已陋 玉樓千仭 恥崐[12]閬之非奇. 落月低扵桂筵 流星起於珠
樹. 若夫崇山亘峙 作鎭叅[13]墟 襟帶邊[14]亭[15] 標[16]臨朔[17]土. 懸崖百丈 蔽
日虧紅 絶嶺萬尋 横天聳翠. 霞無機而散錦 峯[18]非水而開蓮. 石[19]鏡流輝 孤
巖霄[20]朗 松蘿曳影 重谿畫昬[21]. 碧霧紫煙[22] 欝[23]古今之色 玄[24]霜絳雪

---

11) <王昶> p.14의 前面 및 <伏見>, p.68의 판독에는 '捷'로 되어 있고, <桃山>
　 p.57의 판독에는 '棲'로 되어 있다. 한편 <全集>, p.531 및 <王新>, p.8에는
　 簡字體 '栖'로 되어 있는데, 이는 繁字體로는 '棲'이다. <伏見>, p.17 및 <桃
　 山> p.56의 탁본 사진으로는 '捷'가 옳다고 읽혀진다. 흔히 '棲'와 '捷'를 비록
　 혼용하기도 하는 듯하나, 이 碑面 자체에서는 '捷'가 맞다고 판단하였다.
12) <王新>, p.8의 판독에만 '昆'으로 되어 있을 뿐, 다른 판독에는 모두 '崐'으로
　 되어 있다. 모든 탁본 사진에는 '崐'으로 읽혀지므로 이에 따른다.
13) <伏見>, p.68과 <桃山> p.59 및 <王新>, p.8의 판독에는 '叅'으로 되어 있지
　 만, <王昶> p.14의 前面에만 '叅'으로 되어 있다. 모든 탁본 사진에는 '叅'으로
　 되어 있으므로, 동일한 글자일지라도 碑面 그대로 '叅'을 취하기로 하였다.
14) 다른 판독에서는 모두 '邊'으로 보았는데, <王昶> p.14의 前面 및 <羅振>,
　 p.30에서만 달리 '辶'部 안에 '島'를 붙인 글자로 판독하였다. 탁본 사진에서 확
　 인한 결과, '邊'이라 읽는 게 옳은 판독이라 판단하였다.
15) 다른 판독에서는 모두 '亭'으로 보았는데, <王昶> p.14의 前面 및 <羅振>,
　 p.30에서만 달리 '亨'으로 판독하였다. 여러 탁본 사진을 비교하며 살핀 결과,
　 '亭'이라 읽는 게 옳겠다고 생각하였다.
16) <王昶> p.14의 前面 판독에만 '摽'로 되어 있고, 다른 판독에는 모두 '標'로
　 되어 있다. 탁본 사진을 대조해본 결과, '標'가 옳은 것으로 판단하였다.
17) <王昶> p.14의 前面 판독에만 '手'部 안에 '月'을 붙인 글자로 되어 있고, 다
　 른 판독에는 모두 '朔'으로 되어 있다. 탁본 사진을 일일이 대조해본 후, '朔'이
　 옳은 게 아닌가 여기게 되었다.
18) <桃山> p.63의 판독에는 '峯'으로, <伏見>, p.68과 <王新>, p.8의 판독에는
　 '峰'으로 되어 있다. 탁본 사진들에서는 모두 '峯'으로 되어 있으므로, '峯'을 취
　 한다.
19) 다른 판독에서는 모두 '石'으로 읽었는데, <羅振>, p.30에서만 달리 '名'으로
　 판독하였다. 여러 탁본 사진을 비교하며 살핀 결과, '石'이 옳은 판독이라고 생
　 각하였다.
20) <伏見>, p.68 및 <桃山> p.63의 판독에는 '霄'로 되어 있고, <王新>, p.8의
　 판독에는 '宵'로 되어 있다. 탁본 사진에서는 모두 '霄'로 되어 있음을 확인했기
　 에 이를 따른다.
21) <伏見>, p.68 및 <桃山> p.65 그리고 <王新>, p.8의 판독에는 모두 '昏'으로
　 되어 있으나, <王昶> p.14의 前面에서만 '昬'으로 읽었다. 탁본 사진에는 분명
　 '昬'으로 되어 있기에, 따라서 동일한 글자일지라도 '昬'을 취하기로 하였다. 이
　 하에서도 마찬가지이다.

皎冬夏之光. 其施惠也 則和風溽露是生 油云膏雨斯起[25]. 其至仁也 則蜺[26]
裳鶴盖[27]息焉 飛禽走獸依焉. 其剛節也 則治亂不改其形 寒暑莫移其搽[28].
其大量也 則育萬物而不倦 資四方而靡窮. 故以衆美攸歸 明祇[29]是宅. 豈如
羅浮之嶋[30] 拔嶺南遷 舞陽之山 移基北轉. 以夫挺秀之質 而無居常之資. 故

---

22) <伏見>, p.68 및 <桃山> p.65의 판독에는 '煙'으로 되어 있고, <魏文>, p.18
   및 <王新>, p.8의 判讀에는 '烟'으로 되어 있다. 탁본 사진들을 대조해보니,
   '烟'이어서 이를 취한다.
23) <魏文>, p.18과 <王新>, p.8의 판독에는 '郁'으로 되어 있는데 이는 繁字體
   '鬱'의 簡字體다. 하지만 탁본 사진에는 분명 '欝'로 되어 있다. 이는 「溫湯銘」
   의 판독에서 그러하였듯이 簡字體 '郁'이 繁字體로는 '欝' 혹은 '鬱'로 표기됨에
   따른 것으로 판단된다. 탁본 사진에 입각하여 '欝'로 표기하기로 하였다. 「晉祠
   銘」에서의 이와 같은 '欝'字에 대한 판독은 「溫湯銘」의 판독의 경우와 동일하
   므로, [附錄](1) 「溫湯銘」의 판독도 아울러 참조하라.
24) <王昶> p.14의 前面 판독에서만 다른 판독들과는 전혀 달리 이 '玄'字 부분에
   '廟諱'라고 표시하여 避諱하였다고 하였으나, 모든 탁본 사진의 碑面 자체에서
   는 분명 '玄'으로 되어 있기에 이에 따른다.
25) <王昶> p.14의 前面 판독에서는 '□□'로 표기하여 판독할 수 없는 것으로 처
   리하였다. 하지만, <羅振>, p.30에서는 '是起'로 판독하였다. 탁본 사진들, 특히
   상태가 가장 뛰어난 <王新>의 것을 보면 분명히 '斯起'로 확인되므로, 이에 따
   른다. 이후 <王昶>의 판독에 간혹 '□'표시를 해서 판독할 수 없는 없음을 나타
   낸 경우에는 일일이 이 사실을 지적하지 않기로 한다.
26) <伏見>, p.68과 <桃山> p.67의 판독에는 '蜺'로 되어 있지만, <王昶> p.14
   前面, <魏文>, p.20과 <王新>, p.8의 판독에는 '霓'로 되어 있다. 탁본 사진에
   서 검증해보니, '蜺'가 옳아 이에 따른다.
27) <伏見>, p.68과 <桃山> p.67의 판독에는 '蓋'로 되어 있으나, <魏文>, p.20과
   <王新>, p.8의 判讀에는 '盖'로 되어 있다. 탁본 사진을 모두 확인하니 '盖'가
   틀림이 없어 이를 취한다. 이후에도 마찬가지다.
28) <伏見>, p.68, <桃山>, p.69, <王新>, p.9의 판독에는 모두 '操'로 되어 있지
   만, <王昶>, p.15 全面, <桃山>, p.69 및 p.84의 것은 물론이고 <王新>의 탁
   본 사진 등을 확인하니 모두 '搽'로 보인다. 이 '搽'字 자체가 '操'의 俗字라는
   字典의 설명(民衆書林 編輯局 編, 『漢韓大字典』 全面改訂・增補版, 民衆書林,
   2001, p.868)이 있어 왜 그렇게 표기했는지는 충분히 이해가 되나, 애초에 그
   리 표기되어 있기에 '搽'字를 취한다. 이하에서 마찬가지이며, 「晉祠銘」에서의
   이와 같은 '搽'字에 대한 판독은 「溫湯銘」의 판독의 경우와 동일하므로, [附
   錄](1) 「溫湯銘」의 판독도 아울러 참조하라.
29) <伏見>, p.68의 판독에는 '祇'로 되어 있으나, <桃山> p.71, <魏文>, p.22,
   <王新>, p.9의 판독에는 '祇'로 되어 있다. 탁본 사진을 살피니, '祇'가 옳아 보
   인다. 하여 이를 취하기로 하였다.
30) <伏見>, p.68 및 <桃山>, p.73의 판독에는 '嶋'로 되어 있는데, <魏文>, p.22
   및 <王新>, p.9의 판독에는 '島'로 되어 있다. 그러나 모든 탁본 사진에서는

知靈岳標奇 託神威而爲固. 加以飛泉涌砌 激石分湍 縈氛霧而終淸 有英俊之
貞操. 住方圓以成像 體[31]聖賢[32]之屈伸. 日注不窮 類芳猷之無絶. 年傾不溢
同上德之誠盈. 陰澗[33]懷氷 春留冬鏡 陽巖引溜 冬結春笒. 非疏勒之可方 豈
瀑[34]布之能擬. 至[35]如濁涇淸渭 歲歲同流 碧海黃河時時一變. 以夫括地之紀
橫天之源 不能澤[36]其常 莫能殊其捺. 信乃玆泉 表異帶仙宇而[37]爲珎[38] 仰
神居之肅淸 想徽音其如在. 是以朱輪華轂 接軫於[39]壇衢 玉幣豊粢 連箱於廟

‘晝’로 읽힌다. 따라서 ‘晝’를 취한다.

31) 다른 판독에서는 모두 ‘體’로 하였는데, <王昶> p.14 前面 및 <羅振>, p.30에
   서는 달리 ‘軆’로 표기하였다. 여러 탁본 사진을 비교하며 살핀 결과, ‘軆’라 표
   기함이 옳겠다고 생각하였다.

32) <王昶> p.14 前面에서는 ‘□’로 표기하여 판독할 수 없는 것으로 처리하였다.
   이에 비해 <羅振>, p.30을 위시한 여타의 판독에서는 모두 ‘賢’으로 판독하였
   다. 여러 탁본 사진을 비교하며 살핀 후 ‘賢’이 옳다고 판단하였다.

33) <伏見>, p.68과 <桃山>, p.79의 판독에는 ‘澗’으로 되어 있는데, <魏文>,
   p.25과 <王新>, p.9의 판독에는 ‘澗’으로 되어 있다. 여느 탁본 사진보다도 훨
   씬 각별히 상태가 양호한 <王新>의 그것을 확인한 결과 ‘澗’이 틀림이 없다.
   따라서 ‘澗’을 취하기로 한다.

34) <王昶>, p.15 前面, <伏見>, p.68과 <魏文>, p.26의 판독에는 ‘曝’으로 되어
   있지만, <桃山>, p.81, <全集>, p.531, <王新>, p.9의 판독에는 ‘瀑’으로 되어
   있다. 모든 탁본 사진에서는 분명 ‘瀑’으로 식별되므로, 이를 따른다.

35) <伏見>, p.68, <桃山>, p.81, <魏文>, p.26의 판독에는 ‘意’로 되어 있으나,
   <王昶>, p.15 前面, <全集>, p.531, <王新>, p.9의 판독에는 ‘至’로 되어 있다.
   특히 <王新>의 탁본 사진을 확인한 결과 ‘至’가 틀림없다고 보인다.

36) <桃山>, p.83의 판독에는 ‘保’로 되어 있으나, <王新>, p.9의 판독에는 ‘澤’(판
   독문 자체에는 簡字體 ‘泽’)으로 되어 있다. 특히 여느 탁본 사진에 비해 상태
   가 극히 양호한 <王新>의 그것을 확인한 결과 ‘澤’字가 거의 틀림이 없어 보인
   다.

37) 이 ‘帶仙宇而’ 부분을 <王昶>, p.15 前面에서는 ‘□□□□’로 표시하여 판독할
   수 없는 것으로 처리하였다. 하지만, <羅振>, p.30에서는 ‘帶仙宇而’로 판독하
   였고, 다른 판독들에서도 그랬다. 탁본 사진들을 확인하여 ‘帶仙宇而’가 분명하
   므로 이를 따른다.

38) <伏見>, p.69 및 <王新>, p.9의 판독에는 ‘珍’으로 되어 있고, <桃山>, p.85
   의 판독에는 ‘珎’으로 되어 있다. 탁본 사진들을 확인한 결과, ‘珎’이 옳다고 보
   아 이를 취한다.

39) 이 글자를 모든 탁본 사진에서 확인해보면 ‘於’字가 맞는데, <魏文>, p.29 및
   <王新>, p.9의 판독에서는 일관되게 ‘于’로 표기하고 있음을 발견할 수 있고,
   이러한 일정한 경향은 이후에도 줄곧 동일하게 지속되고 있음 역시 알 수가 있
   다. 아마도 簡字體에서는 그리 적는 게 현재의 어법에 맞아서 그러는 모양이지
   만, 碑面에서는 전혀 그렇지 않으므로 ‘於’를 택한다. 이후에도 동일하다.

闕. 氤氳靈氣 仰之而弥[40]高 昭晰神光 望之而逾顯[41]. 潛通玄化 不爽於錙銖
感應明徵 有逾於影響. 惟賢是輔 非黍稷之爲馨 惟[42]德是依 豈筐筐之爲惠.
昔有隨昬[43]季 綱紀崩淪 四海騰波 三光戢曜[44]. 先皇襲千齡之徽號 膺八百
之先期 用竭誠心 以祈嘉福[45]. 爰初鞠旅 發跡神邦 擧風電以長驅 籠天地而
遐捲[46]. 一戎大定 六合爲家. 雖膺籙受圖 彰於天命 而克昌洪業 寔賴神功.
故知茫〃万頃 必俟雲雨之澤 巍〃五岳 必延塵壤之資. 雖九穗登年 由乎播種
千尋聳日 本藉崇基. 然則不雨不雲 則有炎枯[47]之害 非塵非壤 則有傾覆之憂

40) 〈伏見〉, p.69의 판독에는 '彌'로 되어 있으나 〈桃山〉 p.89의 판독에는 '弥'로
   되어 있으며, 이는 簡字體로 표기한 〈魏文〉, p.30 및 〈王新〉, p.9의 판독에서
   도 같다. 여기에서는 간자체여서가 아니라 탁본 사진들을 검토해보면 비면 자
   체에 그리되어 있으므로 '弥'를 취한다.
41) 〈王昶〉, p.15 前面 및 〈羅振〉 p.30에서는 '□'로 표기하여 판독할 수 없는 것
   으로 처리하였다. 그러면서도 〈羅振〉 p.30에서는 '碑作「逾顯」'이라 적어 碑面
   上에서는 '逾顯'로 보인다는 점을 굳이 적어 두었다. 탁본 사진을 확인하여도
   草書로 새겨져 불분명하지만, 다른 판독들에서 거개가 '顯'으로 읽었기에 잠정
   적으로 이에 따르고자 한다. 이후 〈羅振〉에서 불분명한 것으로 표기한 경우라
   도 다른 판독에서 명료하게 읽었고, 탁본 사진에서도 역시 그렇다고 확인이 되
   는 경우는 일일이 따로 그 사실을 적지 않기로 한다.
42) 다른 판독에서는 모두 '惟'로 되어 있는데, 〈伏見〉, p.69의 판독에만 '唯'로
   되어 있다. 탁본 사진을 일일이 확인한 결과, '惟'가 옳으므로 이를 따른다.
43) 〈伏見〉, p.69와 〈桃山〉, p.93 및 〈魏文〉, p.32 그리고 〈王新〉, p.9의 판독에
   는 '昏'으로 되어 있다. 그러나 탁본 사진에는 모두 '昬'으로 되어 있으므로 이
   를 취하기로 하였다. 이후에도 마찬가지이다. 「晉祠銘」에서의 이와 같은 '昬'字
   에 대한 판독은 「溫湯銘」의 판독의 경우와 동일하므로, [附錄](1) 「溫湯銘」의
   판독도 아울러 참조하라.
44) 〈伏見〉, p.69 및 〈桃山〉 p.95의 판독에는 '曜'로 되어 있으나, 〈全集〉에서는
   '耀'로 되어 있다. 〈伏見〉, p.34 및 〈桃山〉 p.94의 탁본 사진으로는 '曜'가 맞
   는 것으로 읽힌다. 따라서 '曜'을 취한다.
45) 다른 판독에서는 모두 '福'으로 되어 있는데, 〈伏見〉, p.69의 판독에만 유독
   '嘉'로 되어 있는데, 바로 앞의 글자 '嘉' 그대로를 또 택한 것으로, 이는 活版
   印刷로 도서가 출판되던 당시에 종종 범해지곤 하던 文選工의 실수에 의한 誤
   字가 아닌가 싶다.
46) 이 '掩'字를 〈王新〉, p.9의 판독에서만 '卷'으로 읽었고, 다른 판독에서는 모두
   '掩'으로 표기하였다. 탁본 사진들을 일일이 확인하니, '捲'으로 읽는 게 옳지
   않겠나 싶어진다. 바로 앞의 '遐'字와 연결을 지워 이 문장 전체의 의미를 새겨
   보니 더욱 그렇다고 여겨져서, '捲'을 취하기로 하였다.
47) 〈伏見〉, p.69 및 〈魏文〉, p.37의 판독에는 '焚'으로 되어 있고, 〈桃山〉
   p.103, 〈王新〉, p.9의 판독과 〈全集〉, p.532에는 '枯'로 되어 있다. 탁본 사진

雖立本於自然 亦成功而假助 豈大寶之獨運 不資資[48]靈福者乎. 故無言不酬
無德不報. 所以巡往跡 賽洪恩 臨汾水而濯心 仰靈壇而蕭志. 若夫照車十二
連城三五 幣帛雲委 珍羞山積 此乃庸鄙是[49]享 恐非明神所歆. 正當竭麗水之
金 勒芳猷於不朽[50] 盡荊山之玉 鑴美德於無窮. 召彼雨師 弘兹惠澤 命斯風
伯 揚此淸塵. 使地祇[51]仰德扵金門 山靈受化於玄闕. 括九仙而警衛 擁百神
以前驅. 俾洪威振於六幽 令譽光於千載. 豈若高唐之廟 空号[52]朝雲 陳蒼之
祠 虛傳夜影. 式刊芳烈 乃作銘云.

　　赫〃宗周 明〃哲輔. 誕靈降德 承文繼武. 啓慶留名 翦桐頒土. 逸翮孤暎
淸飂自舉. 藩屏維寧 邦家攸序. 傳暉竹帛 降靈汾晉. 惟德是輔 惟賢是順. 不
罰[53]而威 不言而信. 玄[54]化潛[55]流 洪恩遐振. 沉[56]〃淸廟 肅〃靈壇. 松低

들에서는 분명 '枯'로 읽히므로, 이에 따른다.
48) 〈伏見〉, p.69의 판독에서는 이 '資'字를 불분명한 것으로 보았으나, p.106의
　　탁본 사진에는 명백히 書刻되어 있다. 아마도 문장 내용의 구성상 작성 과정에
　　서 이 '資'字가 중복되어 불필요한 게 삽입되어 書刻된 것으로 보아 그런 게
　　아닌가 推察된다.
49) 이 '是'字를 〈王昶〉 p.16 前面 및 〈羅振〉, p.31에서는 '之'로 읽었다. 그러나
　　다른 판독에서도 그렇고 특히 탁본 사진들 가운데 가장 상태가 좋은 〈王新〉에
　　게재된 것에서도 역시 그렇게 읽히므로, '是'를 취한다.
50) 〈伏見〉, p.69의 판독에는 '朽'로 되어 있는데, 〈桃山〉 p.113, 〈魏文〉, p.41,
　　〈王新〉, p.10의 판독과 〈全集〉, p.532에는 '朽'로 되어 있다. 탁본 사진들에서
　　는 분명 '朽'로 읽히므로, 이를 취한다.
51) 〈伏見〉, p.69의 판독에는 '祇'로 되어 있고, 〈桃山〉 p.115, 〈王新〉, p.10의
　　판독과 〈全集〉, p.532에는 '祇'로 되어 있다. 탁본 사진 중 〈伏見〉, p.43 및
　　〈桃山〉 p.114, 〈魏文〉, p.42 등에서는 전혀 불분명하지만, 상태가 매우 명료
　　한 〈王新〉 탁본 사진을 보면 분명 '祇'로 읽히므로, '祇'를 취하고자 한다.
52) 〈伏見〉, p.69의 판독에는 '號'로 되어 있으나, 〈桃山〉 p.119 및 간자체를 주
　　로 사용한 〈全集〉, p.532와 〈魏文〉, p.44, 〈王新〉, p.10의 판독에는 한결같이
　　'号'로 되어 있다. 탁본 사진에서는 모두 '号'로 되어 있으므로 '号'를 취한다.
53) 〈伏見〉, p.69 및 〈桃山〉 p.125의 판독에는 '罸'로 되어 있고, 〈王昶〉 p.16의
　　後面, 〈全集〉, p.533과 〈魏文〉, p.47 및 〈王新〉, p.10의 판독에는 '罰'로 되어
　　있다. 특히 〈王新〉의 상태가 지극히 좋은 탁본 사진에서는 분명 '罸'로 되어
　　있기에 이에 따른다.
54) 〈王昶〉 p.16 後面, 〈全集〉, p.533에 '元'으로 되어 있고, 이들 이외의 어떤
　　판독에도 한결같이 '玄'으로 되어 있을뿐더러 탁본 사진에서 확인하여도 역시
　　그렇다. 그래서 '玄'을 취한다.
55) 〈伏見〉, p.69 및 〈桃山〉 p.125, 〈魏文〉, p.47의 판독 그리고 〈全集〉, p.533
　　등에는 '潛'으로 되어 있지만, 〈王昶〉 p.16 後面의 판독에만 '潜'으로 되어 있

羽盖 雲挂仙冠. 霧筵霄碧 霞帳晨丹. 戶花冬桂 庭芳夏蘭. 代移神久 地古林
殘. 泉涌湍縈 瀉砌分庭. 非攪可濁 非澄自淸. 地斜文直 澗谷流平. 翻霞⁵⁷⁾散
錦 倒日澄明. 氷開一鏡 風激千聲. 旣瞻淸潔 載想忠貞. 濯玆塵穢 瑩此心靈.
猗歟勝地 偉哉靈異. 日月有窮 英聲不匱. 天地可極 神威靡隆.

萬代千齡 芳猷永嗣.

다. 탁본 사진들을 모두 확인한 결과 '潛'이 분명하기에, '潛'을 취한다.

56) 〈王昶〉 p.16 後面 및 〈王新〉, p.10의 판독 그리고 〈全集〉, p.533에서는 '沉'
   으로 읽었으나, 〈伏見〉, p.69 및 〈桃山〉 p.125, 〈魏文〉, p.47의 판독에는 '沈'
   으로 판독하였다. 탁본 사진을 확인한 결과, '沉'이 옳은 것으로 판단하였는데,
   여기 「晉祠銘」에서의 이와 같은 '沉'字에 대한 판독에는 「溫湯銘」에서의 '沉'字
   판독의 사례가 또한 감안되었으므로, [附錄](1) 「溫湯銘」의 판독도 아울러 참
   조하라.
57) 〈伏見〉, p.69 및 〈魏文〉, p.50(여기서는 정확히 말하자면 簡字體 '雾')의 판
   독에는 '霧'로, 〈桃山〉 p.131과 〈王新〉, p.10의 판독 그리고 〈全集〉, p.533에
   는 '霞'로 되어 있다. 탁본 사진들을 확인하였더니 모두 '霞'로 보여, 이를 따르
   고자 한다.

(2)「진사명」원문·국역

[原文]晉祠之銘幷序 御製 御書
[國譯]晉祠의 銘과 아울러 序를 天子[唐 太宗]께서
지으시고 쓰셨노라.

1)[周公 旦·召公 奭의] 周 王室 建立 顯彰
[原文]夫興邦建國, 資懿親以作輔; 分珪錫社, 寔茂德之攸居. 非親無以隆
基, 非德無以啓化. 是知功侔分陝, 奕葉之慶彌彰; 道洽留棠 傳芳之跡斯在.
[國譯]무릇 城邦을 흥성하게 하여 國家를 건설하면서 (皇室) 宗親의 도
움을 빌려 幇助하게 하며 (朝會 때 所持하는 笏인) 珪를 분배하고 (地神
에게 祭를 올리는 土地인) 社를 하사하니 이는 崇高한 品德이 있는 바이
다. (皇室) 宗親의 도움이 아니었으면 基業을 興隆할 수가 없었을 것이며,
崇高한 品德이 아니었으면 백성들을 教化시킬 수 없었을 것이다. 이는 周
公 旦·召公 奭의 功績이 同等하여 陝州를 나누어 다스렸으며, 참으로 周
王室의 건립을 보좌하여 큰 공적을 세웠음이 알려져 累世의 善으로 후대
에 더욱 顯彰되었다. 召公 奭의 좋은 施政 方法이 차차 번져 (그가) 甘棠
나무 아래 머물며 (휴식을 취했다고 해서 그 덕을 생각하여 그 나무를 차
마 베지 못했던) 名聲을 전하는 遺蹟이 여기에 있도다.

2)晉國 始祖 唐叔虞의 偉業 讚揚
[原文]惟神誕靈周室, 降德酆都; 疏派天潢, 分枝璇極. 經仁緯義, 履順居
貞. 揭日月以爲躬, 麗高明之質; 括滄溟而爲量, 體弘潤之資. 德乃民宗, 望惟
國範. 故能恊隆鼎祚, 贊七百之洪基; 光啓維城, 開一匡之霸業.
[國譯]오로지 唐叔虞[周 武王의 子, 후일의 晉國 始祖]가 周 王室에서
出生하여 (西周의) 酆都(오늘날의 陝西省 戶縣 東)에서 誕生하였으니 皇
室의 支派이자 北極星의 分枝로서 仁義를 治理로 企劃하여 행동을 謹愼하

고 正道를 遵守하였다. (그의 品行이 高尙하여) 해와 달을 負擔함을 몸소 삼고 高明한 資質을 附着하였으며, 大海를 包括하여 度量으로 삼았고, 너르고 윤택한 資質을 體得하였다. 德望이 곧 民을 尊崇하였으며, 名望이 오직 國家의 典範이었으므로 隆盛과 國運에 협력할 수 있었고 晉國 700년의 커다란 기틀을 보좌하고 도와서 빛을 비춰 城邦을 모아 國家를 유지하며 (晉 文公의) 한결같은 霸業 開創에 이르렀도다.

3) 晉國 三分에 대한 悔恨

[原文] 旣而今古革運, 舟壑潛遷. 雖地盡三分, 而餘風未泯; 世移千祀, 而遺烈猶存. 玄化曠而無名, 神理幽而靡究. 故歆祠利禱, 若存若亡; 濟世匡民, 如顯如晦.

[國譯] 이후 古今의 國運이 更迭되어 세상사에 변화가 생겨 오직 晉의 국토가 [魏 武侯 · 韓 哀侯 · 趙 敬侯에 의해] 셋으로 나누어져 과거에 내려오던 風尙이 소멸해 없어졌노라. 세월이 千年 지났으되 (前人이 남긴) 업적과 정신은 아직도 보존되어 (예측하기 어려운) 변화는 광활하지만 형언할 수 없고 神의 意向은 심오하지만 탐구할 방법이 없도다. 그러므로 神明에게 祭祀 지내 祈禱하여 도움을 구하니 있는 것도 같고 없는 것도 같으며 세상과 백성을 바로 잡아 구제하려 하니 드러나는 것도 같고 숨겨진 것 같기도 하구나.

4) 唐叔虞 晉祠의 建築 讚辭

[原文] 臨汾川而降祉, 構仁智以棲神. 金闕九層, 鄙蓬萊之已陋; 玉樓千仞, 恥崐閬之非奇. 落月低於桂筵, 流星起於珠樹.

[國譯] 汾水에 臨하여 降福해 山水에 晉祠 神廟를 建築하여 唐叔虞의 神靈이 居住하도록 하여, (道家에서 말하는 天上의) 9층 黃金闕이 (神仙이 사는) 蓬萊山을 이미 陋醜하다고 輕視하며, (傳說에서 天帝와 仙人이 산다는) 천길 玉樓가 崑崙山 위의 閬苑을 奇異하지 않다고 부끄러워하였고, 지는 달이 풍성한 筵席에 머무르며 流星이 기이한 樹木에서 일어났도다.

⇒이 부분은 후세의 사람이 晉祠를 建造한 목적은 唐叔虞의 仁治를 기념할 뿐만 아니라 또한 그의 福佑를 구하기 위함이었음을 드러내는 대목

이며, 은근히 李世民이 大唐 건국 후 특별히 貞觀之治 이래에 대해 옛날 즉 唐叔虞 시절보다 오늘날 곧 唐太宗 당시가 더 나아서 그 功績이 천년 가기를 바라는 의미를 함축하고 있다.

5) 晉祠의 四季 絶景 素描

[原文] 若夫崇山亘嶺 作鎭瑑墟 襟帶邊亭 標臨朔土. 懸崖百丈 蔽日虧紅 絶嶺萬尋 橫天聳翠. 霞無機而散錦, 峯非水而開蓮. 石鏡流輝, 孤巖宵朗; 松蘿曳影, 重谿晝昏. 碧霧紫煙, 鬱古今之色; 玄霜絳雪, 皎冬夏之光.

[國譯] 그런데 저 崇山의 드높은 언덕 (晉의 땅) 瑑墟에 鎭을 만들고 襟帶를 두르고 邊方의 亭에서 標本으로 (山西省의) 朔縣에 임하였었다. 百丈에 달하는 낭떠러지는 太陽을 가려 붉은빛이 이지러졌으며 萬尋에 달하는 험준한 山脈은 하늘에 빗겨서 높이 솟아 翡翠 빛이다. 노을은 베틀이 없기에 비단을 짜서 흩었으며, 봉우리는 물이 없기에 蓮花를 피었구나. 거울처럼 빛나는 돌은 빛을 흘리고, 외로운 바위는 밤에도 빛나며, 松蘿[소나무겨우사리]가 긴 그림자를 끌고 있고, 겹쳐진 계곡 사이에는 낮에도 어둡도다. 푸른 안개와 자줏빛 연기는 울창해서 변하지 않는 古今의 색깔을 드러내고, 검은 이슬과 붉은 눈은 새하얗고 밝은 겨울과 여름의 빛깔이로다.

6) 晉祠의 效能 摘示

[原文] 其施惠也, 則和風溽露是生, 油云膏雨斯起; 其至仁也, 則蜺裳鶴蓋息焉, 飛禽走獸依焉;

其剛節也, 則治亂不改其形, 寒暑莫移其操; 其大量也, 則育萬物而不倦, 資四方而靡窮.

[國譯] 恩惠를 베풀면 부드러운 바람과 촉촉한 이슬이 생기고, 群雲과 甘雨가 내린다. 仁의 無限을 말하자면, 무지개와 鶴도 이곳에서 쉬고, 날아가는 새와 달리는 짐승도 이곳에 모여든다. 剛健한 節操라고 하면 混亂을 退治해도 그 形狀을 바꾸지 않고, 추위와 더위에도 그 志操를 바꾸지 않는다. 큰 度量이라 하면, 萬物을 養育해도 倦怠롭지 않고, 四方에 財物을 베풀어도 가난해지지 않는다.

7)晉祠의 社會 機能·自然 景觀 敍述

[原文]故以衆美攸歸, 明祇是宅. 豈如羅浮之島, 拔嶺南遷; 舞陽之山, 移基北轉. 以夫挺秀之質, 而無居常之資. 故知靈岳標奇, 託神威而爲固. 加以飛泉涌砌, 激石分湍. 縈氛霧而終淸, 有英俊之貞操; 住方圓以成像, 體聖賢之屈伸. 日注不窮, 類芳猷之無絶; 年傾不溢, 同上德之誡盈.

[國譯]그래서 많은 훌륭한 선비들이 歸依하는 곳이 되었고, 英明한 地神이 여기에 거처하였다. 어찌하여 羅浮島[廣東省 所在의 山]를 五嶺에서 뽑아서 南으로 옮기고, 舞陽山[廣東省 所在의 山]을 그 기틀을 北으로 옮겨서, 저렇게 秀麗한 성품을 가지고 있으면서도 일상의 소질이 없는 듯이 되었는가. 그러므로 靈岳은 기이한 모습을 보이며 神威를 받들어 堅固하게 되었음을 알 수 있다. 게다가 噴水가 섬돌을 솟아 넘쳐 돌에 부딪혀 물살을 가르고, 안개를 두른 듯한 기운이 마침내 맑아져서, 물에는 英俊한 貞節이 있다. 方形이나 圓形이나에 따라 그 모양을 이룸은 聖賢이 때에 따라 굽혔다가 폄을 體得함과 같다. 날마다 쏟아부어도 다 하지 않는 것은 노력하는 길이 끊이지 않는 것과 類似하고, 해마다 쏟아부어도 넘치지 않는 것은 上德은 充滿하기를 警誡한다고 말하는 것과 同一하다.

8)晉祠의 地理的 神祕性 讚揚

[原文]陰澗懷氷, 春留冬鏡; 陽巖引溜, 冬結春笴. 非疏勒之可方, 豈瀑布之能擬. 意如濁涇淸渭, 歲歲同流; 碧海黃河, 時時一變. 以夫括地之紀, 橫天之源, 不能保其常, 莫能殊其操. 信乃玆泉表異, 帶仙宇而爲珎; 仰神居之肅淸, 想徽音其如在.

[國譯]생각하기에 탁한 涇水, 맑은 渭水가 해마다 똑같이 흐르니, 碧海와 黃河가 때때로 단번에 변하듯, 온 땅을 포괄하는 紀나 하늘에 누워있는 근원을 가지고도, 그 日常의 狀態를 유지할 수 없는데도 그 節操를 바꾸지 않는 것은 실로 이 泉이다. 특이한 모습을 보여 仙人의 居處를 띠는 것이 珍奇하여, 神의 居處가 嚴肅하고 淸正함을 우러러 아름다운 음이 일어나는 것으로 像想하노라.

9)晉祠의 宗敎的 效驗性 記述

[原文]是以朱輪華轂, 接軫于壇宇; 玉幣豊粢, 連箱於廟闕. 氤氳靈氣, 仰之而弥高; 昭晰神光, 望之而逾顯. 潛通玄化, 不爽於錙銖; 感應明徵, 有逾於影

響. 惟賢是輔, 非黍稷之爲馨; 惟德是依, 豈筐篚之爲惠.

[國譯]이 때문에 朱紅으로 彩色된 화려한 貴族들의 수레가 祭壇으로 향하는 갈림길에서 玉幣·豐粢 箱子를 廟闕에 연이어 내려놓는다. 자욱한 靈氣가 우러르면 더욱 높아지고 밝디밝은 神光은 바라보면 더욱더 드러낸다. 은밀하게 [사람의 마음을 헤아리는] 靈明한 德化는 아주 사소한 것까지도 틀림이 없고, [神의] 感應의 뚜렷한 表徵은 影響보다 더 密接해서 단지 賢者에게만 도움이 되는 것은, 供養한 黍稷의 풍요로움 때문이 아니라 단지 德에 의지하는 것 때문이지, 어째서 대나무 상자에 담긴 豐盛한 供物의 慈悲 덕분이겠는가.

10) 唐 王朝 成立의 宗敎的 正當性 標榜

[原文]昔有隨昏季, 綱紀崩淪, 四海騰波, 三光戢要. 先皇襲千齡之徽號, 膺八百之先期, 用竭誠心, 以祈嘉福. 爰初鞠旅, 發跡神邦. 擧風電以長驅, 籠天地而遐掩. 一戎大定, 六合爲家. 雖膺籙受圖, 彰於天命; 而克昌洪業, 寔賴神功.

[國譯]옛날 隋 末年에 紀綱이 무너지고 四海에 風波가 沸騰하여 三光[日·月·星]도 빛남을 거두었다. 先皇[高祖 李淵]은 千年의 善美한 稱號를 물려받아 八百의 諸侯들이 다투어 모였을 때, 誠心을 다하여 뛰어난 福을 祈求하였다. 이에 처음으로 軍隊에 告하여 神邦에서 뜻을 이루어 擧兵하여 疾風·雷電 같이 멀리까지 말을 달려 天地를 籠括하여 멀리까지 掩襲하고, 한 번의 전투로 크게 確定하여 六合[天地四方]을 一家로 삼았도다. 符節에 合致되었으니 天命은 明確하였다고 말할 수 있으며, 大業을 잘 繁昌시킨 것은 실로 이 神의 功德에 의한 것이었다.

11) 神靈 保佑의 祭儀的 效能性 祈願

[原文]故知茫茫万頃, 必俟雲雨之澤; 巍巍五岳, 必延塵壤之資. 雖九穗登年, 由乎播種; 千尋聳日, 本藉崇基. 然則不雨不雲, 則有炎枯之害; 非塵非壤, 則有傾覆之憂. 雖立本於自然, 亦成功而假助, 豈大寶之獨運, 不資靈福者乎. 故無言不酬 無德不報. 所以巡往跡賽洪恩 臨汾水而濯心 仰靈壇而肅志.

[國譯]그러니까 끝없이 펼쳐진 大地 역시 비와 이슬의 恩澤을 기다린 것이며, 우뚝 솟은 五岳도 먼지와 토양을 바탕으로 쌓아 올린 것이다. 벼 이삭이 휘는 豐年도 播種으로써, 하늘 높이 해를 향해 솟아오른 建物도

본래는 높은 基盤에 의한 것이다. 그런즉 비가 내리지 않고 구름이 없으면 炎熱의 害가 있고, 먼지도 흙도 없으면 傾倒될 염려가 있다. 비록 根本은 自然의 작용에 근거한 것이더라도 또한 成功은 神의 도움을 받지 않으면 안 되니, 어찌 天子의 獨運이며, 不可思議한 幸運에 의하지 않았겠는가. 그러므로 報答 받지 못할 말에 의한 것도 아니고, 報答 받지 못할 德에 의한 것도 아니다. 그 때문에 옛날의 足跡을 찾아 大恩에 報告하고 祭를 지내고, 汾水에 임하여 마음을 씻고 靈壇을 바라보며 마음을 다스리는 것이다.

12) 晉祠의 無窮한 保存 懇求

[原文] 若夫照車十二, 連城三五, 幣帛雲委, 珍羞山積, 此乃庸鄙是享, 恐非明神所歆. 正當竭麗水之金, 勒芳猷於不朽; 盡荊山之玉, 鐫美德於無窮. 召彼雨師, 弘玆惠澤; 命斯風伯, 揚此淸塵. 使地祇仰德拎金門, 山靈受化於玄闕. 括九仙而警衛, 擁百神以前驅. 俾洪威振於六幽, 令譽光於千載. 豈若高唐之廟, 空号朝雲; 陳蒼之祠, 虛傳夜影. 式刊芳烈, 乃作銘云.

[國譯] 저 12대 수레를 비춘다는 [惠王의 珠玉], 15개 城邑이면 交換할 수 있다는 [和氏의 璧], 값비싼 幣帛을 구름처럼 쌓고, 맛있는 珍饌을 산더미처럼 쌓아도, 이것은 곧 평범해서 인색한 神이라면 받을지언정 아마도 神靈이 기쁘게 받을 바는 아닐 것이다. 바야흐로 [浙江省] 麗水의 金을 다할 때를 즈음하여 훌륭한 計略을 영원토록 새기고, [浙江省] 荊山의 玉을 다하여 아름다운 德行을 무궁토록 간직할지어다. 저 雨師를 불러 이 惠澤을 널리 펴고, 이 風伯에게 명하여 이 깨끗한 먼지를 날리며, 地祇에게 德을 金門[唐叔虞祠]에 내리게 하고, 山神에게 敎化를 玄闕[唐叔虞祠]에 내리게 할지어다. 많은 仙人을 모아 警護하게 하고, 先鋒에 百神을 擁衛하여 六幽[天地四方]에 큰 神威를 두르며, 名譽를 千年 후에도 빛나게 하리라. 어찌 이 高唐廟가 텅 비어 '朝雲[아침 구름]'이라 칭해지고, 陳倉祠가 '夜影[밤 그림자]'를 언제까지나 공허하게 전해지도록 하겠는가. 삼가 명예스러운 功績을 새겨, 그래서 다음의 銘文을 짓노라.

13) 晉祠의 功績 偈句

1) [原文] 赫赫宗周, 明明哲輔. 誕靈降德, 承文繼武. 啓慶留名, 翦桐頒土.

逸翮孤暎 清飇自擧.

[國譯]赫赫하시도다! 諸侯를 封하신 宗主國 周王朝시여! 현명하시고 어지신 大臣 唐叔虞시여! 靈的이신 唐叔虞의 誕生은 [祖父] 周文王과 [父親] 武王을 계승하셨으니, 慶福을 開創하여 (歷史에) 이름을 남기시고, (晉의 成王께서) 오동나무를 잘라 珪로 삼아 (叔虞를) 唐의 領土에 封하셨으며, 悠悠한 姿態를 孤高하게 드러내시고 淸風을 스스로 擧揚하셨도다.

2)[原文]藩屏維寧, 邦家攸序. 傳暉竹帛, 降靈汾晉. 惟德是輔, 惟賢是順. 不罰而威, 不言而信.

[國譯]諸侯들이 宗主國 周王朝를 유지하고 편안하게 하여 諸侯國과 大夫家가 序列을 지키고 竹簡·帛書를 流傳하여 汾河 晉陽 (大地)에 洪福을 내렸노라. 오직 德行만으로 輔佐함을 옳게 여겼고, 오직 賢良만으로 順從함을 옳게 여겼으며, 責罰하지 않아도 威嚴이 있었으며, 發言하지 않아도 信賴하였노라.

3)[原文]玄化潛流, 洪恩遐振. 沈沈淸廟, 肅肅靈壇. 松低羽盖, 雲挂仙冠. 霧筵霄碧 霞帳晨丹.

[國譯]눈에 띄지 않는 德化가 은밀히 흐르고, 높고 큰 은혜가 멀리까지 퍼져간다. 조용한 淸廟[祠堂]와 삼가는 靈壇[죽은 神靈을 위해 (흙을 쌓은) 壇], 소나무는 깃털처럼 가지를 드리우고, 구름은 仙人의 冠을 쓴 듯하다. 안개는 오히려 밤에 푸르고, 노을의 帳幕은 아침에 붉게 물든다.

4)[原文]戶花冬桂, 庭芳夏蘭. 代移神久, 地古林殘. 泉涌湍縈, 瀉砌分庭. 非攪可濁 非澄自淸.

[國譯]집의 꽃은 겨울 계수나무, 庭園의 芳草는 여름 난초. 세상은 변해도 神靈은 오래되고, 토지는 늙어도 山林은 남는다. 샘은 옆으로 급류가 돌고, 鋪石[길에 깐 돌]에 쏟아지는 소리가 정원의 좌우로 메아리친다. 휘저어도 混濁해지지 않고, 맑게 하는 것도 아닌데도 자연스레 淸雅해진다.

5)[原文]地斜文直, 澗谷流平. 翻霞散錦, 倒日澄明. 氷開一鏡, 風激千聲. 旣瞻淸潔 載想忠貞.

[國譯]대지는 경사졌어도 물의 무늬는 곧으며, 산골 물은 계곡을 거쳐 평지를 흐른다. 안개가 끼면 흩뿌린 비단으로 보이고, 해가 기울면 맑고 밝아진다. 얼음은 하나의 거울을 열어놓은 것 같고, 바람은 격렬하여 수많은 소리를 낸다. 淸潔한 神殿을 바라보며, 忠義와 貞節을 지킨 사람을 생각하노라.

6)[原文]濯玆塵穢, 瑩此心靈. 猗歟勝地, 偉哉靈異. 日月有窮, 英聲不匱. 天地可極, 神威靡墜.

[國譯]이 먼지와 때를 씻어내고, 이 마음을 깨끗하게 하자. 아아~ 이 경치 좋은 땅, 위대한 靈妙하고 奇異함이여! 해와 달 다 없어져도 아름다운 名聲은 蕩盡 되지 않고, 天地가 없어져도 神과 같은 威力은 墜落하지 않으리라!

7)[原文]萬代千齡 芳猷永嗣.

[國譯]천년만년, 이 명예스러운 일을 영원토록 전하자.

<參考 文獻>

日比野丈夫, 「圖版解說：晉祠銘」, 『書道全集』 7 中國 7 隋·唐 I, 東京：平凡社, 1954.

福本雅一·山內敏輝, 「現代語譯·原文·訓讀釋文」, 『溫泉銘 晉祠銘 唐太宗』 中國法書選ガイド 36, 東京：二玄社, 1989.

王新生 編譯, 『唐太宗晉祠銘』, 太原：三晉出版社, 2015.

2. 「온천명」 판독・원문・국역

(1) 「온탕명」 판독1)

… 及故 …2) 其尙矣哉 …3) 雲英4)可以蠲(災蕩穢)5) 金漿玉液可以

---

1) 이 判讀에 활용한 참고 자료들을 年代順으로 정리하고, 판독 대조를 위해 편의
상 그 略語를 선정하여 함께 제시하면 다음과 같다.
　王仁俊 編, 「溫泉銘」, 『敦煌石室眞蹟錄』 卷1, 1909; 臺北 : 藝文印書局, 1974.
→ 〈敦煌〉
　羅振玉 編, 『敦煌石室遺書』, 1924. → 〈石室〉
　日比野丈夫, 「圖版解說 : 溫泉銘」, 『書道全集』 7 中國 7 隋・唐 I, 東京 : 平凡
社, 1954. → 〈日比〉
　伏見沖敬 解說, 西川寧・神田喜一郎 監修, 『唐・太宗 晉祠銘・溫泉銘』 書跡名
品叢刊 38, 東京 : 二玄社, 1960; 27刷, 1982. → 〈伏見〉
　桃山艸槪 解說, 『唐太宗 溫泉銘 晉祠銘』 書聖名品選集 9, 東京 : 株式會社 マー
ル社, 1986. → 〈桃山〉
　吳云・冀宇 校注, 「溫泉銘幷序」, 『唐太宗全集校注』, 天津 : 天津古籍出版社,
2004. → 〈全集〉
　魏文源 編, 『晉祠銘・溫泉銘』, 哈爾濱 : 黑龍江美術出版社, 2009. → 〈魏文〉
　浙江古籍出版社 編, 『唐太宗《溫泉銘》最美的字』, 杭州 : 浙江古籍出版社,
2015. → 〈浙江〉
　위의 자료들에서 판독 가운데 불분명한 글자를 표시한 방식이 각기 다르게 표
시되어 있으나, 여기에서는 그런 글자의 경우 일관되게 그 글자 전후에 ( ) 표
시를 하는 것으로 정리하고자 한다.
2) 이 부분이 〈敦煌〉, p.2 前面에서는 보이지 않으나, 〈石室〉, p.153과 〈伏見〉,
p.70의 판독에서만 발견되는데, p.55의 탁본 사진에서도 전혀 찾아볼 수 없으
므로 어떤 자료에 입각해서 이렇게 판독하였는지는 밝혀져 있지가 않다. 다만
〈魏文〉, p.53의 탁본 사진에서는 이 '及故'가 거의 또렷하게 읽혀지지만, 판독
에는 이런 사실을 기재해 두지는 않았다. 한편 탁본을 통해 판독되지 않는 경
우에 〈石室〉, p.153에서는 '缺'로, 〈日比〉, p.175에서는 '(前缺)'로, 〈伏見〉,
p.70에서는 '(上缺)'라고 표기해두었으나 이 '缺'이나 '上缺' 등의 표시를 혹여
원문의 일부로 오해할 소지가 있을지 몰라 혼란을 피하고자 여기에서는 … 표
시로 바꾸었다.
3) 이 부분이 〈石室〉, p.153에는 기재되어 있다. 〈桃山〉, p.6의 탁본 사진에서는

怡6)神駐壽. 然而攀霞履7)霧 仰其術者難尋8). 策鳳馹9)鸞訪其蹤10)者

이 부분을 흔적도 발견할 수 없어 p.7의 판독에 포함되지 않은 듯한데, <伏見>, p.55의 탁본 사진에서는 부분적으로 판독이 가능하므로 p.70에서는 이렇게 정리하여 明記하였다. 더욱이 <魏文>, p.53의 탁본 사진에서는 보다 명료하고 판독에도 그리 되어 있으므로, 이에 따른다. 이 '其尙矣哉' 4자 이후의 판독 불가능 부분을 <石室>, p.153에서는 '缺', <魏文>의 p.53에서는 '□□□□'로 표시해두었는데, 혼란을 피하기 위하여 여기에서는 … 표시로 바꾸었다.

4) <石室>, p.153에서는 '雲英'으로 기재하였다. 반면에 <全集>, p.622에서는 '雲英'을 '雲(漢)'으로 判讀하고, '雲漢'을 '銀河'로 풀이하였다. 하지만 <桃山>, p.6의 拓本 寫眞에서는 불분명하여 p.7에서는 그것을 표시하여 '雲[英]'으로 표기하였으나, <伏見>, p.55의 탁본 사진에서는 '英'字가 보다 선명하여 p.70에서는 '雲英'으로 明記하였다. <魏文>, p.53의 탁본 사진과 판독에서도 역시 동일하므로, 이들의 탁본 사진과 판독에 따른다.

5) <伏見>, p.55 및 <魏文>, p.53의 탁본 사진에서는 '可以鐲' 이하가 拓本 자체에서 缺落되어 보이지 않고, <桃山>, p.6의 탁본 사진에서는 아예 그런 흔적조차도 보이지 않는다. 이에 대해 <石室>, p.153에서는 '約缺四字'라고 기재하고, <日比>, p.175에서는 '□□□'로 표시해 두었다. 그러나 <全集>, p.622에서만 '可以鐲(災蕩穢)'로 표기되어 있다. 어떤 자료에 입각해서 이렇게 판독하였는지는 밝혀져 있지가 않아 신빙성이 다소 문제가 되지만, 잠정적으로 이에 따르기로 한다.

6) <桃山>, p.6의 탁본 사진에서는 불분명하여 p.7에서는 그것을 표시하여 '[怡]'로 표기하였다. 이외 다른 자료의 탁본 사진들에서도 그렇지만 특히 <魏文>, p.53의 그것에서는 '怡'가 명료하고 여타의 판독에서도 그리하였으므로, 이에 따른다.

7) <石室>, p.153, <日比>, p.175, <伏見>, p.70, <桃山>, p.7의 판독에서는 '□'으로 표시하여 판독 불능으로 처리하였으나, <全集>, p.622에서는 '躋'로 판독하였다. 하지만 <魏文>, p.53의 탁본 사진에서는 '履'가 분명하고 그 판독에도 그리되어 있어 이에 따른다.

8) 이 부분을 <桃山>, p.7의 판독에서는 불분명한 것으로 여겨 '(霧 仰其術者難尋)'로 표기하였는데, <魏文>, p.53의 판독에서는 '霧 仰其術(者難尋)'로 표기함으로써 다른 부분은 분명하고 '者難尋' 3자만 불분명한 것으로 판독하였다. 그렇긴 하지만 <石室>, p.153의 판독 등에서는 일관되게 이 부분을 분명한 것으로 기재하고 있기에, 그에 따르기로 하였다.

9) <石室>, p.153의 판독에는 '馳'로 되어 있다. <魏文>, p.54의 탁본 사진에서는 '馹'가 분명하나 判讀에서는 '馳'로 표기하였는데, '馹'가 '馳'의 俗字라는 오늘날 일부 字典의 설명이 있기는 하지만, 탁본 사진에 입각해서 '馹'를 취한다.

10) <石室>, p.153 및 <日比>, p.175의 판독에서는 '路'로 기재하였다. 그리고 이 부분을 <桃山>, p.9의 판독에서 '(其路)'으로 표기하여 불분명한 듯이 하였고, <伏見>, p.70의 판독에는 '其蹤'으로 되어 있다. <魏文>, p.54의 탁본 사진에서도 이 부분이 뚜렷이 읽혀지지 않으므로, 그래서 (其踪)으로 표기한 것으로 판단된다. 다만 이 경우에 '踪'은 簡字體로 표기된 것으로, 繁字體로는 '蹤'이므

罕繼. 是以秦皇銳思 不免玆山之塵. 漢帝窮神 終欝11)茂陵之草. 故
知12)仙道紆闊 孰長齡之可希. 未13)若玆泉近怡情14)性者矣15). 朕16)
以憂17)勞積慮 風疾屢嬰. 每濯患於斯源 不移時而獲損. 於18)是面山
開宇 徙19)舊裁基. 泉涌殿而20)縈池 砌環流而起21)岸. 巖22)虹曜彩

로 아마도 판독 자체는 '蹤'으로 한 듯싶다. '踣'는 분명 아닌 것 같고, '蹤'이
옳은 것으로 판단되어 일단 이를 취하기로 하였다.

11) <石室>, p.153 및 <日比>, p.175의 판독에서는 '鬱'로 읽었다. 그리고 <魏
文>, p.54의 탁본 사진에서도 분명 '欝'로 보이지만 판독에는 '郁'으로 표기하
였는데, 이는 <浙江>, p.15의 판독에서 그러하였듯이 簡字體 '郁'이 繁字體로는
'欝' 혹은 '鬱'로 표기됨에 따른 것으로 판단된다. 탁본 사진에 입각하여 '欝'로
표기하기로 하였다. 이하에 있어서도 마찬가지다. 「溫湯銘」에서의 이와 같은
'欝'字에 대한 판독은 「晉祠銘」의 판독의 경우와 동일하므로, [附錄](2)「晉祠
銘」의 판독도 아울러 참조하라.

12) <桃山>, p.11의 판독에서는 '(知)'로 표기하여 판독이 불명확한 것처럼 표현하
였지만, <浙江>, p.16의 탁본 사진과 그 판독에서도 그러함은 물론, 이외의 탁
본 사진들을 검토하여도 그러하려니와, 다른 모든 자료집 판독에서도 모두 '知'
로 판독하였기에 이에 따르고자 한다.

13) <桃山>, p.11의 판독에서는 '(未)'로 표기하여 판독이 불명확한 것처럼 표현하
였지만, 이외의 탁본 사진들을 검토하여도 그러하려니와, 다른 모든 자료집 판
독에서도 모두 '未'로 판독하였기에 이에 따르고자 한다.

14) <全集>, p.622에서만 이 '情'字가 누락되었다.

15) <桃山>, p.11의 판독에서는 '(矣)'로 표기하여 판독이 불명확한 것처럼 표현하
였지만, 이외의 탁본 사진들을 검토하여도 그러하려니와, 다른 모든 자료집 판
독에서도 모두 '矣'로 판독하였으므로 이에 취한다.

16) <石室>, p.153 및 <日比>, p.175의 판독에서는 '朕'으로 기재하였고, 이후의
다른 자료들에서도 그러한데, <伏見>, p.70의 판독에만 '腠'으로 되어 있다.
'朕'이 옳다고 본다.

17) <魏文>, p.55의 탁본 사진에서도 이렇게 읽히지만, 판독에서는 '忧'라고 표기
하였는데 이는 '憂'의 簡字體이기에 그런 것으로 판단하였다.

18) 다른 자료의 판독에서는 모두 '於'로 읽었으며 <魏文>, p.54의 탁본 사진에서
도 이렇게 읽혀지지만, 判讀에서는 '于'라고 표기하였다. 그리고 <全集>, p.622
에서도 역시 '于'로 적었다. 이는 잘못이므로 '於'를 취한다.

19) <全集>, p.622에는 이 '徙'字가 '从'字로 되어 있는데, 이 '从'은 '從'의 簡字體
이므로 잘못 된 것으로 판단된다. 이외의 다른 자료에서는 모두 '徙'로 판독하
였으므로, 이에 좇는다.

20) 다른 판독에는 모두 '而'字가 있으나 <全集>, p.622에서는 이 '而'字가 누락되
었다. '而'字가 있는 게 맞다고 판단하였다.

21) <日比>, p.175, <伏見>, p.70, <桃山>, p.15 그리고 <魏文>, p.56의 판독에
는 모두 '起'으로 되어 있지만, <全集>, p.622에만 '趣'로 되어 있다. 탁본 사진

曲〃垂梁　岫月澄輪　低〃入牖.　遡[23]調風以[24]蕩志　鑑[25]靈泉而肅心.
貴乎炎景鑠[26]時　長波不足其熱　霜風擊歲　疊浪[27]不稍其寒[28].　不以
古今變質　不以凉[29]暑易撛[30].　無霄[31]無旦　與日月而同流　不盈不虛

들을 살핀 결과 '起'로 판독한 게 옳다고 판단하였다.

22) <魏文>, p.56의 판독에만 '岩'으로 되어 있을 뿐, <日比>, p.175, <伏見>, p.70 및 <桃山>, p.15에서는 물론이고 <全集>, p.622에도 '巖'으로 판독하였으므로 '巖'으로 표기하였다.

23) <日比>, p.175, <伏見>, p.70, <桃山>, p.15 그리고 <魏文>, p.56의 판독에서는 모두 '遡'로 기재하였는데, <全集>, p.622에서는 이 '遡'字가 '溯'字로 되어 있다. 기왕의 모든 자료에 게재된 탁본 사진들을 확인한 결과 '遡'字가 옳다고 판단하였다..

24) 다른 자료의 탁본 사진들과 판독에는 모두 '以'로 되어 있는데, <日比>, p.175의 판독에만 '而'로 되어 있다. 문장 구조상, 특히 바로 뒤이어 나오는 '而肅心' 부분과 견주어서는 '而'가 옳다고 여겨지기도 하지만, 탁본 사진에 따라 그대로 '以'로 적는다.

25) <魏文>, p.57의 판독과 <全集>, p.622에서는 '鑒'으로 표기하였으나 모든 탁본 사진에서도 그러하거니와 <伏見>, p.70 및 <桃山>, p.17 등의 다른 판독에서도 '鑑'으로 표기하였으므로 '鑑'을 취한다.

26) <石室>, p.153 및 <日比>, p.175의 판독에는 '景鑠'으로 記載하였다. 그런데 이 '景鑠'을 <伏見>, p.70 및 <桃山>, p.17의 판독에는 '暑鑠'으로 판독하였는데에 반해, <魏文>, p.57의 판독에서는 '(景鑠)'으로 표기하여 불분명한 것으로 처리하였으며, <全集>, p.622에서는 '景鑠'으로 기록하였다. 탁본 사진들을 면밀히 살펴도, 뒤의 '鑠'은 보다 분명하게 보이지만, 앞의 글자는 불분명하게 여겨진다. 다만 곧이어 뒤에 나오는 '凉暑' 부분에서의 '暑'字와는 완연히 차이가 날 뿐만이 아니라, 이는 <浙江>, p.44의 탁본 사진과 그 판독에서도 더더욱 완연히 그러하므로 '暑'가 아니라 '景'으로 읽는 게 옳다고 생각한다.

27) <魏文>, p.57의 판독에서는 '(浪)'으로 표시하여 불분명한 것으로 보았지만, 다른 여타의 자료들에 따라 '浪'字가 분명한 것으로 판단하였다.

28) <日比>, p.175의 판독에서는 '寒'으로 하였다. 그렇지만 <桃山>, p.18의 탁본 사진에서도 다소 혼란스럽게 보이므로, p.19의 판독에서도 조심스럽게 불명료한 것으로 처리하였던 것같은데, 동일한 '寒'字가 뒤에 나오는 '林寒尙翠' 부분 중의 '寒'字에서도 <桃山>, p.24의 탁본 사진과 p.25의 그 판독 및 <魏文>, p.60의 탁본 사진과 그 판독에서와 같이 또한 또렷이 읽혀진다. 게다가 <浙江>, p.41의 탁본 사진에서도 명료하게 읽혀서 그 판독도 '寒'으로 記載한 것으로 판단하여 이에 따르기로 하였다.

29) <日比>, p.175 및 <石室>, p.154의 판독에서는 '凉'으로 記載하였다. 여타의 탁본 사진들을 일일이 검토한 결과 이 판독이 옳다고 여겨, '凉'을 취하였다.

30) <日比>, p.175, <伏見>, p.70 및 <桃山>, p.19 그리고 <魏文>, p.58의 판독에는 모두 '操'로 되어 있다. 하지만 그 탁본 사진들에서는 모두 '撛'로 보인다. 이 '撛'字 자체가 '操'의 俗字라는 字典의 설명(民衆書林 編輯局 編, 『漢韓大字

將天地而齊固. 永濟民之沉32)疴　長決33)施34)於無窮　故勒芳碑　乃35)
爲銘曰.

　巖〃秀岳　橫基渭濱. 滔〃靈水　吐岫36)標37)神. 古之不舊　今之不新,
蠲痾蕩瘵　療俗醫民. 鑠38)凍霜夕　飛炎雪晨. 林寒尙翠39)　谷暖先春.
年序屢易　暄40)涼41)幾積. 其妙難窮　其神靡覿. 落花纈岸　輕苔綱石.

典』全面改訂・增補版, 民衆書林, 2001, p.868)이 있어 왜 그렇게 표기했는지
는 충분히 이해가 되나, 애초에 그리 표기되어 있기에 '捒'字를 취한다. 이하에
서도 마찬가지이며, 「溫湯銘」에서의 이와 같은 '捒'字에 대한 판독은 「晉祠銘」
의 판독의 경우와 동일하므로, [附錄](2) 「晉祠銘」의 판독도 아울러 참조하라.
31) <石室>, p.154의 판독과 <全集>, p.622에는 이 '霄'字가 '宵'字로 되어 있다.
　　허나 <日比>, p.175의 판독에서는 '霄'로 읽었고, 또한 <浙江>, p.45의 탁본
　　사진에서는 분명 '霄'로 보이며 그 판독에서도 그래서 그렇게 표기하였다. 이에
　　따른다.
32) <日比>, p.175, <桃山>, p.21 및 <魏文>, p.58의 판독에서는 '沈'으로 하였으
　　나, <浙江>, p.49의 판독에서는 '沉'으로 하였고, <全集>, p.622에서도 같게
　　'沉'으로 記載하였다. 탁본 사진들을 살핀 결과, '沉'이 옳다고 판단하였다. 이하
　　에서도 마찬가지이며, 「溫湯銘」에서의 이와 같은 '沉'字에 대한 판독은 「晉祠銘
　　」의 판독의 경우와 동일하므로, [附錄](2) 「晉祠銘」의 판독도 아울러 참조하라.
33) <桃山>, p.21에서는 '決'로 읽었으나, <魏文>, p.59의 판독에서는 '決'로 보았
　　다. <桃山>, p.20 및 <魏文>, p.59 등의 탁본 사진을 검토하니 '決'이 옳다는
　　판단이 섰다.
34) <日比>, p.175의 판독을 위시한 다른 자료에서는 모두 '施'로 보았으나, <全
　　集>, p.622에서만 이 '施'字가 '斯'字로 되어 있다. '施'가 옳다고 판단하였다.
35) <日比>, p.175의 판독을 비롯한 다른 자료에서는 모두 '乃'로 보았으나, <全
　　集>, p.622에서만 이 '乃'字가 '而'字로 되어 있다. '乃'가 옳다고 판단하였다.
36) <日比>, p.175의 판독을 위시한 다른 자료에서는 모두 '岫'로 보았으나, <全
　　集>, p.622에는 이 '岫'字가 '秀'字로 되어 있다. <全集>의 것이 誤字였다고 믿
　　어, '岫'를 취하였다.
37) <石室>, p.154의 판독에서는 '標'로 記載되어 있고, <日比>, p.175의 판독에
　　는 '標'로 되어 있다. 拓本 寫眞들을 비교하여 검토한 결과, '標'가 맞다고 여겨
　　졌다.
38) <桃山>, p.23의 판독에서는 '(鑠)'으로 표기하여 판독이 불명확한 것처럼 표현
　　하였지만, 이외의 拓本 寫眞들을 검토하여도 그러하려니와, 다른 모든 자료집
　　판독에서도 모두 '鑠'으로 판독하였기에 이에 따르고자 한다.
39) <日比>, p.175의 판독 등에는 모두 '翠'로 되어 있다. 하지만 <浙江>, p.62의
　　탁본 사진에서는 분명 '翆'로 보인다. 따라서 '翆'가 '翠'의 俗字라는 字典의 설
　　명(民衆書林 編輯局 編, 『漢韓大字典』 全面改訂・增補版, 民衆書林, 2001,
　　p.1652)이 있기는 하지만, '翆'를 취하기로 하였다.
40) 다른 판독과는 달리 <全集>, p.622에만 이 '暄'字가 '喧'字로 되어 있다. '暄'

霞泛朝紅 煙42)騰暮碧. 踈43)簷44)嶺際 杭45)殿巖46)陰. 柱穿流腹 砌
裂泉心. 日瑩文淺 風幽響47)深. 蕩茲48)瑕穢 濯此虛衿. 偉哉49)靈穴
凝溫鏡徹. 人世有終 芳流無竭.

字가 옳다고 판단된다.

41) ＜石室＞, p.154 및 ＜日比＞, p.175의 판독에서는 '涼'으로 記載하였다. 한편
 ＜桃山＞, p.25와 ＜魏文＞, p.60의 판독에서 '凉'으로 하였고 ＜全集＞, p.623에서
 도 그렇게 표기하였다. 하지만 탁본 사진들에서는 분명 '涼'으로 읽혀진다. 따
 라서 '涼'을 취하기로 하였다,

42) ＜魏文＞, p.61의 판독과 ＜全集＞, p.623에서는 '烟'으로 적었다. 그렇지만 ＜日
 比＞, p.175, ＜桃山＞, p.27의 판독에서는 '煙'으로 하였으며, 탁본 사진들에서도
 모두 '煙'으로 확인이 되므로, 이에 따른다.

43) ＜日比＞, p.175, ＜魏文＞, p.61의 판독과 ＜全集＞, p.623에서 '疏'로 표기하였
 고, ＜桃山＞, p.27의 판독에서는 '疎'로 보았다. 그렇지만 탁본 사진에서는 '踈'
 로 보이므로, 이를 취하기로 하였다.

44) ＜日比＞, p.175, ＜魏文＞, p.61의 판독과 ＜全集＞, p.623의 기록에는 '檐'으로
 되어 있고, ＜日比＞, p.175, ＜桃山＞, p.27의 판독에는 '簷'으로 되어 있다. 하지
 만 탁본 사진에서는 '簷'에 가까운 것으로 보이므로, '簷'을 택한다.

45) ＜石室＞, p.154, ＜日比＞, p.175, ＜伏見＞, p.70 및 ＜魏文＞, p.61의 판독에는
 '抗'으로 되어 있지만, ＜桃山＞, p.27의 판독과 ＜全集＞, p.623에는 '杭'으로 되
 어 있다. '木'部가 맞는 것으로 보이므로, '杭'을 취하기로 한다.

46) ＜日比＞, p.175, ＜桃山＞, p.27의 판독에는 '巖'으로 되어 있고, ＜魏文＞, p.61
 의 판독과 ＜全集＞, p.623에는 '岩'으로 되어 있다. 탁본 사진들에서는 모두
 '巖'이 분명하므로, 이에 따른다.

47) ＜魏文＞, p.62의 판독과 ＜全集＞, p.623의 기록에는 '响'으로 되어 있으나, 이
 는 '響'의 簡字體이므로 그리 된 것으로 판단하여, ＜日比＞, p.175, ＜伏見＞,
 p.70 및 ＜桃山＞, p.29의 판독에 따라 '響'으로 한다.

48) ＜桃山＞, p.29의 판독에서는 '(茲)'로 표기하여 판독이 불명확한 것처럼 표현하
 였지만, 이외의 拓本 寫眞들을 검토하여도 그러하려니와, 다른 모든 자료집 판
 독에서도 모두 '茲'로 판독하였기에 이에 따르고자 한다.

49) ＜桃山＞, p.29의 판독에서는 '(哉)'로 표기하여 판독이 불명확한 것처럼 표현하
 였지만, 이외의 拓本 寫眞들을 검토하여도 그러하려니와, 다른 모든 자료집 판
 독에서도 모두 '哉'로 판독하였기에 이에 따르고자 한다.

(2) 「온탕명」 원문·국역

(1)溫泉 崇尙의 까닭
[原文]… 及故 … 其尙矣哉 …
[國譯]더불어 … 한 까닭에 그 숭상함이여. …

(2)長壽에 관한 素望 吐露
[原文]雲英可以鑴災蕩穢 金漿玉液可以怡神駐壽. 然而攀霞履 霧仰其術者
難尋. 策鳳馺鸞 訪其蹤者罕繼.
[國譯]하늘에서 내리는 단비는 재를 떨어내서 더러움을 흘러내리게 하
고, [不老長生의 仙藥인] 金漿·玉液은 神을 기쁘게 해서 長壽를 머무르
게 한다. 그렇다고 노을에 타고 오르고 안개를 밟으나, 그 技巧를 推仰하
는 자는 찾기 어렵고, 鳳凰에 計策을 쓰고 난새를 쫓아도 그 踪迹을 尋訪
하는 자는 繼承함이 드물다.

(3)太宗 자신의 長壽에 대한 自負心 表出
[原文]是以秦皇銳思 不免兹山之塵. 漢帝窮神 終鬱茂陵之草; 故知仙道紆
闊 孰長齡之可希. 未若兹泉近怡情性者矣.
[國譯]그래서 秦始皇의 생각을 날카롭게 했어도 兹山의 먼지를 피하지
못했고, 漢武帝의 정신을 다 하도록 했어도 끝내 茂陵의 풀을 울창하게
했도다. 그러므로 仙道를 안다는 것이 어려워 누구든 長壽하더라도 이를
희망했지만, 아직껏 이 溫泉의 가까이에서 本性을 기뻐하는 자에 미치지
못할 것이다.

(4)太宗 자신의 溫泉 治療 效驗과 溫泉 移轉 事實 記述
[原文]朕以憂勞積慮 風疾屢嬰. 每灌患於斯源 不移時而獲損. 於是面山開
宇 徙舊裁基.
[國譯]朕[唐 太宗]은 근심하면 애썼고 中風에 여러 번 걸려 每年 患部

를 이 [溫泉의] 根源에서 씻으며 세월을 보내면서 損傷을 治療하였노라. 이에 山을 향하여 건물을 지었으며 예전 것을 옮겨서 터를 裁斷하였다.

(5)溫泉의 景觀 讚揚

[原文]泉涌殿而縈池 砌環流而趣岸. 巖虹曜彩 曲″垂梁 岫月澄輪 低″入牖. 遡調風以蕩志 鑑靈泉而蕭心. 貴乎炎暑鑠時 長波不足其熱 霜風擊歲 疊浪不稍其寒.

[國譯]溫泉은 殿에서 솟아나 연못을 적시고, 石階는 물줄기가 돌고 돌며 기슭을 일으킨다. 巖虹은 彩色을 妖艶하게 하고, 굽이굽이 대들보에 매달리고, 岩窟 있는 山의 달은 정성을 맑게 하고, 낮게 들창에 들어간다. 맞바람을 거슬러 올라가 뜻을 펼치니, 靈泉에 비추어 마음을 숙이네. 고귀한 불빛 경치 수놓을 때, 長波는 그 열을 더하지 않고, 서릿바람이 치는 해에, 風浪은 그 추위를 조금도 가누지 못하네.

(6)溫泉의 不變 所望 披瀝

[原文]不以古今變質 不以凉暑易操. 無霄無旦 與日月而同流 不盈不虛 將天地而齊固. 永濟民之沈疚 長決施於無窮 故勒芳碑 乃爲銘曰:

[國譯]옛날이나 지금이나 變質하지 않으며 서늘함과 따뜻함이 쉽게 조절되지 않아서 雲氣도 없고 아침도 없으니 해·달과 더불어 같이 흐르니 가득 차지도 않고 공허함도 없으니 天地와 같이하면서 한결같이 변하지 않으리라. 永遠토록 百姓의 困窮을 救濟하고, 長久하게 施惠를 베풀어 無窮하게 決定한다. 그러므로 芳碑에 새겨 銘으로 이르노라.

(7)溫泉의 靈驗 偈句

1)[原文]巖巖秀岳 橫基渭濱. 滔滔靈水 吐岫標神.

[國譯]바위 울창한 빼어난 山岳은 基盤을 渭水의 물가를 가로지르고, 도도히 흐르는 영험한 溫泉水는 산봉우리에서 내뿜어서 神을 나타낸다.

2)[原文]古之不舊 今之不新. 蠲痾蕩瘵 療俗醫民. 鑠凍霜夕 飛炎雪晨.

[國譯]옛것도 이제 옛것 같지 않고, 새것도 이제 새것 같지 않으며, 持病을 덜어주고 肺病을 씻어내며, 속세를 고치고 백성을 치료하고, 서리

가 내린 저녁에 얼음을 녹이고, 불길이 눈 내린 새벽에 날아오른다.

3)[原文]林寒尙翠 谷暖先春. 年序屢易 暄涼幾積. 其妙難窮 其神靡覿.
　[國譯]林野는 추워서 오히려 푸르고, 溪谷은 따뜻해서 봄에 앞선다. 세월은 자주 바뀌고, 따뜻하고 서늘한 날씨가 몇 번이나 쌓여도 그 巧妙함은 헤아리기 어렵고, 그 神祕는 정면으로 보는 것에 복종케 한다.

4)[原文]落花繽岸 輕苔綱石. 霞泛朝紅 煙騰暮碧.
　[國譯]떨어진 꽃은 물가에 물들고, 얇은 이끼는 돌에 그물을 치고, 아침노을은 햇살의 붉음을 드리우고, 연기는 저녁노을 푸른 옥돌을 타고 오른다.

5)[原文]疎簷嶺際 杭殿巖陰. 柱穿流腹 砌裂泉心. 日瑩文淺 風幽響深.
　[國譯]처마를 산등성이 옆에 트고, 殿閣으로 巖穴을 막았으며, 기둥은 (온천물) 흐름의 腹腔을 뚫었고, 섬돌은 온천 중심을 갈랐다. 햇빛의 광채 같으면서도 무늬는 얕고, 바람이 그윽하면서도 울림은 깊다.

6)[原文]蕩玆瑕穢 濯此虛衿. 偉哉靈穴 凝溫鏡徹. 人世有終 芳流無竭.
　[國譯]이제 傷處・不潔을 녹이고, 약한 急所를 씻어낸다. 偉大하신 靈穴이 溫氣를 품고 거울에 비춘다. 인간의 세상에는 마지막이 있을지라도, 香氣의 流布는 枯渴됨이 없으리라.

<참고문헌>

<參考文獻>
日比野丈夫, 「圖版解說：溫泉銘」, 『書道全集』 7 中國 7 隋・唐Ⅰ, 東京：平凡社, 1954.
日比野丈夫, 「圖版 釋文・解題：溫泉銘」, 中田勇次郎 責任編集, 『豪華普及版 書道藝術』 第三卷, 東京：中央公論社, 1975.
福本雅一・山內敏輝, 「現代語譯・原文・訓讀釋文」, 『溫泉銘 晉祠銘 唐太宗』中國法書選ガイド 36, 東京：二玄社, 1989.

제5장

통일신라기 금석문 전문 박사·학사의
대두와 서법·금석학의 풍미

제1절
서언

    중국에서는 '金石'이라는 명사의 기원이 夏나라 禹의 "功績을 金石에 새겼다"고 하는 戰國時代의 『呂氏春秋』「求人篇」에서부터였고, 이 부분에 대한 注釋에서 "쇠는 종과 가마솥이고 돌은 비석이다."라고 했음에서[1] 쇠와 돌이 일찍이 고대인들의 공적을 새겨 넣었던 소재임을 알 수가 있다.[2] 한국 특히 統一新羅期에서도 이와 같이 쇠와 돌에 글을 새겨 사람의 공적을 남기는 문화가 풍미하였음은, 당시에 쇠로 만들어진 鍾과 돌로 만들어진 碑가 지금도 다른 시기의 것에 비해 비교적 많이 전해지고 있을 뿐만 아니라[3] 그것에 새겨진 銘文의 내용은 말할 것도 없고 그 書法이 또렷이

---

1) 『呂氏春秋』 卷22 六論 第二 愼行論 「求人篇」 "功績銘于金石." "高注 : 金, 鍾鼎也. 石, 豐碑也." [戰國]呂不韋 著, 陳奇猷 校釋, 『呂氏春秋新校釋』(下), 上海 : 上海古籍出版社, 2002, p.1524 및 1532.
2) 施蟄存, 「唐碑」, 『金石叢話』, 北京 : 中華書局, 2003; 重印版, 2007; 文史知識文庫典藏本, 2013, p.1; 시칩존 지음, 이상천·백수진 옮김, 『중국 금석문 이야기』, 주류성, 2014, p.17.
3) 『韓國古代金石文資料集』 Ⅰ·Ⅱ·Ⅲ, 國史編纂委員會, 1996 所載의 금석문 자료들을 시대별로 조사하여 도표로 작성해보았더니 아래와 같이 되었다.

    <參考表 1> 『韓國古代金石文資料集』 所載 資料의 時代別 數爻 및 比率 分析表

時代	高句麗	百濟	樂浪系	新羅	伽倻系	統一新羅	渤海	合計

파악되는 사례가 적지 않다는 사실에서 잘 입증되고 있다. 그러므로 통일신라기는 한국사 전체에 있어서 金石學은 물론이려니와 그 명문 즉 금석문이 종의 鑄造 때 조성된 것이든 비석의 제작 때 刻書된 것이든 그 書法역시 風靡한 시기였다고 해도 옳지 않나 싶다.

통일신라기의 이러한 금석학 및 서법의 풍미 현상을 심층적으로 규명하기 위한 방편의 하나로 『三國史記』 기록 및 당시의 금석문 자료에서 찾아지는 여러 분야 博士 · 學士들의 활약상에 주목하기에 이르렀으며, 분야별전문가인 이들 박사 · 학사를 '전문 박사 · 학사'라고 지칭하는 게 적절하다고 생각한다. 이들 여러 분야의 전문 박사 · 학사 가운데 특히 금석문 관련 전문 박사 · 학사가 언제 어떻게 대두하여 어찌 활약하게 되는지를 구체적으로 조망해냄이 가장 궁극적인 목표이므로, 이를 위한 기초적인 작업으로서 『삼국사기』에 보이는 통일신라기 여러 분야 박사 · 학사의 分化趨勢에 대한 분석을 최우선적으로 시도하겠다. 그 중에서도 다른 무엇보다도 通文博士의 실체와 관련한 기록이 『삼국사기』에만 보일뿐더러 거기에서 學士 역시 파생되는 것으로 기록되어 있음에 각별히 주목하고자 한다.[4]

이어서 통일신라기 銘文에 나타난 금석문 전문 박사의 擡頭 樣相에 대

數爻	26	12	46	53	6	78	11	232
比率 (%)	11.20	5.17	19.83	22.84	2.59	33.62	4.74	100

<註記>土器 · 瓦 · 塼銘, 中國系 및 海外 所在 高句麗 · 百濟 流民 關聯 資料 除外
금석문 자료의 시대별 수효를 이렇게 비교함으로써 書法 · 金石文 風靡 현상의개략적인 추이는 엿볼 수 있는 게 아닌가 싶은데, 통일신라시대의 것이33.62%를 차지하여 전체 중 약1/3이나 된다는 사실 자체가 나름대로 의미가있다고 생각한다.

4) 博士에 대해 언급한 근자에 행해진 연구 중 金善民, 「古代의 '博士'」, 『日本歷史研究』 12, 2000 및 김성혜, 「삼국시대 사(師)에 관한 연구 : '박사' 명칭을 중심으로」, 『教育思想研究』 30, 2016 그리고 박방룡, 「漆谷 淨兜寺址五層石塔 銘文과 形止記」, 『인간과 문화 연구』 18, 2011 등에서 박사를 '전문기술직' 혹은 '전문적 기술자'라고 지칭하고 있다. 그래서 '전문 박사'라는 용어를 채택해도 무방하겠노라 재삼 여기게 되었음을 밝혀 두고자 한다. 다만 모든 박사를 이렇게 일률적으로 '기술적'이라 커니 '기술자'라거니 규정함은 실제와는 거리가 멀수 있음에 유의해야 할 것이다. 의학박사 혹은 의박사 또는 천문박사 등의 경우에도 그러하지만 통문박사의 경우에는 전혀 이렇게 표현하고 규정할 수 없기때문이라 하겠다.

해서 살피게 될 것인데, 이는 다름이 아니라 이채롭게도 이 시기의 금석문 자료 중 현존하는 당시 梵鐘의 銘文에서만 鑄鍾大博士・次博士는 물론이고 成博士・鑴字助博士 등의 존재가 확인되기에 이들의 기능 및 역할을 중점적으로 밝혀내고자 하는 것이다. 아울러 같은 통일신라기 금석문 자료 속에서 그 銘文 내용의 작성 및 書體 제공을 도맡아 했던 專門家로서 學士의 職任을 띠고 있었던 姚克一과 같은 실존 인물도 파악되므로, 이들 금석문 전문 학사의 擴充과 그에 따른 書法 및 金石學의 風靡에 관련된 구체적인 면모 또한 규명해보려고 한다.

제2절

『삼국사기』에 보이는
통일신라기 박사·학사의 분화 추세

　『三國史記』의 기록에 나타난 三國統一期 신라의 博士·學士에 대해 집
중적으로 분석해보면, 대략 4단계로 분화되어 가는 추세를 나타내는 것으
로 파악된다. 그 始置 혹은 增置의 시기가 孝昭王代—聖德王代—景德王代
初期—景德王代 後期 4시기로 구분되고 있음에서이다.

(1)제1기 효소왕대 : 전문 박사의 시치

　『삼국사기』에 전문 박사로서 가장 먼저 始置된 것으로 기록되어 있음은
醫學博士이다. <표 1>에서 드러나듯이 그것도 內省에 醫學을 설립함으로
써 그랬던 것으로 살펴진다.

<표 1> 第1期 孝昭王代 專門 博士의 始置 一覽表

連番	名稱	年度	所屬	所任	典據
1	醫學博士	孝昭王 元年(692)	內省 醫學	(醫學 硏究 및 敎習)	『三國史 記』 卷

					39 雜志 8 職官 中5)

醫學博士는 이미 존재했을 醫官이나, 곧 살필 바처럼 이 이후 성덕왕 16년(717)에 설치되는 醫博士와는 별개의 직책이었다고 보인다.6) 즉 醫學博士는 內省 내에 醫學이 설치된 이후 학문으로서 『本草經』 등 각자의 전문 분야를 專擔하는 敎授로서의 職任을 맡은 존재를 지칭하는 것이라고 풀이되는 것이다. 그리고 內省에 이러한 醫學이 설치된 것은 국가적으로

---

5) "의학은 효소왕 원년(692)에 처음 두어 학생을 가르쳤는데, 본초경·갑을경·소문경·침경·맥경·명당경·난경으로써 업을 삼았다. 박사는 2명이다;『三國史記』卷39 雜志 8 職官 中 "醫學 孝昭王 元年 初置 敎授學生 以本草經·甲乙經·素問經·針經·脉經·明堂經·難經爲之業. 博士 二人"

　　金斗鍾,「統一新羅期의 醫學」,『韓國醫學史』, 正音社, 1955; 探求堂, 1966, p.106에서는, 이 기록을 인용하여 제시한 후, "아마 孝昭王以前까지의 醫學敎育은 私的 혹은 개인적이었던 것이 孝昭王元年으로부터 정식으로 醫學을 두고 학생에게 敎授케 한 것인 듯하다."고 한 바가 있다. 하지만 이는 이때에 이르러 內省 조직으로서의 醫學이 설치되고 醫學博士가 교육을 전담하게 되어 醫學 자체를 더욱 중시하게 되었음을 의미하는 것이지, 그 이전에 醫術 敎育이 전혀 국가 차원에서 행해지지 않았음을 드러내는 것은 아니지 않은가 생각한다. 말하자면 이전에는 醫官 혹은 醫師가 醫術 교육을 담당하던 단계에서 효소왕 원년(692) 醫學이 內省에 설치되고 醫學博士가 이를 전담하게 되는 단계로 진전된 것이라 가늠된다고 하겠다.

6) 이들 醫學博士·醫博士·醫官 등에 관해서 李基白,〈數學과 金屬鑄造技術〉,「統一新羅의 儒敎와 學問」,『韓國史講座』1 古代篇, 一潮閣, 1982; 17쇄, 1998, p.393에서는 "聖德王 16년(717)에 醫博士와 함께 算博士를 두었다고 하였는데, 醫博士가 의학 교육기관인 醫學을 위한 것이고 보면, … "이라 하였고, 또한 李基白,〈天文學·曆學 및 醫學〉, 같은 책, p.392에서는 "醫學에 있어서는 孝昭王 원년(692)에 醫學敎育機關인 醫學을 세우고 醫學博士를 두어 『本草經』 … 등 中國의 醫書들을 가르치게 하였다. … 이렇게 교육을 받으면 醫官으로 임명되었는데, 供奉醫師·內供奉醫師 등은 그러한 醫官이었을 것이다."고 한 바가 있다. 醫學에서 교육을 담당한 게 醫學博士인 것은 옳지만, 醫博士는 분명 醫學博士와 다른 직책이었다고 여겨지고, 또한 醫學에서 교육을 받으면 醫官으로 임명되는 것은 아니었다고 보이며, 또한 供奉醫師를 그러한 醫官으로 보는 것은 온당치 않다고 본다. 醫學博士·醫博士·醫師·醫官은 職衙에 따라 그 所任과 身分이 제 각각 나름대로 있었다고 여겨지는데, 이 문제는 비단 그들의 職衙·所任·身分에만 국한되는 게 아니라 신라의 醫療 體系 자체의 구조 및 그 특성과 직결된 문제라고 생각한다.

醫學 자체를 학문으로 인정함과 동시에 教習 分野의 하나로 설정하면서 그리되었던 것으로 이해된다.

(2)제2기 성덕왕대 : 전문 박사의 증치

전문 박사의 增置가 여러 분야에서 본격적으로 이뤄진 것은 聖德王 재위 후기였다. 이와 관련된 사항들을 도표로 정리해보이면 아래 <表 2>와 같다.

<表 2> 第2期 聖德王代 專門 博士의 增置 一覽表

連番	名稱	始置 年度	所屬	所任	典據 (『三國史記』)
1	通文博士	聖德王 13년(714)	內省	表文 管掌	卷8 新羅本紀7) 卷39 雜志 8 職官 中8)
2	醫博士	〃 16년(717)	(不明)	(醫術)	卷8 新羅本紀9)
3	算博士	〃	(不明)	(算術)	
4	漏刻博士	〃 17년(718)	漏刻典	(日氣 觀測・ 豫報 및 時刻 測定)	卷38 雜志 7 職官 上10)

---

7) "성덕왕 13년(714) 2월에 상문사를 통문박사로 고쳐 표문 쓰는 일을 관장하게 하였다. <왕자 김수충을 당나라에 보내 숙위하게 하니, 현종이 집과 비단을 주고 그를 총애하여 조당에서 잔치를 베풀어 주었다>; 聖德王 十三年 春二月 改詳文司 爲通文博士 以掌書表事 <遣王子金守忠入唐宿衛 玄宗賜宅及帛以寵之 賜宴于朝堂.>"

여기에서 기록 가운데 < > 표시의 내용은 상문사가 통문박사로 고쳐진 후 행한 소임의 구체적인 사례를 적어둔 것으로 이해할 수 있다고 본다. 말하자면 상문사가 통문박사로 고쳐진 계기가 다름 아니라 王子 金守忠의 入唐宿衛를 위한 表文 작성이었던 게 아닌가 여겨지는 것이다.

8) "상문사 성덕왕 13년(714)에 통문박사로 고쳤고, 경덕왕이 또 한림으로 고쳤

聖德王代 전문 박사의 이러한 증치에 있어서 무엇보다도 주목해 마땅할 사실은 종전의 詳文師가 通文博士로 개칭되었다는 점이다. 그 소임이 '표문 쓰는 일 관장(以掌書表事)'이어서 그 전문성이 확연하기 때문이다. 이들은 특히 唐과의 외교에 있어서 그 문서인 表文을 전문적으로 도맡아 작성해야 했으므로 중국의 역대 表文 중 뛰어난 것들이 죄다 포함되었음은 물론 流麗한 騈體로 작성된 碑文·墓誌 등의 金石文 자료까지 담겨 있어 종합적인 인문학 선집이라 할 수 있는 『文選』[11])의 내용을 충실히 기본적으로 숙지하고 있었을 것이다. 게다가 그들은 단지 외교 문서의 내용 작성에만 전념하는 게 아니라 그 문서의 정확한 解讀을 위해서 다양한 書法

다. 후에 학사를 설치하였다; 詳文師 聖德王十三年 改爲通文博士 景德王又改爲翰林 後置學士."

　　앞의 『三國史記』 권8 新羅本紀 聖德王 13년(714) 조의 기록 가운데 "詳文司를 通文博士로 고쳐 表文를 쓰는 일을 관장하게 하였다"고 한 대목에서 이 '詳文司'는 이 『三國史記』 권39 職官志 中 詳文師 조의 기록에서와 같이 '詳文師'의 誤植임이 틀림이 없다. 다만 이 '詳文司'가 '詳文師'가 소속되었던 官府名이었을 가능성도 전혀 배제할 수는 없다고 생각한다.

9) "성덕왕 16년(717년) 봄 2월에 의박사·산박사 각 1명을 두었다; 聖德王 十六年 春二月 置醫博士·算博士各一員."

10) "누각전 성덕왕 17년(718)에 처음으로 설치하였다. 박사는 6명이었고, 사는 1명이었다; 漏刻典 聖德王十七年始置 博士六人 史一人."

　　이를 보면 博士는 6인임에 반해 史는 단지 1인인데, 이 기록 자체 그대로를 인정하고 생각해보면 이는 매우 기이한 현상이 아닐 수 없다. 漏刻의 전문가인 博士는 6인이나 되는데 그 실무 담당자라 할 史는 단1인에 불과했음은 그가 단지 행정 업무만을 담당하는 게 아니었나 한다. 설령 그렇다고 할지라도 정상적인 체계는 결코 아닐 것이다. 그렇다고 하면 결국 漏刻博士가 별반 우대받는 게 존재가 아니었음을 드러내주는 게 아닐까 싶다.

　　또한 漏刻博士가 6인이라는 사실은 뒤에서 살필 律令博士 역시 6인이라는 점과 필시 깊은 연관이 있는 듯하다. 당시가 神文王 5년(685) 5小京의 정비 이후이므로 정치적으로나 행정적으로 중심이 되는 王京과 5小京에 각기 1인씩 도합 6인의 박사가 漏刻의 측정과 律令의 운용을 각기 주관하게 됨으로써 漏刻博士와 律令博士가 공히 6인으로 책정되었던 것으로 추측되는 것이다. 말하자면 행정 체계가 王京-5小京制로 정착됨에 따라 누각박사와 율령박사가 6인으로 책정되었던 것으로 살펴진다고 하겠다.

11) 노용필, 「韓國 古代의 『文選』 受容과 그 歷史的 意義」, 『歷史學研究』 58, 2015; 改題 「고구려·신라의 『문선』 수용과 한문학의 발달」, 『한국고대인문학발달사연구』 (1) 어문학·고문서학·역사학 권, 한국사학, 2017; 新裝版, 2026, pp.83-89.

에도 심층적인 식견을 지니고 있었을 법이다. 그러했으므로 이들의 활약은 곧 당시의 서법 및 금석학의 풍미에도 적지 않은 영향을 끼쳤을 것이라 쉬이 想定할 수 있지 않나 생각한다.

(3)제3기 경덕왕대 초기 : 국학 박사의 시치 및 전문 박사의 증치

景德王 초기에 이르러 기왕의 國學에 비로소 전문 분야를 연구하고 교습하는 박사들이 처음으로 설치되었고, 이어 天文博士도 증치되었다. 『三國史記』에 드러난 이러한 사실들을 정리하면 다음 <表 3>이다.

<表 3> 第3期 景德王代 初期 國學 博士의 始置 및 專門 博士의 增置 一覽表

連番	名稱	年度	所屬	所任	典據 (『三國史記』)
1	諸業博士	景德王 6년(747)	國學	(諸業 硏究 및 敎習)	卷9 新羅本紀[12] 卷38 雜志 1 職官 上[13]
2	天文博士	〃 8년(749)	內省	(天文 觀測 및 災異 解釋)	卷9 新羅本紀[14]
	[司天博士]	?			卷39 雜志 8 職官 中[15]

---

12) "경덕왕 6년(747) 봄 1월 국학에 제업諸業 박사와 조교를 두었다; 景德王 六年 春一月 置國學諸業博士·助敎."

13) "국학 박사 <약간의 인원으로 수는 정해져 있지 않았다.> 조교 <약간의 인원으로 수는 정해져 있지 않았다>; 國學 博士 <若干人數不定> 助敎 <若干人數不定>."

14) "경덕왕 8년(749) 봄 3월에 천문박사 1인과 누각박사 6인을 두었다; 景德王 八年 春三月 置天文博士一員 漏刻博士六員."

15) "천문박사 후에 사천박사로 고쳤다; 天文博士 後改爲司天博士."

國學이 설립된 것은 神文王 2년(682)이었지만16), 그 연구 및 교육 專擔者로서 博士가 始置된 것은 景德王 6년(747)에 이르러서였다. 그들은 國學 소속인지라 國學 博士라고도 불리웠으며, 周易業·尙書業·毛詩業·禮記業·春秋左氏傳業·文選業 6개의 業으로 나뉘어 각자의 전문 분야를 전담하므로17) 諸業博士라 일컬어지기도 하였던 것이라 하겠다.

이들은 각자의 연구를 위해서는 말할 것도 없고, 국학에서 각기 專擔하는 諸業의 원활한 교습을 꾀하기 위해서라도 筆寫된 經典 및 史書를 위시한 다양한 書籍에 대한 완벽한 해독에 緊要한 여러 書法은 물론이고, 특히 앞서 거론한 바 『文選』의 경우에는 중국의 대표적인 金石文 자료들도 담고 있음으로 해서 그러한 금석문에 대한 지식의 體得이 필수적이었을 것임에 틀림이 없다.18) 그러므로 이들 국학 소속의 제업 박사들 또한 書法·金石學에 造詣가 깊었을 테고, 따라서 이들의 연구 및 교습 활동 역시 당시의 서법 및 금석학 풍미에 적지 않은 영향을 끼쳤을 것이다.

---

16) 이와 관련하여서는 한준수, 「신라 국학의 수용」, 『2013 新羅學國際學術大會 論文集』, 경주시·신라문화유산연구원, 2013; 주보돈 외 지음, 『신라 국학과 인재 양성』, 민속원, 2015, p.66에서,“ … 신문왕대 이르러 국가가규모와 체제 정비에 비례하여 국학의 확대로 이어진 것이라 정리할 수 있다. 영역확대와 체제정비에 따라 중앙관과 지방관의 수용 증가 및 그에 대한 관리도 당면한 과제인 이상 이를 체계적으로 뒷받침할 수 있는 기구가 필요하였고 그에 따라 국학이 ‘설립’으로 표현될 만큼 새롭게 완성되었다.”고 하였음이 참조가 된다.

17) 노용필, 「신라 국학의 교육 내용과 『문선』」, 『2013 新羅學國際學術大會 論文集』, 경주시·신라문화유산연구원, 2013; 주보돈 외 지음, 『신라 국학과 인재 양성』, 민속원, 2015, p.108.

18) 이러한 당시의 면모를 잘 입증해주는 구체적인 사례가 바로 金春秋가 入唐하여 國學에 가서 釋奠과 講論을 참관하기를 청하자 太宗이 허락한 후 “아울러 자기가 직접 지은 溫湯碑와 晉祠碑, 그리고 새로 편찬한 『晉書』를 하사하였다 (春秋請詣國學, 觀釋奠及講論, 太宗許之. 仍賜御製溫湯及晉祠碑幷新撰晉書).”고 하는 『三國史記』 新羅本紀 5 眞德女王 2년(648) 조의 기록에서 찾아진다. 唐太宗이 직접 지은 溫湯碑와 晉祠碑와 같은 金石文 자료의 내용은 물론이고 당시 새로 편찬된 『晉書』 역시 筆寫된 상태로 전달되었을 것이므로, 이를 정확히 해독하여 숙지하기 위해서도 이후 국학 박사들에게는 그 자료들과 직결되어 있는 書法 및 金石文 관련 지식의 習得은 말할 것도 없고 熟知는 필수적이었을 게 분명하다.

(4)제4기 경덕왕대 후기 : 국학 박사·전문 박사의 증치 및 한림학사의 시치

景德王代 후기에 國學 博士가 증치되고 律令博士가 시치되었으며, 또한 詳文師의 명칭이 앞서 이미 通文博士로 개칭되었다가 이즈음에 翰林學士로 다시 개칭되었던 것으로 가늠된다. 이러한 면모를 도표로 정리하여 제시하면 다음의 <表 4>이다.

<表 4> 第4期 景德王代 後期 國學 博士·專門 博士의 增置
및 翰林 學士의 始置 一覽表

連番	名稱	年度	所屬	所任	典據 (『三國史記』)
1	算學博士	(?)	國學	(算學 研究 및 教習)	卷38 雜志 7 職官 上19)
2	律令博士	景德王 17년(718)	內省 律令典	(律令 整理 및 律令集 修撰)	卷9 新羅本 紀20) 卷39 雜志 8 職官 中21)
3	翰林 學士	〃 18년(718) (?)	翰林臺	(侍書)	卷39 雜志 8 職官 中22)

---

19) "국학 … 혹은 산학박사나 조교 1명을 뽑아 철경·삼개·구장·육장을 가르치게 하였다; 國學 … 或差算學博士若助教一人 以綴經·三開·九章·六章教授之."

이 기록에 대하여 李基白, <數學과 金屬鑄造技術>, 「統一新羅의 儒教와 學問」, 『韓國史講座』1 古代篇, 一潮閣, 1982; 17쇄, 1998, p.393에서, "이 기록만으로는 그 數學教育이 恒時的인 것인지 隨時的인 것인지, 또 일반 國學 학생들이 겸하여 배우는 것인지 혹은 전문적인 數學專攻學生이 배우는 것인지 모두 분명하지가 않다. 聖德王 16년(717)에 醫博士와 함께 算博士를 두었다고 하였는데, 醫博士가 의학 교육기관인 醫學을 위한 것이고 보면, 더욱 그러한 점들

『삼국사기』 기록 자체에는 어디에도 通文博士가 翰林으로 고쳐지고 나서 그 후 學士가 두어진 게 경덕왕 때 정확히 언제인지가 드러나 있지가 않다. 하지만 경덕왕 재위 중에 이뤄진 것만은 분명하므로, 이 후기일 것으로 보고자 한다. 특히 그 18년(759) 당시에 대대적으로 官府 명칭을 唐의 것을 반영해서 漢字 어휘를 사용하여 고치는 所謂 官號의 漢化政策[23] 施行과 짝하여 그 一環으로 이와 같은 翰林學士의 설치가 행해진 것으로 여겨지는 것이다.

　이 미심스러워진다."고 한 바가 있다. 이 서술 내용 가운데 '醫博士가 의학 교육기관인 醫學을 위한 것'이라고 한 부분은, 앞서도 언급한 바 있듯이 醫學博士가 醫學의 교습 담당자였지 醫博士가 그런 게 아니므로 잘못 이해한 것인데, 마찬가지로 算學博士가 算學의 교습 담당자이지 算博士가 그런 것이라 오해해서는 안 될 것이다. 다만 李基白이 여기에서 '더욱 그러한 점들이 미심스러워진다'고 한 점은, 이 부분의 서술에 관한 脚註 20)에서 "算學敎育制度에 대하여는 金容雲・金容局, 『韓國數學史』(1977) 제3장 '統一新羅時代의 數學과 天文學'의 제1장 「算學制度」 참조. 여기서는 國學을 유일한 數學敎育機關으로 보고, 數學을 배우는 學生의 자격도 經學을 배우는 學生과 동일한 것으로 이해하고 있다."고 쓰고 있음에 비춰볼 때, '國學을 유일한 數學敎育機關으로 보고, 數學을 배우는 學生의 자격도 經學을 배우는 學生과 동일한 것으로 이해'하는 데에 대해서 미심스러워한 것으로 풀이된다.

20) "경덕왕 17년(758) 여름 4월에 <의관으로 정밀히 연구하는 사람을 뽑아 내공봉에 충당하고,> 율령박사 2인을 두었다; 景德王 十七年 夏四月 <選醫官精究者 充內供奉> 置律令博士二員."

　이 기록 가운데 "의관醫官으로 정밀히 연구하는 사람을 뽑아 내공봉內供奉에 충당했다"고 했음에서 원문의 '精究者' 풀어서 '정밀히 연구하는 사람' 달리 표현하자면 '아주 자세하고 치밀하게 연구하는 사람'이 곧 다름 아닌 醫博士의 기본 요건이자 곧 모든 분야의 專門 博士들의 선발 자격 조건이었음을 알려주는 게 아닐까 싶은데, 이런 정도의 자격 조건에 부합하는 사람이야말로 醫官 중에서 선발되어 內供奉에 소속되게 하였음을 알려주는 것이라 하겠다. 算學博士 역시 聖德王 16년(717)에 앞서 살폈듯이 이미 始置되었던 算博士 가운데 '精究者'로 선발되어 國學에서 算學 자체의 연구・교습 전담자로서 증치되었다고 보고자 한다.

21) "율령전 박사 6인이었다; 律令典 博士六人."

22) "상문사 성덕왕 13년(714)에 통문박사로 고쳤고, 경덕왕이 또 한림으로 고쳤다. 후에 학사를 설치하였다; 詳文師 聖德王十三年 改爲通文博士 景德王又改爲 翰林 後置學士."

23) 李基白, 「新羅 惠恭王代의 政治的 變革」, 『社會科學』 2, 1958; 『新羅政治社會史研究』, 一潮閣, 1974; 16쇄, 2002, pp.245-246; 李基白, 「統一新羅의 政治組織」, 『韓國史講座』 1 古代篇, 一潮閣, 1982; 17쇄, 1998, p.331.

제3절
통일신라기 명문에 나타난
금석문 전문 박사의 대두 양상

오늘날 전해지는 통일신라기 금석문 중 특이하게도 銅鍾 및 金板에 새겨진 銘文이라 金文이라 일컫는 게 적합할 자료들 중에서만 그 명문의 내용에 專門 博士들에 관한 기록이 찾아진다. 造成 年代順으로 열거하면 「聖德大王神鍾銘」의 鑄鍾大博士·次博士, 「菁州 蓮池寺 鍾銘」의 成博士, 「皇龍寺九層木塔刹柱本記」의 鑴字助博士 등이 그것이다.

(1)「성덕대왕신종명」의 주종대박사·차박사

惠恭王 7년(771, 大曆 6년 辛亥)에 鑄造된 「聖德大王神鍾銘」에서 鑄鍾博士가 大博士·次博士로 분화되어 있음이 확인된다. 이에 관한 부분만을 제시하면 다음과 같다.

(A)大曆六年歲次辛亥　十二月十四日　鑄鍾大博士大奈麻朴從鎰
　　　　　　　　　　　　　　　　　　　次博士　奈麻朴賓奈

이들 鑄鍾博士들은 大博士-次博士의 位階가 설정되어 있었으며, 단지 문자 그대로 '鑄鍾' 자체의 전반적인 工程에 대한 專門 博士로서 기능하였을 뿐이었음이 분명한 것 같다. 후술할 바대로 이 「聖德大王神鍾銘」의 연이은 銘文 내용에 鍾 鑄造와 직접적인 배경이 된 國王의 敎와 詔를 撰述하고 銘文 내용을 작성한 翰林郎 金弼奧를 위시해서 그 詔를 起草하고 筆寫하여 전달했을 姚湍 그리고 銘文 내용의 書寫 및 鐫字를 전담하였을 金符𢶆 등의 활약상이 여실히 잘 드러나고 있기 때문이다.

(2) 「진주 연지사 종명」의 성박사

興德王 8년(833, 太和 7년) 菁州(오늘날의 晋州) 蓮池寺에 조성된 鍾의 銘文에 다른 금석문에서는 찾아지지 않는 成博士가 유일무이하게 보인다. 명문의 주요 내용은 다음과 같은데, 무엇보다도 주목해야 할 사실은 이 鍾을 鑄造하기 위한 成典이 설치되었고, 그 조직의 일원으로서 成博士가 기록되어 있다는 점일 것이다.

> 太和 七年 三月 日 菁州 蓮池寺
> 鐘成內節 傳合入金七百十三
> 古金四百九十八 加入金百十
> 成典和上 惠門法師 □惠法師
> … (중략) …
> 史六 三忠舍知 行道舍知
> 成博士 安海哀大舍 哀外大舍
> 節州統 皇龍寺 覺明和上[25]

---

24) 黃壽永, 「聖德大王神鍾銘」, 『韓國金石遺文』, 一志社, 1976; 『黃壽永全集』 4 금석유문, 혜안, 1999, p.318.

25) 이 판독은 黃壽永, 『韓國金石遺文』, 1976; 『黃壽永全集』 4 금석유문, 1999, pp.321-322 및 金煐泰, 『三國新羅時代佛敎金石文考證』, 民族社, 1992, p.138 를 참조하여 정리한 것으로, 黃壽永의 책, 1999, p.322의 도판 52 榻本을 활

이 가운데 晉州 蓮池寺鍾의 鑄造 및 銘文 작업의 전담자와 직결되는 대목은 "史六 三忠舍知 行道舍知 / 成博士 安海哀大舍 哀外大舍" 부분으로 이 가운데 '成博士'의 '成'은 그 바로 앞에 기록된 '成典和尙'에서 간파할 수 있듯이 '蓮池寺成典'의 存置에서 유래한 것으로서26) 이 成典 소속의 博士였음을 드러내주는 것이며, 아울러 '鑄成'의 의미도 포함하고 있을 것이다. 그리고 그 바로 앞의 "史六27) 三忠舍知 行道舍知" 부분에서 '史六'의 '史'는 '書史'의 略稱으로 이 「晉州 蓮池寺 鍾銘」의 관련 문서 작성 및 筆寫 전달 업무는 물론이고 그러하였기에 銘文의 鐫字 자체도 이들의 책무였을 것으로 헤아려진다.28) 따라서 成博士는 晉州 蓮池寺의 成典 소속

___

용하고 王羲之 書法 중 특히 '外'字의 경우를 주목하여 樵效鋒 編, 『王羲之王獻之書法字典』, 長春 : 吉林文史出版社, 2012, pp.157-158 및 周世聞 主編, 『王羲之書法常用字典』 第2版, 成都 : 四川美術出版社, 2015, pp.133-134를 감안해서, "成博士 安海哀大舍 哀外大舍" 부분 중 '外'字만을 새로 판독하여 가미한 것이다.

26) 『三國史記』 卷38 職官 上의 기록에 依據하면, 成典으로 四天王寺成典을 필두로 永興寺成典까지 도합 7개가 구체적으로 열거되어 전해지는데, 여기에는 이 蓮池寺成典이 포함되어 있지 않지만 그 성격은 별로 다를 바 없이 흡사하였을 것이다. 즉 이 蓮池寺成典의 경우 설치 지역이 菁州(오늘날의 慶南 晉州)이어서 그 지역적 비중은 물론 蓮池寺 자체의 寺勢를 함께 감안하여 마련되었던 게 아니었을까 싶다.

27) 이 '史六'은 이미 앞서 제시한 律令典의 職制 編成에 있어서 확연히 드러나는 바대로 律令博士 6인-史 6인 體系였던 데에서 비롯된 것으로, 이후 律令典을 위시한 中央官府에서 거의 一律的으로 유지되며 지속되어 내려옴에 짝하여 '史六'이라는 용어가 굳어지게 되었던 게 아닌가 추정된다. 이 6인의 '史六' 중 2인 三忠 舍知와 行道 舍知가 晉州 蓮池寺鍾의 鑄造 및 銘文 작업의 전담자 구성에 차출되어 가담하기에 이르렀기에 여기에 등재된 것이라 하겠다.

28) 이러한 '史'의 職任과 관련하여서는 貞元 14년 곧 元聖王 14년(798)에 건립된 「永川 菁堤碑 貞元修治記」의 내용 중 그 修治工事 담당자 부분이 주목된다. 그래서 그 내용을 일람표로 정리해 제시해보이면 아래 <參考表 2>이다.

<參考表 2> 「永川 菁堤碑 貞元修治記」 修治工事 擔當者 一覽表

職任		部名	人名	官等
所內使	上干		年	乃末
	史		須	大舍
加太守		須[哦]	玉純	乃末

이 <參考表 2>에서 '史'는 구체적으로는 '書史'로, 이는 뒤의 [附錄] <표 1>과 <표 2>에서 보이듯이 훗날 高麗의 穆宗 원년(998) 改定田柴科 규정 중 제16

으로서 史의 문서 작성 및 筆寫 전달 업무 지원을 받으면서 이 鍾을 鑄造하여 완성하는 工程의 전반을 책임지고 지휘한 전문 박사를 지칭한 것으로 이해된다.

(3)「황룡사구층목탑찰주본기」의 전자조박사

景文王 11년(871, 咸通 辛卯)에 조성된 「皇龍寺九層木塔刹柱本記」에는 鐫字助博士라는 전문 박사의 일종이 등장함이 주목되는데, 그에 대한 표기 방식이 第2板 內面과 第3板 內面에 있어서 相異하게 새겨져 있음이 주의를 요한다. 문제가 되는 그 부분을 중심으로 銘文의 내용 일부를 인용해 보이면 아래와 같다.

　　(B-1)第二板 內面
　　今上即位十一年咸通辛卯歲恨其□
　　… (중략) …
　　道俗以其年八月十二日始廢舊造新
　　　　　鐫字臣小連全

과 田27結의 書學博士 및 篆書博士 보다 1등급 아래인 제17과에 배정되어 田23結을 지급받도록 되어 있었을 뿐만이 아니라 文宗 30년(1076) 更正田柴科 규정에서는 제15과 田25結의 書學博士 보다 1등급 아래인 제16과에 배정되어 田22結을 獸醫博士와 동일하게 지급받도록 규정되었던 바로 그 '書史'와 같은 존재였던 게 거의 틀림이 없다고 생각된다.

　이 <參考表 2>는 李基白, 「永川 菁堤碑 貞元修治記의 考察」, 『考古美術』 102, 1969; 『新羅政治社會史研究』, 一潮閣, 1974; 16쇄, 2002, p.288 소재 [表 다] 永川 菁堤 修治工事 擔當者의 내용을 재정리한 것으로, 이 [表 다]에서는 '史'를 인명 '史須'의 일부로 파악하였으나 pp.290-291에서는 "所內使로 임명된 다른 한 名은 史須 大舍였다. 이에 대하여는 다음의 두 가지 해석이 가능하다. 하나는 史를 官職名, 須를 人名, 大舍를 京位로 보는 것이다. 三國史記 職官志에 위하면 史라는 官職은 中央政府의 거의 모든 官府에 있는 最下의 官職이며, 京位로는 제17등 先沮知(造位)로부터 제12등 大舍까지가 임명되도록 되어 있다. 여기의 須는 京位가 大舍이며 이것은 위의 규정과 부합하고 있다. 이같이 須를 官職 史요 京位가 大舍인 人物로 본다면 그가 地方豪族인 年과 더불어 所內使였다는 사실이 퍽 흥미 있어진다."고 한 바가 있는데, 이 해석이 타당하다고 믿어 반영한 것이다.

··· (중략) ···

(B-2)第三板 內面
改作之故以示萬劫表後迷矣
　　咸通十三年歲次壬辰十一月廿五日記
　　崇文臺郎兼春宮中事省臣姚克一奉　教撰
　　　鐫字助博士臣連全29)

　第2板 內面에는 '鐫字臣小連全'이라 표기되어 있는 데에 반해 第3板 內面에는 '鐫字助博士臣連全'이라 되어 있는데, 둘을 비교해보면 職能 '鐫字'를 專擔한 전문가의 이름이 '連全'임은 동일하나 그 職銜이 앞에서는 '臣小'라고 했지만 뒤에서는 '助博士臣'이라 한 것이다. 그런데 앞에서의 '臣小'가 뒤에서는 '助博士臣'이 된 것이니, 여기서도 또한 '臣'이 공통되므로 이를 제외시키면 결국은 앞의 '小'가 뒤에서는 '助博士'가 된 셈이라 헤아릴 수 있겠다.

　이를 실마리로 삼아 推論하자면, 방금 앞서 살핀 「聖德大王神鍾銘」의 경우 銘記된 大博士-次博士의 位階를 감안할 때, 그 아래의 職級으로 助博士가 설정되어 있었던 게 아닌가 싶다. 즉 당시 전문 박사들의 위계가 大-次-小의 序列를 기준으로 삼아 전반적으로 大博士-次博士-助博士로 설정되어 있었던 것으로 가늠된다.30)

---

29) 黃壽永, 「新羅皇龍寺九層木塔刹柱本記」, 『韓國金石遺文』, 1976; 『黃壽永全集』 4 금석유문, 1999, pp.201-203. 이 가운데서 '姚克一奉　敎撰' 부분에서 '敎撰'의 '撰'을 '□'로 판독해 그리 표기해두었는데, 글자가 또렷하지 않아 이렇게 처리한 듯하다. 하지만 내용상으로는 '□'이 '撰'임에 틀림이 없다. 곧이어 인용하는 바와 같이 「聖德大王神鍾銘」에서 '金弼奧奉　敎撰' 부분에서도 그렇고 '金弼奧奉 詔撰' 부분에서도 그렇듯이 이 '敎□'의 '□'는 '撰'字임이 분명하다.

30) 말하자면 당시 전문 박사들의 직급 체계가, 비유컨대 오늘날의 대학 교수 직급이 敎授-副敎授-助敎授임과 매우 흡사하게 설정되어 있었던 것으로 추정해 볼 수 있지 않나 생각한다.

제4절
통일신라기 금석문 전문 학사의 확충과
서법·금석학의 풍미

앞서 살폈듯이 景德王代에 通文博士가 翰林으로 고쳐지고 그 후에 學士가 설치되었다는 『三國史記』 卷39 雜志 8 職官 中의 기록에 의거하면, 단지 그 시기가 명시되어 있지 않음이 다소 장애가 되기는 하지만 通文博士가 그 뒤 翰林으로 바뀌고 곧 學士가 설치된 게 景德王 후기임에 거의 틀림이 없다고 믿어진다. 景德王의 嫡子로 그 뒤를 곧이어 즉위한 惠恭王 7년(771)에 주조된 아래와 같은 「聖德大王神鍾銘」의 내용에서 翰林臺가 이미 기능하고 있음이 확인됨으로 해서이다.

> 聖德大王神鍾之銘 朝散大夫兼太子朝議郎翰林郎金弼奧奉 教撰
> …(중략)…
> 識慧海同波咸出塵區並昇覺路臣弼拙無才敢奉 聖詔貸班超之筆隨陸
> 佐之言 述其願旨銘記于鍾也
> 翰林臺書生大奈麻金符皖書
> …(중략)…
> 翰林郎級湌金弼奧奉 詔撰
> 待詔大麻奈姚 湍書[31]

---

31) 黃壽永, 「聖德大王神鍾銘」, 『韓國金石遺文』, 1976; 『黃壽永全集』 4 금석유문,

이렇게 기재된 銘文의 내용을 정확히 파악하기 위해 撰·書의 職役을 기준으로 삼아 구분하여 도표로 정리해보았다. 아래의 <表 5>가 그것이다.

<表 5> 「聖德大王神鍾銘」 撰·書 專擔者 分析表

連番	職役 區分		所屬	職名	官等	人名
1	撰	敎撰	翰林臺	朝散大夫兼太子朝議郎 翰林郎	級湌	金弼奧
2		詔撰		翰林郎		
3	書	銘文		翰林臺書生	大奈麻	金符皖
4		詔書	(內省)	(翰林)待詔	大奈麻	姚湍

이 <表 5>의 내용만으로 한정해보면 郎—待詔—書生의 位階가 翰林臺 내에 설정되어 있었음이 드러난다고 하겠다. 따라서 翰林臺 내부의 구조가 그리 단출하지만은 결코 않았던 것으로 새겨진다. 이 기록에는 비록 명시되어 있지 않으나 郎—待詔—書生 이외에 분명 다수의 學士들이 있었을 것이다.[32] 이러한 사실은 景文王 12년(872) 건립의 「大安寺寂忍禪師塔碑」에서 翰林郎 崔賀, 그 직후 건립된 것으로 추정되는 「興德大王陵碑」에 또 1인의 姓名 不明 翰林郎이 활동하고 있었음이 실제로 보일 뿐만이 아니라 憲康王 7년(881)부터 11년(885)년 이후 어간에도 「聖住寺朗慧和尙塔碑」(흥덕왕 7년)에서 侍讀翰林 朴邕, 「祭巉山神文」(흥덕왕 11년)에서 守翰林郎 金仁圭, 『三國史記』 崔致遠傳(흥덕왕 11년 이후 추정)의 侍讀兼翰林學士 崔致遠 등 3인이 翰林郎과 翰林學士로서 펼친 구체적인 활동상이 보이는 것[33]과 무관하지 않을 것이다.

이렇게 정리해놓고 살피면, 특정 시기 한림학사의 인원이 결코 2-3인

1999, pp.317-318.

32) 노중국, <한림翰林>, 『역주 삼국사기』 4 주석편 (하), 한국정신문화연구원, 1997; 『개정증보 역주 삼국사기』 4 주석편 (하), 한국학중앙연구원, 2012, p.522에서도 이 기록에 근거하여 "이는 신라의 한림제가 郎—待詔—書生의 관직 구조를 가진 것으로 보여준다."고 하였지만, 정작 翰林學士의 존재에 대해서는 간과한 것이라 판단된다.

33) 이들의 활동상에 대한 파악은 李基東이 「羅末麗初 近侍機構와 文翰機構의 擴張」, 『歷史學報』 77, 1978; 『新羅骨品制社會와 花郎徒』, 韓國研究院, 1980; 一潮閣, 1984, p.249에 정리해놓은 관련 기록들을 토대로 이루어졌음을 밝혀두고 싶다.

으로 한정되었던 게 아님을 헤아릴 수가 있지 않나 싶다. 다만 그 학사의 인원이 얼마나 되었는지는 짐작할 수가 없는데, 이는 곧 살필 崇文臺의 경우에도 郎은 2인, 史는 4인 등으로 명시되어 있지만 學士의 명칭조차도 나타나고 있지 않은 것과 흡사한 상황이었을 것이다. 달리 말하면 翰林臺의 경우 학사의 인원 역시 시기에 따라 일률적으로 일정하게 정해져 있지 않았을 것 같다.34) 숭문대의 경우 2인으로 인원이 규정되어 있는 郎도 學士에서 選任되므로 기본적으로 學士일 것이며, 국왕의 恣意的인 選定에 따라 그 수효가 일정하지 않아 규정에도 그 수효 자체가 아예 기록되지 않은 다수인 학사들35)의 대표로서 複數인 2인이 선정되었을 따름인 것과 마찬가지로 翰林臺 역시 그랬다고 보인다.

또 하나 여기에서 간과해서는 아니 될 매우 요긴한 사안 하나는 「聖住寺朗慧和尙塔碑」의 侍讀翰林 朴邕, 『三國史記』 崔致遠傳의 侍讀兼翰林學士 崔致遠, 그리고 『三國史記』 姚克一傳의 侍中兼侍書學士 姚克一 3인에 관한 官職 表記의 方式이라 생각한다. 이들을 종합적으로 정리하면 侍讀翰林은 侍讀兼翰林學士의 약칭이라고 할 수 있으며, 또한 翰林은 翰林學士의 약칭이었다고 읽혀진다.

그리고 이에 준해서 侍書學士는 侍書兼翰林學士의 약칭일 가능성도 농후하다고 가늠된다. 더욱이 翰林待詔의 '待'와 侍讀翰林 및 侍書學士의 '侍'는 新羅의 경우에도 唐에서와 같이 國王의 至近한 위치에서 대기하다가 시중을 드는 행위를 지칭하는 것임이 자명하다. 따라서 결국 待詔는

---

34) 唐의 弘文館 경우에도 『唐六典』의 규정에 "弘文館學士 無員數"라 되어 있고, 이 규정에 대한 注釋에 "自武德 貞觀已來 皆妙簡賢良爲學士 … 幷所置學士 並無員數 皆以他官兼之"([唐]李林甫 等 撰, 陳仲夫 點校, 『唐六典』, 北京 : 中華書局, 1992; 重印, 2008, p.254)라고 명시되어 있으므로 그랬음을 확인할 수가 있다. 이렇듯이 일정한 정원이 아예 규정이 정해진 바가 없는 兼職의 學士 설치는 弘文館 이외에도 시기에 따라 그 소속이 바뀌거나 혹은 그 명칭이 변경되더라도 集賢院·集賢殿·崇文館·翰林院 등에서 동일하게 이루어지고 있었음을 특히 주목하고 싶다. 何學森, 〈隋唐官制〉, 『教育·銓選與書法』, 『書法文化教程』, 北京 : 華文出版社, 2006, pp.139-140.

35) 이와 관련해서는 三池賢一, 「新羅內廷官制考」 下, 『朝鮮學報』 62, 1971, p.25에서 翰林臺의 경우 '學士(無員數)'라고 표기하였으며, 아울러 "崇文臺는 職官中에 기록된 職員 이외에 學士·學生을 配置했었다고 해석된다."고 서술하였음이 특히 참조가 된다.

國王의 下命을 대기하다가 詔를 起草하여 전달함은 물론 그에 따른 碑石의 書刻과 관련한 事案 전반을 전담하는 翰林 소속의 人員이었고[36], 그리고 侍書學士는 敎나 詔와 같은 국왕 문서 일체[37]의 완성 및 書寫 후 下達을 전담하는 學士였을 것이다.[38]

한편 景文王 11년(871)에 조성된 「皇龍寺九層木塔刹柱本記」의 銘文 내용에서는 崇文臺郎과 鐫字助博士가 각기 그 銘文 내용의 撰者와 鐫字 專擔 人力이었다는 사실이 銘記되어 있음이 크게 주목된다. 그 銘文 중 이들에 관한 것만을 제시하면 다음이다.

　　崇文臺郎兼春宮中事省臣姚克一奉 教撰
　　鐫字助博士臣連全[39]

이 둘의 職役 등과 관련해서 보다 심도 있는 이해에 보탬이 되지 않겠나 하는 생각에 몇 항목으로 나누어 이들에 대한 분석표를 작성해보았다.

---

36) 新羅 翰林待詔의 이러한 활약상의 자세한 면모는 당시 唐에서 펼쳐진 翰林書待詔의 그것과 견주어서 충분히 엿볼 수 있겠다. 王元軍, 「唐代翰林書待詔及其活動考述」, 『美術研究』 2003年 第3期; 『唐代書法與文化』, 北京：中國大百科全書出版社, 2008, pp.1-15 참조.

37) 崔承熙, 「古文書의 樣式과 그 實際」, 『韓國古文書研究』, 韓國精神文化研究院, 1981, p.47 및 노용필, 「신라 중대 ≪문관사림≫ 수용과 한문학·고문서학의 발달」, 『한국고대인문학발달사연구』 (1) 어문학·고문서학·역사학 권, 한국사학, 2017; 新裝版, 2026, pp.142-143.

38) 著者가 이상의 서술에서 표명한 이와 같은 이해는 唐에서의 翰林學士 및 翰林待詔의 職能에 대해 詳論하고 있는 楊劍宇, 「唐朝의 翰林學士」, 『中國秘書史』, 上海：上海人民出版社, 2007, pp.152-153 부분에서 시사를 받은 바가 매우 깊으므로 그 서술 내용을 그대로 번역하여 제시하면 아래와 같다.
　　"唐 太宗 때 문학 재능이 뛰어난 많은 이름난 學士들의 선발을 개시하여 황제의 좌우에 侍從시켜 文學 顧問으로 삼았다. 玄宗 초년 中書省의 사무가 번잡해져서 公文의 왕래가 때에 맞춰 처리되지 못하자, 이때 翰林待詔를 설치하여 동시에 翰林供奉이라 칭하였다. 그들과 集賢院 學士들이 모두 中書省과 협조하여 사방에서 올라온 章表와 疏議에 批答하였으며 制詔와 書勅을 起草하였다. 첫 번째 翰林待詔에는 張說·陸堅·張九齡 등의 인원이 있었다. 玄宗 開元 26년(738) 翰林供奉을 고쳐 翰林學士로 하였으며, 아울러 宮 안에 學士院을 설립하고 직접 皇帝의 管轄을 받으며 오로지 황제의 중요 制詔를 起草하였다."

39) 黃壽永, 「新羅皇龍寺九層木塔刹柱本記」, 『韓國金石遺文』, 1976; 『黃壽永全集』 4 금석유문, 1999, p.203.

다음의 <表 6>이다.

<表 6> 「皇龍寺九層木塔刹柱本記」撰・鐫字 專擔者 分析表

連番	職役	區分	所屬	職名	人名
1	撰	敎撰	崇文臺	崇文臺郞兼春宮中事省	姚克一
2	鐫字	銘文		助博士	連全

이로써 「皇龍寺九層木塔刹柱本記」의 내용은 崇文臺郞 姚克一이, 그 銘文의 鐫字는 助博士 連全이 각각 專擔하였음이 분명하므로, 이들은 당시 金石文 및 書法의 실제 면모를 여실히 입증해주는 인물들이었다고 하겠다. 그리고 이들은 崇文臺 소속이라는 공통점이 있었다고 여겨지므로, 이들이 소속된 숭문대의 職制 파악과 관련해서는 『삼국사기』에 다음의 기록이 담겨 있음이 요긴하다.

숭문대 낭이 2인, 사는 4인, 종사지는 2인이다.[40]

그런데 보다시피 이 기록에 郞—史—從舍知의 행정 체계와 그 인원에 대한 기록만 있을 뿐, 정작 學士에 대한 것은 전혀 없다. 왜 그런 것일까 궁금하다. 이와 같이 學士의 職制와 그 배정 인원에 관해 일체 기록되지 않다고 해서 學士 자체가 전혀 崇文臺에 소속되지 않았다고는 생각할 수가 없다. 실제로 定康王 원년(886) 건립의 「沙林寺弘覺禪師碑」 내용에 撰者 金薳이 '崇文館直學士'로 명시된 예[41]가 분명히 있기 때문이다. 이는 아마도 학사의 인원이 시기에 따라 일정하게 정해져 있지 않았다는 의미이지 않나 싶다. 방금 앞서 살핀 翰林의 경우와 동일한 양상으로 그 정원이 아예 규정에 없었고 그 인원이 불특정의 다수인 데에서 기인한다고 여겨지는 것이다. 그리고 2인으로 인원이 규정되어 있는 郞도 學士에서 選任되므로 기본적으로 學士일 것이며, 국왕의 恣意的인 選定에 따라 그 수효가 일정하지 않아 규정에도 그 수효 자체가 기록되지 않은 다수인 학사

---

40) 『三國史記』 卷39 雜志 8 職官志 中 "崇文臺, 郞二人, 史四人, 從舍知二人."
41) 金煐泰, 『三國新羅時代佛敎金石文考證』, 民族社, 1992, p.195 및 國史編纂委員會 編, 「禪林院址弘覺禪師碑」, 『韓國古代金石文資料集』 Ⅱ 新羅・伽倻篇, 國史編纂委員會, 1995, p.423.

들의 대표로서 複數인 2인이 선정되었을 따름일 듯하다.[42]

그런데 姚克一은 景文王 12년(872) 8월 14일에 건립된 「大安寺寂忍禪師塔碑文」을 썼을 때 당시 관직이 '中舍人'으로 기록되어 있고, 그로부터 3개월 후 동년 11월 25일 건립된 「皇龍寺九層木塔刹柱本記」를 썼을 때 당시 관직은 '崇文臺郎兼春宮中事省'이었다. 이외에 그는 「三郎寺碑文」 및 「興德王陵碑文」도 작성한 것으로 확인된다. 이에 따라 姚克一이 撰述한 것으로 확인된 이러한 현존 금석문을 정리해서 일람표로 작성하여 제시해 보면 아래의 <表 7>과 같다.

<表 7> 姚克一 撰述 金石文 一覽表

連番	金石文 資料名	建立時期	官職
1	「大安寺寂忍禪師塔碑文」	景文王 12년(872) 8월 14일	中舍人
2	「皇龍寺九層木塔刹柱本記」	〃 11월 25일	崇文臺郎兼春宮中事省
3	「三郎寺碑文」	?	?
4	「興德王陵碑文」	?	?

여기 <表 7>에서 姚克一이 景文王 12년(872)에 역임한 中舍人은 唐의 中書舍人과 같은 직책이었을 것으로 여겨지는데[43], 唐에서는 이 中書舍人을 역임하고는 곧바로 翰林學士가 되는 사례가 여럿 찾아진다.[44] 당의 이러한 경향을 감안하면, 姚克一이 中舍人을 거쳐 곧장 崇文臺郎이 된 것도 충분히 이해가 될 수 있다고 본다.

---

42) 이러한 견지에서 보면 李基東,「羅末麗初 近侍機構와 文翰機構의 擴張」,『歷史學報』 77, 1978;『新羅骨品制社會와 花郎徒』, 韓國硏究院, 1980; 一潮閣, 1984, p.248에서 '郎(그 후 學士로 개칭)'이라 했고, 또 p.255에서 "아마도 郎 2인은 學士 1인과 直學士 1인을 가리키는 듯하다."고 했으며, 이를 인용하여 노중국, '낭郎',『역주 삼국사기』 4 주석편 (하), 한국정신문화연구원, 1997;『개정증보 역주 삼국사기』 4 주석편 (하), 한국학중앙연구원, 2012, p.534에서도 이를 그대로 따른 바가 있는데, 하지만 이는 재고의 여지가 커 보인다.

43) 李基東,「羅末麗初 近侍機構와 文翰機構의 擴張」,『歷史學報』 77, 1978;『新羅骨品制社會와 花郎徒』, 韓國硏究院, 1980; 一潮閣, 1984, p.239 및 p.246.

44) 宋靖,「中書舍人的管理」,『唐宋中書舍人研究』, 哈爾濱 : 黑龍江大學出版社, 2010, p.182.

이렇듯이 활약하였던 姚克一에 관한 기록이 간략하기는 하나 『삼국사기』에 그의 傳記로 전해지고 있어 매우 요긴하다. 다음이 그것이다.

> 또 요극일이란 사람이 있었는데 벼슬이 시중 겸 시서학사에 이르렀다. 필력이 힘차고 굳세었으며, 구양순의 솔경법을 터득하였다.[45)]

이 기록에서 姚克一의 활약상 중 가장 주목되는 바는 바로 그가 侍書學士를 역임하였다는 사실이다. 다만 그가 侍中을 겸하고 있었다고 하는 대목에 대해 과연 신용할 수 있는가 즉 시중이 시서학사를 겸했다는 게 과연 사실이었을까 하는 의문이 들 수가 있겠으나[46)], 그가 이미 <表 7>에서 보이듯이 崇文臺의 郎을 수행한 적이 있었으므로 그 타당성이 적지 않다고 생각되는데, 아울러 주목해 마땅할 사실은 그가 侍書學士였다는 점이라 하겠다.

당시 신라에서 姚克一이 담당했던 이 侍書學士職이 과연 어떠한 직책이었는지 잘 알기 어려우니, 여기에서 唐 太宗 당시의 그것에 대해 상세히 살펴 그것과 비교해 가늠해보고 싶다. 唐 太宗에게 있어서 측근정치의 대명사라 할 수 있는 侍書學士는 그가 궁궐 안에 文學館을 설치하여 사방의 文士를 끌어 모아 18명의 대표적인 學士를 두었다고 해서 '十八學士'라 불리는 바로 그들이었다. 당 태종이 그들을 중용함으로써 학사가 정치적으로 크게 주목받게 되기에 이르렀는데, 이들은 3番으로 나뉘어 번갈아 가며 宿直을 하는데다가 황제가 빈번하게 그들을 불러 古書에 대해 토론하고 前代의 기록을 논평하였으므로 文學館의 학사들은 당시 존경과 선망의

---

45) 『三國史記』 48 列傳 8 姚克一傳 "又有姚克一者 仕至侍中兼侍書學士 筆力遒勁 得歐陽率更法."

46) 李基白, 「新羅 下代의 執事省」, 『新羅政治社會史研究』, 一潮閣, 1974; 16쇄, 2002, pp.191-192의 『三國史記』에 근거하여 작성한 [附]新羅 下代 侍中 關係 史料의 말미에 "三國史記 48 金生傳에는 「又有姚克一者 仕至侍中兼侍書學士」라는 기록이 있다. 그러나 年代도 분명치 않을 뿐 아니라, 侍中이 侍書學士를 겸했다는 것도 잘 납득이 되지 않기 때문에 여기서 註記하는 데 그치고자 한다. 필자는 현재 여기의 「侍中」이 혹은 「侍郎」의 잘못이 아닐까 의심하고 있다."고 한 바가 있다. 李基東도 이와 유사한 견해를 「羅末麗初 近侍機構와 文翰機構의 擴張」, 1978; 『新羅骨品制社會와 花郎徒』, 1984, p.240에서 표명하였다.

대상이 되었을 정도였으며, 따라서 文學館은 당 태종의 정치 자문 뿐더러 실질적으로 정책 결정을 맡은 기구였다고 해서 결코 과언이 아니었다.[47]

당 태종이 치세 동안 이러한 18학사를 등용하여 펼친 측근정치를 누구보다도 잘 꿰고 있었던 則天武后는 여전히 이 학사들을 정치에 활용하여 정부 조직의 운용에 있어 지위를 보장받고 있었던 宰相들의 권한을 제압하여 의도적으로 그녀 자신을 정점으로 한 측근정치를 육성하여 통상적인 정부기관의 작동에 의한 정치를 무시하고자 더욱 측근정치를 강화하였다. 당시 사람들이 측천무후에 의해 등용되어 활동하던 이들 學士들을 '北門學士'라고 불렀는데, 이는 그들이 朝廷 官署들이 자리 잡고 있는 南衙를 통해 출입하지 않고 宮庭 北門으로 드나들도록 허용 받았음으로 해서 붙여진 이름이었다.[48] 이럴 정도로 則天武后 집권 시기에도 그녀 자신의 정치적 기반을 강화하고자 하였으므로 學士들의 정치적 입지가 크게 높아짐에 짝하여 學士들의 기능은 더욱 강화되었던 것이라 하겠다.[49]

唐에서 이와 같은 學士制 운용을 통한 측근정치가 펼쳐짐으로써 황제의 권력 강화가 더욱 이루어지고 있음을 잘 알고 있었던 신라에서도 學士制를 채용하였던 證左가 다름 아닌 翰林臺 혹은 崇文臺와 같은 文翰機構에 설정되었던 侍書學士였고, 그 직책을 역심한 대표적인 인물이 바로 姚克一 자신이었던 것이다. 현재 전해지는 자료 중에서 국립중앙박물관 소장의 <興德王陵碑片> 중 2회의 '前執事侍郎' 중 '事'字와 단국대학교 석주선 기념박물관 소장의 <三郎寺碑石片> 중 '事'字는 동일한 書法의 筆體가 틀림이 없는데[50], 이렇듯이 이 두 '事'字의 서체가 똑같은 歐陽詢體임은

---

47) 趙克曉·許道勛, 「玄武門之變」, 『唐太宗傳』 第2版, 北京 : 人民出版社, 2015, pp.66-67; 김정희 옮김, 「현무문의 변으로 황위 계승권을 얻다」, 『당 태종 평전』, 민음사, 2011, pp.105-106.

48) 外山軍治, 『則天武后 : 女性と權力』, 東京 : 中公新書, 1966, pp.86-87; 박정임 옮김, 『측천무후』, 페이퍼로드, 2006, p.120.

49) 특히 측천무후의 경우에는 이 북문학사들에게 황태자의 심성 교육을 위해 『孝子傳』 등을 만들어 활용하게도 시켰을 뿐만이 아니라 심지어 垂拱 4년(688) 태후가 궁중의 乾元殿을 허물고, "전문 유학자들을 빼고 측근의 지식인인 북문학사와만 의논한 뒤 덜컥 乾元殿 자리를 결정"함으로써 사람들을 놀라게 하였다고 한다. 外山軍治, 『則天武后』, 1966, pp.90-91 및 pp.112-11; 박정임 옮김, 『측천무후』, 2006, p.124 및 p.149 참조.

50) 국립중앙박물관, 『문자, 그 이후 : 한국고대문자전』, 국립중앙박물관, 2011,

물론51) 필체도 역시 확실히 일치하고 있을 뿐만이 아니라 앞의 <興德王陵碑片> 사진 내용 중에 '姚克一' 3字 역시 있으므로, 이 <興德王陵碑>의 특히 그 내용의 撰述도 그랬음은 물론 筆體도 역시 姚克一의 것이었음이 틀림없다.

더더군다나 『三國史記』의 내용 가운데 "신라 國子博士 薛因宣이 지은 金庾信의 碑文과 朴居勿이 지었고 姚克一이 쓴 三郎寺碑文에 보인다.52)"고 하였음에서 삼랑사 비문의 필적이 요극일의 것임이 확실하므로 이를 근거로 삼아 보면, <三郎寺碑>는 말할 것도 없고 <興德王陵碑> 역시 姚克一의 筆跡을 書刻한 것임이 분명하다고 할 수 있다.53) 그리고 이 잔편의 글씨만으로도 앞서 제시한 바 『삼국사기』 요극일전에서 "필력이 힘차고 군세었다."고 한 대목과 거의 같음을 엿볼 수 있으며54), 또한 "歐陽詢의 率更法을 터득하였다"고 한 대목에서와 같이 그가 구양순의 솔경법55)을 터득

---

p.214. 한편 이와 같은 책 같은 페이지에 실린 동국대학교 경주캠퍼스 박물관 소장의 <崇福寺址碑石片> 사진 내용 중 '事'字는 이 둘과는 완연히 다르다. 黃壽永, 「新羅興德王陵碑斷石」, 『黃壽永全集』 4 금석유문, 혜안, 1999, p.99의 <도판 23 新羅興德王陵碑斷石 楊本> 사진 내용 중 '姚克一' 참조.

51) 歐陽詢(557-641)이 75세인 貞觀 6년(632)에 써서 새긴 『九成宮醴泉銘』은 唐代 楷書의 傑出한 代表作으로 꼽히는데(何滿宗·王煥林, 「鐵骨氷心 : 歐陽詢父子」, 『湖南書法史』, 長沙 : 湖南美術出版社, 2009, p.110 및 朱守道, 「隋唐書法」, 『書法史話』, 北京 : 社會科學文獻出版社, 2012, p.51), 그 가운데 이 '事'字를 [唐]歐陽詢 書, 『九成宮醴泉銘』, 北京 : 人民美術出版社, 2011, p.20 및 p.39 그리고 徐福長 編, 『歐陽詢≪九成宮醴泉銘≫』, 西安 : 西安地圖出版社, 2004, p.16 및 p.46의 것과 일일이 대조해보니 일치함을 확인할 수 있었다. 馬守國 編著, 『精編歐陽詢書法字典』, 南昌 : 江西美術出版社, 2015; 重印, 2016, pp.11-12도 아울러 참조하였다.

52) 『三國史記』 卷28 百濟本紀 6 義慈王 史論 "見新羅國子博士薛因宣撰金庾信碑及朴居勿撰姚克一書三郎寺碑文."

53) 방금 앞의 각주에서 인용한 『三國史記』 百濟本紀 義慈王 史論 내용에서 <三郎寺碑>만 姚克一의 筆跡을 書刻한 게 아니라 먼저 거론한 <金庾信碑>도 薛因宣이 撰述한 것을 姚克一의 筆跡으로 書刻한 것이라 이해된다. 즉 이 부분 문장의 구조상 薛因宣이 찬술한 <金庾信碑>과 朴居勿이 찬술한 <三郎寺碑> 모두 姚克一의 筆跡으로 書刻이 이뤄졌다고 봄이 순리라고 여겨지는 것이다.

54) 이와 관련하여서 정현숙, 「통일신라 서예의 다양성과 서풍의 특징」, 『서예학연구』 22, 2013; 『신라의 서예』, 다운샘, 2016, p.220에서, "'극일克一'명 편은 서자는 요극일임을 알려준다. 잔편의 글씨만으로도 '구양순의 필법을 습득하여 필력이 힘찼다'는 요극일에 관한 기록이 사실임을 알 수 있다."고 하였음이 참조된다.

하여 그야말로 歐陽詢體에 정통하였음 역시 여실히 입증된다고 하겠다.

---

55) 唐 太宗이 새로운 書法의 창조를 격려하면서 당시에 이에 따라 歐陽詢을 위시
한 虞世南・褚遂良 등의 3대 서예가가 나타났는데, 그 중에서 구양순은 비록
직책이 時刻을 알리는 북을 관장하는 率更令이었다. 하지만 그럼에도 불구하고
그는 부단한 노력으로 새로운 서법을 창조해냄으로써 『舊唐書』 및 『新唐書』 그
의 전기(『新唐書』 卷198 儒學 上 「歐陽詢傳」 "詢初仿王羲之書, 後險勁過之,
因自名其體. 尺牘所傳, 人以爲法. 高麗嘗遣使求之." 『舊唐書』 卷189上 儒學 上
「歐陽詢傳」 "詢初學王羲之書, 後更漸變其體, 筆力險勁, 爲一時之絶. 人得其尺
牘文字, 鹹以爲楷範焉. 高麗甚重其書, 嘗遣使求之.")를 종합하면, 사람들이 모
두 楷書의 典範으로 삼았을 정도로 각광을 받았고, 그래서 고구려에서도 매우
그 글씨를 중시하여 사신을 보내 그 서법의 尺牘을 구해갔을 정도였다. 그래서
그는 결국 태종의 18學士에 뽑히는 영예를 누리게 되었는데, 그는 자신의 서체
를 스스로 '率更體'라 칭하였다고 한다. 趙克曉・許道勛, 「宮闈生活與愛好」, 『唐
太宗傳』, 2015, p.415; 김정희 옮김, 『당 태종 평전』, 2011, p.616.

제5절
결어

　『三國史記』의 기록에 나타난 統一期 신라의 博士·學士는 孝昭王부터 景德王까지의 시기에 분화되어 가는 추세를 띠었던 것으로 파악된다. 孝昭王 때 醫學博士가 始置되고 그 이후 聖德王 때 종전의 詳文師가 通文博士로 개칭됨을 비롯해 算博士 등 여러 분야의 專門 博士가 增置되었다. 이후 景德王 때에 이르러 이미 神文王 2년(682)에 설치된 바 있었던 國學에 비로소 敎授로서 각자의 전문 분야를 교습하는 諸業博士가 설치되었고, 아울러 天文博士 등 專門 博士도 增置되었던 것이다.

　그리고 곧이어 국학에 算學이 증설됨에 따라 算學博士가 설치되는 등 專門 博士가 더욱 增置되었으며, 또한 翰林臺 소속의 翰林學士가 始置된 것으로 여겨진다. 이러한 추세 속에서 무엇보다도 외교 문서의 작성을 관장한 通文博士와 거기에서 파생된 翰林學士가 당시 書法과 金石學의 풍미에 크게 영향을 끼쳤다고 여겨진다. 게다가 이채롭게도 이 시기의 금석문 자료 중에서 발견되는 鑄鍾大博士·次博士는 물론이고 鑴字助博士·成博士 역시 鑄鍾 때 그 작업은 물론이고 書法의 선정과 그에 따른 鑴字 및 金石文의 완성 공정에서 그 각자의 職任에 걸맞은 소임을 다함으로써, 당시 書法 및 金石學의 풍미에 일익을 담당하고 있었던 것이다.

　「聖德大王神鍾銘」에서 그 敎書와 詔書 내용의 撰述을 담당했던 翰林郎

金弼奧, 書寫를 담당했던 翰林臺 書生 金符琬 및 待詔 姚湍 등이 모두 그 鍾이 조성된 惠恭王 당시의 서법 및 금석학 풍미의 증거자들이라 하겠다. 또한 「皇龍寺九層木塔利柱本記」에서 그 敎書의 撰述을 도맡은 姚克一과 그리고 鑴字助博士 連全 등이 역시 景文王 당시의 그런 인물들이었다. 더욱이 姚克一의 경우는 이외에도 현재 일부라도 전해지는 것만 하더라도 3편이나 되는 碑文을 찬술하였음이 확인될 정도인데다가 『삼국사기』 기록에 국왕의 측근으로서 국왕 문서의 작성을 담당하는 侍書學士를 역임했을 뿐만이 아니라 "그 글씨에 드러난 힘이 굳세었으며, 歐陽詢의 率更法을 터득하였다."라고 명시되어 있으므로, 신라통일기 서법 및 금석학 풍미의 가장 대표적인 인물로 꼽아 손색이 없을 것이다.

[資料表]

<表 1> 『唐六典』・『通典』 國子監 條 所載 唐 博士 比較 一覽表

連番	『唐六典』의 博士 分野	人員	官品	『通典』의 博士 分野 [所屬]	人員	連番
1	國子博士	2	正五品上	國子博士	2	1
2	太學博士	3	正六品上	太學博士	2	2
	×			廣文館博士	1	3
3	四門博士	3	正七品上	四門博士	3	4
4	律學博士	1	從八品下	律學博士	1	5
5	書學博士	2※	從九品下	書學博士	3※	6
6	算學博士	2	〃	算學博士	2	7

<註記>

※書學博士의 人員이 『唐六典』 卷20 國子監 條에는 2인으로, 『通典』 卷27 職官 9 國子監 條에는 3인으로 되어 있다. 『舊唐書』 職官志 3 및 『新唐書』 職官志 3에는 공통적으로 2인이라 되어 있으므로 2인으로 記載하였다.

[唐]李林甫 等撰, 陳仲夫 點校, 『唐六典』 卷21, 北京：中華書局, 1992; 重印, 2008, p.565 및 [唐]杜佑 著, 徐庭雲 點校, 王文錦 覆校, 『通典』 卷27 職官 9, 北京：中華書局, 1988; 北京 제2판, 1992, pp.777-778 참조.

<表 2> 『高麗史』 食貨志 1 所載 改定田柴科 條와 更定田柴科 條의 博士 比較 一覽表

連番	穆宗 元年(998) 改定田柴科 專門博士	支給 基準 科	田	柴	文宗 30년(1076) 更定田柴科 支給 基準 科	田	柴	專門博士	連番
1	國子博士	第9	60結	33結	第8	60結	21結	國子博士	1
2	太學博士	第11	50結	25結	第10	50結	15結	太學博士	2
3	太常博士	第12	45結	22結		×			

4	四門博士	第13	40結	20結	第12	40結	10結	四門博士	3
5	太醫博士	第15	30結	10結	第14	30結	5結	太醫博士	4
6	律學博士							律學博士	5
7	書學博士	第16	27結	×	第15	25結	×	書學博士	6
8	算學博士							算學博士	7
9	卜博士				×				
10	篆書博士				×				
	×				第15	25結	×	司天博士	8
	×				第16	22結	×	獸醫博士	9

※참조 : 書史 — 改定田柴科; 第17科 田23結, 更正田柴科; 第16科 田22結

<表 3> 『高麗史』 食貨志 3 所載 文武班祿 條의 博士 比較 一覽表

文宗 30년(1076) 文武班祿			仁宗朝 文武班祿		
連番	專門 博士	支給量	支給量	專門 博士	連番
1	國子博士	30石	30石	國子博士	1
2	太學博士	27石	27石	太學博士	2
				明經博士	3
3	試國子博士	27石	20石	試國子博士	4
4	試太學博士	25石		試太學博士	5
5	四門博士	20石	×		
6	武學博士		×		
7	太醫博士	16石 10斗	×		
8	律學博士		16石 10斗	律學博士	6
9	司天博士	10石	×		
10	書算博士		10石	書學博士	7
				算學博士	8
11	呪噤博士			呪噤博士	9

참고문헌

제1장 한의 『급취편』·「점선신사비」와 고조선인의 서법·금석학 수용

—『急就篇』—

[漢]史 游 撰, [唐]顔師古 注, [宋]王應麟 補注, 錢保塘 補音, 叢書集成初編 『急就篇』, 北京：中華書局, 1985.

[漢]史 游 撰, [唐]顔師古 註, 『急就篇』；『(景印)文淵閣四庫全書』 第223冊, 臺灣：臺灣商務印書館, 2002.

[宋]晁公武(1101[1105?]—1180) 撰, 「急就章一卷」, 『昭德先生郡齋讀書志』 後志 卷一；王雲五 主編, 國學基本叢書 四百種, 『郡齋讀書志』 四冊, 台北：臺灣商務印書館, 1968.

[宋]晁公武, 「急就章一卷」, 『昭德先生郡齋讀書後志』 第一卷 10右；孫猛 校證, 『郡齋讀書志校證』, 上海：上海古籍出版社, 2011；重印, 2012.

[宋]王應麟(1223-1296) 輯, 『急就篇』, 『玉海』7, 揚州：廣陵書社, 2016.

[淸]黎庶昌(1837-1891) 輯, 『仿唐石經體寫本急就篇』, 『古逸叢書』 下, 2版, 揚州：江蘇廣陵古籍刻印社, 1990；2판, 1997.

—『急就篇』 考證—

高二適(1903-1977), 『新定急就章及攷證』, 上海：上海古籍出版社, 1982；北京：人民美術出版社, 2017.

張麗生, 『急就篇硏究』, 臺北：臺灣商務印書館, 1983.

商志(譚?) 編, 『商衍鎏書刊章草急就篇』, 北京：文物出版社, 2007.

上海書畫出版社 編, 『急就篇』, 上海：上海書畫出版社, 2013.

楊月英 注, 『急就篇』, 北京：中華書局, 2014.

張傳官 撰, 『急就篇校理』, 北京：中華書局, 2017.

張傳官, 『《急就篇》 新證』, 上海：中西書局, 2022.

—『急就篇』 研究—

馬　新, '知識啓蒙', <古代村落敎育的内容>, 「中國古代村落敎育」, 『中國古代村落文化研究』, 北京：商務印書館, 2021.

邢義田, 「漢代邊塞吏卒的軍中敎育―讀《居延新簡》札記之三」, 『大陸雜誌』 87-3, 1993; 『治安安邦：法制・行政與軍事』, 北京：中華書局, 2011.

邢義田, <文書實務與課試>, 「漢代《蒼頡》・《急就》・八體和"史書"問題―再論秦漢官吏如何學習文字」, 『治安安邦：法制・行政與軍事』, 北京：中華書局, 2011.

邢義田, <邊塞吏卒如何習字?>, 「漢代《蒼頡》・《急就》・八體和"史書"問題―再論秦漢官吏如何學習文字」, 『治安安邦：法制・行政與軍事』, 北京：中華書局, 2011.

邢義田, <結論>, 「漢代《蒼頡》・《急就》・八體和"史書"問題―再論秦漢官吏如何學習文字」, 『治安安邦：法制・行政與軍事』, 北京：中華書局, 2011.

邢義田, 「漢簡・漢印與《急就》人名互證」, 『地不愛寶：漢代的簡牘』, 北京：中華書局, 2011

内山知也, 「急就篇」, 『漢籍解題事典』 新釋漢文大系 別卷, 東京：明治書院, 2013.

俞啓定, '《論語》 學和 《孝經》 學', <儒家各經研究和傳授的發展>, 「漢代的經學敎育」, 俞啓定主編, 『中國敎育通史』 3 秦漢卷, 北京：北京師範大學出版社, 2013; 重印, 2014.

朱葆華, 「秦漢草書研究」, 『中國文字發展史』 秦漢文字卷, 上海：華東師範大學出版社, 2014.

—『急就篇』 解釋—

공재석, <《急就篇》 解釋>, 「漢代 童蒙識字書 《急就篇》 研究」, 『한국학연구』 16, 고려대학교 한국학연구소, 2002; 『中國言語學』, 서울：신서원, 2002.

梁曉星 編譯,『史游 急就章』, 서울：박이정, 2008.

—『急就篇』書法—

陸錫興,「論漢代草書」,『漢代簡牘草字篇』, 上海：上海書畫出版社, 1989;『急就集』, 北京：北京社會科學出版社, 2002.

陸錫興, '漢代的正字活動', <歷史上重要的正字活動>,「漢字的形成和發展」,『漢字傳播史』, 語文出版社, 2002, p36; 北京：商務印書館, 2018, p.22; 루시싱 지음, 전향란 옮김,『한자 전파의 역사』, 민속원, 2017.

宮宅 潔,「秦漢時代の文字と識字—竹簡・木簡からみた」, 富谷 至 編,『漢字の中國文化』, 京都：昭和堂, 2009.

エノ・ギーレ, 「古代の識字能力を如何に判定するのか—漢代行政文書の事例研究」, 高田時雄 編,『漢字文化三千年』, 京都：臨川書店, 2009.

富谷 至,「書體・書法・書藝術—行政文書が生み出した書藝術」, 富谷 至 編,『漢字の中國文化』, 京都：昭和堂, 2009;『文書行政の漢帝國』, 名古屋：名古屋大學出版會, 2010.

富谷 至, <『急就篇』と『千字文』>,「書記官への道—漢代下級役人の文字習得」, 高田時雄 編,『漢字文化三千年』, 京都：臨川書店, 2009;『文書行政の漢帝國』, 名古屋：名古屋大學出版會, 2010.

孫曉雲, 「"章草"是書法演變的句號」,『書法有法』, 南京：江蘇美術出版社, 2010, p.95.

王悅欣, '草書—飄逸的相連', <漢字的形體演變—發展之美的>,「漢字的起源與演變—美的歷程」,『漢字審美與文化傳播』, 北京：人民出版社, 2015.

—中國 古代의 '社'・'祠'—

丁 進, '以社神爲中心的地示神話', <周禮神靈體系中的神話因素>,「周禮的神話思想」,『周禮考論 —周禮與中國文學』, 上海人民出版社, 2008.

田 天, <祠>,「畤・廟・祠」,『秦漢國家祭祀史稿』, 北京：三聯書店, 2015; 修訂本, 2023.

—漢代의 敎育—

王子今, <漢代"小學"敎育>,「秦漢社會的向學風氣和讀書生活」,『秦漢社會意識研究』, 北京：商務印書館, 2012.

王子今, <民間儒學敎育>,「經學普及的時代」,『秦漢史：帝國的成立』, 北

京：中信出版社, 2017.

[日]池田雄一 著, 鄭 威 譯, 「漢代官吏的識字：關于有用文字」, 『中國古代的聚落與地方行政』, 上海：復旦大學出版社, 2017; 重印, 2020.

啓 功, <已佚古本>, 「《急就篇》傳本考」, 『古代字體論稾』, 北京：三聯書店, 2023.

啓 功, 「草書 章草」, 『漢字古今談』, 北京：中華書局, 2024.

—『四民月令』譯註—

[漢]崔 寔, 渡部 武 譯注, 『四民月令 漢代の歲時と農事』, 東京：平凡社, 1987.

[漢]崔 寔 撰, 石聲漢 校注, 『四民月令校注』, 北京：中華書局, 2013; 重印, 2017.

—秥蟬神祠碑—

小田幹治郎, 「龍岡古碑の年代考證」, 『朝鮮彙報』 1月號, 京城：朝鮮總督府, 1920.

關野貞 外, 『樂浪郡時代の遺蹟』(古蹟調査特別報告 4冊), 1927.

藤田良策, 「樂浪封泥攷」, 『小田記念朝鮮論集』, 1934; 『朝鮮考古學研究』, 京都：高桐書院, 1948; 서울：民族文化社, 1982.

葛城末治, 『朝鮮金石攷』, 1935.

藤田良策, 「樂浪封泥續攷」, 『京城大記念論文集』, 1936; 『朝鮮考古學研究』, 京都：高桐書院, 1948; 서울：民族文化社, 1982.

勞 榦, 「秥蟬神祠碑の研究」, 『東方學誌』 第21卷 第23-24期, 1980年 2月, pp.319-321; 『古代中國的歷史與文化』（下）, 北京：中華書局, 2006.

北京圖書館金石組編, 「漢秥蟬平山神祠碑」, 『北京圖書館藏 中國歷代石刻拓本匯編』第1冊 戰國 秦 漢, 1989; 서울：法人文化社, 1990.

曹中屛, <漢四郡文化遺址與樂浪文化的歷史地位>, 「朝鮮半島進入人類發展的文明時代」, 『朝鮮半島古代史通論』, 南京：江蘇人民出版社, 2024.

—漢代 律令 傳播—

徐燕斌, '朝廷律令', <石質類媒介：刻石布法考述>, 「中國古代法律傳播的媒介（上）：時間偏向型媒介」, 『中國古代法律傳播史稿』, 北京：中國社會科學

出版社, 2019.

周慶生, <漢字的初步傳播>, 「從初始到盛行：漢字的東向傳播─朝日越比較」, 趙麗明・黃國營 編, 『漢字的應用與傳播』, 北京：華語教學出版社, 2000.

王 醒, ‘符信’, <軍事信息的傳播方式>, 「古代軍事與新聞傳播」, 『中國古代傳播史』, 山西人民出版社, 2004.

─樂浪郡・樂浪封泥─

藤田亮策, 「樂浪封泥攷」, 『小田先生頌壽記念朝鮮論集』, 大阪：大阪屋號書店, 1934; 『朝鮮考古學研究』, 京都：高桐書院, 1948; 서울：民族文化社, 1982.

藤田亮策, 「樂浪封泥續攷」, 『京城帝國大學創立十周年記念論文集』 第5輯 史學篇, 京城：大阪屋號書店, 1935; 『朝鮮考古學研究』, 京都：高桐書院, 1948; 서울：民族文化社, 1982.

駒井和愛, 『樂浪郡治址』, 東京：東京大學文學部考古學研究室, 1965; 정인성 譯, 『낙랑토성』, 대전：국립문화재연구소 고고연구실, 2017.

駒井和愛, 『樂浪─漢文化の殘像』中公新書 308, 東京：中央公論社, 1972.

金鍾太, 「樂浪時代의 銘文」, 『史學志』9, 1975.

千寬宇, 「三韓의 成立過程─‘三韓攷’ 第1部─」, 『史學研究』 26, 韓國史學會, 1975.

李丙燾, 「樂浪郡考」, 『韓國古代史研究』, 서울：博英社, 1976.

李基白. ‘樂浪郡의 弱化와 帶方郡 設置’, <城邑國家에서 聯盟王國으로>, 「城邑國家에서 聯盟王國으로」, 『韓國史講座』 古代篇, 서울：一潮閣, 1982.

李基東. ‘文字의 使用’, <文字의 사용과 國史의 편찬>, 「三國의 文化」, 『韓國史講座』 古代篇, 一潮閣, 1982.

─漢代의 文字─

勞 榦, 「漢代的"史書"與"尺牘"」, 『大陸雜誌』 第21卷 第1-2期, 1960年 7月; 『古代中國的歷史與文化』（下）, 北京：中華書局, 2006, pp.527-534.

邢義田, 「漢代《蒼頡》・《急就》・八體和"史書"問題─再論秦漢官吏如何學習文字」, 『治安安邦：法制・行政與軍事』, 北京：中華書局, 2011.

[日]池田雄一 著, 鄭 威 譯, ‘《凡將篇》《急就篇》《元尙篇》’, <從《蒼頡篇》到《蒼頡訓纂篇》>, 「漢代官吏的識字：關于有用文字」, 『中國古代的聚

落與地方行政』, 上海：復旦大學出版社, 2017; 重印, 2020.

[日]池田雄一 著, 鄭 威 譯, ‘有用文字的内容’, <從《蒼頡篇》到《蒼頡訓纂篇》—有用文字>, 「漢代官吏的識字：關于有用文字」, 『中國古代的聚落與地方行政』, 上海：復旦大學出版社, 2017; 重印, 2020,.

[日]池田雄一 著, 鄭 威 譯, ‘官學的擴充’, <有用文字會議與官學>, 「漢代官吏的識字：關于有用文字」, 『中國古代的聚落與地方行政』, 上海：復旦大學出版社, 2017; 重印, 2020.

[日]池田雄一 著, 鄭 威 譯, ‘教科内容研討會議’, <有用文字會議與官學>, 「漢代官吏的識字：關于有用文字」, 『中國古代的聚落與地方行政』, 上海：復旦大學出版社, 2017; 重印, 2020.

[日]池田雄一 著, 鄭 威 譯, ‘有用文字會議與教科内容研討會議’, <有用文字會議與官學>, 「漢代官吏的識字：關于有用文字」, 『中國古代的聚落與地方行政』, 上海：復旦大學出版社, 2017; 重印, 2020.

[日]池田雄一 著, 鄭 威 譯, ‘官學與屬吏培養’, <有用文字會議與官學>, 「漢代官吏的識字：關于有用文字」, 『中國古代的聚落與地方行政』, 上海：復旦大學出版社, 2017; 重印, 2020.

—漢字의 傳播·受容—

李基東. ‘文字의 使用’, <文字의 使用과 國史의 편찬>, 「三國의 文化」, 『韓國史講座』古代篇, 一潮閣, 1982.

陸錫興, ‘漢代的正字活動’, <歷史上重要的正字活動>, 「漢字的形成和發展」, 『漢字傳播史』, 語文出版社, 2002; 北京：商務印書館, 2018; 루시싱 지음, 전향란 옮김, 『한자 전파의 역사』, 민속원, 2017.

富谷　至, 「書體·書法·書藝術—行政文書가 生み出した書藝術」, 富谷　至 編, 『漢字의 中國文化』, 京都：昭和堂, 2009; 『文書行政의 漢帝國』, 名古屋：名古屋大學出版會, 2010.

馬　新, ‘知識啓蒙’, <古代村落敎育的内容>, 「中國古代村落敎育」, 『中國古代村落文化研究』, 北京：商務印書館, 2021.

邢義田, 「漢代邊塞吏卒的軍中敎育—讀『居延新簡』札記之三」, 『大陸雜誌』87-3, 1993; 『治安安邦：法制·行政與軍事』, 北京：中華書局, 2011.

—‘樂浪挈令’—

尹龍九, 「樂浪前期 郡縣支配勢力의 種族系統과 性格」, 『歷史學報』 126, 1990.

조법종, 「한국 고대사회 노비제의 특성」, 『韓國史學報』 15, 2003.

이성규, 「중국 군현으로서의 낙랑」, 『낙랑 문화 연구』, 동북아역사재단, 2006.

金秉駿, 「중국고대 簡牘자료를 통해 본 낙랑군의 군현지배」, 『歷史學報』 189, 2006.

김남중, 「『說文解字』의 고조선·낙랑 기록과 典據」, 『先史와 古代』 51, 2017.

—光武帝期 政治·教育 —

米 靖, <漢代經學教育的"王官學"性質>, 「"獨尊儒術"的意識形態性與」經學教育的"王官學"性質」, 『經學與兩漢教育』, 天津：天津人民出版社, 2009.

謝國楨, <漢光武帝爲平抑民憤所采取的措施>, 「漢代統治人民的方式」, 『兩漢社會生活概述』, 北京：北京出版社, 2014.

李永熾, 「漢光武帝的治術」, 『中國歷史的瞬間』, 上海：上海三聯書店, 2015.

薩孟武, <光武的中興>, 「東漢」, 『中國社會政治史』 先秦秦漢卷, 北京：三聯書店, 2018.

王保頂, <專制政治理論的確立>, 「士大夫政治人格的形成(光武帝—章帝)」, 『汉代士人与政治』, 南京：江蘇人民出版社, 2018.

李英華, '光武帝"崇儒重教·愛民務本"的治國方略', <東漢時代的治國方略·經學演變與佛教道教>, 「秦漢：政教思想的一統與"君相－郡縣"體制的建立」, 『中國古代政教思想及其制度研究』(上), 北京：九州出版社, 2021.

張 欽, <光武帝劉秀：史上最完美的開國皇帝>, 「大漢帝王本紀」, 『大漢400年：大漢王朝的四個側面』, 北京：新世界出版社, 2023; 重印, 2024.

張 欽, <光武帝的時代, 是儒生的時代>, 「大漢文臣列傳」, 『大漢400年：大漢王朝的四個側面』, 北京：新世界出版社, 2023; 重印, 2024.

—光武帝—

馮國超 主編, 『光武帝』中國皇帝大傳, 北京：中國戲劇出版社, 2005.

顔晨華, 『細說光武帝』, 上海：上海人民出版社, 2006.

張樹 編著, 『光武帝』, 北京：中國社會科學出版社, 2007.

安作璋・孟祥才, 『漢光武帝大傳』, 北京 : 中華書局, 2008.

周淑舫, 『漢光武帝劉秀傳』, 長春 : 吉林人民出版社, 2010.

黄留珠, 『劉秀傳』, 北京 : 人民出版社, 2003; 重印, 2011.

王惠敏 編著, 『劉秀全傳』, 武漢 : 華中理工大學出版社, 2012.

顔晨華, 『細說光武帝』 2版, 上海 : 上海人民出版社, 2014.

[淸]蔡東藩, 『光武帝劉秀』, 北京 : 新華出版社, 2015.

彭輝, 『光武帝劉秀』 (上下), 太原 : 山西人民出版社, 2017.

文軒 編著, 『光武帝劉秀傳』, 呼倫貝爾 : 內蒙古文化出版社, 2017.

劉淑秀 編著, 『光武帝以及中興大漢王朝的人們』, 上海 : 上海科學技術文獻出版社, 2017.

宋福聚, 『漢光武帝』, 北京 : 華夏出版社, 2017.

제2장 백제의 종요 서법 수용과 서법・금석학의 발달

―『王羲之臨鍾繇千字文』―

中國古代書畵鑑定組 編, 『中國古代書畵圖目』, 北京 : 文物出版社, 1986.

一品堂 編, 『王羲之臨鍾繇千字文』, 南寧 : 廣西美術出版社, 2014.

孫寶文 編, 『王羲之臨鍾繇千字文』, 上海 : 上海辭書出版社, 2017; 重印, 2021.

―『淳化閣帖』 鍾繇・蕭子雲・[唐] 太宗 眞蹟―

宋王 著奉敕輯, 『淳化閣帖』 (全), 淳化三年(992); 肅藩 刊, 萬曆43(1615).

德富猪一郎, 「肅府本淳化法帖」, 『生活と書籍』, 東京 : 民友社, 1930.

王雲五 主編, 叢書集成初編 『淳化閣帖釋文』 2冊, 上海 : 商務印書館, 1937.

尹一梅 主編, 故宮博物館藏文物珍品全集 『懋勤殿本 淳化閣帖』 (上), 香港 : 商務印書館, 2005.

《歷代碑帖法書選》 編輯組 編, 『眞宋本淳化閣帖』 (卷4), 北京 : 文物出版社, 2006.

天津人民美術出版社 編, 『淳化閣帖』 (1)-(4) 歷代帝王法帖, 天津 : 天津出

版社, 2012; 重印, 2014・2017.

—書道史・書人傳—
—梁 武帝—
[梁]徐陵, 『玉臺新詠』卷7 蕭衍 梁武帝「法書論」
[宋]李坊, 『太平御覽』卷748 蕭衍 梁武帝「觀鍾繇書法」
[淸]嚴可均 編, 『全梁文』, 『全上古三代秦漢三國六朝文』, 北京：中華書局, 1958, 第6刷, 1995.
韓理洲（等）輯校編年, 『全三國兩晉南朝文補遺』, 西安：三秦出版社, 2013.

—蕭子雲—
蕭子雲, 「梁蕭子雲啓」; [唐] 張彦遠 撰, 武良成(等)點校, 『法書要錄』, 杭州：浙江人民美術出版社, 2019.
蕭子雲, 「春思」; 『玉臺新詠』卷8; 『藝文類聚』卷32.
『梁書』卷35 列傳 29「蕭子雲傳」
「蕭子雲書」, 『書道全集』5 六朝(晉・齊), 東京：平凡社, 1930,

—百濟 書藝史—
左竹保子, 「百濟武寧王誌石の字跡と中國刻字文字との比較」, 『朝鮮學報』111, 1984.
이성배, 「웅진시대 백제 서예 고찰─무녕왕릉 출토 명문을 중심으로」, 『한국서예』12, 한국서예협회, 2000.
이성배, 「백제와 남조・수・당의 서예비교」, 『서예학연구』13, 한국서예학회, 2008.
이성배, 「백제의 서예」, 한국서예학회 편, 『한국서예사』, 미진사, 2017.
정현숙, 「백제의 서예」, 『삼국시대의 서예』, 일조각, 2018.
왕분(Wang, ben), 「백제 서예의 대외 교섭」, 『서예학연구』37, 한국서예학회, 2020.

—百濟 王仁 鍾繇『千字文』日本 傳播 確認論—
盧鏞弼, 「谷川士淸『日本書紀通證』・本居宣長『古事記傳』의 史學史的 意

義」,『韓國史學史學報』47, 韓國史學史學會, 2023.

盧鏞弼, 「日本 江戸時代 谷川士淸『日本書紀通證』의 百濟 王仁 鍾繇『千字文』 日本 傳播 確認論」,『百濟文化研究』69, 公州大學校 百濟文化研究所, 2023.

盧鏞弼, 「日本 江戸時代 本居宣長『古事記傳』의 百濟 王仁 鍾繇『千字文』 日本 傳播 確認論」,『歷史學報』260, 歷史學會, 2023.

제3장 신라 중고기 서사·각석·입비 전문가의 분화와 서법·금석학의 발달

(1)中國의 書·書寫·書手·文書·書學

<書>

王元軍, 「漢代的"書"與"書藝"」,『漢代書刻文化研究』, 上海：上海書畫出版社, 2007.

李寶通·黃兆宏 主編, 「簡牘概論」,『簡牘學敎程』, 蘭州：甘肅人民出版社, 2011.

<書寫>

陸明君, 「書寫與變異」,『魏晉南北朝碑別字研究』, 北京：文化藝術出版社, 2009.

朱淵淸,『書寫歷史』, 上海：上海古籍出版社, 2009.

孫鶴, 「書寫因素對秦簡牘書的影響」,『秦簡牘書研究』, 北京：北京大學出版社, 2009.

王曉光, 「簡牘形制·制作·書寫」,『秦簡牘書法研究』, 北京：榮寶齋出版社, 2010.

王曉光, 「先秦秦代文書制度與書寫敎育」,『秦簡牘書法研究』, 北京：榮寶齋出版社, 2010.

餘欣,『中古異相：寫本時代的學術、信仰與社會』, 上海：上海古籍出版社, 2011.

徐沖,『中古時代的歷史書寫與皇帝權力起源』, 上海:上海古籍出版社, 2012.
李惠儀 著, 文韜・許明德 譯,『≪左傳≫的書寫與解讀』, 南京:江蘇人民出版社, 2016.
王曉光,「漢代"史"類文吏的培養及書寫訓練」,『秦漢簡牘具名與書手研究』, 北京:榮寶齋出版社, 2016.

<書手>

王曉光,「先秦俗書手寫體的發展」,『秦簡牘書法研究』, 北京:榮寶齋出版社, 2010.
王曉光, <簡牘書手與碑碣書手>,「簡書與碑銘」,『秦漢簡牘具名與書手研究』, 北京:榮寶齋出版社, 2016.
王曉光,「秦漢簡牘書手身分考察」,『秦漢簡牘具名與書手研究』, 北京:榮寶齋出版社, 2016.
王曉光,「簡牘書手・碑碣書手・刻工之"三位一體"」,『秦漢簡牘具名與書手研究』, 北京:榮寶齋出版社, 2016.

<文書>

李均明,『秦漢簡牘文書分類輯解』, 北京:文物出版社, 2009.
王曉光,「先秦秦代文書制度與書寫教育」,『秦簡牘書法研究』, 北京:榮寶齋出版社, 2010.
李寶通・黃兆宏 主編,「簡牘形制與概名」,『簡牘學教程』, 蘭州:甘肅人民出版社, 2011.
王曉光,「按文書類型分類」,『秦漢簡牘具名與書手研究』, 北京:榮寶齋出版社, 2016.

<書學>

王國維,「漢魏博士考」, 周錫山 編校,『王國維集』第4冊, 北京:中國社會科學出版社, 2008; 重印, 2012.
向彬,「中國古代"書學"中的書法教育」,『中國古代書法教育研究』, 北京:中國社會科學出版社, 2009.
陳志平 編著,"書學"釋名」,『書學史料學』, 北京:人民美術出版社, 2010.
祝嘉,『書學史』, 長沙:嶽麓書社, 2011;『書學史』, 北京:中國文史出版社,

2015.

(2)中國의 書刻・刻石・石刻・石工・刻工
<書刻>
王元軍,「漢代的"書"與"書藝"」,『漢代書刻文化研究』, 上海：上海書畫出版社, 2007.

<刻石>
容庚,「秦始皇刻石考」,『燕京學報』 17, 1935; 曾憲通 編,『容庚文集』, 廣州：中山大學物出版社, 2004.
李穡,「秦嶧山刻石」,『秦漢刻石選譯』, 北京：文物出版社, 2009.

<石刻>
趙超,『古代石刻』, 北京：文物出版社, 2001.
徐自强・吳梦麟,『古代石刻通論』, 北京：紫禁城出版社, 2002.
唐曉軍,『甘肅古代石刻藝術』, 北京：民族出版社, 2007.
郭 瑞,『魏晉南北朝石刻文字』, 廣州：南方日報出版社, 2010.
李海燕,『隋唐五代石刻文字』, 廣州：南方日報出版社, 2011.
趙超,『石刻史話』, 北京：社會科學文獻出版社, 2011.
張鵬飛 撰,『≪水經注≫石刻文獻叢考』, 北京：社會科學文獻出版社, 2015.
[美]柯馬丁 著, 劉倩 譯,「石刻的」觀念,『秦始皇石刻：早期中國的文本與儀式』, 上海：上海古籍出版社, 2015.

<石刻別字>
曾榮汾,「字樣學之基本學理」,『字樣學研究』, 臺灣：學生書局, 1988.
曾榮汾,「字樣學發展史略」,『字樣學研究』, 臺灣：學生書局, 1988.
劉元春,『隋唐石刻與唐代字樣』, 廣州：南方日報出版社, 2010.

<石工・刻工>
程章灿,「石刻刻工研究的意義」,『石刻刻工研究』, 上海：上海古籍出版社, 2008.

陸明君,「刻工與別字」,『魏晉南北朝碑別字研究』, 北京:文化藝術出版社, 2009.

王曉光,「漢碑石工刻工」,『秦漢簡牘具名與書手研究』, 北京:榮寶斋出版社, 2016.

王曉光,「簡牘書手‧碑碣書手‧刻工之"三位一體"」,『秦漢簡牘具名與書手研究』, 北京:榮寶斋出版社, 2016.

(3)中國의 書人‧書法家

外山軍治,「趙孟頫―王羲之の傳統に生きた書人―」,『中國の書と人』, 東京:創元社, 1979.

中田勇次郎 編,『中國書人傳』, 東京:中央公論社, 1979; 東京:中央公論新社, 2015.

駒田信二,『中國書人傳』, 東京:藝術新聞社, 1985; 崔長潤 編譯,『中國書人傳』, 서울:雲林堂, 1986.

劉濤,『中國古代書法家』, 北京:文物出版社, 2003; 2版, 2003.

(4)書論 및 畫論

<書論>

[唐]張懷瑾,「二王書錄」; 張彦遠 集,『法書要錄』, 北京:中華書局, 1985; 潘運告 編著,『張懷瑾書論』, 長沙:湖南美術出版社, 1997; 重印, 2004.

[北宋]黃伯思,「論臨摹二法」,『東觀餘論』, 北京:中華書局, 1985.

[南宋]姜夔,「書丹」,『續書譜』; 孫過庭(外),『書譜』(外), 上海:商務印書館, 1936; 于玉安 編,『中國歷代書法論著彙編』 5, 天津:天津古籍出版社, 1999; 欒保群 編,『書論彙要』(上), 北京:古宮出版社, 2014.

潘運告 主編, 云告 譯注,『中晚唐五代書論』, 長沙:湖南美術出版社, 1997; 重印, 2011.

潘運告 主編, 云告 譯注,『初唐書論』, 長沙:湖南美術出版社, 1997; 重印, 2011.

桂第子 譯注,『宣和書譜』, 長沙:湖南美術出版社, 1999; 重印, 2004.

潘運告 主編, 水采田 譯注,『宋代書論』3版, 長沙:湖南美術出版社, 2010.

欒保群 編,『書論彙要』(上‧下), 北京:古宮出版社, 2014.

<画論>

[唐]張彦遠 撰, 『歷代名畫記』, 北京：中華書局, 1985; 황지원 역주, 『역대명화기』, 대구：계명대학출판부, 2007; 2쇄, 2011; 조송식 옮김, 『역대명화기』 상・하, 시공사, 2008.

袁有根, 『歷代名畫記 研究』, 北京：北京圖書館出版社, 2002.

(5)中國 書法史

眞田但馬, 『中國書道史』 上卷, 東京：木耳社, 1967; [日]眞田但馬 著, 瀛生・吳緒彬 譯, 『中國書法史』(上), 北京：人民美術出版社, 1998; 重印, 2012.

宇野雪村 編, 『中國書道史』 下卷, 東京：木耳社, 1967; [日]宇野雪村 著, 瀛生・吳緒彬 譯, 『中國書法史』(下), 北京：人民美術出版社, 1998; 重印, 2012.

華人德, 『中國書法史：兩漢卷』 2版, 南京：江蘇教育出版社, 2002.

陳彬龢, 『中國文字與書法』, 南京：江蘇教育出版社, 2005.

秦夢娜・李爭平 編著, 『中國書法文化』, 北京：時事出版社, 2007.

中國教育學會書法教育專業委員會 編, 『中國書法發展史』, 天津：天津古籍出版社, 2009.

劉濤, 『中國書法史：魏晉南北朝卷』, 南京：江蘇教育出版社, 2009.

朱守道, 『書法史話』, 北京：社會科學文獻出版社, 2012.

湯大民, 『中國書法簡史』, 南京：南京師範大學出版社, 2012.

叶喆民, 『中國書法史論』, 石家莊：河北美術出版社, 2013.

甘中流, 『中國書法批評史』, 北京：人民美術出版社, 2014.

叢文俊, 『中國書法史：先秦・秦代卷』, 南京：江蘇教育出版社, 2009; 重印, 2014.

(6)中國 金石學

藪田嘉一郎, 『石刻：金石文入門』, 京都：綜藝舍, 1976.

施蟄存, 「拓本」, 『金石叢話』, 北京：中華書局, 2003; 重印版, 2007：文史知識文庫典藏本, 2013; 시칩존 지음, 이상천・백수진 옮김, 『중국 금석문 이야기』, 주류성, 2014.

岑仲勉, 『金石論叢』 岑仲勉著作集, 北京：中華書局, 2004.

鍾明善,「碑帖與書法」, 董恒宇 主編, 『全國首屆碑帖學術研討會論文集』, 北京:文物出版社, 2005.

[宋]趙明誠 撰, 金文明 校證 , 『金石錄校證』, 桂林:廣西師範大學出版社, 2005.

[宋]趙明誠 著, 劉曉東・崔燕南 點校, 『金石錄』, 濟南:齊魯書社, 2009.

馬 衡, 『中國金石學概論』(上・下), 長春:時代文藝出版社, 2009.

馬衡・陳衡恪, 『中國金石學概論/中國繪畫史』, 長春:時代文藝出版社, 2009.

蘇士澍, 『蘇士澍談中國金石文化』, 長沙:湖南少年兒童出版社, 2009.

王獻唐 編, 『海嶽樓金石叢編』, 青島:青島出版社, 2009.

馬衡, 『馬衡講金石學』, 南京:鳳凰出版社, 2010.

容庚, 『金石學』, 北京大學講義, 1926; 『金石學/古石刻零拾/簡體字典』 容庚學術著作全集, 北京:中華書局, 2012.

容庚, 『古石刻零拾』, 燕京大學考古學舍, 1934; 『金石學/古石刻零拾/簡體字典』 容庚學術著作全集, 北京:中華書局, 2012.

容庚, 「飛白考」, 『嶺南學報』 第10卷 第1期, 1947; 曾憲通 編, 『容庚文集』, 廣州:中山大學出版社, 2004.

容庚, 「淳化秘閣法帖考」, 『嶺南學報』 第12卷 第1期, 1952; 曾憲通 編, 『容庚文集』, 廣州:中山大學出版社, 2004.

廣東炎黃文化研究會 (외) 合編 , 『容庚先生百年誕辰紀念文集』, 韶關:廣東人民出版社, 1998.

東莞市政協 編, 『容庚容肇祖學記』, 廣州:廣東人民出版社, 2004.

易新農・夏和順, 『容庚傳』, 廣州:花城出版社, 2010.

(7)書法 및 漢字 辭典

<書法>

趙鋼立・趙屆平 (외), 『新編說文解字字典』, 開封:河南大學出版社, 2007.

沈道榮 編, 『隸書辨異字典』 第2版, 北京:文物出版社, 2008.

湖北美術出版社 編, 『王羲之書法字典』, 武漢:湖北美術出版社, 2010.

湖北美術出版社 編, 『魏碑書法字典』, 武漢:湖北美術出版社, 2011.

湖北美術出版社 編, 『漢碑書法字典』, 武漢:湖北美術出版社, 2011.

檇效鋒 編, 『王羲之王獻之書法字典』, 長春:吉林文史出版社, 2012.

樊中岳（외）編著,『簡牘帛書書法字典』, 武漢：湖北美術出版社, 2009；重印, 2012.

糕效鋒 編,『趙孟頫書法字典』（上下）, 長春：吉林文史出版社, 2013.

周世聞 主編,『王羲之書法常用字典』第2版, 成都：四川美術出版社, 2015.

鄭曉華 主編,『王羲之王獻之行草書字典』, 上海：上海辭書出版社, 2015.

馬守國 編著,『精編王羲之書法字典』, 南昌：江西美術出版社, 2015.

馬守國 編著,『精編歐陽詢書法字典』, 南昌：江西美術出版社, 2015；重印, 2016.

<漢字>

中文大辭典編纂委員會 編,『漢文大辭典』2, 臺灣 ： 臺灣省立師範大學國文研究所, 1962；影印本, 景仁文化社, 1981.

中文大辭典編纂委員會 編,『中文大辭典』（四）第一次修訂版 普及本, 臺北：中國文化大學出版部, 初版, 1973；9版, 1993.

諸橋轍次,『大漢和辭典』卷5, 東京：大修館書店, 1956；縮寫版, 1966.

(8)異體字

張書岩 主編,『異體字研究』, 北京：商務印書館, 2004.

毛遠明,「碑刻異體字成因分析」,『漢魏六朝碑刻異體字研究』, 北京：商務印書館, 2012.

毛遠明,「碑刻異體字在漢字發展史上的積極作用和消極影響」,『漢魏六朝碑刻異體字研究』, 北京：商務印書館, 2012.

張顯成・王玉蛟,『秦漢簡帛異體字研究』, 北京：人民出版社, 2016.

董憲臣,『東漢碑刻異體字研究』, 北京：九州出版社, 2018.

(9)寫經

<中國 寫經>

劉墨 主編,『敦煌寫本書法精選系列－六朝寫經殘卷(1)』, 沈陽：遼寧美術出版社, 2000.

郝春文,『石室寫經：敦煌遺書』, 蘭州：甘肅教育出版社, 2007.

≪歷代碑帖法書選≫編輯組編,『唐人寫經』, 北京：文物出版社, 2000；重印, 2010.

毛秋瑾,「佛經的飜譯與抄寫」,『墨香佛音：敦煌寫經書法研究』, 北京：北京

大學出版社, 2014.

毛秋堇, 「"寫經體"的形成和發展」, 『墨香佛音：敦煌寫經書法研究』, 北京：北京大學出版社, 2014.

<新羅 寫經>

「新羅 白紙墨字 大方廣佛華嚴經 寫經 卷五十 寫經 跋文」, 李基白 編著, 『韓國上代古文書資料集成』, 一志社, 1986; 第二版, 1993.

「新羅 白紙墨字 大方廣佛華嚴經 寫經 卷十 寫經 跋文」, 李基白 編著, 『韓國上代古文書資料集成』 第二版, 一志社, 1993.

<韓國 寫經>

김경호, 「寫經의 歷史」, 『韓國의 寫經』, 도서출판 고륜, 2006.

(10)新羅 金石文 資料集

<寫眞>

성균관대학교 박물관, 『신라 금석문 탁본전 : 돌에 새겨진 신라인의 삶』, 성균관대학교 박물관, 2008.

국립중앙박물관, 『금석문자료』 ① 삼국시대, 국립중앙박물관, 2010.

국립중앙박물관, 『문자, 그 이후 : 한국고대문자전』, 국립중앙박물관, 2011.

<判讀 · 譯註>

黃壽永, 『韓國金石遺文』, 一志社, 1976; 『黃壽永全集』 4 금석유문, 혜안, 1999.

任昌淳 編著, 『韓國金石集成』 1 先史時代, 一志社, 1984.

金煐泰, 『三國新羅時代佛敎金石文考證』, 民族社, 1992.

盧重國, 「迎日 冷水里碑」, 『譯註 韓國古代金石文』 Ⅱ (신라1 · 가야 편), 駕洛國史蹟開發硏究院, 1992.

李明植, 「蔚珍 鳳坪碑」, 『譯註 韓國古代金石文』 Ⅱ (신라1 · 가야 편), 1992.

朱甫暾, 「丹陽 赤城碑」, 『譯註 韓國古代金石文』 Ⅱ (신라1 · 가야 편), 1992.

金貞淑, 「慶州 明活山城碑」, 『譯註 韓國古代金石文』Ⅱ (신라1・가야 편), 1992.

盧重國, 「昌寧 眞興王拓境碑」, 『譯註 韓國古代金石文』Ⅱ (신라1・가야 편), 1992.

盧重國, 「北漢山 眞興王巡狩碑」, 『譯註 韓國古代金石文』Ⅱ (신라1・가야 편), 1992.

盧重國, 「黃草嶺 眞興王巡狩碑」, 『譯註 韓國古代金石文』Ⅱ (신라1・가야 편), 1992.

盧重國, 「磨雲嶺 眞興王巡狩碑」, 『譯註 韓國古代金石文』Ⅱ (신라1・가야 편), 1992.

朱甫暾, 「大邱 戊戌塢作碑」, 『譯註 韓國古代金石文』Ⅱ (신라1・가야 편), 1992.

李明植, 「慶州 南山新城碑」, 『譯註 韓國古代金石文』Ⅱ (신라1・가야 편), 1992.

李文基, 「蔚州 川前里書石」, 『譯註 韓國古代金石文』Ⅱ (신라1・가야 편), 1992.

『韓國古代金石文資料集』Ⅱ 新羅・伽耶篇, 國史編纂委員會, 1995.

(11)新羅의 金石文

任昌淳, 「戊戌塢作碑小考」, 『史學研究』1, 1958.

秦弘燮, 「南山新城碑의 綜合的 考察」, 『歷史學報』26, 1965.

李鍾旭, 「南山新城碑를 通하여 본 新羅의 地方統治體制」, 『歷史學報』64, 1974.

李基白, 「丹陽 赤城碑 '王敎事' 부분의 檢討」, 『史學志』12, 1978; 『韓國古代政治社會史研究』, 一潮閣, 1996.

武田幸男, 「眞興王代における新羅の赤城經營」, 『朝鮮學報』93, 1979; 최경선 譯, 「眞興王代 신라의 赤城 經營」, 『인문학연구』33, 2017.

朱甫暾, 「丹陽新羅赤城碑의 再檢討 : 碑文의 復元과 分析을 中心으로」, 『慶北史學』7, 1984; 改題 「丹陽新羅赤城碑의 복원과 내용분석」, 『금석문과 신라사』, 지식산업사, 2002.

李基白, 「蔚珍 居伐牟羅碑에 대한 考察」, 『아시아문화』4, 1988; 『韓國古代政治社會史研究』, 一潮閣, 1996.

崔光植, 「蔚珍鳳坪新羅碑의 釋文과 內容」, 『韓國古代史研究』 2, 1989.

朱甫暾, 「蔚珍鳳坪新羅碑와 法興王代 律令」, 『韓國古代史研究』 2, 1989.

李文基, 「蔚珍鳳坪新羅碑와 中古期의 六部問題」, 『韓國古代史研究』 2, 1989.

姜鳳龍, 「울진 신라 거벌모라비의 재검토」, 『역사와 현실』 창간호, 1989.

盧鏞弼, 「新羅 眞興王代 大等의 分化와 그 政治的 背景」, 『歷史學報』 127, 1990; 改題 「眞興王代 大等 分化의 政治的 背景」, 『新羅眞興王巡狩碑研究』, 一潮閣, 1996.

金羲萬, 「蔚珍 鳳坪碑와 新羅의 官等制」, 『慶州史學』 10, 1991.

武田幸男, 「新羅六部とその展開」, 『朝鮮史研究會論文集』 28, 1991.

金羲萬, 「新羅匠人層의 形成과 그 身分—五・四 頭品 研究를 위한 試論—」, 『新羅産業經濟의 新研究』 제13집, 新羅文化宣揚會, 1992.

朱甫暾, 「明活山城作城碑의 力役動員體制와 村落」, 『西巖趙恒來教授華甲紀念 韓國史學論叢』, 1992; 『금석문과 신라사』, 지식산업사, 2002.

朴方龍, 「南山新城碑 第9碑에 대한 檢討」, 『美術資料』 53, 1994.

朱甫暾, 「南山新城의 築造와 南山新城碑—第9碑를 중심으로」, 『新羅文化』 10・11, 1994; 改題 「南山新城의 축조와 南山新城碑 제9비」, 『금석문과 신라사』, 지식산업사, 2002.

정병삼, 「통일신라 금석문을 통해 본 僧官制度」, 『國史館論叢』 62, 1995.

朱甫暾, 「咸安 城山山城 出土 木簡의 基礎的 檢討」, 『韓國古代史研究』 19, 2000; 『금석문과 신라사』, 지식산업사, 2002.

김희만, 「浦項 中城里新羅碑와 新羅의 官等制」, 『동국사학』 47, 2009.

선석열, 「인명표기분석을 통해본 포항 중성리신라비」, 『인문학논총』 제14권 3호, 경성대 인문과학연구소, 2009.

강종훈, 「포항중성리신라비의 내용과 성격」, 『한국고대사연구』 56, 2009.

박남수, 「「浦項 中城里新羅碑」의 新釋과 지증왕대 정치 개혁」, 『한국고대사연구』 60, 2010.

橋本 繁, 「浦項中城里新羅碑の研究」, 『朝鮮學報』 220, 2011.

朴方龍, 「南山新城碑・月城垓字碑의 再解釋」, 『목간과 문자』 8, 2011.

정영호 (외), 『울진 봉평리 신라비와 한국 고대 금석문』, 울진군・한국고대사학회, 2011.

朱甫暾, 「포항중성리신라비의 構造와 내용」, 『한국고대사연구』 65, 2012.

윤진석, 「포항 중성리 신라비의 새로운 해석과 신라부체제」, 『신라 최고의 금석문 포항 중성리비와 냉수리비』, 주류성, 2012.

심현용, 「울진 봉평리 신라비의 명문 판독」, 『울지 봉평리 신라비의 과학적 조사 및 보존처리 보고서』, 울진군청, 2013.

조영훈·이찬희·심현용, 「울진 봉평리 신라비의 재판독과 보존과학적 진단」, 『文化財』 제44권 제3호, 국립문화재연구소, 2013.

최영성, 「新羅 鍪藏寺碑와 書者」, 『한국의 금석학 연구』, 이른아침, 2014.

정현숙, 「가양와 신라의 서풍 비교」, 『신라의 서예』, 다운샘, 2016.

(12)高麗 古文書

李基白, 「淨兜寺五層石塔造成形止記」, 『韓國上代古文書資料集成』, 一志社, 1986; 第二版, 1993.

申虎澈, 「高麗 顯宗代의 「淨兜寺五層石塔造成形止記」 註解」, 『李基白先生古稀紀念 韓國史學論叢』 [上] —古代篇·高麗時代篇—, 一潮閣, 1994.

(13)三國의 漢字 受容

朱甫暾, 「新羅의 漢文字 定着過程과 佛敎의 受用」, 『韓國書藝二千年』 특강자료집, 藝術의 殿堂, 2000; 『금석문과 신라사』, 지식산업사, 2002.

高光儀, 「韓國의 漢文字 流入과 擴散에 대한 考察」, 『書藝學研究』 5, 2004.

노용필, 「한국 고대 문자학과 훈고학의 발달」, 『震檀學報』 110, 2010; 『한국고대인문학발달사연구』 (1) 어문학·고문서학·역사학 권, 한국사학, 2017.

노용필, 「신라·발해의 『이아』 수용과 한문학의 발달」, 『한국고대인문학발달사연구』 (1), 2017.

(14)高句麗·新羅의 書體·書風·書藝史

高光儀, 「5세기 高句麗 書藝의 특징 研究」, 『書藝學』 21, 2001.

孫煥一, 「新羅 赤城碑의 書體(1)」, 『泰東古典研究』 16, 1999.

孫煥一, 「新羅 赤城碑의 書體(2)」, 『泰東古典研究』 17, 2000.

孫煥一, 「新羅 <鳳坪碑>의 書體」, 『泰東古典研究』 18, 2002.

孫煥一, 「新羅 <眞興王巡狩碑>의 書體」, 『先史와 古代』 17, 2002.

고광의, 「5~6세기 新羅 書藝에 나타난 외래 書風의 수용과 전개」, 『書藝

學研究』 4, 2004.

高光儀, 「浦項 中城里新羅碑 書體와 古新羅 문자생활」, 『新羅文化』 35, 2010.

고광의, 「川前里書石 銘文의 書藝史的 考察—6세기 前半 紀年銘을 중심으로—」, 『書藝學研究』 16, 2010.

정현숙, 「신라 서예의 다양성과 일관성」, 『신라의 서예』, 다운샘, 2016.

정현숙, 「신라의 서예」, 한국서예학회 편, 『한국서예사』, 미진사, 2017.

(15)新羅의 紙

關義城, 「朝鮮紙について」, 『手漉紙史の研究』, 東京 : 木耳社, 1976.

陳紫君, 「"高麗紙"變遷及性能變化研究」, 『業務研究』 2016年 7月.

(16)新羅의 吏讀 表記

남풍현, 「丹陽新羅赤城碑의 語學的 考察」, 『檀國大論文集』 13, 1979; 改題 「丹陽新羅赤城碑銘의 吏讀的 研究」, 『吏讀研究』, 태학사, 2000.

南豊鉉, 「蔚珍鳳坪新羅碑에 대한 語學的 考察」, 『韓國古代史研究』 2, 1989; 改題 「蔚珍鳳坪新羅碑銘」, 『吏讀研究』, 태학사, 2000.

南豊鉉, 「明活山城 作城碑文의 語學的 考察」, 『國語國文學論叢』 鄭然粲先生回甲紀念, 1989; 改題 「明活山城 作城碑銘」, 『吏讀研究』, 태학사, 2000.

南豊鉉, 「新羅時代 吏讀文의 解釋」, 『書誌學報』 9, 1993; 『吏讀研究』, 태학사, 2000.

남풍현, 「戊戌塢作碑銘」, 『吏讀研究』, 태학사, 2000.

남풍현, 「南山山城碑銘」, 『吏讀研究』, 태학사, 2000.

(17)新羅의 政治制度 및 文化

李基白, 「三國의 文化」, 『韓國史講座』 I 古代篇, 一潮閣, 1982; 17刷, 1998.

李基東, 「貴族國家의 政治와 社會」, 『韓國史講座』 I 古代篇, 一潮閣, 1982; 19刷, 2001.

盧鏞弼, 「黃草嶺碑文의 '衆公'」, 『新羅眞興王巡狩碑研究』, 一潮閣, 1996.

盧鏞弼, 「삼국시대 신라의 촌주」, 『新羅高麗初政治史研究』, 韓國史學, 2007.

제4장 신라의 당 태종 「진사명」・「온탕명」 수용과 서법・금석학의 진흥

―唐太宗―

趙克堯・許道勛,『唐太宗傳』, 北京：人民出版社, 2002; 第2版, 2015; 김정희 옮김,『당 태종 평전』, 민음사, 2011.

吳云・冀宇 校注,『唐太宗全集校注』, 天津：天津古籍出版社, 2004.

黃純艶,『細說唐太宗』, 上海：上海人民出版社, 2005; 2版, 2014.

孟憲實, 『唐太宗：從玄武門之變到貞觀之治』, 桂林：廣西師範大學出版社, 2007; 제2판, 2011.

劉后濱,『說唐太宗』, 上海：上海辭書出版社, 2008.

黃中業,『唐太宗 李世民傳』, 長春：吉林人民出版社, 2010.

―晉祠―

張元成 編著,『中國晉祠』, 太原：山西人民出版社, 2003.

―「晉祠銘」・「溫泉銘」―

唐 太宗,「晉祠銘 幷序」, ［淸］董誥 等編,『全唐文』卷10;『全唐文』1, 上海：上海古籍出版社, 1993.

王昶,「晉祠銘」,『金石萃編』卷46, 1805.

下中彌三郎,『唐太宗晉祠銘溫泉銘』, 東京：平凡社, 1933.

伏見沖敬,「解說」, 西川寧・神田喜一郎 監修,『唐・太宗 晉祠銘・溫泉銘』書跡名品叢刊 38, 東京：二玄社, 1960; 27刷, 1982.

日比野丈夫,「解說」, 中田勇次郎 責任編集,『書藝藝術』豪華普及版 第三卷, 東京：中央公論社, 1975.

日比野丈夫, <溫泉銘>,「圖版 釋文・解題」, 中田勇次郎 責任編集,『書藝藝術』豪華普及版 第三卷, 東京：中央公論社, 1975, p.188.

桃山艸槪 解說,『唐太宗 溫泉銘 晉祠銘』書聖名品選集 9, 東京：株式會社

マール社, 1986.

角井博 解説, 『溫泉銘 晉祠銘 唐太宗』 中國法書選 36, 東京：二玄社, 1989.

角井博,「溫泉銘 晉祠銘」,『溫泉銘 晉祠銘 唐太宗』中國法書選ガイド 36, 東京：二玄社, 1989.

牛丸好一,「晉祠銘見聞記」,『溫泉銘 晉祠銘 唐太宗』中國法書選ガイド 36, 東京：二玄社, 1989.

森 鵬父,「帝王の書"晉祠銘"の自由豁達」,『溫泉銘 晉祠銘 唐太宗』中國法書選ガイド 36, 東京：二玄社, 1989.

吉川蕉仙,「溫泉銘に學ぶ"書寫の姿勢"」,『溫泉銘 晉祠銘 唐太宗』中國法書選ガイド 36, 東京：二玄社, 1989.

福本雅一・山內敏輝,「現代語譯・原文・訓讀釋文」,『溫泉銘 晉祠銘 唐太宗』中國法書選ガイド 36, 東京：二玄社, 1989.

吳云・冀宇 校注,「晉祠銘幷序」,『唐太宗全集校注』, 天津：天津古籍出版社, 2004.

魏文源 編,『晉祠銘・溫泉銘』, 哈爾濱：黑龍江美術出版社, 2009.

古昊軒出版社 編,『淸 王鐸臨唐太宗帖』, 蘇州：古昊軒出版社, 2012.

羅振玉,「晉祠銘」,『金石萃編校字記』；羅繼祖 主編,『金石萃編校字記(外十五種)』上, 上海：上海古籍出版社, 2013.

王新生 編譯,『唐太宗晉祠銘』, 太原：三晉出版社, 2015.

―王羲之行書・王羲之行草―

張恒國 主編,『王羲之行書』, 北京 ： 化學工業出版社, 初版, 2015; 3刷, 2017.

鄭曉華 主編,『王羲之王獻之行草書字典』, 上海：上海辭書出版社, 2015.

―行草章法―

全圭鎬,『行草章法』, 서울：明文堂, 2014.

楊再春,『行草章法』, 北京：北京体育大学出版社, 2017.

―唐・統一新羅의 書法・金石學―

牛致功,「隋唐學術文化的發展」, 白壽彝 總主編,『中國通史』第6卷, 上海：

上海人民出版社, 1997;『唐代碑石與文化研究』, 西安 : 三秦出版社, 2002.
宋明信, 「이세민『왕희지전론』의 서예 비평 사상 : 중국서예미학‧23」, 『(월간) 서예문인화』64호, 서울 : 서예문인화, 2007년 2월,
王元軍왕위엔쥔, 「고대 한국의 당대 서법문화 수용」, 동북아역사재단 엮음,『고대 동아시아의 문자교류와 소통』, 동북아역사재단, 2011.
전상모, 「통일신라의 서예」, 한국서예학회 편, 『한국서예사』, 미진사, 2017.
정현숙, 「신풍 해서의 수용과 변용」,『통일신라의 서예』, 다운샘, 2022.
정현숙, 「행서의 출현과 성행」,『통일신라의 서예』, 다운샘, 2022.
盧鏞弼, 「百濟의 鍾繇 書法 수용과 서법‧金石學의 발달」, 『震檀學報』141, 2023.
정현숙, 「한국서예사에서 왕희지 집자비의 출현과 전개」, 『書藝學研究』44, 한국서예학회, 2024.
―金生의 筆蹟‧서예―
李完雨, 「統一新羅 金生의 筆蹟」,『先史와 古代』11, 1998.
정현숙, 「통일신라 金生의 서예」,『목간과 문자』23, 2019.
정현숙, 「통일신라 김생의 해서 연구」,『목간과 문자』28, 2022.
정현숙, 「통일신라 김생의 행서 연구」,『목간과 문자』30, 2023.

제5장 통일신라기 금석문 전문 박사‧학사의 대두와 서법‧금석학의 풍미

(1)金石文 관련

黃壽永, 『韓國金石遺文』, 一志社, 1976;『黃壽永全集』4 금석유문, 혜안, 1999.
金煐泰,『三國新羅時代佛敎金石文考證』, 民族社, 1992.
『譯註 韓國古代金石文』Ⅱ 신라1‧가야 편, 駕洛國史蹟開發研究院, 1992.
『韓國古代金石文資料集』Ⅱ 新羅‧伽耶篇, 國史編纂委員會, 1995.
국립중앙박물관,『문자, 그 이후 : 한국고대문자전』, 국립중앙박물관, 2011.

施蟄存,「唐碑」,『金石叢話』, 北京：中華書局, 2003; 重印版, 2007; 文史知識文庫典藏本, 2013; 시칩존 지음, 이상천・백수진 옮김,『중국 금석문 이야기』, 주류성, 2014.

(2)書法 관련

中田勇次郎 編,『書道藝術』第3卷 唐太宗 虞世南 歐陽詢 楮逐良, 東京：中央公論社, 1977.

外山軍治, 「初唐の三大家―歐陽詢・虞世南・褚遂良―」,『中國の書と人』Ⅱ, 東京：創元社, 1986.

眞田但馬,『中國書道史』上卷, 東京：木耳社, 1967; [日]眞田但馬 著, 瀛生・吳緖彬 譯,『中國書法史』(上), 北京：人民美術出版社, 1998; 重印, 2012.

宇野雪村 編,『中國書道史』下卷, 東京：木耳社, 1967; [日]宇野雪村 著, 瀛生・吳緖彬 譯,『中國書法史』(下), 北京：人民美術出版社, 1998; 重印, 2012.

加藤楸邨,「唐太宗 虞世南 歐陽詢 褚遂良」, 中田勇次郎 編,『中國書人傳』, 東京：中央公論社, 1979; 東京：中央公論新社, 2015.

駒田信二,『中國書人傳』, 東京：藝術新聞社, 1985; 崔長潤 編譯,『中國書人傳』, 서울：雲林堂, 1986.

(3)新羅書藝史 관련

정현숙, 「통일신라 서예의 다양성과 서풍의 특징」,『서예학연구』22, 2013;『신라의 서예』, 다운샘, 2016.

정현숙, 「신라의 서예」, 한국서예학회 편,『한국서예사』, 미진사, 2017.

전상모, 「통일신라의 서예」, 한국서예학회 편,『한국서예사』, 미진사, 2017.

(4)歐陽詢體 관련

上海書畫出版社 編,『歐陽詢化度寺碑』, 上海：上海書畫出版社, 2001; 重印, 2003.

徐福長 編,『歐陽詢≪九成宮醴泉銘≫』, 西安：西安地圖出版社, 2004.

何滿宗・王煥林, 「鐵骨氷心：歐陽詢父子」,『湖南書法史』, 長沙：湖南美術

出版社, 2009.

徐智川 編,『唐歐陽詢書三帖』, 北京:文物出版社, 2011.

[唐]歐陽詢 書,『九成宮醴泉銘』, 北京:人民美術出版社, 2011.

郭豫斌 主編,『歐陽詢傳世書法賞析』, 北京:北京出版社, 2012.

朱守道, 「隋唐書法」, 『書法史話』, 北京:社會科學文獻出版社, 2012.

馬守國 編著,『精編歐陽詢書法字典』, 南昌:江西美術出版社, 2015; 重印, 2016.

(5)唐 政治 및 制度 관련

布目潮渢,『隋の煬帝と唐の太宗:暴君と明君,その虛實を探る』, 東京:淸水書院, 1975.

趙克曉・許道勛,『唐太宗傳』 第2版, 北京:人民出版社, 2015; 김정희 옮김,『당 태종 평전』, 민음사, 2011.

外山軍治,『則天武后:女性と權力』, 東京:中公新書, 1966; 박정임 옮김,『축천무후』, 페이퍼로드, 2006.

陳舜臣, 「タシケントにて」, 『紙の道』, 東京:讀賣新聞社, 1994; 3刷, 1995; 조형균 옮김, 「타슈켄트에서」, 『페이퍼 로드』, 예담, 2002.

何學森, <隋唐官制>, 「敎育・銓選與書法」, 『書法文化敎程』, 北京:華文出版社, 2006.

楊劍宇, 「唐朝的翰林學士」, 『中國秘書史』, 上海:上海人民出版社, 2007.

王元軍, 「唐代翰林書待詔及其活動考述」, 『美術硏究』 2003年 第3期;『唐代書法與文化』, 北京:中國大百科全書出版社, 2008.

宋靖, 「唐宋中書舍人的職掌」, 『唐宋中書舍人硏究』, 哈爾濱:黑龍江大學出版社, 2010.

宋靖, 「中書舍人的管理」, 『唐宋中書舍人硏究』, 哈爾濱:黑龍江大學出版社, 2010.

(6)新羅 政治 및 博士 관련

金斗鍾, 「統一新羅期의 醫學」, 『韓國醫學史』, 正音社, 1955; 探求堂, 1966; 1998.

李基白, 「新羅 惠恭王代의 政治的 變革」, 『社會科學』 2, 1958;『新羅政治社會史硏究』, 一潮閣, 1974; 16쇄, 2002.

李基白, 「永川 菁堤碑 貞元修治記의 考察」, 『考古美術』 102, 1969; 『新羅政治社會史研究』, 一潮閣, 1974; 16쇄, 2002.

李基白, 「新羅 下代의 執事省」, 『新羅政治社會史研究』, 一潮閣, 1974; 16쇄, 2002.

三池賢一, 「新羅內廷官制考」 下, 『朝鮮學報』 62, 1971.

金容雲・金容局, <算學制度>, 「統一新羅時代의 數學과 天文學」, 『韓國數學史』, 科學과 人間社, 1977; 改訂版, 悅話堂, 1982; 개정증보판, 살림출판사, 2009.

李基東, 「羅末麗初 近侍機構와 文翰機構의 擴張」, 『歷史學報』 77, 1978; 『新羅骨品制社會와 花郎徒』, 韓國研究院, 1980; 一潮閣, 1984.

崔承熙, 「古文書의 樣式과 그 實際」, 『韓國古文書研究』, 韓國精神文化研究院, 1981.

李基白, 「統一新羅의 政治組織」, 『韓國史講座』 1 古代篇, 一潮閣, 1982; 17쇄, 1998.

李基白, <數學과 金屬鑄造技術>, 「統一新羅의 儒教과 學問」, 『韓國史講座』 1 古代篇, 一潮閣, 1982; 17쇄, 1998.

李基白, <天文學・曆學 및 醫學>, 「統一新羅의 儒教과 學問」, 『韓國史講座』 1 古代篇, 一潮閣, 1982; 17쇄, 1998.

金善民, 「古代의 '博士'」, 『日本歷史研究』 12, 2000.

박방룡, 「漆谷 淨兜寺址五層石塔 銘文과 形止記」, 『인간과 문화 연구』 18, 2011.

이현숙, 「삼국과 통일신라 의학」, 『한국의학사』, 대한의사협회 의료정책연구소, 2012.

한준수, 「신라 국학의 수용」, 『2013 新羅學國際學術大會 論文集』, 경주시・신라문화유산연구원, 2013; 주보돈 외 지음, 『신라 국학과 인재 양성』, 민속원, 2015.

노용필, 「신라 국학의 교육 내용과 『문선』」, 『2013 新羅學國際學術大會 論文集』, 경주시・신라문화유산연구원, 2013; 주보돈 외 지음, 『신라 국학과 인재 양성』, 민속원, 2015.

김성혜, 「삼국시대 사(師)에 관한 연구 : '박사' 명칭을 중심으로」, 『教育思想研究』 30, 2016.

노용필, 「韓國 古代의 『文選』 受容과 그 歷史的 意義」, 『歷史學研究』 58, 2015; 改題 「고구려・신라의 『문선』 수용과 한문학의 발달」, 『한국고대인문학발달사연구』 (1) 어문학・고문서학・역사학 권, 한국사학, 2017.

노용필, 「신라 중대 ≪문관사림≫ 수용과 한문학·고문서학의 발달」, 『한국고대인문학발달사연구』 (1) 어문학·고문서학·역사학 권, 한국사학, 2017.

국문초록

제1장 한의 『급취편』·「점선신사비」와 고조선인의 서법·금석학 수용

前漢의 史游가 紀元前 30년 무렵에 저술한 『急就篇』이 漢字 字書 중 영향력이 제일 크고 널리 유행하였다. 그 『급취편』 34章 전체 중에서 마지막 제33장과 제34장은 특히 後漢의 光武帝 때에 덧붙여진 것이므로, 그것의 古朝鮮 傳播는 늦어도 後漢 때일 듯하다. 그리고 「黏蟬神祠碑」는 光武帝 때 기원후 25년부터 34년까지 사이에 樂浪郡에 건립되었다고 믿어진다.

2세기 초엽에는 高句麗가 적극적인 서방 진출을 꾀하여 遼東郡과 군사적 충돌이 빈번해지자, 樂浪郡은 지금까지의 육로를 통한 본국과의 교통·왕래가 어렵게 되었다. 그리고 2세기 중엽에는 後漢의 세력이 약해지고 漢江 이남 지역에서 三韓이 강성해지자 낙랑군 지배하의 고조선인들이 많이 韓으로 흘러 들어간 것으로 보인다. 장기적으로 볼 때 이러한 漢郡縣의 영향이 직접 그들의 지배를 받게 된 지역에 있어서 사회적·문화적으로 매우 커서 漢人들의 사회제도나 생활 양식이 점차 고조선인의 사회에 침투하였을 것이다.

이러한 상황 속에서 『급취편』을 수용하여 漢字의 書法을 익히고 적어도 後漢 光武帝 무렵에는 그 실력을 토대로 樂浪土城에 건립된 「점선신사비」의 내용을 해독하며 印章·封泥를 원활히 사용할 정도의 金石學 실력을 갖추었던 것은 上層의 親漢的 勢力層이자 富裕層인 고조선인이 우선 그랬을 것이다. 그리고 文書 등의 핵심 내용을 숙지하여 기본 실무를 원활히 수행해 낼 수 있는 吏胥라도 되고자 갈망하던 平民層에 속하는 고조선인 일부도 역시 그랬을 것으로 여겨진다.

제2장 백제의 종요 서법 수용과 서법·금석학의 발달

  현재 전해지는 돈황을 위시한 중국·일본의 사본·서첩 및 각종 서적 등을 구득해서 그 자료의 기록을 섭렵하고 정리하여 백제의 종요 서법 수용과 서법·금석학의 발달과 관련된 역사적 사실을 규명하였다. [위] 종요의 『천자문』이 돈황은 물론이고 일본에까지 보편적으로 수용되어 있었던 사실이 증명되므로, 그 무렵 백제에도 그랬음을 것임이 틀림없다. [당] 이섬의 『천자문』 주석본 서문에서도 그 사실에 관한 매우 구체적인 기록이 상세하게 정리되어 있기에 이는 더욱 분명하다.

  또한 중국·일본의 모든 서법 관련 자료들을 조사하여 종요의 墨蹟을 찾은 결과, 오늘날 진품으로 가장 정평이 있는 『순화각첩』 제2권에서 발견하여 제시하였다. 그런 뒤 종요의 이러한 서체에 능숙했던 [양] 소자운의 행적을 검증하였다. 그리하여 그가 『천자문』을 필사한 적이 있으며, 또한 그것을 注解한 사실도 확인할 수 있었고, 그것을 일본 왕실에서 소장하고 있었다는 기록도 찾아냈다. 그리고 소자운의 묵적 역시 샅샅이 조사하여 『순화각첩』 제4권에서 그것을 찾아냈다.

  소자운의 서체는 과연 종요의 해서 書蹟을 모범으로 삼은 게 분명하다. 그리고 『남사』「소자운전」의 기록에 그가 백제의 使人에게 3일간 글씨 30 지를 써주었다고 한 사실에 근거하여 소자운의 바로 그 書蹟을 통해 백제에 종요의 해서 서법이 직접 수용되었음이 입증된다. 그리고 그 서체가 곧 백제 무령왕 왕릉의 지석 탑본과 흡사하므로, 소자운의 종요 해서 서법 '서삼십지'가 백제의 서법·금석학 발달에 결정적인 계기가 되었다.

제3장 신라 중고기 서사·각석·입비 전문가의 분화와 서법·금석학의 발달

　新羅 中古期 「明活山城碑」 '書寫人'의 '書寫'는 '書石'하여 碑文에 담길 文書의 文章을 書寫한 行爲 자체를 말한다. 이 '書寫人'의 略語가 '書人'이 며, 「蔚珍 居伐牟羅碑」의 '節書人' 및 「丹陽 赤城碑」·「昌寧 眞興王巡狩碑」의 '書人' 등이 그 實例로 이들은 書寫 專門家였다. 그리고 '書石'은 「蔚州 川前里 石刻」의 '書石谷'에서, 그리고 이 '書石'과 동일한 용어일 '石書' 는 「丹陽 赤城碑」의 '石書立人'에서 찾아진다. 이때 '書石'·'石書'는 곧 '刻 石'·'石刻'의 의미이니, 蔚珍 居伐牟羅碑」의 '刻人'은 刻石 專門家였다. 그 리고 「蔚珍 居伐牟羅碑」의 '立石碑人' 部分과 「丹陽 赤城碑」의 '石書立人' 部分에 登載된 人物들은 立碑 專門家였다.

　「蔚珍 居伐牟羅碑」 '節書人'·'刻人'·'立石碑人'의 존재는 書寫·刻石· 立碑의 실무를 추진함에 있어서 그 所任의 分掌이 가장 合理的이고 效率 的으로 행해지고 있었음을 立證해준다. 이러한 立碑 工程의 所任 分掌 體 系가 「丹陽 赤城碑」에서는 '書人'·'石書立人'의 2段階로 變化하였다, 따라 서 「蔚珍 居伐牟羅碑」의 書人―刻人―立石碑人 3段階 業務 分掌 體系가 「丹陽 赤城碑」의 書人―石書立人 2段階 體系로 簡素化되면서 效率的인 立 碑 工程 推進 方式으로 轉換되었다고 하겠다.

　이러한 新羅 中古期의 金石文 資料에 異體字가 流行하게 된 것은 佛經의 寫經이 流通되면서부터로, 이 寫經에 의해 中國에서 盛行하던 '魏碑體'인 '寫經體'가 受容되어 實用化되었다. 그래서 당시 文字學·訓詁學의 振興은 隸書·楷書를 포함한 이러한 '魏碑體'의 多樣한 書體로 筆寫된 하나하나의 漢字를 정확히 解讀하는 작업에서부터 비롯되었으며, 이는 高句麗에서 그 랬듯이 愛用한 書籍에 字書로 『玉篇』·『字統』·『字林』이 包含되어 있었기 에 可能했다. 특히 梁의 顧野王이 編纂한 『玉篇』은 楷書를 全的으로 整理 하여 담고 있으므로 더욱 重視되었을 것이며, 게다가 『字統』 또한 異體字 를 정리한 字書이기에, 더더욱 그랬을 것이다.

제4장 통일신라기 금석문 전문 박사·학사의 대두와 서법·금석학의 풍미

『三國史記』 기록에 唐 太宗이 新羅 使臣에게 "그 자신이 직접 지은 「溫湯碑」와 「晉祠碑」 그리고 새로 편찬한 『晉書』를 내려 주었다."라고 한 이래 「晉祠銘」·「溫湯銘」이 어떻게 전수되어 내려왔는가에 관한 기록은 전혀 찾아볼 수가 없다. 다만 高麗 初의 崔光胤이 지은 글 가운데 "唐 太宗의 글을 集字하여"라고 했으므로, 그것의 複寫本을 제작하여 이를 토대로 그 글을 지은 것으로 보인다. 唐 太宗의 「晉祠銘」과 「溫湯銘」 둘 다 신라에 수용된 이후 그 복사본이 이러한 방식으로 전수됨으로써 新羅의 書法과 金石學이 크게 振興되는 계기가 되었을 것으로 여겨진다.

唐 太宗이 「晉祠銘」에서 구사한 書法의 특징은 王羲之 筆法의 '飛白'·'行草'를 俱現한 것이었다. 이 '飛白'은 "墨을 적게 하여 筆跡에 흰 잔줄이 생기게 쓰는 書體"를 가리키는 것이며, '行草'는 "行書와 草書 중간의 書體" 즉 "行書를 草書에 가깝게 쓴 서체" 자체를 지칭하는 것이다. 게다가 唐 太宗이 「溫湯銘」에서 구사한 書法의 특징 역시 '行草'이면서도 「晉祠銘」보다 더 생동감이 넘치는 숙달된 '行草'였다는 점이다.

이렇듯이 唐 太宗이 王羲之 書法의 行草로 「晉祠銘」과 「溫湯銘」을 작성한 것을 역시 본떠서 그에 못지않게 王羲之의 行草 書法을 발휘하였던 인물은 新羅의 金生이었다. 『三國史記』 그의 傳記에 '金生의 隸書[楷書]·行草가 모두 神의 경지에 들었다'라는 기록과 '金生의 行草 1권'이라는 기록으로 보아서 이런 사실을 사실로 인정하지 않을 수 없을 것이다. 더욱이 훗날 宋의 使臣 楊球 등도 金生의 글씨를 보고, "천하에 王羲之를 제외하고 어찌 신묘한 글씨가 이와 같을 수 있겠소?"라고 평가하였던 사실은 그가 이런 평가를 들을 만큼 王羲之의 行草 書體를 여실히 구사하였음을 입증해 준다. 그러므로 新羅에서는 王羲之 書法의 飛白 및 行草를 唐 太宗의 「晉祠銘」과 「溫湯銘」을 통해 직접 수용함으로써 그 書法과 金石學이 크게 振興되는 결정적인 계기가 되었다고 하겠다.

제5장 통일신라기 금석문 전문 박사·학사의 대두와 서법·금석학의 풍미

중국에서 夏나라 禹王의 공적을 金石에 새기기 시작한 이래로 쇠와 돌이 일찍이 고대인들의 공적을 새겨 넣었던 소재가 되었으며, 한국에서도 특히 통일신라기에 이와 같이 쇠와 돌에 글을 새겨 사람의 공적을 남기는 문화가 풍미하였다. 당시에 쇠로 만들어진 鍾과 돌로 만들어진 碑가 지금도 꽤 많이 전해지고 있음에서 이러한 면모가 잘 입증되고 있다. 그러므로 통일신라기는 금석문이 종의 鑄造로 조성된 것이든 비에 刻書된 것이든, 그 書法은 물론이려니와 금석학 역시 風靡한 시기였음이 분명하다.

『三國史記』의 기록에 나타난 統一期 신라의 博士·學士는 孝昭王부터 景德王까지의 시기에 분화되어 가는 추세를 띠었던 것으로 파악된다. 이러한 추세 속에서 무엇보다도 외교 문서의 작성을 관장한 通文博士와 거기에서 파생된 翰林學士가 당시 書法과 金石學의 풍미에 크게 영향을 끼쳤다고 여겨진다. 게다가 이채롭게도 이 시기의 금석문 자료 중에서 발견되는 鑄鍾大博士·次博士는 물론이고 鑞字助博士·成博士 역시 鑄鍾 때 그 작업은 물론이고 書法의 선정과 그에 따른 鑞字 및 金石文의 완성 공정에서 그 각자의 職任에 걸맞은 소임을 다함으로써, 당시 書法 및 金石學의 풍미에 일익을 담당하고 있었던 것이다.

「聖德大王神鍾銘」에서 그 教書와 詔書 내용의 撰述을 담당했던 翰林郞 金弼奧, 書寫를 담당했던 翰林臺 書生 金符皖 및 待詔 姚湍 등이 모두 그 鍾이 조성된 惠恭王 당시의 서법 및 금석학 풍미의 증거자들이라 하겠다. 또한 「皇龍寺九層木塔刹柱本記」에서 그 教書의 撰述을 도맡은 姚克一과 그리고 鑞字助博士 連全 등이 역시 景文王 당시의 그런 인물들이었다. 더욱이 姚克一의 경우는 이외에도 현재 일부라도 전해지는 것만 하더라도 3편이나 되는 碑文을 찬술하였음이 확인될 정도인데다가 『삼국사기』 기록에 국왕의 측근으로서 국왕 문서의 작성을 담당하는 侍書學士를 역임했을 뿐만이 아니라 "그 글씨에 드러난 힘이 굳세었으며, 歐陽詢의 率更

法을 터득하였다."라고 명시되어 있으므로, 신라통일기 서법 및 금석학 풍미의 가장 대표적인 인물로 꼽아 손색이 없을 것이다.

Abstract

Chapter 1
Han's *Jí Jiù Piān · Niān Chān Shén Cí* Inscription and Old Chosŏn People's Acceptance of Calligraphic Style & Epigraphy

Earlier Han's Shǐyóu wrote *Jí Jiù Piān* around 30 BC, which was the most influential and widely circulated among the Hànzì zìshū. Of the 34 chapters of *Jí Jiù Piān*, the last two chapters, chapters 33 and 34, were added during the reign of Guāngwǔdì of the Later Han Dynasty, so it seems that its spread to Old Chosŏn occurred at the latest during the Later Han Dynasty. The *Niān Chān Shén Cí Inscription* is believed to have been erected in Lèlàng Jùn between 25 and 34 CE during the reign of Guāngwǔdì.

In the early 2nd century, Koguryŏ actively sought to expand westward, leading to frequent military clashes with the Liáodōng Jùn. As a result, the Lèlàng Jùn found it difficult to maintain communication and travel with their homeland via land routes. In the middle of the 2nd century, as the Later Han dynasty weakened and the Three Han states grew stronger in the region south of the Han River, it appears that many Old Chosŏn people under the rule of the Lèlàng Jùn fled to Han. In the long term, the influence of the Han Jùnxiàn on the regions under their direct control was so great that the social systems and lifestyles of the Han people gradually penetrated the society of the Old Chosŏn people.

In this situation, *Jí Jiù Piān* accepted Hànzì calligraphy and, by at least the time of Guāngwǔdì, had acquired sufficient proficiency in Lèlàng Tǔchéng to decipher the *Niǎn Chān Shén Cí* Inscription and use yìnzhāng and fēngní fluently. This level of proficiency in epigraphy would have been possessed primarily by the upper classes and wealthy Old Chosŏn People who were sympathetic to Hànzì. It is also believed that some Old Chosŏn People belonging to the commoner class, who aspired to become lìxū in order to master the core contents of documents and perform basic tasks smoothly, were also among them.

Chapter 2
Baekje's Acceptance of Zhong Yao's Method of Writing and the Development of Calligraphic style & Epigraphy

In addition to the "Manuscripts of the Dunhuang Caves", which are currently handed down, China and Japan's Manuscripts calligraphy and various books were examined, and the records of the materials were compiled and organized to identify historical facts related to Baekje's acceptance of Zhong Yao's method of writing and epigraphy. *The Thousand−Character Text* compiled by Wei Zhong Yao, proved to have been published in Japan as well as in The Dunhuang Caves, so it must have been the same for Baekje at that time. This is all the more evident in the preface of Tang Li Xian's *The Thousand−Character Text* Annotated Commentary, which details a very specific account of the fact.

In addition, after examining all relevant materials in China and Japan, Zhong Yao's handwriting was found, and it was found and presented in the second volume of *the Chunhua*

Imperial Archive of Calligraphy Exemplars, which is the most reputed authentic today. The deeds of Liang Xiao Ziyun, who was proficient in Zhong Yao's calligraphic style, were then verified. Thus, we were able to confirm that he had transcribed *The Thousand-Character Text* that he had annotated commentary on it, and that it was in the possession of the royal family of Japan. And Xiao Ziyun's handwriting was also combed through and found it in the fourth volume of t*he Chunhua Imperial Archive of Calligraphy Exemplars.*

It is clear that Xiao Ziyun's calligraphic style is modeled after Zhong Yao's regular script handwriting. And based on *Nan shi*'s Xiao Ziyun biography that he wrote 30 pieces of writing to Baekje's envoy in three days, his handwriting proves that Baekje directly accepted Zhong Yao's regular script calligraphic style. And since the calligraphic style is very similar to King Muryong's Zhishi(誌石, Hand-written stone) rubbing of inscription, Xiao Ziyun's "30Pieces of Writing in 3Days" was a decisive factor in Baekje's acceptance of Zhong Yao's method of writing and the development of calligraphic style & epigraphy.

Chapter 3
Division of Experts in Transcription, Inscription, Erection & Development of Calligraphy, Epigraphy during the Middle Period of Silla

Transcription by transcribers at Myeonghwal Fortress Monument means the act itself of transcription for the sentences to be inscribed in monuments. Transcribers at Uljin Geobeolmorabi, Danyang Jeokseongbi and Changnyeong Monument Marking Visit of King Jinheung were real examples of transcription experts. And 'written monuments'(書石) could be found at 'Written Monuments Valley' of Uljin Cheonjeon−ri Monument Inscription' and monument writing (石書) − the same term of written monuments − at Erectors of Monument of Danyang Jeokseongbi. Here, 'written monuments' (書石) and monument writing (石書) mean inscribed monuments and monument inscription respectively, and inscribers at Uljin Geobeolmorabi were inscription experts. And figures registered as monument erectors at Uljin Geobeolmorabi and as erectors of inscribed monuments at Danyang Jeokseongbi were experts in monument erection.

The existence of transcribers, inscribers, erectors at Uljin Geobeolmorabi demonstrated that job division in carrying out transcription, inscription, erection was done in the most reasonable and effective way. The process of monument erection as such changed to two phases of transcription and erection at Danyang Jeokseongbi. Thus, job division system of three phases of transcription − inscription − erection at Uljin Geobeolmorabi changed to two phases of transcription − erection at Danyang Jeokseongbi, making an effective erection process.

This prevalence of variant letters at epigraphic materials during the Middle Period(中古期) of Silla began from the distribution of copied Buddhist scriptures. This made one of Wei stele style prevailing in China then accommodated and used in Silla. So, development of graphonomy and exegetics then initiated from the work of exact interpretation of each Chinese letters copied in various letter styles of this Wei stele. As was the case in Goguryeo, this was possible because books favorably read at the time included Yupian and dictionaries of Jatong and Jarim. In particular, Yupian published by Gu Yewang during the Liang Dynasty illustrated completely−summarized regular script, making it highly appreciated. Furthermore, Jatong was also a letter book that summarized variant letters, making it ever more influential.

Chapter 4
Silla's Acceptance of Táng Tài Zōng's *Jincí Inscription*· *Wēntáng Inscription* and the Promotion of Calligraphic style & Epigraphy

According to the *Samguk sagi*(History of the Three Kingdoms), "Táng Tài Zōng gave Silla envoys the *Jincí Inscription* and *Wēnātng Inscription*, which he had written himself, and the newly compiled *Jin Shū*." However, there are no records of how the *Jincí Inscription* and *Wēnātng Inscription* were passed down. Just in the writings of Choi Kwang−yun from the early Koryŏ period, there is a reference to "collecting Tang Taizong's calligraphy," suggesting that copies were made and used as the basis for his writings. Both Táng Tài Zōng's *Jincí Inscription* and *Wēnātng Inscription* were accepted in Silla, and it is believed that the transmission of these copies in this manner served as a catalyst for the significant advancement of Silla's calligraphic style and epigraphy.

The characteristic of the calligraphic style used by Táng Tài Zōng in the *Jincí Inscription* was the implementation of the "Fēibái" and "Xíngcáo" styles of Wángxīzhī calligraphy. "Fēibái" refers to a calligraphic style in which "less ink is used to create white lines in the strokes," while 'Xíngcáo' refers to a calligraphic style that is "between Xíngshū and Cáoshū," or "a calligraphic style in which Xíngshū is written in a manner closer to Cáoshū." Furthermore, the calligraphic style employed by Táng Tài Zōng in the Wēnātng Inscription was also 'Xíngcáo,' but it was more dynamic and refined than that of the

Jìncí Inscription.

In this way, just as Táng Tài Zōng wrote the *Jìncí Inscription* and *Wēnātng Inscription* based on Wángxīzhī's Xíngcáo, Kim Saeng of Silla also wrote a similar work based on Wángxīzhī's Xíngcáo. According to his biography in *Samguk sagi*, which states that "Kim Saeng's Kǎishū and Xíngcáo both reached the level of divine artistry" and "Kim Saeng's Xíngcáo, Volume 1," it is impossible to deny this fact. Furthermore, the fact that envoys from the Song dynasty later saw his calligraphy and commented, "Apart from Wang Xizhi, how could anyone else in the world produce such divine calligraphy?" proves that he was indeed a master of Wang Xizhi's Xingcao. Therefore, it can be said that Silla's direct adoption of Wang Xizhi's calligraphic style, specifically the Fēibái and Xíngcáo styles, through the *Jìncí Inscription* and *Wēntāng Inscription* of Tang Taizong served as a decisive turning point in the significant promotion of calligraphy and epigraphy.

Chapter 5
Emergence of Masters, Academics specializing in Epigraph during Unified Silla period & Prevalence of Calligraphy and Epigraphy

Since China began to inscribe achievements of Yu the Great in the Xia Dynasty on metals and stones, irons and stones became one of materials to inscribe the achievements of the ancient people, and also Korea saw the prevalence of the culture remembering the merits and achievements of persons by inscribing letters on irons and stones during the Unified Silla period in particular. This aspect is well demonstrated by the fact that a considerable number of bells made of iron and monuments made of rocks at the tine have been passed down to us. Therefore, the Unified Silla period surely must be an era when the related calligraphy as well as epigraphy prevailed, irrespective of whether epigraph was made by being casting on bells or inscribed on monuments.

According to the record of "*Samguk Sagi*" (Chronicles of the Three States) masters and academics during the Unified Silla period seemed to be differentiated during the period from King Hyoso to King Gyeongdeok. Above all amid this tendency, Tongmun Master (Tongmun-baksa) in charge of diplomatic documents and Hallim Academic (Hallim-haksa) derived therefrom might have had a great influence on the prevalence of calligraphy and epigraphy then. Quite interestingly, not only Jujongdae Master (bell manufacturer), Cha Master (assistant bell manufacturer) as found from materials of epigraph then but Jongjudae Master, Seong Master (inscriber) played their own part in the work of bell manufacturing as well as in the process of selecting the calligraphy and completing inscription letters and epigraph, partly contributing to the prevalence of calligraphy and epigraphy then.

Hallim-rang Kim Pil-oh in charge of compilation of the address and content of "King Seongdeok Divine Bell Inscription", Kim Bu-wan student of Hallim-dae in charge of its transcription, official Yodan all were the persons who were the originator and witness of the prevalence of calligraphy and epigraphy during King Hyegong era when the bell was created. Also such contributing persons during King Gyeongmun could include Yo Geuk-il who was fully in charge of the compilation of the address of "Hwangryongsa 9-storied Wooden Tower Inscription" and Assistant Master Yeonjeon. Especially in case of Yo Geuk-il, he was additionally confirmed as having compiled three epitaphs — so far handed down to us even partly. And further according to *Samguk Sagi*, he worked not only as Siseo-haksa in charge of preparing king's documents as the king's inner circle but also "his letters showed strength and mastered the calligraphy of Ouyang Xun". So, we could fairly name him as a person most typically representing the prevalence of calligraphy and epigraphy during the Unified Silla period.

찾아보기

盧鏞弼

韓國史學研究所 所長

—著書—
『韓國稻作文化研究』, 韓國研究院, 2012; 增補版, 韓國史學, 2026.
『韓國古代人文學發達史研究』(1) 語文學・古文書學・歷史學 卷, 韓國史學, 2017; 新裝版, 韓國史學, 2026.
『韓國古代人文學發達史研究』(2) 書法・金石學 卷, 韓國史學, 2026.
『韓國古代社會思想史探究』, 韓國史學, 2007.
『百濟 王仁의 千字文 日本 傳播 確認論』, 韓國史學, 2026.
『新羅眞興王巡狩碑研究』, 一潮閣, 1996.
『新羅高麗初政治史研究』, 韓國史學, 2007.
『朝鮮後期天主學史研究』, 韓國史學, 2021.
『한국천주교회사의 연구』, 韓國史學, 2008; 金京善 譯. 『韓國攝取西方文化史研究』, 北京 : 學苑出版社, 2021.
『한국 근・현대 사회와 가톨릭』, 韓國史學, 2008.
『《東學史》와 執綱所 研究』, 國學資料院, 2001; 增補版, 韓國史學, 2026.
『韓國近現代社會思想史探究』, 韓國史學, 2010.
『한국현대사담론』, 韓國史學, 2007.
『韓國史學史探究』, 韓國史學, 2026.
『이기백한국사학기초연구』, 일조각, 2016.

—譯書—
『고대 브리튼, 그들은 어떻게 살았을까』. 일조각, 2009.
『교요서론 : 18세기 조선에서 유행한 천주교 교리서』, 한국사학, 2013.
『天主實義・텬쥬실의』 상권・하권, 韓國史學, 2021.
『천주실의』, 어진이, 2021.

—共著—
『崔承老上書文研究』, 一潮閣, 1993.
『李基白韓國史學의 影響』, 韓國史學, 2015.
『한국문화사의 이해』, 신구문화사, 2006. 외 다수

—編著—
『벗은 제2의 나다 : 마테오 리치의 교우론』, 어진이, 2017.
『韓國中國歷代帝王世系年表』, 韓國史學, 2013.

韓國史學研究叢書 14

韓國古代人文學發達史研究 (2) 書法・金石學 研究

초판 1쇄 인쇄 2026년 2월 24일
초판 1쇄 발행 2026년 2월 28일

지은이 / 노용필
펴낸이 / 곽정희

편집 / 노용필
인쇄・제본 / 준프로세스

펴낸곳 / 韓國史學
등록번호 / 제300-2004-184호   일 자 / 2004년 11월 24일
주   소 / 서울시 종로구 삼일대로 30길 23 비즈웰종로오피스텔 911호
전   화 / 02・741・4575   팩 스 / 02・6263・4575
e-mail/nohsangsul@naver.com
국민은행 계좌번호/ 324702-04-073289 / 예금주 곽정희((어진이))

  * 저자와의 협의 하에 인지는 생략합니다.
 ** 韓國史學은 한국사학의 발전에 기여할 전문서적을 만드는 곳으로,
    평생 오로지 한국사학의 올바른 기틀을 세우기 위해 사셨던
    李基白 선생님의 학덕을 기리고 이으려고
    펴낸이가 설립하였습니다.

ISBN   979-11-85368-09-2 93910

값: 35,000원